成人及网络高等教育工商管理专业系列教材

西方经济学简明教程

主　编　杨蕙馨

Xifang Jingjixue Jianming Jiaocheng

经济科学出版社
Economic Science Press

图书在版编目（CIP）数据

西方经济学简明教程/杨惠馨主编.—北京：经济科学出版社，2011.7（2014.6重印）
成人及网络高等教育工商管理专业系列教材
ISBN 978-7-5141-0791-3

Ⅰ.①西… Ⅱ.①杨… Ⅲ.①西方经济学－成人高等教育－教材 Ⅳ.①F091.3

中国版本图书馆 CIP 数据核字（2011）第 116953 号

责任编辑：柳　敏　李晓杰
责任校对：杨　海
版式设计：代小卫
技术编辑：李　鹏

西方经济学简明教程

主编　杨惠馨

经济科学出版社出版、发行　新华书店经销
社址：北京市海淀区阜成路甲 28 号　邮编：100142
总编部电话：88191217　发行部电话：88191540

网址：www.esp.com.cn

电子邮件：esp@esp.com.cn

汉德鼎印刷厂印刷

华玉装订厂装订

787×1092　16 开　20.75 印张　400000 字

2011 年 7 月第 1 版　2014 年 6 月第 2 次印刷

印数：5001—8000 册

ISBN 978-7-5141-0791-3　定价：30.00 元

（图书出现印装问题，本社负责调换）

（版权所有　翻印必究）

"成人及网络高等教育工商管理专业系列教材"编委会

主　编：徐向艺
副主编：戚桂杰　陈志军
编　委：（按姓氏笔画排列）
　　　　丁荣贵　王兴元　王益明　吉小青
　　　　刘　岗　刘洪渭　陈志军　杨蕙馨
　　　　徐向艺　戚桂杰　潘爱玲

总序

进入 21 世纪以来,全球化进程不断加快,社会结构急剧变化,知识更新日趋频繁,终身学习、全民学习已经成为广大人民群众适应经济与社会发展需要的必然要求和基本途径。《国家中长期教育改革和发展规划纲要(2010~2020 年)》对我国"优先发展教育,建设人力资源强国"做出了战略部署,到 2020 年,我国要基本实现教育现代化,形成学习型社会,进入人力资源强国行列。这实际上是给包括成人教育和继续教育在内的中国高等教育提出了更高的要求,即如何更好地满足人民群众接受高等教育的多样化需求,为经济和社会发展提供更加广泛的服务。

山东大学是我国较早举办成人高等教育的学校之一,依托学校雄厚的师资力量和丰富的教育资源,努力服务企业、行业,为社会培养了大批德才兼备的应用型人才,为构建终身教育体系和建设学习型社会做出了贡献。为适应我国高等继续教育发展的新形势,进一步推动成人教育课程体系改革,山东大学管理学院和继续教育学院联袂提出成人及网络高等教育工商管理专业系列教材建设方案,共同组织推出了这套具有成教特色的工商管理专业系列教材。

工商管理是一门实践性、应用性很强的学科,其教学工作的中心就在于高水平教材的建设。山东大学工商管理专业自成立以来,一直在朝着努力提升专业教学水平这一中心方向不断地努力和探索,并取得了丰硕的成果。"工商管理专业"相继被评为教育部高等学校第一类特色专业、山东省教学改革试点专业、山东省重点学科和山东省成人高等教育品牌专业，拥有工商管理专业国家级教学团队、国家级管理学科实验教学示范中心和一级学科博士点，管理学、战略管理两门课程被评为国家级精品课程，并且作为国家"十一五"规划教材多次获得重要奖项。因此，摆在读者面前的这套成教版工商管理专业系列教材，既是山东大学工商管理专业建设已取得丰硕成果的有益延伸，同时也体现了该专业的教师们在提升教学水平方面坚持不懈的努力和探索。

参与编写本套教材的作者们不仅接受过经济学、管理学的系统训练，而且都有着丰富的教育教学经验和较高的专业学术水平。每本教材都严格按照要求进行了两次评审。该套教材突出成人教育特点，文中大量吸收企业管理实践案例，每部教材配有相应的学习指导书、教学课件，并形成能够用于网络环境下教学所用的学习包，学习内容形象生动、学习方式灵活，非常适合学员在职、业余自学，也可作为专科、本科和研究生的参考教材。

本套教材在编写过程中得到了经济科学出版社的大力支持和帮助，也得到了许多同行以及企业人士的提出的宝贵意见，在此一并致谢。

我们衷心地希望本套教材的出版，能够对推动以培养应用型管理人才为目标的工商管理专业继续教育有所帮助、有所贡献。另外，本套教材的编写虽经反复易稿，多次修订，但难免存在各种不妥之处，还请读者在使用过程中批评指正。

徐向艺
2011 年 4 月 8 日

目 录

第1章 导论 ··· 1
  1.1 经济学的含义 ·· 2
  1.2 经济学研究的问题 ·· 6
  1.3 经济学思维 ·· 8

第2章 价格：供给与需求 ·· 14
  2.1 需求 ··· 16
  2.2 供给 ··· 25
  2.3 价格：市场均衡 ··· 32
  2.4 弹性 ··· 38
  2.5 价格的应用 ··· 54

第3章 消费者选择：效用论 ·· 60
  3.1 效用 ··· 62
  3.2 预算约束与效用最大化 ······································· 74
  3.3 价格消费曲线与需求曲线 ····································· 84

第4章 生产与成本 ·· 91
  4.1 企业 ··· 93
  4.2 成本与收益 ··· 95
  4.3 企业利润 ·· 104
  4.4 规模报酬与规模经济 ·· 105

第5章 完全竞争市场 ... 109
- 5.1 市场与厂商 ... 110
- 5.2 完全竞争市场的特点 ... 113
- 5.3 完全竞争厂商的短期决策 ... 117
- 5.4 完全竞争厂商的长期决策 ... 123
- 5.5 竞争与效率 ... 124

第6章 不完全竞争市场 ... 127
- 6.1 垄断 ... 128
- 6.2 垄断竞争 ... 137
- 6.3 寡头 ... 140
- 6.4 博弈论对寡头行为的解释 ... 147
- 6.5 四种市场效率的比较 ... 153

第7章 市场失灵与微观经济政策 ... 157
- 7.1 垄断与反垄断 ... 159
- 7.2 公共物品与公共资源 ... 167
- 7.3 外部性 ... 170
- 7.4 不完全信息 ... 174

第8章 国民收入核算 ... 180
- 8.1 国内生产总值 ... 181
- 8.2 收入、支出与循环流向图 ... 183
- 8.3 GDP 的计算方法 ... 187
- 8.4 实际 GDP 与价格水平 ... 192
- 8.5 GDP 衡量指标的缺陷 ... 196
- 8.6 其他总产出和总收入的测量方式 ... 198

第9章 消费与投资 ... 202
- 9.1 宏观经济均衡 ... 203
- 9.2 消费理论 ... 205
- 9.3 投资和利率 ... 211
- 9.4 乘数 ... 216

目 录

第 10 章 对外贸易与国际收支 ... 221
- 10.1 比较优势与对外贸易 ... 222
- 10.2 政府限制贸易的政策 ... 226
- 10.3 外汇交易市场与汇率 ... 229
- 10.4 汇率制度 ... 236

第 11 章 失业与通货膨胀 ... 241
- 11.1 失业的定义和度量 ... 243
- 11.2 失业的类型 ... 247
- 11.3 价格水平 ... 250
- 11.4 通货膨胀 ... 252
- 11.5 失业与通货膨胀之间的权衡 ... 257

第 12 章 经济增长与经济波动 ... 266
- 12.1 经济增长概述 ... 268
- 12.2 经济增长因素分析 ... 281
- 12.3 经济波动与经济周期 ... 288

第 13 章 宏观经济政策 ... 293
- 13.1 宏观经济政策目标 ... 294
- 13.2 财政政策 ... 296
- 13.3 货币政策 ... 305
- 13.4 开放经济下的财政政策和货币政策 ... 314

附录：模拟试题 ... 320
参考文献 ... 321

第1章

导　　论

【学习目标】

1. 掌握经济学的含义。
2. 了解经济学的研究对象。
3. 明确经济学的主要思维方式，能熟练运用到日常生活中。

【开篇案例】

拿起经济学之剑——经济学的作用

1985年诺贝尔经济学奖获奖者弗朗科·莫迪利亚尼曾讲过这样一个故事：外科医生、工程师和经济学家争论谁的职业历史最悠久。外科医生说，创世纪之初，上帝取下亚当的一根肋骨创造了夏娃，这才有了世界。能从亚当身上取下肋骨的当然是外科医生，外科医生的历史最长。工程师说，上帝在创造亚当与夏娃之前，先把陆地和海洋分开，此事必为工程师所为。工程师当然先于外科医生。经济学家说，在上帝创造世界之前，宇宙处于混沌状态，能使世界如此混乱的只有经济学家。还有哪种职业的历史长于经济学家呢？

这故事是讽刺经济学家的，但也并不全错。的确有一些经济学家以"经邦济世"者自居，为世界设计了一个又一个乌托邦方案，并用强制的方法来实施，结果给社会带来混乱，甚至毁灭性灾难。18世纪初，英国的重商主义者约翰·劳按自己的理论在法国创建了以不动产为担保发行纸币的银行，引起前所未有的汇兑投机、交易所狂热和大规模商业投机，结果该银行破产，法国经济陷入混乱。路易十四时的财政大臣柯尔培尔推行重商主义政策也破坏了法国的农业和经济。近代史上经济学家给社会带来的最大灾难是计划经济的由空想到现实。可见经济学家使社会混乱之说绝非穴来之风。

但如果把经济学家的作用仅仅归结为制造混乱，那就言过其实了。如果经济学是这样一种"邪教",它早就消亡了。经济学被尊称为"社会科学的皇后",说明它是非常有用的。

经济学是研究资源配置的。资源是稀缺的,把资源用于某种用途就要放弃其他用途。经济学正是要说明如何通过成本与收益的比较把资源用于最有效的用途,即实现资源配置的最优化。个人、企业、社会都面临这个问题。对个人来说,提供生产要素(资本与劳动)所得到的收入是资源。收入如何分为消费和储蓄,如何用储蓄投资,都属于资源配置。实现一生收入与享受最大化就是资源配置最优化。对企业来说,如何用有限的资金购买不同生产要素并生产不同产品,以实现利润最大化,也是资源配置最优化问题。对社会而言,资源配置最优化就是如何用现有资源实现社会福利最大化。

经济学的作用是提供一套分析资源配置问题的工具与方法。借助于这套工具与方法,你可以分析现实中遇到的各种问题,并得出指导行为的结论。读了这本书你一定会对这一点有所领悟。一个优秀的经济学家未必是一个理财能手、成功的企业家或政府官员;但一个理财能手、成功的企业家或政府官员一定要懂一点经济学。拿起经济学之剑,你才能勇往直前,所向披靡。

资料来源:梁小民. 微观经济学纵横谈 [M]. 生活·读书·新知三联书店,2000.

【重要概念】

经济学(Economics)

宏观经济学(Macroeconomics)

微观经济学(Microeconomics)

稀缺性(Scarcity)

权衡取舍(Tradeoff)

机会成本(Opportunity cost)

边际选择(Marginal choice)

从现在开始,本书将会带领大家进入经济学的殿堂,了解经济学的基础知识,并使用它们解释身边的经济现象。本章将要给大家明确经济学的含义、经济学研究的主要问题以及经济学的基本思维方式。

1.1 经济学的含义

"经济"这个词来源于希腊语,意思是"管理一个家庭的人",家庭和经济有着许多相同之处。一个家庭面临着许多决策。它必须决定哪些家庭成员去做什么，以及作为回报每个家庭成员能得到什么：谁做晚饭？谁洗衣服？谁在晚餐时多得到一块甜点？谁有权选择看什么电视节目？简而言之，家庭必须考虑到每个成员的能力、努力和愿望，以在各个成员中配置稀缺资源。

和家庭一样，一个社会也面临着许多决策。一个社会必须决定将要做哪些工作和谁做这些工作。社会需要一些人种粮食，另一些人做衣服，还有一些人设计电脑软件。一旦社会分配人们（以及土地、建筑物和机器）去做各种工作，它还应该分配他们生产的物品与劳务量。社会必须决定谁将吃鱼子酱或谁将吃土豆，谁将开法拉利跑车或谁将坐公共汽车。

上述的经济现象自古有之，"经济"是个古老的话题，但是经济学是一门年轻的学科。经济学作为一门完整的学科出现，是近代的事情。如果以英国古典经济学家亚当·斯密1776年《国富论》的发表作为经济学宏伟殿堂建立的标志，那么经济学的产生不过只有230多年的历史。

那么究竟什么是经济学呢？经济学研究人和社会如何做出最终抉择，在利用或不利用货币的情况下，使用可以有其他用途的稀缺的生产性资源在现在或将来生产各种商品，并把商品分配给社会的各个成员或集团以供消费之用。它分析改善资源配置形式所需的代价和可能得到的利益。

在经济学的发展过程中，经济学研究社会如何管理自己的稀缺资源。在大多数社会中，资源是通过千百万家庭和企业的共同行动来配置的。因此，经济学家研究人们如何做出决策：他们工作多少，购买什么，储蓄多少，以及如何把储蓄用于投资。经济学家还研究人们如何相互交易。例如，经济学家探讨一种物品众多的买者与卖者如何决定该物品的销售价格和销售量。最后，经济学家分析影响整个经济的力量和趋势，包括平均收入的增长，找不到工作的人占总人口的比例，以及价格上升的速度。经济学是一个实用且有趣的领域，学习经济学不仅可以帮助人们理解现存的经济现象，还可以帮助人们在日常生活中做出正确的经济决策。

1.1.1　经济学是关于选择的学问

经济学家们普遍认为，经济学是研究如何用有限的资源来满足人类无穷欲望的一门科学，因为人类欲望的无限性和资源稀缺性这一对永恒矛盾的存在，人们就必须要决定如何用这些有限的资源去生产经济物品，以便更好地满足人类需求，而这个过程就是选择，由于稀缺性迫使我们必须做出选择，所以经济学也被称为"选择的科学"。

在经济学中,资源是能满足人类需要的物品和劳务。资源按其是否可以自由取得而分为自由资源和经济资源。自由资源是可以无代价取得的资源,如空气、阳光。经济资源是指必须付出代价才能取得的资源,在现实社会的资源中除了自由资源,其他的都可以定义为经济资源。

通常在经济学中经济学家将资源分为四大类,即劳动、土地、资本和企业家才能。土地是自然资源的总称,它包括矿产、森林、河流和土地等。劳动是生产过程中所使用的人的体力和脑力资源。资本是生产过程中生产出来再投入到进一步生产过程中的资源。企业家才能是指某些人具有的整合资源生产产品、创造商业机会和财富的特殊能力。当这些资源被投入生产过程用以生产满足人们欲望的最终产品与劳务时,又称为生产要素。

资源稀缺性是相对于经济资源的有限性和人们欲望的无限性而言的,由于人们的欲望是无限的,而用于满足人们各种各样欲望的资源是稀缺的。随着社会的发展和人口数量的不断增加,资源的数量会越来越少,甚至自由资源也会变成经济资源。人类欲望的无限性和多样性与资源的稀缺性,要求我们必须在各种资源配置之间做出最优选择,以满足我们不同的需要。所以说,经济学是一门关于选择的学问。

1.1.2 微观经济学

经济学的研究对象是资源的配置与利用,由此形成了研究不同问题的经济学分支。经济学可在不同的层次上进行研究。一般把研究家庭和企业如何进行经济决策,如何在市场上进行交易的经济学称为微观经济学。把研究经济总量变化和政府经济行为的经济学称为宏观经济学。

微观经济学以整个经济制度中的各个家庭和厂商的行为及其相互联系为研究对象,考察单个产品或投入的市场的价格形成,并由此说明社会如何解决资源配置问题。微观经济学在稀缺资源既定的条件下探讨单个经济单位如何做出选择,决定这些资源用于生产何种产品、产量分别为多少,产品是如何被生产出来的,以及为谁生产的问题。这主要涉及三个层次的研究内容。

第一,单个家庭或者个人做出选择,决定消费何种商品及其相应的消费数量,决定提供多少劳动以及其他生产要素投入;单个厂商做出选择,决定生产何种产品及其这些产品的生产数量,并根据这一数量决定相应的各种要素投入数量。

第二,单个产品或某种投入要素的价格及其数量多少由需要和生产它的需求者和供给者们所决定。

第三,不同市场上的价格和数量相互联系和制约,决定既定资源被配置于何种产品或劳务的生产上。

对每种特定商品或要素而言，市场经济中的需求和供给相互作用决定相应的数量和价格，从而决定不同的资源配置。微观经济学要对经济单位的决策过程及其供求相互作用产生的结果做出分析。在进行上述分析时，微观经济学通常有两个假定前提：一是假定经济当事人是经济上理性的，二是假定他们拥有完全信息。经济当事人理性假定意味着微观经济学中所讨论的个体单位都是"经济人"，即在既定的社会和经济条件下选择最能实现自身目标的行为。在大多数内容中，微观经济学也假定经济当事人拥有完全信息。这一假定表明，参与经济活动的每个经济单位了解其决策所需要的足够的信息，比如消费者知道特定商品的性能、价格以及消费既定商品数量所能获得的满足等。同样的，生产者知晓投入与产出的各种技术、产品和投入的价格等。

微观经济学涉及一个社会既定的（或者有限的）经济资源如何被用来生产不同的产品，以及这些产品如何来满足社会不同的需求等问题，因而微观经济学所要解决的问题，是经济资源的优化配置问题。对于消费者和厂商等微观个体来说，其所拥有的经济资源的稀缺性要求对资源进行合理的配置，从而产生微观经济学的基本问题。资源配置有两种方式：市场配置和计划安排。通常，微观经济学研究市场是如何配置资源，并且认为在一般情况下市场的竞争程度决定资源的配置效率。在当今世界绝大多数地区，经济资源的优化配置一般被认为是通过市场机制达到的，而市场机制的核心部分是市场的价格机制，因此微观经济学研究的主要内容是市场机制，其中的核心内容又是市场的价格机制，所以也有人将微观经济理论称为价格理论。

1.1.3 宏观经济学

宏观经济学以整个经济的总体行为作为分析对象，考察经济总体的市场表现，说明社会的资源总量是如何决定的。与微观经济学相对应，宏观经济学侧重于研究资源总量的决定问题，探讨社会如何做出选择，以决定资源总量是否得到有效使用、资源总量变动规律等。它要研究的内容包括以下几个方面。

第一，作为消费者的家庭部门和作为生产者的厂商部门如何选择，以决定消费和投资数量，从而决定整个经济的总需求。

第二，家庭和厂商部门如何选择生产要素供给及投入量，以决定整个经济中的总供给。

第三，经济中的总需求和总供给决定资源总量和价格总水平。

第四，资源总量和价格总水平的长期变动趋势。

从整个经济系统的角度来看，家庭和厂商一方面是要素供给者和产品的生产者，它们的决策决定了对最终产品的供给。另一方面，家庭和厂商又是要素投入和产品的消费者，它们的决策决定了对最终产品的需求。因此，宏观经济学要考察整个经济系统中总的需求和供给的状况以及相互作用所能决定的资源总量的大小和价格总水平的高低。同时，由于家庭和厂商的决策会影响到未来，所以资源总量和价格总水平的长期变动趋势也是宏观经济学考察的范围。

宏观经济学是以一个国家的整体经济活动或经济运行作为考察对象，考察一个国家整体经济的运作情况以及政府如何运用经济政策来影响国家整体经济的运行。宏观经济学关心的是一个国家整体的经济资源的利用程度问题，比如一个国家是否实现了充分就业，经济资源是否被过度利用等。就研究范围而言，宏观经济学所关心的问题分为长期问题和短期问题。短期的问题包括：一个经济为什么会发生周期性波动？在周期性波动中，一个经济为什么会交替地出现失业和通货膨胀等宏观经济非均衡的现象？全球经济体系如何影响一个国家的经济运行？政府的宏观经济政策在改进一个国家经济的健康运行方面有多大的作为？政府的政策如何影响产量、失业和通货膨胀等。就长期的问题来讲，宏观经济学主要考察一个国家经济的长期增长和发展的问题，研究哪些因素决定一个国家的长期增长和可持续发展，比如为什么有些国家穷、有些国家富？为什么经济会持续增长？经济繁荣和衰退的根源在哪里？为什么会有失业，失业程度由哪些因素来决定等。

1.2 经济学研究的问题

在西方经济学里，经济学是研究人与社会寻找满足他们的物质需要与欲望的方法的科学，是研究如何利用稀缺的资源最大限度地满足人们需要的科学，是研究稀缺资源在各种可供选择的用途中间进行合理配置的科学。

由稀缺而产生的一个基本问题是：社会如何将稀缺性的、竞争性的和生产性的资源在现在和将来、在生产各种商品和劳务之间做出选择，以决定生产什么、生产多少、如何生产和为谁生产等问题，这是关于稀缺资源的配置问题。

1.2.1 生产什么

生产什么就是决定稀缺的资源如何配置。在市场经济条件下，正是人们的欲望和需求偏好，使消费者投向某种产品，引导厂商组织生产。生产什么，这个问题的内涵是极其丰富的。大到一个国家，小到一个企业或者家庭，其拥有的经济资源是有限的，面对众多的而且一时又难以完全满足的需求，如何确定生产的产品种类和数量呢？对一个国家来讲，我们一般能够找到其所拥有的经济资源所能生产产品的种类及其组合的最大产量，这样的产出组合我们称其为生产可能性边界。我们假定一个国家某一类经济资源只能用来生产两种产品：消费品和基础设施。消费品是一个国家的人民维持生存所必需的，由食品、衣物和生活用品等构成，基础设施在不同的时代有不同的内容，在中国古代，交通需要的运河和国防需要的长城等都属于基础设施，在今天，高速公路、铁路、通信设施等属于基础设施。

当然，一个国家很少会做出只生产消费品或者只生产基础设施这样的生产决策，更多的是同时生产两种产品。因此，生产可能性边界是描述一个国家在一定的时期内和一定的技术水平下用其所拥有的经济资源所能产生的各种产品的最大组合。生产可能性边界给出了一个国家的经济资源可以生产的产品组合的各种可能性，但是它本身还是无法确定最佳组合应该在哪一个点上。从经济学的角度看，就涉及经济信息的获得和决策过程的形成。首先，我们必须知道社会的偏好函数是什么，即社会到底需要多少消费品，多少基础设施？这里就有一个信息的收集和反应过程。其次，生产决策是根据社会的偏好，即全体社会成员的偏好还是社会中某一部分人的偏好做出？对这个问题的不同回答，涉及不同经济体制问题。假定我们能够很好地发现社会偏好函数，而且决策机制是根据社会偏好函数来进行的，那么我们就可据此找到最优的生产组合点。比如说，你面前有一匹布，可以用来做衬衣，也可以用来做裤子等等，你裁剪之前决定到底要做什么。

1.2.2 如何生产

生产什么确定之后，如何生产又是一个重要的问题。同样的生产组合，可以采取很多种不同的方式进行生产。每种生产要素一般有多种用途，而任一种产品一般也可采用多种生产方法。同一种产品，既可采用多用劳动少用资本的方法，也可采用多用资本少用劳动的生产方法。例如，眼前的那匹布你已经决定了要做衬衣，现在要考虑的问题就是到底是多用工人少用机器，还是少用工人多用机器？也就是我们通常所说的用劳动密集型方法生产还是用资本密集型方法生产？这里有一个生产效率的问题，即如何组织生产使生产要素能够最有效率地被使用的问题。

是分工协作进行生产还是个体单独进行生产？是多用机器的方式生产还是多用劳动的方式生产？一般来说，共同协作生产要比个体生产有效率。如何生产涉及生产效率的问题，有人认为经济学家的主要职能是讨论生产的效率问题。生产方式的选择，技术水平的改进,生产关系的改善,都能够提高生产的效率,结果是前面讨论的生产可能性边界不断向外扩展。

当前如何生产的问题也涉及环境保护,过分地追逐产出的最大化,容易破坏人与自然的平衡,从长远看,这样的方式是不可取的。

1.2.3 为谁生产

为谁生产就是决定生产成果的分配,各种生产要素所获得的剩余产品索取决定了收入分配的比例,不同的社会制度影响着这种分配比例,这是一个追求公平的过程。总体来说,市场经济可以确保社会资源配置达到有效。

为谁生产,即社会总产品以何种标准进行分配。如何分配的问题不是一件可以随便选择的事情,它会影响到生产的效率。平均分配,从结果来看是公平的,但是,如果人们预先知道分配的结果是平均的,那么在生产过程中干多干少都一样,生产的低效率也就不可避免了。马克思曾设想过,在共产主义社会里,由于生产力极度发达和人们的觉悟非常高,按需分配的原则是可以实现的。但是,如果生产力水平还没有达到这个程度,人们的觉悟也没有这么高的时候,实行按需分配的方式是一定会失败的。因为,对生产结果如何分配的制度涉及生产过程中的激励机制问题。在生产力水平较低和人们的觉悟较低的情况下,其他激励机制难以继续发挥效果时,如果我们能将每个人在生产过程中所做的贡献很好地衡量出来的话,那么根据每个人在生产过程中的贡献大小进行社会产出的分配就是一个很好的激励机制。

由上述的分析可知,经济学是为解决资源稀缺性而产生的,因此经济学的研究对象就是由资源的稀缺性而引起的选择问题,即资源配置问题。经济学研究的是一个社会如何利用稀缺的资源以生产有价值的物品和劳务,并将它们在不同的人中间进行分配。

1.3 经济学思维

学习西方经济学,重要的是培养一种经济学思维,经济学思维是指什么呢?凯恩斯曾对此做过恰当的表述:经济学理论并不是一些现成的可以用于政策分析的结论,它不是教条,而是一种方法、一种智力工具、一种思维技巧,有助于拥有它的人得出正确的结论。所有社会现象均源于个体的行为以及群体的合作,在这些活动中,人们基于他们预期的额外收益和成本进行选择。人们面临不同目标之间的权衡取舍,任何一种行为的成本可以用所放弃的机会来衡量，理性人通过比较边际成本与边际收益做出决策，并根据他们所面临的激励改变自己的行为。

1.3.1 权衡取舍

资源是有限的，人们的欲望是无限的，有限的资源总是无法满足无限的欲望。因此，人们必须做出"权衡取舍"，而且这是每个人都无法回避的问题。"权衡取舍"的情况随处可见，与人们的生活息息相关。例如，一个家庭拥有 20 万元的存款，是选择全家出国旅游，还是选择购买汽车和添置家具呢？选择了出国旅游就无力再买车和添置家具了，买了车、添置了家具就不能出国旅游。再如，看电视时，选择看电影频道就不能看娱乐频道，选择看新闻频道就没法看电影频道，而究竟要看什么，不同的人会做出不同的"权衡取舍"。

面对上述情况时，无论做出怎样的选择，其所应遵循的策略原则都是一样的——根据自己的实际情况和需求，进行"权衡取舍"，做出使自己利益最大化的选择（利益最大化的前提是不能与道德和法律相抵触）。

每个人都会面临"权衡取舍"，虽然其各自权衡的侧重点不同，取舍的对象迥异，但总结起来，其大致上都会体现如下的几条规律：每个人都会自然地做出趋利避害的决策，选择对自己、对集体、对国家利益最大化的结果；"权衡取舍"的过程中，人们的思维方式会变得更加丰富，以便能与复杂的真实世界相协调，清楚认识自己面临的选择条件；"权衡取舍"的情况越多，意味着人们的选择和自由度越大，这也是社会进步的表现。

张维迎指出经济学的思维方式可以用一句话概括：天下没有免费的午餐。为了得到我们喜爱的一件东西，通常就不得不放弃另一件我们喜爱的东西。做出决策要求我们在一个目标与另一个目标之间权衡取舍。

例如我们考虑一个学生必须决定如何配置他的最宝贵的资源——时间。他可以把所有的时间用于学习经济学；可以把所有的时间用于学习心理学；也可以把时间分配在这两个学科上。他把某一个小时用于学习一门课时，他就必须放弃本来可以学习另一门课的一小时。而且，对于他用于学习一门课的每一个小时，他都要放弃本来可以用于睡眠、骑车、看电视或打工赚零花钱的时间。

当人们组成社会时，他们面临各种不同的权衡取舍。典型的是在"大炮与黄油"之间的选择。我们把更多的钱用于国防，以保卫我们的海岸免受外国入侵（大炮）时，我们能用于提高国内生活水平的消费品（黄油）就少了。在现代社会里，同样重要的是清洁的环境和高收入水平之间的权衡取舍。要求企业减少污染的法律增加了生产物品与劳务的成本。由于成本高，结果这些企业赚的利润少了，支付的工资低了，收取的价格高了，或者是这三种结果的某种结合。因此，尽管污染管制给予我们的好处是更清洁的环境，以及由此带来的健康水平的提高，但其代价是企业所有者、工人和消费者的收入减少了。

社会面临的另一种权衡取舍是在效率与平等之间。效率是指社会能从其稀缺资源中得到最多的东西。平等是指将这些资源的成果公平地分配给社会成员。换句话说，效率是指经济蛋糕的大小，而平等是指如何分割这块蛋糕。在设计政府政策的时候，这两个目标往往是不一致的。例如，我们来考虑目的在于实现更平等地分配经济福利的政策，如个人所得税，是要求经济上成功的人士比其他人给予政府更多的支持。虽然这些政策对实现更大的平等有好处，但它以降低效率为代价。当政府把富人的收入再分配给穷人时，就减少了对辛勤工作的奖励；结果，人们工作时数少了，生产的物品与劳务也少了。换句话说，当政府想要把经济蛋糕切为更均等的小块时，这块蛋糕本身也就变小了。

认识到人们面临的权衡取舍本身并没有告诉我们，人们将会或应该做出什么决策。学生不应该仅仅由于要增加用于学习经济学的时间而放弃心理学的学习。社会不应该仅仅由于环境控制提高了我们的物质生活水平而不再保护环境，也不应该仅仅由于帮助穷人扭曲了工作激励而忽视公平。然而，认识到生活中的权衡取舍是很重要的，因为人们只有了解了他们面临的选择，才能做出良好的决策。

1.3.2 机会成本

机会成本就是获得某样事物所必须放弃的其他事物。机会成本是指在经济决策过程中，因选取某一方案而放弃另一方案所付出的代价或丧失的潜在利益。要想对备选方案的经济效益做出正确的判断与评价，必须在作决策前进行分析，将已放弃的方案可能获得的潜在收益作为被选取方案的机会成本计算在内。例如，同样是从一个城市到另一个城市，为什么穷人更愿意坐长途汽车，而富人更愿意坐飞机？从机会成本角度分析可知，富人的时间机会成本相对较高（比如，有些律师一小时的收费可达上万元），长途汽车对他们而言是极其昂贵的交通工具；对穷人来说，他们的时间机会成本一般要比高收入者低得多。

更应该清楚的是，机会成本并不是实际发生的成本，而是有限的资源。换句话说就是当你将有限的资源用到某一项活动时，你丧失掉的机会成本就是将这有限的资源用于其他活动。

所谓权衡取舍，也是在比较了机会成本之后得出的结论，人们应倾向于选择机会成本相对较低的情况。

1.3.3 边际选择

人们在资源有限的情况下，不能使全部欲望得到满足，他们只能根据欲望的重要性进行分配，首先满足最重要的和较重要的，但是总有一个是最后被满足的最不重要的、意义最小的处在边缘上的欲望，它是随着资源的减少而首先放弃的欲望，这种欲望就是边际欲望，满足这种边际欲望的能力就是边际效用。边际理论认为，决定物品价值的不是它的最大效用，不是它的平均效用，而是它的最小效用，即由它的边际效用来决定的。

在经济学上，把由某项业务活动引起的边际收入和它的边际成本（而不是全部成本）相比较的方法，就叫边际分析法。运用边际分析的方法观察经济问题时，稀缺论认为，财富的增长、人类福利的增进不是经济增长的自由展现，而是经济资源的最优配置；不是一切增量投入都是可取的，只有把增量投入与增量产出联系起来分析才是可取的。

在这种理论的影响下，在以后的经济研究中，经济学家提出了边际生产力、边际成本、边际收益、边际替代率、边际消费倾向等概念，极大地丰富了经济学研究的内容。所以，边际分析的广泛使用是经济学研究的重大变革。比如一家民航公司开辟从甲地飞往乙地的新航线，每运载一位旅客的全部成本是260元，那么，当每次飞机有空位时，它能不能以每张130元的票价卖给学生呢？有人可能会说：“不行！”理由是每个旅客的全部成本是260元，低于这个数目的票价将会给航空公司造成亏损。但是，如果我们用边际分析法去分析一下，便会发现是可行的。因为我们此时作决策不能依据全部成本（它包括飞机维修费用、机场设施和地勤人员的费用等），而是要依据边际成本。飞机维修费以及机场设施费等的开销，不论是否搭载学生，均是要发生的，而学生在机上的就餐费和飞机因增加负载而增加的燃料支出，才是因学生乘坐飞机而额外增加的成本。若该边际成本只有30元，则边际收入130元大于它的边际成本，说明学生乘坐飞机能为公司增加利润，所以，按低价让学生乘坐飞机对航空公司是有利的。

用经济学的方式来说，涉及到边际价值的问题。经济学分析本质上就是边际分析。边际收益或者边际成本就是额外的收益或成本。经济学理论就是边际分析，因为理论假设了人们的决策是通过比较预期的额外收益和预期的额外成本做出的，收益和成本都是站在决策者所处的边界上来衡量的。

日常选择说穿了就是边际选择，例如，有同学约你出去玩，而你正在奋力准备明天的经济学考试,你拒绝了同学的要求,你的同学非常伤心,再三恳求,这时若你掌握了经济学思维方式,你会毫不犹豫地再次拒绝同学的请求,仅仅从边际意义上分析,你应该做出这样的选择。

1.3.4 激励改变人的行为

由于人们通过比较成本与利益做出决策,所以,当成本或利益变动时,人们的行为也会改变。这就是说,人们会对激励做出反应。例如,当苹果的价格上升时,人们就会决定多吃梨少吃苹果,因为购买苹果的成本高了。同时,苹果园决定雇佣更多工人并多摘些苹果,因为出售苹果的利益也高了。同样,厂商在决定是否进行投资时,也会根据不同的给定条件进行利弊得失的权衡,一般来说,未来收益大的投资风险也大,为了规避风险就要放弃一些利益。

同样,在对选择问题进行分析时,经济学家将注意力集中于激励。在市场经济中,有许多因素都可能影响激励,但最为重要的因素是价格。例如,当汽油价格居高不下时,人们会考虑买节油型汽车。反过来,当某种商品价格上升时,厂商就受到激励,从而会多生产这种产品以增加利润。如果生产过程中使用的某一种资源(如劳动力或某种原材料)的价格上升了,厂商就会受到激励去寻找各种节约使用资源的新的生产方式,技术进步和组织创新在很大程度上就是在这种激励下形成的。

公共决策者决不应该忘记激励,因为许多政策改变了人们面临的成本或利益,从而改变了行为。例如,对汽油征税,鼓励人们开小型、节油型汽车。它还鼓励人们坐公共汽车,而不是自己开车,并鼓励人们在离自己住的近的地方工作。如果汽油税收足够大,人们就会开始驾驶电动汽车。

【本章小结】

1. 经济学是一门关于选择的学科,即对稀缺的经济资源进行优化配置。

2. 所谓稀缺,是相对人的欲望而言的,这是经济学中最重要的约束条件。

3. 从研究内容来说,经济学的三个基本问题是:生产什么?如何生产?为谁生产?这构成了整个经济学研究框架的基石。

4. 从研究框架来看,主要有微观经济学和宏观经济学两大理论框架,两者在研究内容、方式以及视角方面都有着各自的特点。

5. 经济学主要有四种思维方式:权衡取舍;机会成本;边际选择;激励改变人的行为。

第1章 导　论

【推荐读物】

1. 保罗·海恩. 经济学的思维方式（第11版）[M]. 马昕，陈宇译. 世界图书出版公司，2008.
2. 胡代光. 西方经济学说的演变及其影响 [M]. 北京大学出版社，1998.

【复习思考题】

1. 经济学的核心问题是什么？如何理解"经济学是一门选择的学问"这句话？
2. 请你从我国的经济现状出发试着提出几个你认为有研究意义的经济问题。
3. 在你学过的或目前学过的课程中，有哪几门与西方经济学有关？
4. 开篇案例思考题：
（1）什么是资源的稀缺性？
（2）资源的稀缺性与经济学的产生有什么关联？
（3）学习经济学的意义是什么？

第 2 章

价格：供给与需求

【学习目标】
1. 理解需求与供给的概念，及其需求定律和供给定律的内容。
2. 了解市场上商品价格的决定及波动的原因。
3. 掌握弹性的概念。
4. 能够使用弹性理论分析"谷贱伤农"现象。
5. 明确均衡价格的变动对社会资源配置的影响。

【开篇案例】

苏州乐园的门票

2001年夏，苏州乐园门票从60元降到10元。一时间，趋之者众，十天该园日均接待游客量创下历史之最，累计实现营业收入400万元以上。10元门票引来25万人，盛夏的苏州乐园，十分过瘾地火了一把。

"火"，是自7月20日傍晚5时点起来的。这是该园举办"2001年仲夏狂欢夜"的首日，门票从60元降至10元。是夜，到此一乐的游客竟达7万之多，大大出乎主办者"顶多3万人"的预测，这个数字，更是平时该园日均游客数的15~20倍，创下开园4年以来的历史之最。到7月29日，为期10天的"狂欢夜"活动落下了帷幕。园方坐下来一算，喜不自禁：这10天累计接待游客25万余人，实现营业收入400万元以上，净利润250万余元……这些指标，均明显超过白天正常营业时间所得。

正常情况下，苏州乐园的门票每人每张60元，每天的游客总数在3 000~4 000人之间，营业时间从上午9时到下午5时。而"狂欢夜"是在"业余"时间进行，即从每天下午5时到晚上10时，门票却降到10元。就是说，"狂欢夜"这10天，这家乐园在不影响白天正常营业的情况下，每天延长了5小时的营业时间，营业额和利润就翻了一番以上。

"狂欢夜"与该园举办的"第四届啤酒节"是同时进行的。42个相关厂家到乐园助兴——其实，厂家是乘机宣传和推销自己的产品。据园方介绍，以往搞啤酒节，乐园是要收取厂家一定的"机会"费用的，但是，这次却基本不收或少收些许，而厂家须向游客免费提供一些"小恩小惠"——企业的广告宣传品等。减免了货币的支付，厂家岂有不乐的？园方也承认，众厂家的参与，带来大笔场地费，降低了乐园搞"狂欢夜"活动的风险，不过，它并非这次活动最后成功的决定性因素。

"火"一把的关键，是原先60元一张的门票陡降到10元钱。非但如此，每位到乐园过"狂欢夜"的，凭门票，还可以领到与10元门票同等价值的啤酒、饮料和广告衫等。需要说明的是，白天购60元门票入园后，园内的多数活动项目就不再收费；而购10元门票入园后，高科技项目和水上娱乐项目等仍要适当收取一点费用。这样算下来，园方至少可以保证自己不赔钱，何况还有那么多厂家的支撑。消费者算算，也比60元一张门票值，因为，有些游客只是参与部分娱乐项目的消费，甚至只是乘晚间出来纳个凉、吹吹风，尤其是三口之家，更是觉得这样划算，总共花30元就能享受凉爽的空气、新鲜的啤酒、精彩的演出、美丽的焰火、免费赠送的礼品，太实惠了！厂家更精——做了广告，推销了产品，还培育了潜在的消费群体。总之，大家都赚了。好事能否成为常态？

资料来源：顾兆农．苏州乐园：十元门票为何只卖十天［N］．人民日报，2001年8月17日，第九版。

【重要概念】

需求（Demand）

供给（Supply）

均衡价格（Equilibrium Price）

需求价格弹性（Elasticity Price of Demand）

需求交叉弹性（Cross Elasticity of Demand）

需求收入弹性（Income Elasticity of Demand）

供给价格弹性（Elasticity Price of Supply）

消费者剩余（Consumer Surplus）

生产者剩余（Producer Surplus）

价格决定于供给与需求。无论是商品、劳务，还是生产要素，其价格都由供给与需求决定。所以，本章介绍供给和需求的概念，并说明它们在单个商品竞争市场上如何运作。我们首先进行需求分析，然后进行供给分析，再将需求曲线和供给曲线结合在一起分析均衡价格的形成，本章结束时还将给出一些运用需求和供给分析的实例。

2.1 需　　求

2.1.1 需求的含义

1. 需求的含义

一种商品的需求是指消费者在一定时期内在各种可能的价格水平上愿意而且能够购买的该商品的数量。也就是说，如果消费者对某种商品只有购买的欲望而没有购买的能力，就不能算作需求。需求必须是指既有购买欲望又有购买能力的有效需求。

需要与需求的区别：需要是人们的一种心理现象，它表现为人们对客观事物的渴求和欲望，是成为人们行动的直接导因和原动力。作为消费者，当他只有购买消费品的欲望，而无能力支付货币时，就只是需要；只有当他既有对消费品的欲望，并且有货币支付能力时，才是需求。

理解这一概念，强调以下三个要点：

第一，需求量是个预期概念，不是指实际购买量，是消费者预计、愿意或打算购买的数量。

第二，需求量是指有效需求量，即有现实支付能力的需求。现实的支付能力指拥有足够的货币来支持。

第三，需求总是涉及两个变量：价格、需求量。没有相应的价格，就谈不上需求。

2. 影响需求量的主要因素

一种商品的需求数量是由许多因素共同决定的。其中主要的因素有：该商品的价格、消费者的收入水平、相关商品的价格、消费者的偏好和消费者对该商品的价格预期、社会时尚、人口数量与结构等。它们各自对商品的需求数量的影响如下：

第一，商品本身的价格。一般来说，一种商品的价格越高，该商品的需求量就会越小。相反，价格越低，需求量就会越大。

第二，消费者的收入水平。消费者的收入水平与商品的需求量的变化分为两种情况。对于一般商品来说，当消费者的收入水平提高时，就会增加对商品的需求量。相反，当消费者的收入水平下降时，就会减少对商品的需求量，即消费者的收入水平与商品的需求量呈同方向变化。对于低档商品而言，消费者的收入水平与商品的需求量呈反方向变化。

第三，其他相关商品的价格。当一种商品本身的价格保持不变，而和它相关的其他商品的价格发生变化时，这种商品本身的需求量也会发生变化。商品之间的关系有两种，一种是互补关系，另一种是替代关系。

互补关系是指两种商品共同满足一种欲望，它们之间是互相补充的。例如录音机与磁带。这种有互补关系的商品，当一种商品（如录音机）价格上升时，对另一种商品（如磁带）的需求就减少。反之，当一种商品的价格下降时，对另一种商品的需求就增加。互补商品价格变化引起该商品需求量的反方向变动。

替代关系是指两种商品可以相互代替来满足同一种欲望，它们之间是可以相互替代的。例如，羊肉和牛肉就是这种替代关系。这种有替代关系的商品，当一种商品（如羊肉）价格上升时，对另一种商品（如牛肉）的需求就增加。因为羊肉价格上升，人们少吃羊肉，必然多吃牛肉。反之，当一种商品价格下降时，另一种商品的需求就减少。替代商品价格变化引起该商品需求量的同方向变动。

第四，消费者的偏好。当消费者对某种商品的偏好程度增强时，该商品的需求量就会增加。相反，偏好程度减弱，需求量就会减少。消费者的偏好是心理因素，但更多地受人们生活于其中的社会环境，特别是当时当地的社会风俗习惯影响（如攀比心理等）。

第五，消费者对商品的价格预期。当消费者预期某种商品的价格在将来某一时期会上升时，就会增加对该商品的现期需求量；当消费者预期某种商品的价格在将来某一时期会下降时，就会减少对该商品的现期需求量。这也是一个心理因素，不过对消费者需求量影响的预期因素，不仅是价格预期，还有对未来收入和支出的预期，政府政策倾向的预期等。

影响需求的其他因素还有：一是企业的促销策略。广告、推销方式、销售渠道的选择及其实施效果，都会影响产品的需求量。二是人口及其构成的变动。人口数量、地理分布、文化结构、年龄结构等，也会影响商品的需求量。

3. 需求函数

所谓需求函数是用来表示一种商品的需求数量和影响该需求数量的各种因素之间的相互关系的。也就是说，在以上的分析中，影响需求数量的各个因素是自变量，需求数量是因变量。一种商品的需求数量是所有影响这种商品需求数量的因素的函数。一般形式是：

$$Q_d = f(P, I, P_s, P_c, T, P_e, A, \cdots)$$

式中，Q_d 为对某种商品的需求量；P 为该商品价格；P_c 为互补商品价格；P_s 为替代商品的价格；I 为收入；T 为偏好；P_e 为对价格的预期变动；A 为企业广告费；以及其他影响该商品需求量的自变量。

但是，如果我们对影响一种商品需求数量的所有因素同时进行分析，这就会使问题变得复杂起来。在处理这种复杂的多变量问题时，通常可以将问题简化，即把影响因素放在商品本身的价格上，而同时使其他影响因素保持不变。这是因为一种商品的价格是决定需求数量的最基本的因素，所以，我们假定其他因素保持不变，仅仅分析一种商品的价格对该商品需求量的影响，即把一种商品的需求量仅仅看成是这种商品的价格的函数，需求函数就可以用下式表示：

$$Q_d = f(P)$$

为了更进一步简化分析，在不影响结论的前提下，大多使用线性需求函数，其形式为：

$$Q_d = \alpha - \beta \cdot P$$

其中，α、β 为常数且大于零，α 为截距，β 为斜率倒数。

2.1.2 需求定律

需求定律是指在其他条件不变的情况下，商品的需求量与其价格呈反方向变动关系，即需求量随着商品本身的价格上升而减少，随着商品本身的价格下降而增加。需求定律是经过大量经验材料的检验和证明的，并建立在一定的经济基础上，适用于大多数的商品。在理解价格的决定时，需求定律是很重要的。当然，需求定律也有如下的例外。

第一，炫耀性商品不遵循需求定律。例如高级饰品、高级轿车、文物、名画等。消费者购买这些商品时出于向别人炫耀的心理，不是价格贵了少买，价格便宜了多买，而是反过来，价格越贵，越要多买，即需求量与价格呈同方向变动关系。价格贵，是赖以炫耀的条件，只有价格贵了，多数人买不起，少数买得起的人才能拿出来向别人炫耀。

第二，某些低档商品，在特殊情况下，价格越高，需求量反而增加，最典型的是吉芬商品。英国人吉芬于 19 世纪发现，1845 年爱尔兰发生灾荒，土豆价格上升，但是土豆的需求量却反而增加了。这一现象在当时被称为"吉芬难题"。这类需求量与价格呈同方向变动的特殊商品以后也因此被称作吉芬物品。

第三，投机性商品。所谓投机性商品是指购买者出于从价格变动中套利的目的而买卖的商品，并不是为了真实需求而购买。对于这类商品，决定需求量的不是当前的价格高低，而是未来价格与当前价格的差额，只要投机者预期未来价格高于当前价格，就会买进；反之如果预期未来价格低于当前价格，就会卖出。但问题是，未来价格是一个事先无法确定的未知数，购买者只能依靠自己的预期，进行决策。由于种种原因，不同的购买者会对未来做出不同的预期，因而，这类商品的需求量与其价格之间的关系就非常不规则了，如股票的价格。

虽然并不是所有的商品都遵循需求定律，但是需求定律作为一种经济理论也是以一定的假设条件为前提的。这个假设条件就是"其他条件不变"。所谓"其他条件不变"是指除了商品本身的价格之外，其他影响需求的因素都是不变的。离开了这一前提，需求定律就无法成立。所以，要辩证地看待这一需求定律。

2.1.3 需求表与需求曲线

在对需求的分析中，考察如果其他条件不变，当一种商品的价格变化时，消费者对这种商品的购买数量如何变化。也就是说，一种商品的需求量和价格之间存在着一定的函数关系。这种函数关系可以分别用商品的需求表和需求曲线来加以表示。

1. 需求表

商品的需求表是一张表示某种商品的各种价格水平和与各种价格水平相对应的该商品的需求数量之间关系的数字序列表。表 2-1 是一张某商品的需求表。

表 2-1　　　　　　　　　消费者对某商品的需求表

价格—需求数量组合	价格（元）	需求量（单位数）
A	1	70
B	2	60
C	3	50
D	4	40
E	5	30
F	6	20
G	7	10

从表 2-1 可以清楚地看到商品价格与需求量之间的函数关系。当商品价格为 1 元时，商品的需求量为 70 单位；当价格上升为 2 元时，需求量下降为 60 单位；当价格进一步上升为 3 元时，需求量下降为更少的 50 单位，如此等等。需求表实际上是

用数字表格的形式来表示商品的价格和需求量之间的函数关系。

2. 需求曲线

需求曲线是以几何图形来表示商品的价格和需求量之间的函数关系的。商品的需求曲线是根据需求表中商品不同的价格—需求量的组合在平面坐标图上所绘制的一条曲线。图 2-1 是根据表 2-1 绘制的一条需求曲线。

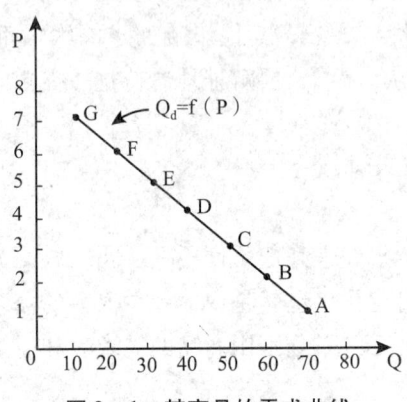

图 2-1 某商品的需求曲线

在图 2-1 中，横轴 OQ 表示商品的数量，纵轴 OP 表示商品的价格。应该指出的是，与数学上的习惯相反，在微观经济学分析需求曲线和供给曲线时，通常以纵轴表示自变量 P，以横轴表示因变量 Q。

图中的需求曲线是这样得到的：根据表 2-1 中每一个商品的价格—需求量的组合，在平面坐标图中描绘相应的各点 A、B、C、D、E、F、G，然后顺次连接这些点，便得到需求曲线 $Q_d = f(P)$。它表示在不同的价格水平下消费者愿意而且能够购买的商品数量。

微观经济学在论述需求函数时，一般都假定商品的价格和相应的需求量的变化具有无限分割性。正是由于这一假定，在图 2-1 中才可以将商品的各个价格—需求量的组合点 A、B、C……连接起来，从而构成一条光滑的连续的需求曲线。需求曲线反映了商品的需求量与价格之间的一一对应关系。当价格上升时，需求量减少；当价格下降时，需求量增加。需求曲线向右下方倾斜，斜率为负，表示商品的价格和需求量成反比。

图 2-1 中的需求曲线是一条直线，实际上，需求曲线可以是直线型的，也可以是曲线型的。当需求函数为线性函数时，相应的需求曲线是一条直线，直线上各点的

斜率是相等的；当需求函数为非线性函数时，相应的需求曲线是一条曲线，曲线上各点的斜率是不相等的。

2.1.4 市场的需求曲线

一种商品的市场需求是指在一定时期内在不同的价格下市场中所有消费者对某种商品的需求数量。因而，一种商品的市场需求不仅依赖于每一个消费者的需求函数，还依赖于该市场中所有消费者的数目。所以说，市场需求曲线可由市场中各个消费者的需求曲线横向相加求得，即在每个价格之下的市场需求量是所有个人在该价格之下的需求量之和。

假定在某一商品市场上有 n 个消费者，他们都具有不同的个人需求函数 $Q_i^d = f_i(P)$，$i = 1, 2, \cdots, n$，则该商品市场的需求函数为：

$$Q_i^d = \sum_{i=1}^{n} f_i(P) = F(P)$$

可见，一种商品的市场需求量是每一个价格水平上的该商品的所有个人需求量的水平加总。由此可以推知，只要有了某商品的每个消费者的需求表或需求曲线，就可以通过加总的方法，得到该商品市场的需求表或需求曲线。下面用表 2-2 和图 2-2 来说明。

在表 2-2 中，假设某商品市场上只有 A、B 两个消费者，通过把每一个价格水平上的 A、B 两个消费者的需求量加总，便得到每一个价格水平上的市场需求量，为表中的第（4）栏。

表 2-2　　　　　　　从单个消费者的需求表到市场需求表

商品价格（1）	消费者 A 的需求量（2）	消费者 B 的需求量（3）	市场需求量（2）+（3）
0	20	30	50
1	16	24	40
2	12	18	30
3	8	12	20
4	4	6	10
5	0	0	0

图 2-2 是根据表 2-2 绘制的需求曲线。图中的市场需求曲线是 A、B 两个消费者的需求曲线的水平加总，即在每一个价格水平上都有市场需求量 $Q^d = Q_A^d + Q_B^d$。

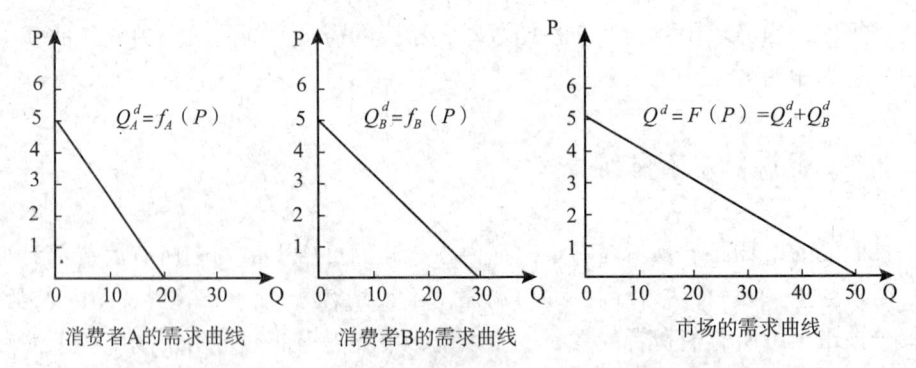

图 2-2 从单个消费者的需求曲线到市场需求曲线

据此，我们把单个消费者的需求函数和市场需求函数之间的关系表示为：

$$D(P) = \sum_{i=1}^{n} D_i(P) \quad i = 1, 2, \cdots, n$$

式中，$D_i(P)$ 为单个消费者的需求函数；$D(P)$ 为市场的需求函数。

由于市场需求曲线是单个消费者的需求曲线的水平加总，所以，如同单个消费者的需求曲线一样，市场需求曲线一般也是向右下方倾斜的。如果有更多的消费者进入市场，则市场需求曲线会向右移动。此外，影响单个消费者需求的因素也会影响市场需求，例如商品本身的价格、消费者收入水平、消费者预期等因素都会影响市场需求。而这些因素中的价格因素发生变化时，也会引起市场需求量的变化；非价格因素的变化，会引起市场需求的变化。

2.1.5 消费者剩余

消费者愿意对某商品支付的价格与实际支付的价格之间的差额就是消费者剩余，消费者剩余与一种物品的需求曲线密切相关，因为需求曲线反映了买者的支付意愿。

在需求曲线上，任何一种数量时，需求曲线给出的价格表示边际买者的支付意愿。边际买者是如果价格再提高一点就首先离开的买者。在消费者购买商品时，消费者对某种商品所愿意支付价格是逐步下降的。消费者对每一单位商品所愿意支付的价格并不等于该商品在市场上的实际价格。事实上，消费者在购买商品时是按照实际的市场价格支付的。于是，在消费者愿意支付的价格和实际的市场价格之间就产生了一个差额，这个差额便构成了消费者剩余的基础。例如：某种面包的市场价格为3元，某消费者在购买第一个面包时，根据这个面包的边际效用，他认为值得付5元去购买这个面包，即他愿意支付的价格为5元。于是当这个消费者以市场价格3元购买这个面包时，就创造了额外的 2 元的剩余。在以后的购买过程中，随着面包的边际效用递减，他为购买第二个、第三个、第四个面包所愿意支付的价格分别递减为 4.50 元、4.00 元和 3.50 元。这样，他为购买 4 个面包所愿意支付的总价格为 5.00 + 4.50 + 4.00 + 3.50 = 17 元。但他实际按市场价格支付的总数量为 3.00 × 4 = 12 元。两者的差额为 17 - 12 = 5 元。这个差额就是消费者剩余。也正是这种感觉使他认为购买 4 个面包是值得的，是能使自己的状况得到改善的，如表 2 - 3 所示。

表 2 - 3　　　　　　　　　　消费者剩余

消费量	愿意支付的价格	实际支付的价格	消费者剩余
1	5	3	2
2	4.5	3	1.5
3	4	3	1
4	3.5	3	0.5
合计	17	12	5

如果把商品数量和价格都看成是连续变化的，则消费者剩余可以用消费者需求曲线以下、市场价格线以上的面积来表示。消费者剩余可以用几何图形来表示。如图 2 - 3 中的阴影部分面积所示。具体来看，在图 2 - 3 中，需求曲线以反需求函数的形式 $P^d = f(Q)$ 给出，它表示消费者对每一单位商品所愿意支付的价格。假定该商品的市场价格为 P_0，消费者的购买量为 Q_0。那么，根据消费者剩余的定义，我们可以推断，在产量 O 到 Q_0 区间需求曲线以下的面积表示消费者为购买 Q_0 数量的商品所愿意支付的总数量，即相当于图中的面积 $OABQ_0$；而实际支付的总数量等于市场价格 P_0 乘以购买量 Q_0，即相当于图中的矩形面积 OP_0BQ_0。这两块面积的差额即图中的阴影部分面积，就是消费者剩余。

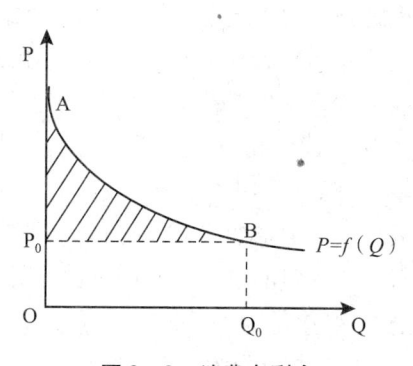

图 2 - 3　消费者剩余

消费者剩余也可以用数学公式来表示。令反需求函数 $P^d = f(Q)$，价格为 P_0 时的消费者的需求量为 Q_0，则消费者剩余为：

$$CS = \int_0^{Q_0} f(Q)\,dQ - P_0 Q_0$$

式中，CS 为消费者剩余的英文简写，式子右边的第一项即积分项，表示消费者愿意支付的总数量，第二项表示消费者实际支付的总数量。

我们利用单个消费者的需求曲线得到了单个消费者剩余，这一分析可以扩展到整个市场。相类似地，我们可以由市场的需求曲线得到整个市场的消费者剩余，市场的消费者剩余可以用市场需求曲线以下，市场价格线以上的面积来表示。

最后需要指出的是，在大多数市场上，消费者剩余反映了经济福利。消费者剩余是消费者的主观心理评价，它反映消费者通过购买和消费商品所感受到的状态的改善。因此，消费者剩余通常被用来度量和分析社会福利问题，消费者剩余的增加就是消费者福利的增加。

2.1.6 需求的变动

在经济学分析中特别要注意区分需求量的变动和需求的变动这两个概念。弄清这两个概念之间的区别，对于正确进行需求-供给分析具有重要的意义。在西方经济学文献中，需求量的变动和需求的变动都是需求数量的变动，它们的区别在于引起这两种变动的因素是不相同的，而且，这两种变动在几何图形中的表示也是不相同的。

1. 需求的变动

需求的变动是指在某商品价格不变的条件下，由于其他因素的变动所引起的该商品的需求数量的变动。这里的其他因素变动是指消费者的收入水平变动、相关商品的价格变动、消费者偏好的变化和消费者对商品的价格预期的变动等。在几何图形中，需求的变动表现为需求曲线的位置发生移动。以图 2-4 为例加以说明。

图中原有的曲线为 D_1。在商品价格不变的前提下，如果其他因素的变化使得需求增加，则需求曲线向右平移，如由图中的 D_1 曲线向右平移到 D_2 曲线的位置。如果其他因素的变化使得需求减少，则需求曲线向左平移，由需求变动所引起的这种需求曲线位置的移动，表示在每一个既定的价格水平需求数量都增加或减少了。例如，在既定的价格水平 P_0，原来的需求数量为 D_1 曲线上的 Q_1，需求增加后的需求数量为 D_2 曲线上的 Q_2，需求减少后的需求数量为 D_3 曲线上的 Q_3。而且，这种在原有价格

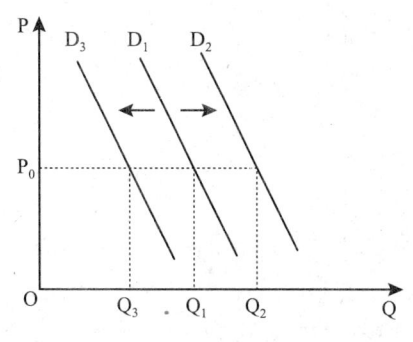

图 2-4 需求的变动

水平上所发生的需求增加量 Q_1Q_2 和需求减少量 Q_3Q_1 都是由其他因素的变动所引起的。比如说，它们分别是由消费者收入水平的提高和下降所引起的。显然，需求的变动所引起的需求曲线的位置的移动，表示整个需求状态的变化。

2. 需求量的变动

需求量的变动是指在其他条件不变时，由某商品的价格变动所引起的该商品的需求数量的变动。在几何图形中，需求量的变动表现为商品的价格—需求数量组合点沿着同一条既定的需求曲线的运动。例如，在图 2-1 中，当商品的价格发生变化由 2 元逐步上升为 5 元，它所引起的商品需求数量由 60 单位逐步地减少为 30 单位时，商品的价格—需求数量组合由 B 点沿着既定的需求曲线 $Q_d=f(P)$，经过 C、D 点，运动到 E 点。需要指出的是，这种变动虽然表示需求数量的变化，但是并不表示整个需求状态的变化。因为，这些变动的点都在同一条需求曲线上。

2.2　供　　给

2.2.1　供给的含义

1. 供给的含义

一种商品的供给是指生产者在一定时期内在各种可能的价格下愿意并且能够提供

出售的该种商品的数量。根据上述定义，如果生产者对某种商品只有提供出售的愿望，而没有提供出售的能力，则不能形成有效的供给，也不能算作供给。

理解这一概念，强调以下三个要点：

第一，供给量是个预期概念，不是指实际售卖量，是生产者预计、愿意或打算供给的数量。

第二，供给量是指有效供给量，即有现实生产能力的供给。现实的生产能力指拥有足够的生产条件来支持。

第三，供给总是涉及两个变量：价格、供给量。没有相应的价格，就谈不上供给。

2. 影响供给量的主要因素

一种商品的供给数量取决于多种因素的影响，其中主要的因素有：该商品的价格、生产的成本、生产的技术水平、相关商品的价格和生产者对未来的预期。它们各自对商品的供给量的影响如下。

第一，商品自身的价格。一般来说，一种商品的价格越高，生产者提供的产量就越大。相反，商品的价格越低，生产者提供的产量就越小。

第二，生产的成本。在商品自身价格不变的条件下，生产成本上升会减少利润，从而使得商品的供给量减少。相反，生产成本下降会增加利润，从而使得商品的供给量增加。

第三，生产的技术水平。在一般情况下，生产技术水平的提高可以提高劳动生产率，降低生产成本，增加生产者的利润，生产者会提供更多的产量。

第四，相关商品的价格。当一种商品的价格保持不变，而和它相关的其他商品的价格发生变化时，该商品的供给量会发生变化。例如，对某个生产小麦和玉米的农户来说，在玉米价格不变和小麦价格上升时，该农户就可能增加小麦的耕种面积而减少玉米的耕种面积。

第五，生产者对未来的预期。如果生产者对未来的预期是乐观的，如预期商品的价格会上涨，生产者在制定生产计划时就会增加产量供给。如果生产者对未来的预期是悲观的，如预期商品的价格会下降，生产者在制定生产计划时就会减少产量供给。

第六，政府税收政策。这是20世纪80年代以来一直引起重视的一大因素。

3. 供给函数

一种商品的供给量是所有影响这种商品供给量的因素的函数。供给函数的一般形式是：

第 2 章 价格：供给与需求

$$Q_s = \varphi(P, C, T, P_c, P_s, P^e, \cdots)$$

Q_s 为对某种商品的供给量；P 为该商品价格；C 为成本；P_c 为互补商品价格；P_s 为替代商品的价格；T 为技术水平；P^e 为对价格的预期变动；以及其他影响该商品供给量的自变量。

如果假定其他因素均不发生变化，仅考虑一种商品的价格变化对其供给量的影响，即把一种商品的供给量只看成是这种商品价格的函数，则供给函数就可以表示为：

$$Q_s = \varphi(P)$$

式中，P 为商品的价格；Q_s 为商品的供给量。当使用线性函数时，其形式为：

$$Q_s = -\delta + \gamma P$$

式中，δ、γ 为常数，且 δ、$\gamma > 0$，与该函数相对应的供给曲线为一条直线。

2.2.2 供给定律

经济学上，把商品的价格和供给量之间所遵循的原则称为供给定律。在其他条件不变的情况下，商品供给量与其价格呈同方向变动的关系，这种现象被称为供给定律。

但是在现实生活中，并不是所有的商品都遵循供给定律，有些商品是不遵循供给定律的。

第一，劳动的供给，当工资增加到一定程度时，如果继续增加，则劳动的供给量不仅不会增加，反而会减少。

第二，不可再生性商品，如土地、文物等，由于受各种条件限制，其供给量是固定的。无论价格如何上升，其供给量也无法增加。

第三，投机性强的商品，例如股票、证券，其供给与价格呈不规则变动关系。

2.2.3 供给表与供给曲线

供给函数 $Q_s = \varphi(P)$ 表示一种商品的供给量和商品价格之间存在着一一对应的关系。这种函数关系可以分别用供给表和供给曲线来表示。

1. 供给表

商品的供给表是一张表示某种商品的各种价格和与各种价格相对应的该商品的供给数量之间关系的数字序列表。例如，表 2-4 是一张某商品的供给表。

表2-4　　　　　　　　　　　某商品的供给表

价格—需求数量组合	价格（元）	需求量（单位数）
A	2	0
B	3	20
C	4	40
D	5	60
E	6	80

表2-4清楚地表示了商品的价格和供给量之间的函数关系。例如，当价格为6元时，商品的供给量为80单位；当价格下降为4元时，商品的供给量减少为40单位；当价格进一步下降为2元时，商品的供给量减少为0。供给表实际上是用数字表格的形式来表示商品的价格和供给量之间的函数关系的。

2. 供给曲线

商品的供给曲线是以几何图形表示商品的价格和供给量之间的函数关系，供给曲线是根据供给表中的商品的价格—供给量组合在平面坐标图上所绘制的一条曲线。图2-5便是根据表2-4所绘制的一条供给曲线。

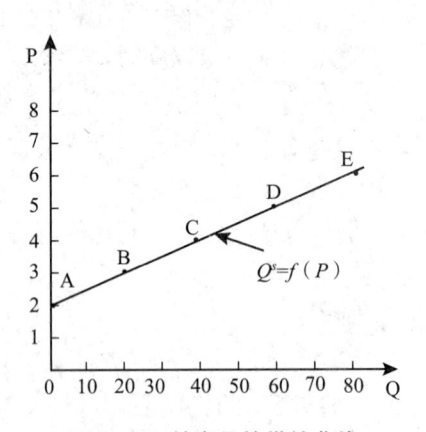

图2-5　某商品的供给曲线

图中的横轴OQ表示商品数量，纵轴OP表示商品价格。在平面坐标图上，把根据供给表中商品的价格—供给量组合所得到的相应的坐标点A、B、C、D、E连接起来的线，就是该商品的供给曲线。它表示在不同的价格水平下生产者愿意而且能够提供出售的商品数量。和需求曲线一样，供给曲线也是一条光滑的和连续的曲线，它是建立在商品的价格和相应的供给量的变化具有无限分割性的假设基础上的。

如同需求曲线一样，供给曲线可以是直线型，也可以是曲线型。如果供给函数是一元一次的线性函数，则相应的供给曲线为直线型，如图 2-5 中的供给曲线。如果供给函数是非线性函数，则相应的供给曲线就是曲线型的。直线型的供给曲线上的每个点的斜率是相等的，曲线型的供给曲线上的每个点的斜率则不相等。

2.2.4 市场的供给曲线

市场供给是指一定时期，在各种可能的价格下，生产某种商品的所有生产者愿意生产并且能够提供的该商品的数量。也就是说，市场供给代表着所有单个生产者供给的加总，因此，市场供给函数也就可以看做所有单个生产者供给函数的加总。

假定在某一商品市场上有 n 个生产者，他们都具有不同的单个生产函数 $Q_i^s = f_i(P)$，$i = 1, 2, \cdots, n$，则该商品市场的供给函数为：

$$Q_i^s = \sum_{i=1}^{n} f_i(P) = F(P)$$

可见，一种商品的市场供给量是每一个价格水平上的该商品的所有单个生产量的水平加总。由此可以推知，只要有了某商品的每个生产者的供给表或供给曲线，就可以通过加总的方法，得到该商品市场的供给表或供给曲线。下面用表 2-5 和图 2-6 来说明。

表 2-5　　　　　　　　　从单个生产者的供给表到市场供给表

商品价格（1）	生产者 A 的供给量（2）	生产者 B 的供给量（3）	市场供给量（4）
5	0	100	100
10	100	300	400
20	200	500	700
30	300	700	1 000
40	400	900	1 300

在表 2-5 中，假设某商品市场上只有 A、B 两个生产者，通过把每一个价格水平上的 A、B 两个生产者的需求量加总，便得到每一个价格水平上的市场供给量，为

表中的第（4）栏。

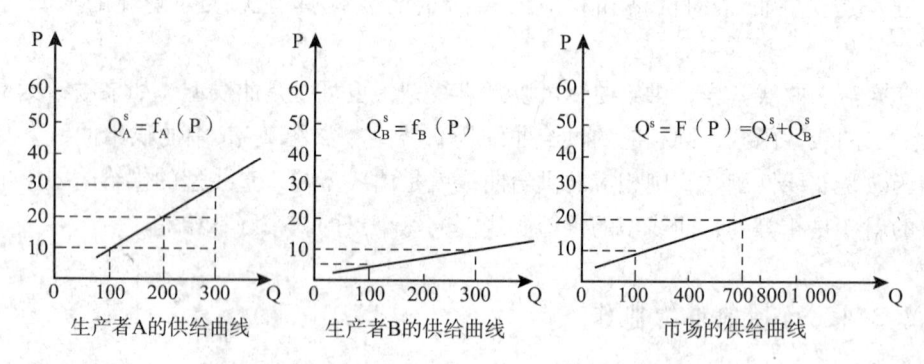

图 2-6　从单个生产者的供给曲线到市场供给曲线

图 2-6 是根据表 2-5 绘制的供给曲线。图中的市场供给曲线是 A、B 两个生产者的供给曲线的水平加总，即在每一个价格水平上都有市场供给量 $Q^s = Q_A^s + Q_B^s$。

据此，我们把单个生产者的函数和市场供给函数之间的关系表示为：

$$S(P) = \sum_{j=1}^{n} S_i(P) \quad i = 1, 2, \cdots, n。$$

式中，$S_j(P)$ 为单个生产者的供给函数；$S(P)$ 为市场的供给函数。

市场的供给曲线是单个生产者供给曲线的横向加总。与单个生产者供给曲线的形状一样，一般情况下，商品的市场供给曲线也是向右上方倾斜的，表示商品的市场供给量与其价格同方向变化，即遵循供给定律。因为在较高的价格下，市场上的每个生产者看到有更多的利润可图而愿意生产更多的商品，同时，其他行业的生产者想获取更大的利润也愿意到该市场生产这种商品，从而使市场供给量随着价格的上升而增加。某些特殊商品，其市场供应量与价格也不一定呈同方向变化。

由于市场供给曲线是单个生产者的供给曲线的简单加总，所以影响单个生产者供给的因素也会影响市场供给，例如商品本身的价格、生产成本、生产者预期等因素都会影响市场供给。在其他条件不变的情况下，这些因素中的价格因素发生变化时，也会引起市场供给量的变化；非价格因素的变化会导致市场供给的变化。

2.2.5　生产者剩余

正如消费者剩余与需求曲线密切相关一样，生产者剩余也与供给曲线密切相关。供给曲线的高度与卖者的成本相关。在任何一个数量上，供给曲线给出的价格表示边际卖者的成本，这个边际卖者是如果价格再略低一点就首先离开市场的卖者。由于供给曲线反映了卖者的成本，我们可以用它来衡量生产者剩余。生产者剩余指厂商在提供一定数量的某种产品时实际接受的总价格或总支付与愿意接受的最小总价格或总支付之间的差额，它衡量的是厂商在提供利润最大化产量时的经济状况（见图2-7）。

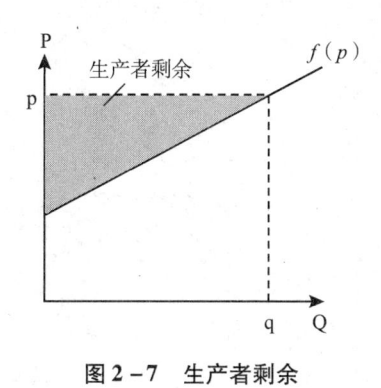

图2-7 生产者剩余

生产者剩余与消费者剩余这两个概念结合在一起，是分析经济效率和社会福利的十分有用的工具。

2.2.6 供给的变动

供给量的变动和供给的变动都是供给数量的变动，如同需求的变动和需求量的变动一样，它们也是不同的概念。区别在于引起这两种变动的因素是不相同的，而且，这两种变动在几何图形中的表示也是不相同的。

1. 供给的变动

供给的变动是指在商品价格不变的条件下，由于其他因素变动所引起的该商品供给数量的变动。这里的其他因素变动可以指生产成本的变动、生产技术水平的变动、相关商品价格的变动和生产者对未来预期的变化等等。在几何图形中，供给的变动表现为供给曲线的位置发生移动。

图2-8表示的是供给的变动。在图中原来的供给曲线为S_1。在除商品价格以外的其他因素变动的影响下，供给增加，则使供给曲线由S_1曲线向右平移到S_2曲线的位置；供给减少，则使供给曲线由S_1曲线向左平移到S_3曲线的位置。由供给的变化所引起的供给曲线位置的移动，表示在每一个既定的价格水平供给数量都增加或都减

少了。例如，在既定的价格水平 P_0，供给增加，使供给数量由 S_1 曲线上的 Q_1 上升到 S_2 曲线上的 Q_2；相反，供给减少，使供给数量由 S_1 曲线上的 Q_1 下降到 S_3 曲线上的 Q_3。这种在原有价格水平上所发生的供给增加量 Q_1Q_2 和减少量 Q_3Q_1，都是由其他因素变化所带来的。比如，它们分别是由生产成本下降或上升所引起的。供给的变动所引起的供给曲线位置的移动，表示整个供给状态的变化。

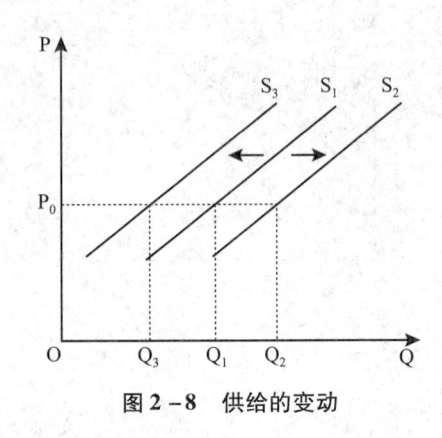

图 2-8 供给的变动

2. 供给量的变动

供给量的变动是指在其他条件不变时，由某商品的价格变动所引起的该商品供给数量的变动。在几何图形中，这种变动表现为商品的价格—供给数量组合点沿着同一条既定的供给曲线的运动。

前面的图 2-5 表示的是供给量的变动。随着价格上升所引起的供给数量的逐步增加，A 点沿着同一条供给曲线逐步运动到 E 点。

2.3 价格：市场均衡

2.3.1 市场均衡与价格

我们已经知道，需求曲线说明了消费者对某种商品在每一价格下的需求量是多少，供给曲线说明了生产者对某种商品在每一价格下的供给量是多少。但是，它们都没说明这种商品本身的价格究竟是如何决定的。那么，商品的价格是如何决定的呢？西方经济学中的商品价格是指商品的均衡价格。商品的均衡价格是在商品的市场需求和市场供给这两种相反力量的相互作用下形成的。本节将需求曲线和供给曲线结合在一起,运用经济模型与均衡分析说明均衡价格的形成。

1. 均衡的含义

均衡的最一般的意义是指经济事物中有关的变量在一定条件的相互作用下所达到的一种相对静止的状态。经济事物之所以能够处于这样一种静止状态,是由于在这样的状态中有关该经济事物的各参与者的力量能够相互制约和相互抵消,也由于在这样的状态中有关该经济事物的各方面的愿望都能得到满足。正因为如此,西方经济学家认为,经济学的研究往往在于寻找在一定条件下经济事物的变化最终趋于静止之点的均衡状态。

局部均衡指在其他条件不变时,一种商品的价格只取决于它本身的供求状况,而不受其他商品的价格与供求的影响。

一般均衡指一种商品价格的变动,不仅受它本身供求的影响,而且要受到其他各个市场、各种商品的供求与价格的影响。即一种商品的价格与供求的均衡,只有在所有商品的价格与供求达到均衡时才能确定。

局部均衡用来分析单个市场、单个商品的价格与供求关系的变化情况;一般均衡用来分析市场上各个市场、各种商品的价格和供求关系的变化情况。

2. 均衡价格

在经济学中,一种商品的均衡价格是指该种商品的市场需求量和市场供给量相等时候的同一价格。在均衡价格水平下的相等的供求数量被称为均衡数量。从几何意义上说,一种商品市场的均衡出现在该商品的市场需求曲线和市场供给曲线相交的交点上,该交点被称为均衡点。均衡点上的价格和相等的供求量分别被称为均衡价格和均衡数量。

现在把图 2-1 中的需求曲线和图 2-5 中的供给曲线结合在一起,用图 2-9 说明一种商品的均衡价格的决定。

商品的均衡价格表现为商品市场上需求和供给这两种相反的力量共同作用的结果,它是在市场的供求力量的自发调节下形成的。当市场价格偏离均衡价格时,市场上会出现需求量和供给量不相等的非均衡状态。一般说来,在市场机制的作用下,这种供求不相等的非均衡状态会逐步消失,实际的市场价格会自动地恢复到均衡价格水平。

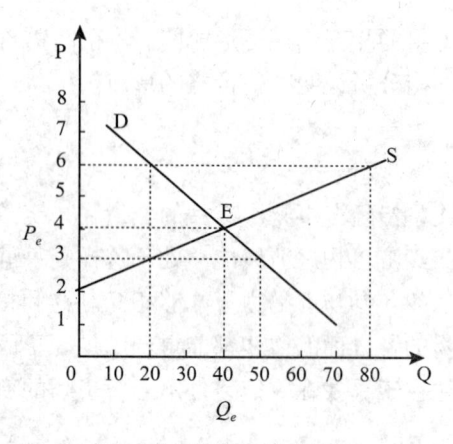

图 2-9 均衡价格的决定

当市场价格高于均衡价格时,市场出现供大于求的商品过剩或超额供给的状况,在市场自发调节下,一方面会使需求者压低价格来得到他要购买的商品量;另一方面,又会使供给者减少商品的供给量。这样,该商品的价格必然下降,一直下降到均衡价格的水平。当市场价格低于均衡价格时,市场出现供不应求的商品短缺或超额需求的状况,同样在市场自发调节下,一方面需求者提高价格来得到他所需要购买的商品量,另一方面,又使供给者增加商品的供给量。这样,该商品的价格必然上升,一直上升到均衡价格的水平。由此可见,当实际价格偏离时,市场上总存在着变化的力量,最终达到市场的均衡或市场出清。

在存在垄断和政府实行价格支持和价格限制时,非均衡也可能不会消失。

2.3.2 价格的调整

一种商品的均衡价格是由该商品市场的需求曲线和供给曲线的交点所决定的。因此,需求曲线或供给曲线的位置移动都会使均衡价格发生变动。下面说明这两种移动对均衡价格的影响。

1. 需求变动的影响

在供给不变的情况下,需求增加会使需求曲线向右平移,从而使得均衡价格和均衡数量都增加;需求减少会使需求曲线向左平移,从而使得均衡价格和均衡数量都减少。如图 2-10 所示。

第 2 章 价格：供给与需求

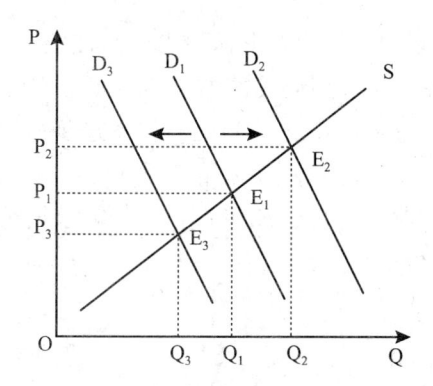

图 2-10 需求的变动和均衡价格的变动

2. 供给变动的影响

在需求不变的情况下，供给增加会使供给曲线向右平移，从而使得均衡价格下降，均衡数量增加；供给减少会使供给曲线向左平移，从而使得均衡价格上升，均衡数量减少。如图 2-11 所示。

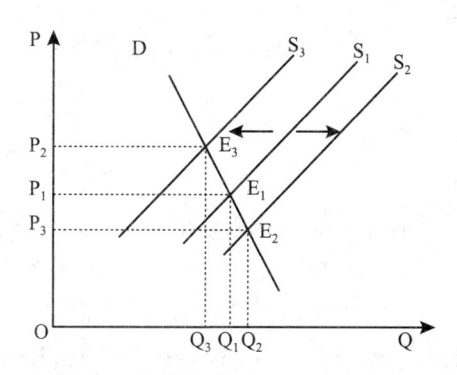

图 2-11 供给的变动和均衡价格的变动

综上所述，可以得到如下结论：在其他条件不变的情况下，需求变动分别引起均衡价格和均衡数量的同方向的变动；供给变动分别引起均衡价格的反方向的变动和均衡数量的同方向的变动。

3. 需求和供给同时变动的影响

需要指出的是，如果需求和供给同时发生变动，则商品的均衡价格的变化是难以肯定的。这要结合需求和供给变化的具体情况来决定。以图 2-12 为例进行分析。假定消费者收入水平上升引起的需求增加，使得需求曲线向右平移；同时，厂商的技术进步引起供给增加,使得供给曲线向右平移。比较 S_1 曲线分别与 D_1 曲线和 D_2 曲线的交点 E_1 和 E_2 可见,收入水平上升引起的需求增加,使得均衡价格上升。再比较 D_1 曲线分别与 S_1 曲线和 S_2 曲线的交点 E_1 和 E_3 可见,技术进步引起的供给增加,又使得均衡价格下降。最后,这两种因素同时作用下的均衡价格,将取决于需求和供给各自增长的幅度。由 D_2 曲线和 S_2 曲线的交点 E_4 可得:由于需求增长的幅度大于供给增加的幅度,所以,最终的均衡价格是上升了。

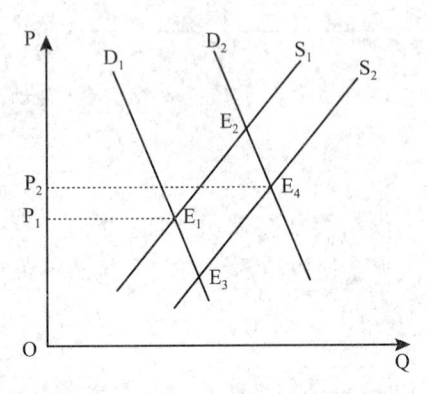

图 2-12 需求和供给的同时变动

2.3.3 市场均衡的变动

在一个市场里,如果没有政府等外来因素的干预,一切都处于自由竞争状态,则由于消费者的需求和生产者的供给相互作用结果,一定能够达到一个"市场均衡"。所谓"市场均衡"是指在某一段时间内,某一市场中商品需求量正好和相同时间内商品供给量相等。这时的商品数量称为"均衡量",这时供求双方都能接受的市场价格称为"均衡价格",即市场的需求价格和供给价格相等时的价格。需求曲线和供给曲线相交的点称为"均衡点",如表 2-6 和图 2-13 所示。

表 2-6 市场均衡

X 商品价格 P_X($)	7	8	9	10	11	12
X 商品需求量 Q_D(kg)	7 000	6 000	5 000	4 000	3 000	2 000
X 商品供给量 Q_S(kg)	1 000	2 000	3 000	4 000	5 000	6 000
对价格的压力	$Q_D > Q_S$,价格上升			均衡	$Q_D < Q_S$,价格下降	

第 2 章 价格：供给与需求

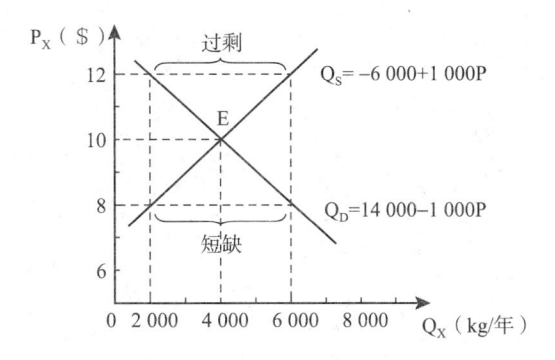

图 2-13 市场均衡的变动

从表 2-6 中可看出，当价格为 $12 时，消费者认为价格太高，只愿购买 2 000kg，生产者则因这个价格较高，愿意供给 6 000kg。此时，由于供给量大于需求量，所以价格表现为下降趋势。而当价格为 $8 时，生产者认为价格过低，只愿供给 2 000kg，而消费者则因这个价格较低，愿意购买 6 000kg。此时，由于需求量大于供给量，所以价格表现为上涨趋势。由于供求不一致，所以价格连续波动不已。只有当价格为 $10 时，需求量才和供给量一致。这时市场上均衡价格是 $10，均衡量是 4 000kg。

从图 2-13 中可以看出上述同样的过程。在需求曲线和供给曲线的交点 E 处，商品的市场价格为 $10 时，需求量和供给量都是 4 000kg，刚好相等。这时处于市场均衡状态。市场均衡模型的含义是：如果市场价格背离均衡价格，就有自动恢复到均衡点并继续保持均衡的趋势。

如果需求曲线和供给曲线都以函数式表示，用数学方法进行计算就显得简便得多。现在用前面介绍需求曲线和供给曲线举过的例子综合加以说明。假设某商品市场上每一消费者的个人需求曲线的函数式为 $Q_X = 140 - 10P$，该市场由 100 位完全相同的消费者组成，则市场需求曲线为：

$$Q_D = 100 Q_X = 14 000 - 1 000P$$

同时，假设该市场上每一位生产者的个别供给曲线的函数式 $Q_X = -60 + 10P$，该市场中有 100 位完全相同的生产厂商，则市场供给曲线为：

$$Q_S = 100 Q_X = -6 000 + 1 000P$$

市场均衡条件为： $Q_D = Q_S$

所以有： $14 000 - 1 000 = -6 000 + 1 000P$

解得： 均衡价格为 $P_e = 10($)$；均衡量为 $Q_e = 4 000$（kg）

此时，该商品市场上每个消费者和生产者都接受相同的价格 P_e，每个消费者

的需求量为 $Q_X = 140 - 10 \times 10 = 40$（kg）；每个生产者的供给量为 $Q_X = -60 + 10 \times 10 = 40$（kg）。

总之，市场供求有其自身的规律。当价格高于市场均衡点时，供给量大于需求量，这种现象称为"过剩"。过剩在市场上只是暂时现象，供给量多，需求量少，在市场机制作用下，必然会由于供给者之间的竞争而导致价格下降，一直到均衡价格为止。这时市场又重新恢复到均衡状态。

反之，当价格低于市场均衡点时，需求量大于供给量，这种现象称为"短缺"，短缺在市场上也只是暂时现象。需求量多，供给量少，会造成消费者之间的抢购，必然使价格抬高。只要需求量大于供给量，价格就会继续上升，一直升到市场的均衡价格为止。这时市场又再度达到均衡。

以上就是西方经济学关于均衡价格理论的"供求法则"。它说明，市场均衡是一种趋势，如果市场价格脱离均衡价格，必然形成供过于求或供不应求的失衡状态。由于市场中供求双方以及各方内部的竞争，产生了自我调节作用，失衡将趋于均衡。这种自我调节机制被亚当·斯密称作"看不见的手"。

2.4 弹　性

前面，我们分析了需求、供给和价格之间的关系，揭示了需求定律和供给定律。这里，主要论述了变化方向，其属于定性分析，而没有考察变化程度，并没有进行定量分析。弹性理论主要就是研究价格变化对需求量和供给量影响程度的理论，对人们做出选择和重大决策关系重大。本节对弹性理论作了详细而具体的介绍。

2.4.1　弹性的含义

在经济学中，弹性指在经济变量之间存在函数关系时，因变量对自变量变化的反应程度。一般来说，只要两个经济变量之间存在函数关系，我们就可以用弹性来表示因变量对自变量变化的反应程度。经济学中弹性的一般公式为：

弹性系数 = 因变量的相对变动/自变量的相对变动

如果两个经济变量之间的函数关系为 $Y = f(X)$，则弹性的一般公式可表示为：

$$e = \frac{\frac{\Delta Y}{Y}}{\frac{\Delta X}{X}} = \frac{\Delta Y}{\Delta X} \cdot \frac{X}{Y} \qquad (2.1)$$

式中，e 为弹性系数；ΔX 和 ΔY 分别为变量 X 和 Y 的变动量。

当经济变量的变化量趋于无限小时，即式中的 ΔX→0，且 ΔY→0 时，弹性公式为：

$$e = \lim_{\Delta X \to 0} \frac{\frac{\Delta Y}{Y}}{\frac{\Delta X}{X}} = \frac{\frac{dY}{Y}}{\frac{dX}{X}} = \frac{dY}{dX} \cdot \frac{X}{Y} \tag{2.2}$$

通常将式（2.1）称为弧弹性公式，将式（2.2）称为点弹性公式。

2.4.2 需求的价格弹性

弹性是相对数之间的相互关系，即百分数变动的比率，或者说它是一个量变动百分之一时，引起另一个量变动百分之多少的概念。任何存在函数关系的经济变量之间都可以建立二者之间的弹性关系或进行弹性分析。例如，能源消耗和 GDP 增长存在依存关系、人口增长与人均财富增长存在依存关系、价格变化与居民需求量变化存在依存关系等。弹性分析是数量分析，对于难以数量化的因素便无法进行计算和精确考察。为了比较不同产品的需求量因某种因素的变化而受到影响的程度，通常使用需求弹性作为工具。

这里，我们主要研究需求价格弹性、需求收入弹性、需求交叉价格弹性等三种需求弹性。

1. 需求价格弹性的定义

需求价格弹性通常被简称为需求弹性。它表示在一定时期内一种商品的需求量变动对于该商品的价格变动的反应程度。其公式为：

$$需求的价格弹性系数 = \frac{需求量变动的比率}{价格变动的比率}$$

计算需求价格弹性时，要根据需求曲线上两点之间的距离情况来具体计算弹性系数，需要对公式进行适当的修正。

2. 需求价格弧弹性

（1）需求价格弧弹性。需求价格弧弹性表示某商品需求曲线上两点之间的需求量相对变动对价格相对变动的反应程度。简单地说，它表示需求曲线上两点之间的弧弹性。

（2）基本计算公式。假定需求函数为 $Q = f(P)$，以 e_d 表示需求的价格弹性系数，则需求的价格弧弹性的公式为：

$$e_d = -\frac{\frac{\Delta Q}{Q}}{\frac{\Delta P}{P}} = -\frac{\Delta Q}{\Delta P} \cdot \frac{P}{Q} \qquad (2.3)$$

式中，ΔQ 和 ΔP 分别表示需求量和价格的变动量，P 和 Q 分别表示价格和需求量的基量。这里需要指出的是，在通常情况下，由于商品的需求量和价格是呈反方向变动的，$\frac{\Delta Q}{\Delta P}$ 为负值，所以，为了使需求的价格弹性系数 e_d 取正值以便于比较，便在公式（2.3）中加了一个负号。

设某种商品的需求函数为 $Q^d = 2\,400 - 400P$，几何图形如图 2-14 所示。

图中需求曲线上 a、b 两点的价格分别为 5 和 4，相应的需求量分别为 400 和 800。当商品的价格由 5 下降为 4 时，或者当商品的价格由 4 上升为 5 时，应该如何计算相应的弧弹性值呢？根据公式（2.3），相应的弧弹性分别计算如下。

由 a 点到 b 点（即降价时）：

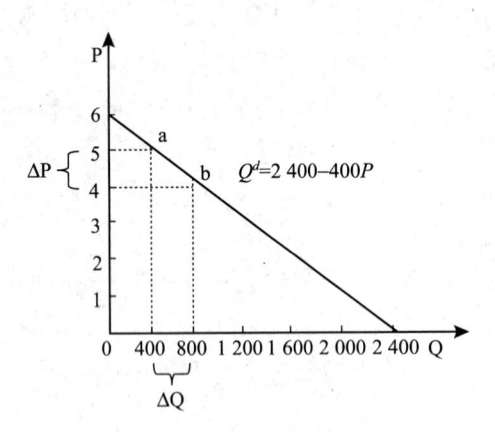

图 2-14 需求价格弧弹性

$$e_d = -\frac{\Delta Q}{\Delta P} \cdot \frac{P}{Q} = -\frac{Q_b - Q_a}{P_b - P_a} \cdot \frac{P_a}{Q_a} = -\frac{800 - 400}{4 - 5} \times \frac{5}{400} = 5$$

由 b 点到 a 点（即涨价时）：

$$e_d = -\frac{\Delta Q}{\Delta P} \cdot \frac{P}{Q} = -\frac{Q_a - Q_b}{P_a - P_b} \cdot \frac{P_b}{Q_b} = -\frac{400 - 800}{5 - 4} \times \frac{4}{800} = 2$$

显然，由 a 点到 b 点和由 b 点到 a 点的弧弹性数值是不相同的。其原因在于：上面两个计算式中，ΔQ 和 ΔP 的绝对值都相等，但由于 P 和 Q 所取的基数值不相同，所以，两种计算结果不相同。这样一来，在需求曲线的同一条弧上，涨价和降价产生的需求的价格弹性系数便不相等。

（3）中点弧弹性计算。以变量变动前后两个数值的算术平均数作为各自的分母来计算。如果仅仅是一般地计算需求曲线上某一段的需求的价格弧弹性，而不是具体地强调这种需求的价格弧弹性是作为涨价还是降价的结果，则为了避免不同的计算结果，一般通常取两点价格的平均值 $\frac{P_1+P_2}{2}$ 和两点需求量的平均值 $\frac{Q_1+Q_2}{2}$ 来分别代替（2.3）式中的 P 值和 Q 值，因此，需求的价格弧弹性计算公式（2.3）式又可以写为：

$$e_d = -\frac{\Delta Q}{\Delta P} \cdot \frac{\frac{P_1+P_2}{2}}{\frac{Q_1+Q_2}{2}} \quad (2.4)$$

该公式也被称为需求的价格弧弹性的中点公式。

根据（2.4）式，上例中 a、b 两点间的需求的价格弧弹性为：

$$e_d = -\frac{400}{1} \cdot \frac{\frac{5+4}{2}}{\frac{400+800}{2}} = 3$$

需要注意的是，需求价格弹性是两个百分比的比率。它的含义是价格下降百分之一，需求量增加百分之多少。需求价格弹性值可以是正，也可以是负。这取决于两个变量的变动方向，若同方向变动，弹性值为正；若反方向变动，弹性值需加负号。同一条负斜率需求曲线上各个点上的需求价格弹性值是不等的。并且从不同方向计算同一段弧的需求价格，其弹性值是不同的。

3. 需求价格点弹性

（1）需求价格点弹性。需求价格点弹性表示的是，当需求曲线上两点之间的变化量趋于无穷小时，需求的价格弹性要用点弹性来表示。也就是说，它衡量的是需求曲线上某一点上的需求量无穷小的变动率对于价格无穷小的变动率的反应程度。

点弹性所要计算的是令 ΔP 趋近于 0 的微量变化时，曲线上一点及邻近范围的弹性。由于用弧弹性计算，若弧线越长，两点距离越远，计算值的精确性越差，而在同一条需求曲线上，各个点的弹性值通常是不同的。

需求价格点弹性的公式为：

$$e_d = \lim_{\Delta P \to 0} -\frac{\frac{\Delta Q}{Q}}{\frac{\Delta P}{P}} = -\frac{\mathrm{d}Q}{\mathrm{d}P} \cdot \frac{P}{Q} \quad (2.5)$$

这里 dQ/dP 就是需求曲线上任一点切线斜率的倒数。

（2）需求价格点弹性的计算。可以利用需求的价格点弹性的定义公式即（2.5）式，来计算给定的需求曲线上某一点的弹性。仍用需求函数 $Q^d = 2\,400 - 400P$ 来说明这一计算方法。由需求函数 $Q^d = 2\,400 - 400P$ 可得：

$$e_d = -\frac{\mathrm{d}Q}{\mathrm{d}P} \cdot \frac{P}{Q} = -(-400) \cdot \frac{P}{Q} = 400 \cdot \frac{P}{Q}$$

在 a 点，当 $P = 5$ 时，由需求函数可得 $Q^d = 2\,400 - 400 \times 5 = 400$，即相应的价格—需求量组合（5，400），将其代入上式，便可得：

$$e_d = 400 \cdot \frac{P}{Q} = \frac{400 \times 5}{400} = 5$$

上题中，图 2-14 需求曲线上 a 点的需求的价格弹性值为 5。同样的，可以求出曲线上任一点的点弹性值。

（3）需求的价格点弹性的几何意义。

第一，线性需求曲线的点弹性。其几何方法测定：通常由需求曲线上任一点向价格轴和数量轴引垂线的方法来求得。

在图 2-15 中，线性需求曲线分别与纵坐标和横坐标相交于 A、B 两点，C 点为该需求曲线上的任意一点。从几何意义看，根据点弹性的定义，C 点的需求的价格弹性可以表示为：

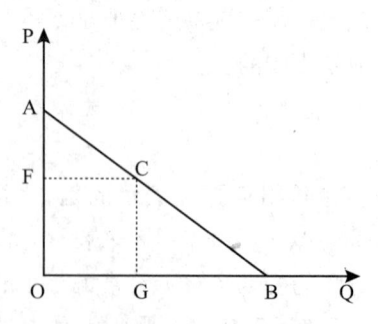

图 2-15 线性需求曲线的点弹性

$$e_d = -\frac{\mathrm{d}Q}{\mathrm{d}P} \cdot \frac{P}{Q} = \frac{GB}{CG} \cdot \frac{CG}{OG} = \frac{GB}{OG} = \frac{BC}{AC} = \frac{OF}{AF} \quad (2.6)$$

由此可得到这样一个结论：线性需求曲线上的任何一点的弹性，都可以通过该点出发向价格轴或数量轴引垂线的方法来求得。

在 a 点：由 a 点向数量轴作垂线，再根据式（2.6）中的 $e_d = \dfrac{GB}{OG}$，可得 $e_d = \dfrac{2\,000}{400} = 5$。

或者，由 a 点向价格轴作垂线，再根据（2.6）式中的 $e_d = \dfrac{OF}{AF}$，可得 $e_d = \dfrac{5}{1} = 5$。

在 b 点：

$$e_d = \frac{1\,600}{800} = 2 \quad \text{或} \quad e_d = \frac{4}{2} = 2$$

对比一下发现，在此用几何方法计算出的 a、b 两点的弹性值与前面直接用点弹性定义公式计算出的弹性值是相同的。

显然，线性需求曲线上的点弹性有一个明显的特征。即在线性需求曲线上的点的位置越高，相应的点弹性系数值就越大；相反，位置越低，相应的点弹性系数值就越小。

上述介绍的是线性需求点弹性的几何意义。如果需求曲线为非线性需求曲线时，可用图 2 - 16 来说明。

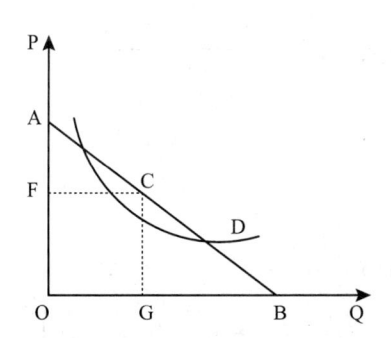

图 2 - 16　非线性需求曲线的点弹性

非线性需求曲线上的任何一点的弹性的几何意义，可以先过该点作需求曲线的切线，然后用与推导线性需求曲线的点弹性的几何意义相类似的方法来得到。

最后，要注意的是，在考察需求的价格弹性问题时，需求曲线的斜率和需求的价格弹性是两个紧密联系却又不相同的概念，必须严格加以区分。

由前面对需求的价格点弹性的分析中可以清楚地看到，需求曲线在某一点的斜率为 $\dfrac{\mathrm{d}P}{\mathrm{d}Q}$。而根据需求的价格点弹性的计算公式，需求的价格点弹性不仅取决于需求曲线在该点的斜率的倒数值 $\dfrac{dQ}{dP}$,还取决于相应的价格—需求量的比值 $\dfrac{P}{Q}$。所以,这两个概念虽有联系,但区别也是很明显的。这种区别在图 2-15 中得到了充分的体现:图中的线性需求曲线上每点的斜率都是相等的,但每点的点弹性值却是不相等的。由此可见,直接把需求曲线的斜率和需求的价格弹性等同起来,是错误的。严格区分这两个概念,不仅对于线性需求曲线的点弹性,而且对于任何形状的需求曲线的弧弹性和点弹性来说,都是有必要的。

(4)需求价格弹性的类型。由于需求量与价格在一般情况下呈反方向变动关系,因此需求价格弹性系数为负数。根据需求价格弹性系数绝对值的大小,可以把需求价格弹性分为五种类型。主要从需求价格弧弹性和需求价格点弹性两个方面进行分析。

需求价格弧弹性的五种类型包括以下几种情况(如图 2-17)。

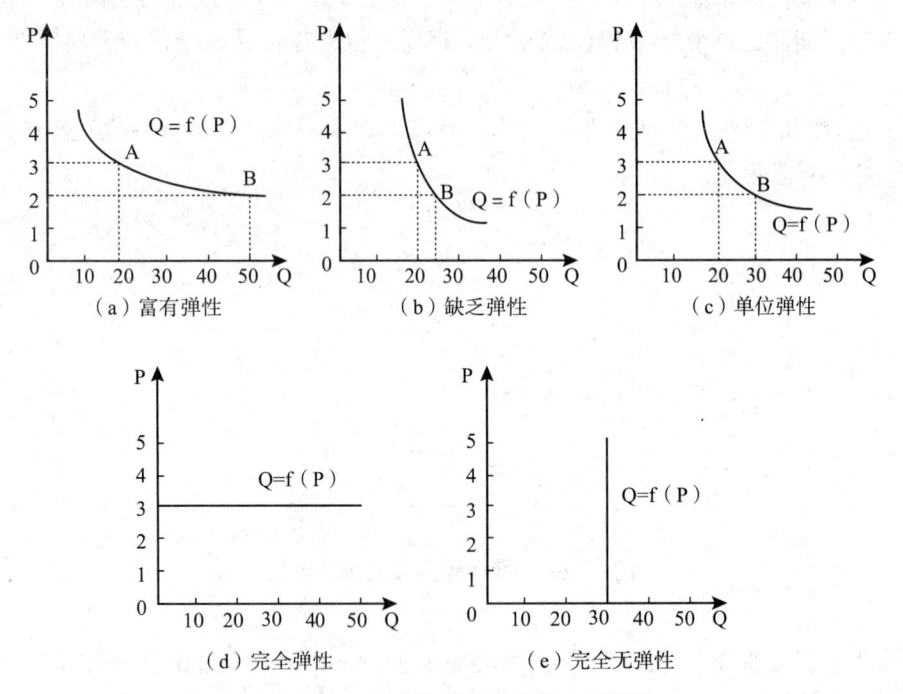

图 2-17 需求价格弧弹性的五种类型

第一,需求富有弹性。需求量的变化率大于价格的变化率,或者说,价格发生一定程度的变化,引起需求量较大幅度的变动,称为富有弹性,或充足弹性。$e_d > 1$,在图形上可用一条较为平缓的需求曲线来反映,如图 2-17(a)所示。奢侈品、珠宝、国外旅游等属于这种情况。

第二,需求缺乏弹性。需求量的变化率小于价格的变化率,或者说,价格发生一定程度的变化,引起需求量较小幅度的变动,称为缺乏弹性。$0 < e_d < 1$,在图形上可用一条较为陡直的需求曲线来反映。生活必需品如水、粮食等属于这种情况,如图 2-17(b)所示。

第三,需求单位弹性。需求量的变化率 = 价格的变化率,或者说,价格变动后引起需求量相同幅度变动。需求价格弹性等于 1:即 $e_d = 1$。在图形上反映为正双曲线,如图 2-17(c)所示。

第四,需求完全富有弹性。价格弹性无穷大。表明相对于无穷小的价格变化率,需求量的变化率是无穷大的,即价格趋近于 0 的上升,就会使无穷大的需求量一下子减少为零,价格趋近于 0 的下降,需求量从 0 增至无穷大。即 $e_d = \infty$,在图形上为一条平行于横轴的直线。如图 2-17(d)所示。

第五,需求完全无弹性。需求量对价格的任何变动都无反应,或者说,无论价格怎样变动,需求量均不发生变化,$e_d = 0$。在图形上,需求曲线表现为垂直于横轴的一条直线,如图 2-17(e)所示。例如自来水费、火葬费等就近似于无弹性。

在需求的价格点弹性中,这五种基本类型也同样存在。用图 2-18 加以说明。

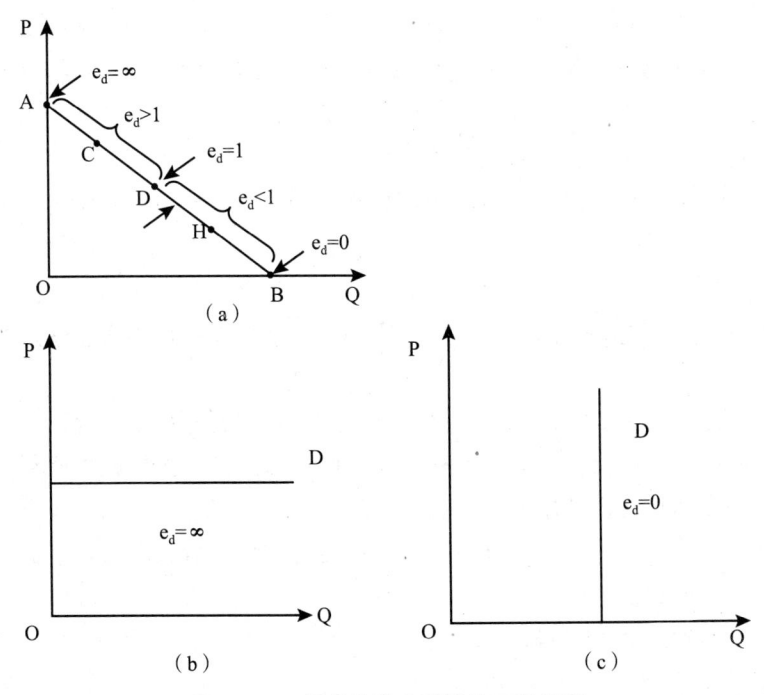

图 2-18 需求价格点弹性的五种类型

线性需求曲线上的点弹性有一个明显的特征，即在线性需求曲线上的点的位置越高，相应的点弹性就越大；相反，位置越低，相应的点弹性就越小。如图2－18（a）所示。在图中，D是需求曲线的中点，由于BD＝AD，所以D点的需求价格弹性为$e_d=1$。在需求曲线的中点D的右下方的各点如H点，由于BH＜AH，需求都缺乏弹性，即$e_d<1$。在需求曲线的中点D的左上方的各点如C点，由于BC＞AC，需求都富有弹性，即$e_d>1$。在线性需求曲线与纵坐标和横坐标的交点A点和B点，分别有$e_d=\infty$和$e_d=0$。

图2－18（b）和（c）是特殊形状的线性需求曲线。图（b）中水平的需求曲线上的每一点的价格弹性均为无穷大，即$e_d=\infty$。图（c）中垂直的需求曲线上的每一点的价格弹性均为零，即$e_d=0$。

4. 影响需求价格弹性的因素

需求价格弹性值的大小受到很多的因素的影响，主要的有以下几种。

第一，商品对消费者生活的重要程度。一般来说，生活必需品的需求的价格弹性较小，而一些奢侈品的需求价格弹性较大。例如，馒头的需求价格弹性是较小的，珠宝的需求价格弹性是较大的。

第二，商品的可替代性。一般来说，一种商品的可替代品越多，相近程度越高，则该商品的需求的价格弹性往往就越大；相反，该商品的需求的价格弹性往往就越小。例如，在水果市场，相近的替代品较多，则某水果的需求弹性就比较大。又如，对于食盐来说，没有很好的替代品，所以，食盐价格的变化所引起的需求量的变化几乎为零，它的需求的价格弹性是极其小的。

第三，商品的消费支出在消费者预算总支出中所占的比重。消费者在某种商品上的消费支出在预算总支出中所占的比重越大，该商品的需求的价格弹性可能越大；反之，则越小。例如，火柴、盐、铅笔、肥皂等商品的需求的价格弹性就是比较小的。因为，消费者每月在这些商品上的支出是很小的，消费者往往不太重视这类商品价格的变化。

第四，商品用途的广泛性。一般来说，一种商品的用途越是广泛，它的需求的价格弹性就可能越大；相反，用途越是狭窄，它的需求的价格弹性就可能越小。这是因为，如果一种商品具有多种用途，当它的价格较高时，消费者只购买较少的数量用于最重要的用途上。当它的价格逐步下降时，消费者的购买量就会逐渐增加，将商品越来越多地用于其他的各种用途上。

第五，所考察的消费者调节需求量的时间。一般来说，所考察的调节时间越长，则需求的价格弹性就可能越大。因为，当消费者决定减少或停止对价格上升的某种商品的购买之前，他一般需要花费时间去寻找和了解该商品的可替代品。例如，当石油价格上升时，消费者在短期内不会较大幅度地减少需求量。但如果在长期内，消费者可能找到替代品，则石油价格上升会导致石油的需求量较大幅度地减少。

第六，消费者对商品的偏好与忠实度。很多消费者在消费时，经常会对某种品牌或某种商品具有强烈的偏好或品牌忠实度。当对某种商品有强烈的偏好或忠实度很高时，即使价格上涨，人们往往依然会去购买，所以其需求弹性较小。

在以上的影响因素中，最重要的是商品对消费者生活的重要程度、商品的可替代性和商品的消费支出在消费者预算总支出中所占的比重。某种商品的需求价格弹性到底有多大，是各种因素综合作用的结果，不能只考虑其中的一种因素。而且，某种商品的需求弹性也因时期、消费者收入水平和地区而不同。例如，在国外，第二次世界大战前，航空旅行是奢侈品，需求价格弹性非常大，所以航空公司通过小幅度降价就可以吸引许多乘客。第二次世界大战后，飞机成为日常交通工具，航空旅行不再是奢侈品，其需求价格弹性就变小了，所以航空公司很难利用降价来吸引乘客，只能用提高服务质量等方法来吸引乘客了。再如，我国的彩电、手机等商品一出现时，需求价格弹性也相当大，但随着消费者收入水平的提高和这些商品的普及，其需求价格弹性逐渐变小了。

5. 需求的价格弹性与生产者的总收益

销售收入 = 商品价格 P × 商品销售量 Q，假设厂商的销售量正好等于市场需求量，则销售收入 = $P \times Q_d$。可以用图形中的面积表示。需求价格弹性大小与需求量变动关系非常密切，因此与销售收入有直接联系。

在实际的经济生活中，会发生这样一些现象：有的厂商降低自己的产品价格，能使自己的销售收入得到提高，而有的厂商降低自己的产品价格，却反而使自己的销售收入减少了。这意味着，以降价促销来增加销售收入的做法，对有的产品适用，对有的产品却不适用。如何解释这些现象呢？这就涉及商品的需求价格弹性和厂商的销售收入两者之间的相互关系。

厂商原来的销售收入为 $R_1 = P \cdot Q$，新的销售收入为 $R_2 = (P + \Delta P)(Q + \Delta Q)$，销售收入的变化为 ΔR，而 $\Delta R = R_2 - R_1$。

为便于比较，我们把价格变化、弹性大小与销售收入变化的关系归纳如表 2-7 所示。

表 2-7　　　　　　　价格变化、弹性大小与销售收入变化的关系

需求弹性的值	种　类	对销售收入的影响
$e_d > 1$	富有弹性	价格上升，销售收入减少 价格下降，销售收入增加
$e_d = 1$	单一弹性	价格上升，销售收入不变 价格下降，销售收入不变
$e_d < 1$	缺乏弹性	价格上升，销售收入增加 价格下降，销售收入减少

由上述分析可知，在需求弹性大时，厂商宜采用薄利多销的方式来增加销售收入；当需求弹性小时，则可考虑以提高价格的方式来达到增加销售收入的目的。

2.4.3　需求的收入弹性

除了价格以外，收入也是影响需求量的另一个重要因素。经济学家用需求收入弹性来衡量消费者收入变动时需求量的变动。需求收入弹性也是西方经济学中被广泛应用的一个弹性概念。

需求的收入弹性表示在一定时期内消费者对某种商品的需求量的相对变动对于消费者收入量相对变动的反应程度。它是商品的需求量的变动率和消费者的收入量的变动率的比值。

假定某商品的需求量 Q 是消费者收入水平 I 的函数，即 $Q = f(I)$，则该商品的需求的收入弹性公式为：

$$e_I = \frac{\frac{\Delta Q}{Q}}{\frac{\Delta I}{I}} = \frac{\Delta Q}{\Delta I} \cdot \frac{I}{Q} \tag{2.7}$$

或

$$e_I = \lim_{\Delta I \to 0} \frac{\Delta Q}{\Delta I} \cdot \frac{I}{Q} = \frac{dQ}{dI} \cdot \frac{I}{Q} \tag{2.8}$$

（2.7）式和（2.8）式分别为需求收入弧弹性公式和需求收入点弹性公式。

根据商品的需求收入弹性系数值，可以将所有商品分为两类：$e_I > 0$ 的商品为正常品，正常品的需求量随收入水平的增加而增加。$e_I < 0$ 的商品为劣等品，劣等品的需求量随收入水平的增加而减少。在正常品中，$e_I < 1$ 的商品为必需品，$e_I > 1$ 的商品为奢侈品。当消费者的收入水平上升时，尽管消费者对必需品和奢侈品的需求量都会

有所增加，但对必需品的需求量的增加是有限的，或者说，是缺乏弹性的；而对奢侈品的需求量的增加量是较多的，或者说，是富有弹性的。企业决策者应该随着居民收入水平的不断增加，不断生产出高品质的商品以满足消费者的需求。国家决策者也应根据居民收入水平的不断增加，适时调整产业布局。需求收入弹性大的部门，其需求量的增长要快于国民收入增长，应发展快些；而收入需求弹性小的部门，发展速度应该慢些。

在需求收入弹性的基础上，如果具体地研究消费者用于购买食物的支出量对于消费者收入量变动的反应程度，就可以得到食物支出的收入弹性。西方经济学中的恩格尔定律指出，在一个家庭或在一个国家中，食物支出在收入中所占的比例随着收入的增加而减少。用弹性概念来表述恩格尔定律即对于一个家庭或一个国家来说，富裕程度越高，则食物支出的收入弹性就越小；反之，富裕程度越低，则食物支出的收入弹性就越大。

2.4.4 需求的交叉弹性

如前所述，相关商品的价格也会影响某一商品的需求量。其影响程度有多大，用需求交叉价格弹性来测量。

需求的交叉价格弹性也简称需求交叉弹性。它表示在一定时期内一种商品的需求量的相对变动对于它的相关商品价格的相对变动的反应程度。它是该商品的需求量的变动率和它的相关商品价格的变动率的比值。

假定商品 X 的需求量 Q_X 是它的相关商品 Y 的价格 P_Y 的函数，即 $Q_X = f(P_Y)$，则商品 X 的需求的交叉价格弹性公式一般表达式为：

$$e_{XY} = \frac{\frac{\Delta Q_X}{Q_X}}{\frac{\Delta P_Y}{P_Y}} = \frac{\Delta Q_X}{\Delta P_Y} \cdot \frac{P_Y}{Q_X} \quad \text{或} \quad e_{XY} = \lim_{\Delta P_Y \to 0} \frac{\frac{\Delta Q_X}{Q_X}}{\frac{\Delta P_Y}{P_Y}} = \frac{\frac{dQ_X}{Q_X}}{\frac{dP_Y}{P_Y}} = \frac{dQ_X}{dP_Y} \cdot \frac{P_Y}{Q_X}$$

需求的交叉价格弹性系数的符号取决于所考察的两种商品的相关关系。若两种商品之间存在着替代关系，则一种商品的价格与它的替代品的需求量之间呈同方向变动，相应的需求的交叉价格弹性系数为正值。例如，白面价格上升而其他因素不变，人们就会减少对白面的需求而增加对大米的需求。由于白面价格和大米的需求同方向变动，所以需求价格弹性是正数。若两种商品之间存在着互补关系，则一种商品的价格与它的互补品的需求量之间成反方向的变动，相应的需求的交叉价格弹性系数为负值。例如，电脑和软件，如果电脑价格上升，消费者对软件的需求量便减少了，电脑价格与软件需求量变动方向相反，需求交叉弹性系数值为负数。若两种商品之间不存在相关关系，则意味着其中任何一种商品的需求量都不会对另一种商品的价格变动作出反应，相应的需求的交叉价格弹性系数为零，这两种商品之间不存在相关关系。

反过来，可以根据两种商品之间需求的交叉价格弹性系数的符号，来判断两种商品之间的相关关系。若两种商品需求的交叉价格弹性系数为正值，则这两种商品之间为替代关系。若为负值，则这两种商品之间为互补关系。若为零，则这两种商品之间无相关关系。

2.4.5 供给的价格弹性

供给和需求是一对相对应的概念，如同需求弹性一样，供给弹性也有供给价格弹性、供给交叉弹性和供给预期价格弹性等。但是，一般来说，供给的价格弹性是最典型也是最主要的一种类型，通常所讲的价格供给弹性即指供给的价格弹性。这里只考察供给的价格弹性。

1. 供给价格弹性的定义

供给价格弹性是指在一定时期内某一商品的供给量的相对变动对该商品价格相对变动的反应程度，即商品供给量变动率与价格变动率之比。用 e_s 表示。

2. 供给价格弹性的计算公式

假定供给函数为 $Q = f(P)$，以 e_s 表示供给的价格弹性系数，则供给的价格弹性的公式为：

$$e_s = \frac{\frac{\Delta Q}{Q}}{\frac{\Delta P}{P}} = \frac{\Delta Q}{\Delta P} \cdot \frac{P}{Q} \tag{2.9}$$

(2.9) 式是计算供给价格弹性的一般公式。与计算需求的价格弹性一样，在具体计算供给的价格弹性系数时，也要根据供给曲线上两点之间的距离情况，对上述公式进行修正。在通常情况下，商品的供给量和商品的价格是呈同方向变动的，供给的变动量和价格的变动量的符号是相同的。

供给价格弧弹性是表示某商品供给曲线上两点之间的供给量的相对变动对于价格相对变动的反应程度，即供给曲线上两点之间的弹性。

如果供给曲线上两点之间的距离较大，测量供给价格弹性就变成了测量供给曲线

第 2 章 价格：供给与需求

上相距两点之间的一段弧弹性。

与计算需求价格弧弹性相似，在计算同一弧的供给弧弹性时，由于价格和供给量所取的基数值不同，因此涨价和降价的计算结果也不同。为了避免不同的计算结果，采用供给价格弧弹性的中点公式。供给价格弧弹性的中点公式为：

$$e_s = \frac{\dfrac{\Delta Q}{\dfrac{Q_1 + Q_2}{2}}}{\dfrac{\Delta P}{\dfrac{P_1 + P_2}{2}}} = \frac{\Delta Q}{\Delta P} \cdot \frac{P_1 + P_2}{Q_1 + Q_2}$$

当供给曲线两点之间的变化量趋于零时，即当价格变量无穷小时，供给价格弹性要用点弹性来表示。供给价格点弹性表示的是供给曲线上某一点的弹性，它衡量供给曲线上某一点上的供给量的无穷小的变动率对于价格的无穷小的变动率的反应程度。点弹性计算公式为：

$$e_s = \frac{\dfrac{\mathrm{d}Q}{Q}}{\dfrac{\mathrm{d}P}{P}} = \frac{\mathrm{d}Q}{\mathrm{d}P} \cdot \frac{P}{Q}$$

供给的价格点弹性也可以用几何方法来求得，在此用图 2-19 以线性供给函数为例加以说明。

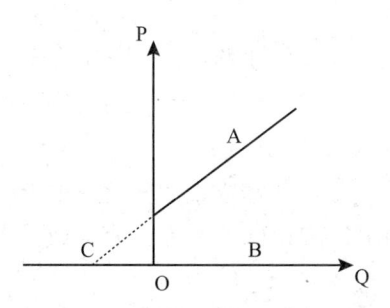

图 2-19　线性供给曲线的点弹性

在 A 点的点弹性值为：

$$e_s = \frac{\mathrm{d}Q}{\mathrm{d}P} \cdot \frac{P}{Q} = \frac{CB}{AB} \cdot \frac{AB}{OB} = \frac{CB}{OB}$$

上述介绍的是现行供给曲线点弹性的几何意义。关于非线性供给曲线的点弹性的几何意义，可以过所求点作供给曲线的切线，其后的过程推导与线性供给曲线是相同的。例如，图 2-20 中过曲线形供给曲线上 A 点的切线交横轴于 C 点，则 A 点的供给弹性为：

$$e_s = \frac{dQ}{dP} \cdot \frac{P}{Q} = \frac{CB}{AB} \cdot \frac{AB}{OB} = \frac{CB}{OB} = \frac{2\,000}{4\,000} = 0.5$$

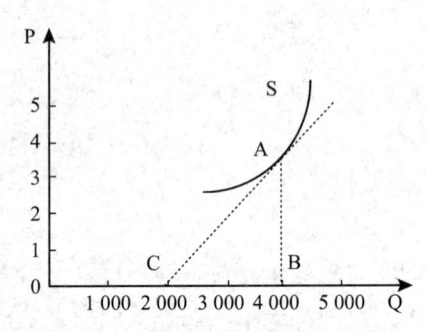

图 2-20 非线性供给曲线的点弹性

同样的，可以根据曲线形供给曲线上所求点的切线与坐标横轴的交点是位于坐标原点的左边，还是位于坐标原点的右边，或者恰好就是坐标原点，来分别判断该点的供给是富有弹性的，还是缺乏弹性的，或者是单一弹性的。

3. 供给价格弹性的类型

各种商品的供给弹性大小并不相同。根据供给弹性大小，可以把供给价格弹性分为以下五种类型。

第一，供给富有弹性（$e_s > 1$）。供给量的变化率大于价格的变化率，供给曲线的斜率为正，其值小于1，如图 2-21（a）所示。劳动密集型商品或易保管商品等多属于这种情况。

第二，供给缺乏弹性（$e_s < 1$）。需求量的变化率小于价格的变化率。供给曲线的斜率为正，其值大于1，如图 2-21（b）所示。资金或技术密集型的商品和不易保管商品多属于这种情况。

第三，供给单位弹性（$e_s = 1$）。需求量的变化率＝价格的变化率，在图形上反映为正双曲线，斜率值为1，如图 2-21（c）所示。

第四，供给完全富有弹性（$e_s = \infty$）。即在这种情况下，价格既定而供给量无限，在图形上为一条平行于横轴的直线，如图 2-21（d）所示。例如中国的一些劳动力严重过剩的地区，劳动力的供给曲线被认为具有无穷大的供给弹性。

第五，供给完全无弹性（$e_s = 0$）。供给量对价格的任何变动都无反应，或者说，无论价格怎样变动（比率如何），供给量均不发生变化。在图形上，需求曲线表现为垂直于横轴的一条直线，其斜率为无穷大，如图2－21（e）所示。例如土地、文物等供给价格弹性等于零。

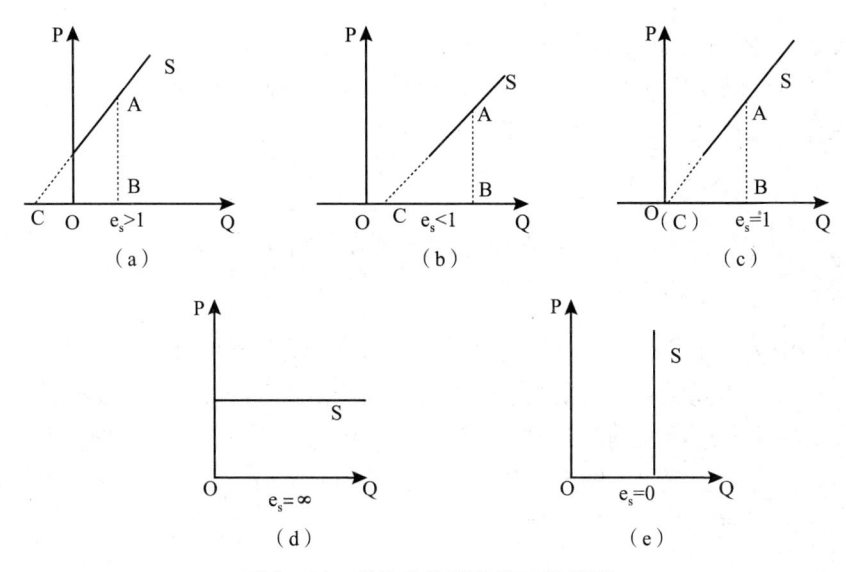

图 2－21 供给价格弹性的五种类型

4. 影响供给价格弹性的因素

第一，供给时间的长短。当商品的价格发生变化时，厂商对产量的调整需要一定的时间。在很短的时间内，厂商若要根据商品的涨价及时地增加产量，或者根据商品的降价及时地缩减产量，都存在程度不同的困难，相应地，供给弹性是比较小的。但是，在长期内，生产规模的扩大与缩小，甚至转产，都是可以实现的，供给量可以对价格变动作出较充分的反应，供给的价格弹性也就比较大了。

第二，生产成本随产量变化而变化的情况。就生产成本来说，如果产量增加只引起边际成本的轻微的提高，则意味着厂商的供给曲线比较平坦，供给的价格弹性可能比较大。相反，如果产量增加只引起边际成本的较大的提高，则意味着厂商的供给曲线比较陡峭，供给的价格弹性可能是比较小的。

第三，产品的生产周期长短。在一定的时期内，对于生产周期较短的产品，厂商可以根据市场价格的变化较及时地调整产量，供给的价格弹性相应就比较大。相反，生产周期较长的产品的供给价格弹性就往往较小。

第四，增加供给的难易程度。如果在现行的生产条件下，进入或退出某一行业很容易，则当价格发生较小的变动时，供给量会发生很大的变化，相应的供给价格弹性就大。相反，如果进入或退出某一行业难度很大，当价格发生变化时，供给量基本上变化不大，这时供给价格弹性很小。

除此之外，生产者的生产技术状况、生产要素的供给弹性等都会影响供给价格弹性。在分析某种产品的供给价格弹性时要把以上因素综合起来考虑。一般而言，重工业生产一般采用资金密集型生产，生产周期长，供给价格弹性较小。而农产品的生产尽管多采用劳动密集型技术，但由于生产周期长，供给也是缺乏弹性的。

2.5 价格的应用

市场经济运行中，市场供求的变化会自发调节市场价格的升降。同时，市场价格也影响和调节者市场供求，市场供求会随着市场价格的升降而增减，使资源达到最有效率的配置。但是价格机制或者说市场的调节资源的作用是有局限性的，如果任凭价格机制的自发作用，很难兼顾政府的经济目标。因此政府为实现一定的经济目标，有时会对市场价格进行直接控制，调节市场供求。

1. 价格限制

政府根据不同的经济形势通常会采取两种价格政策：最高限价和最低限价。

最高限价也称为限制价格。它是政府所规定的某种产品的最高价格。最高价格总是低于市场的均衡价格的。

图2-22表示政府对某种产品实行最高限价的情形。政府实行最高限价政策，规定该产品的市场最高价格为P_0。由图可见，最高限价P_0小于均衡价格P_e，且在最高限价P_0的水平，市场需求量Q_2大于市场供给量Q_1，市场上出现供不应求的情况。

政府实行最高限价的目的往往是为了抑制某些产品的价格上涨，特别是为了对付通货膨胀。当然为了限制某些行业，如一些垄断性很强的公用事业的价格，政府也采取最高限价的做法。但是政府实行最高限价的做法也会带来一些不良的影响。最高限价下的供不应求会导致市场上消费者排队抢购和黑市交易盛行。在这种情况下，政府往往又不得不采取配给的方法来分配产品。此外，生产者也可能粗制滥造，降低产品质量，形成变相涨价。

图 2-22　最高限价

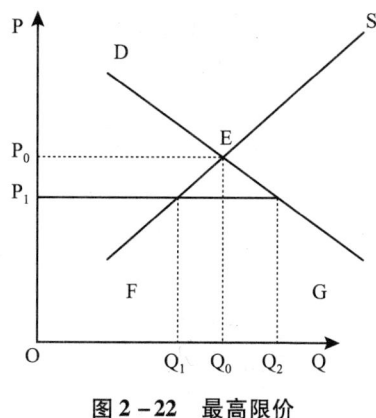

最低限价也称为支持价格。它是政府所规定的某种产品的最低价格。最低价格总是高于市场的均衡价格的。

图 2-23 表示政府对某种产品实行最低限价的情形。政府实行最低限价所规定的市场价格为 P_0。由图可见，最低限价 P_0 大于均衡价格 P_e，在最低限价 P_0 的水平，市场供给量 Q_2 大于市场需求量 Q_1，市场上出现产品过剩的情况。

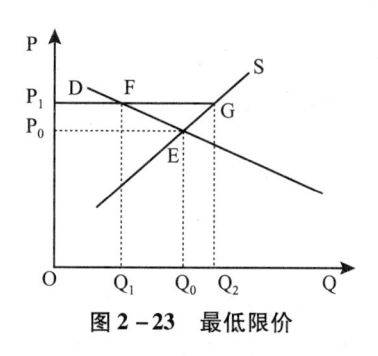

图 2-23　最低限价

政府实行最低限价的目的通常是为了扶植某些行业的发展。农产品的支持价格就是西方国家所普遍采取的政策，在实行这一政策时，政府通常收购市场上过剩的农产品。

2. 蛛网模型

蛛网理论是 20 世纪 30 年代出现的关于动态均衡分析的经济学理论，它的内容是考察价格波动对下一个周期产量的影响，以及由此产生的均衡的波动，也为价格与产销量周期波动问题。

（1）模型的基本假设。在这一动态分析中，很重要的假定是供给函数和需求函数。蛛网模型考察的是生产周期较长的商品，商品本期的需求量决定于本期的价格，市场是完全竞争市场，每个厂商都以为当前市场价格会保持不变，自己改变产量不会影响价格。

（2）蛛网模型的三种情况。价格与产量波动的类型取决于供求弹性的大小，这也可以看作是弹性理论的应用。在上述函数关系假定下，当供给、需求弹性不同时，价格和产量的周期波动有三种情况：

第一，收敛型蛛网波动。如图2－24所示。这里，供给曲线S斜率的绝对值大于需求曲线D斜率的绝对值，即从图形上看起来，S比D较为陡峭，或D较S较为平缓。或者换一种说法，供给的价格弹性小于需求的价格弹性，在这场合，当市场由于受到干扰偏离原有的均衡状态以后，实际价格和实际产量会围绕均衡水平上下波动，但波动的幅度越来越小，最后会恢复到原来的均衡点。

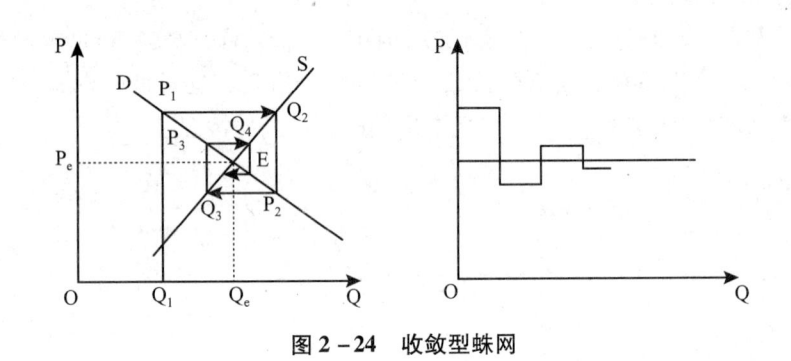

图2－24 收敛型蛛网

如此循环下去，逐年的实际价格是环绕其均衡价格上下波动的，实际产量相应地交替出现偏离均衡值的超额供给或超额需求，但价格和产量波动的幅度越来越小，最后恢复到均衡点E所代表的水平。由此可见，图中的均衡点E所代表的均衡状态是稳定的。也就是说，由于外在的原因，当价格和产量偏离均衡数值（P_e和Q_e）后，经济体系中存在着自发的因素，能使价格和产量自动恢复到均衡状态。

从图中可以看到，供给曲线比需求曲线较为陡峭时，即供给的价格弹性小于需求的价格弹性，才能得到蛛网稳定的结果，所以，供求曲线的上述关系是蛛网趋于稳定的条件，相应的蛛网被称为"收敛型蛛网"。

第二，发散型蛛网。如图2－25所示。这里，跟图2－24的情况恰好相反，供给曲线S斜率的绝对值小于需求曲线D斜率的绝对值，即S与D相比较，前者较平缓。或者说，供给的价格弹性大于需求的价格弹性，这时，当市场由于受到外力的干扰偏离原有的均衡状态以后，实际价格和实际产量上下波动的幅度会越来越大，偏离均衡点越来越远。

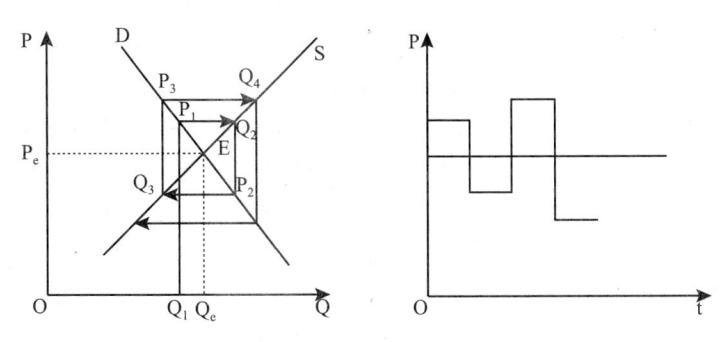

图 2-25 发散型蛛网

如此循环下去，实际产量和实际价格波动的幅度越来越大，偏离均衡产量和均衡价格越来越远。图中的均衡点 E 所代表的均衡状态是不稳定的，被称为不稳定的均衡。因此，当供给曲线比需求曲线较为平缓时，即供给的价格弹性大于需求的价格弹性，得到蛛网模型不稳定的结果，相应的蛛网被称为"发散型蛛网"。

第三，封闭型蛛网。如图 2-26 所示。这里，供给曲线 S 斜率的绝对值与需求曲线 D 斜率的绝对值恰好相等，即供给的价格弹性与需求的价格弹性正好相同，这时，当市场由于受到外力的干扰偏离原有的均衡状态以后，实际产量和实际价格始终按同一幅度围绕均衡点上下波动，既不进一步偏离均衡点，也不逐步地趋向均衡点。

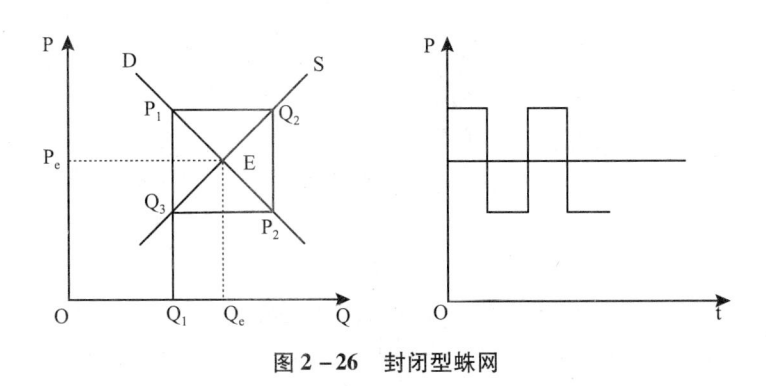

图 2-26 封闭型蛛网

对图 2-26 中的不同时点上的价格与供求量之间的相互作用的解释，与第一种情况对图 2-24 和第二种情况对图 2-25 的解释是类似的。因此，供给曲线斜率的绝对值等于需求曲线斜率的绝对值,即供给的价格弹性等于需求的价格弹性,为蛛网以相同的幅度上下波动的条件,相应的蛛网被称为"封闭型蛛网"。

西方经济学家认为,蛛网模型是一个有意义的动态分析模型。但是,这个模型还是一个很简单的和有缺陷的模型。根据该模型,造成产量和价格波动的主要原因是:生产者总是根据上一期的价格来决定下一期的产量,这样,上一期的价格同时也就是生产者对下一期的预期价格。而事实上,在每一期,生产者只能按照本期的市场价格来出售由预期价格(即上一期价格)所决定的产量。这种实际价格和预期价格的不吻合,造成了产量和价格的波动。但是,这种解释是不全面的。因为生产者从自己的经验中,会逐步修正自己的预期价格,使预期价格接近实际价格,从而使实际产量接近市场的实际需求量。

【本章小结】

1. 需求是指消费者在一定时期内在各种可能的价格水平愿意而且能够购买的该商品的数量。需求受商品的价格、消费者的收入水平、相关商品的价格、消费者的偏好等因素的影响,可以通过需求函数、需求表、需求曲线表示。在其他条件不变情况下,一种商品的需求量和价格之间存在反向变动关系。

2. 供给是指生产者在一定时期内在各种可能的价格下愿意并且能够提供出售的该种商品的数量。供给受商品的价格、生产的成本、相关商品的价格等因素的影响,可以通过供给函数、供给表、供给曲线表示。在其他条件不变的情况下,一种商品的供给量和价格之间存在着正向变动关系。

3. 市场均衡发生在市场需求和市场供给两种力量达到平衡时的价格与数量水平上。市场均衡价格就是市场需求量和市场供给量相等时的价格,对应市场均衡价格的供求数量称为市场均衡数量。需求曲线和供给曲线的变动会改变均衡价格和均衡数量。

4. 弹性理论是对于需求量或供给量变动对于价格变动敏感程度的定量分析。需求价格弹性和供给价格弹性都有五种类型。

5. 价格理论的应用主要分析现实生活中的经济现象,有利于人们作出正确的决策。

【推荐读物】

1. 曼昆. 经济学原理 [M]. 北京大学出版社,2005.
2. 萨缪尔森. 微观经济学(第十六版)[M]. 华夏出版社,2004.
3. 斯蒂格利茨. 经济学 [M]. 中国人民大学出版社,2005.
4. 中国经济学教育科研网: http://www.cenet.ccer.edu.cn
5. 北京大学中国经济研究中心: http://www.ccer.pku.edu.cn

【复习思考题】

1. 需求和供给的变动对均衡价格、均衡数量产生怎样的影响?
2. 影响需求价格弹性的因素有哪些?
3. 何为需求价格弹性?需求价格弹性的大小与销售收入变动有何关系?
4. 已知需求函数 $Q_D = 14 - 3P$,供给函数 $Q_S = 2 + 6P$,求该商品的均衡价格和均衡数量。
5. 某地牛奶产量为 100 吨,社会需求量为 120 吨,牛奶的需求弹性系数为 0.5,原价格为每吨 500 元,当价格上升为多少元时,才能使供给等于需求?
6. 设某种商品的需求弹性为 0.5,该商品现在的价格为 2 元,求商品价格上升为多少,才能使需求量减少 15%?
7. 运用供求曲线和弹性理论,分析粮食产量变动与农民收入变动的关系。依此分析,你认为我国加入 WTO 后,短期内农民收入是否会减少?
8. 运用供求曲线和弹性理论,分析粮食丰收了为什么农民收入反而可能下降?依此分析,你认为政府应对农业实施怎样的保护政策?
9. 开篇案例思考题
(1) 为什么苏州公园通过降价就获取了巨大的经济效益?
(2) 为什么后来苏州公园不再降价?假若继续降价苏州公园还能盈利吗?
(3) 你对目前北京的许多公园的高票价现状持什么意见?为什么这些票价降不下来?
(4) 对于像公园这样的准公共用品,其价格应该由什么来决定?政府在其中起什么作用?

第 3 章

消费者选择：效用论

【学习目标】
1. 了解效用、边际效用、预算线、消费者均衡等基本概念。
2. 掌握基数效用论和边际效用递减规律。
3. 能够利用无差异曲线和预算线分析消费者均衡。
4. 了解需求曲线和恩格尔曲线的推导过程。
5. 明确不确定条件下的效用函数和消费者选择行为。

【开篇案例】

谁在消费昂贵？

为规范对海南省离岛旅客免税购物的监督管理，促进海南旅游业发展，经国务院授权，海关总署制定了《中华人民共和国海关对海南省离岛旅客免税购物监管暂行办法》，自2011年4月20日起施行。自此去海南三亚的一些游客感受了在国内免税店购物的过程，滋味迥然。

海南的免税店早十点开门，你若是九点半抵达免税店，已有不少游客在门前蜿蜒的栏杆中排队等候，此场景让人恍若体会到世博会沙特馆门前排队近5个小时的感觉。沿着曲折的道路走到队尾，看到大门另一边同样盘旋着一条长龙，国人巨强的消费能力可见一斑。据介绍，三亚免税店开业当天，更是人潮汹涌，买东西根本不用看，也来不及看，抢到篮子里（如果抢到篮子的话）就是你的。十点钟时，当天第一批顾客涌进免税店。在不大的店面里逛了一下，发现绝大部分化妆品专柜的货架上已空空如也。也就是说，开门不到20分钟，免税店的化妆品专柜几乎无货可售了。

海南免税店的"血拼"仅是中国消费者消费奢侈品的一个缩影，近些年中国消费者在世界范围内强大的奢侈品购买力,让国外奢侈品牌生产厂感到震惊!而仅仅在数年之前,全世界奢侈品牌关注的还不是中国,而是中国台湾、香港等亚洲的几条"小龙",再往前追溯,日本人在欧美一度就是有钱人的代名词。

迅速富起来的中国人正在以各种各样的方式,实现着自己心目中的奢侈梦想。当中国人面对自己突然增加的财富时,他们毫不犹豫地选择"富贵的标志"——奢侈品来表明自己新的经济和社会地位,这是一种非常自然的心理需求。例如一个中国内地小城,那里的人们在不知道"比萨"为何物的情况下,对奢侈的憧憬就是"等我有钱了,一定要吃一顿比萨"。

对于在上海一家广告公司工作的高小姐来说,她的"比萨"是一个标价5 700元的Ferragamo白色挎包,在买这个包之前,她犹豫了很长时间。"毕竟我才从学校毕业,现在一个月收入也不过4 000元左右,为了买这个包,我两个月没有买一件衣服,天天在公司吃盒饭。但是我们这种公司大家都很注意品牌,特别是一些香港过来的女同事,眼睛好厉害,见面第一眼就看你穿什么鞋、背什么包。相比套装来说,一个包可以天天带、背好多年都不会过时,而且挎上后确实整个人的气质就不一样了,特显档次,我觉得这是最划算的消费了。"高小姐这样停留在买品牌包阶段的女孩被称为"包法利夫人":因为收入不够,她们只能通过购买名牌相对便宜的配件来暗示自己也是富裕阶层的一员。这样的消费者在价位相对较低的奢侈品消费中占有很大比例。

中国的奢侈品消费和国外相比有两个不同点:第一,在中国购买奢侈品的大部分是40岁以下的年轻人,而在发达国家,这个市场的主导者是40~70岁的中年人和老年人;另外,对于中国人来说,奢侈品大部分还集中在服饰、香水、手表等个人用品上,而在欧美国家,房屋、汽车、合家旅游才是大家向往的奢侈品。这一方面说明了中国仍然不够富裕,另一方面也反映了中西不同的生活方式:高密度人群助长了消费中的攀比之风。

【重要概念】

效用(Utility)

边际效用(Marginal Utility)

无差异曲线(Indifference Curve)

消费者均衡(Consumer Equilibrium)

预算线(Budget Line)

边际替代率(Marginal Rate of Substitution)

第 2 章我们讨论过由供给和需求决定的市场均衡价格，介绍了需求曲线和供给曲线的基本特征，但是，并没有具体说明形成这些特征的原因是什么。本章从消费者行为分析中说明需求曲线的来源。消费者行为的目的是实现效用的最大化，本章分析消费者在一定约束条件下如何实现效用的最大化，消费者行为理论也被称为效用论。

3.1 效 用

消费者用既定的收入购买各种消费品，以期从商品消费中获取最大程度的满足。在美国经济学家萨缪尔森的幸福方程式中，幸福＝效用÷欲望，即幸福取决于效用和欲望两个因素。而佛家教义中讲到，人生来就是苦的，苦的根源在于各种欲望，如果我们清心寡欲，幸福感就会增强。当欲望一定的时候，幸福和效用成正比：效用越大，幸福感越强。

3.1.1 效用与边际效用

1. 效用

效用是指商品满足人的欲望的能力，或者说，效用是指消费者在消费商品时所感受到的满足程度。一种商品对消费者是否具有效用，取决于消费者是否有消费这种商品的欲望，以及这种商品是否具有满足消费者的欲望的能力。效用这一概念与人的欲望是联系在一起的，它是消费者对商品满足自己的欲望能力的一种主观心理评价。

效用是相对概念，只有在同一物品前后满足程序之间后两种物品的满足之间相互比较时才有意义。效用有无或效用大小取决于个人主观心理评价。效用实际是个主观判断，同一物品有无效用或效用大小对不同的人来说是不同的。效用无任何伦理道德含义，效用取值范围是非常广泛的。

消费者的目的是为了获得效用最大化，在效用的度量问题上，西方经济学家先后提出了基数效用和序数效用的概念。

（1）基数效用论。基数效用论者认为，效用如同长度、重量等概念一样，可以具体衡量并加总求和，具体的效用量之间的比较也是有意义的。效用的大小可以用基数（1、2、3……）来表示，计量效用大小的单位被称作效用单位。例如，对某一个人来说，吃一盘土豆和一份牛排的效用分别为 5 效用单位和 10 效用单位，则可以说这两种消费的效用之和为 15 效用单位，且后者的效用是前者的效用的 2 倍。根据这种理论，可以用具体的数字来研究消费者效用最大化问题。基数效用论采用的是边际效用分析方法。

（2）序数效用论。序数效用论是为了弥补基数效用论的缺点而提出来的另一种研究消费者行为的理论。序数效用论者认为，效用的大小是无法具体衡量的，效用之间的比较只能通过顺序或等级即用序数（第一、第二、第三……）来表示。仍就上面的例子来说，消费者要回答的是偏好哪一种消费，即哪一种消费的效用是第一，哪一种是第二。或者是说，要回答的是宁愿吃一盘土豆，还是吃一份牛排。进一步地，序数效用论者还认为，就分析消费者行为来说，以序数来度量效用的假定比以基数度量效用的假定所受到的限制要少，它可以减少一些被认为是值得怀疑的心理假设。

两种理论的分析思路、方法均不同，但二者的结论是完全相同的。序数论者对于消费者行为的分析，采用的是无差异曲线的分析方法。现代经济学主要采用序数效用论的无差异曲线分析方法，这也是本章介绍的重点内容。

2. 边际效用

基数效用论是指如何用边际效用分析方法说明消费者效用最大化的实现，效用的增量可以用具体数值来表示，或引入边际效用来进行分析。

（1）总效用。总效用是指消费者在一定时间内从一定数量的商品的消费中所得到的效用量的总和。TU 的大小取决于所消费的商品量的多少，所以它是所消费的商品数量的函数。TU 也可以由连续消费的每一单位消费品所获得的边际效用加总得到。假定消费者对一种商品的消费数量为 Q，则总效用函数为：

$$TU = f(Q)$$

（2）边际效用。边际效用是指消费者在一定时间内增加一单位商品的消费所得到的效用量的增量。相应的边际效用函数为：

$$MU = \frac{\Delta TU(Q)}{\Delta Q}$$

当商品的增加量趋于无穷小，即 $\Delta Q \to 0$ 时有：

$$MU = \lim_{\Delta Q \to 0} \frac{\Delta TU(Q)}{\Delta Q} = \frac{dTU(Q)}{dQ}$$

理解边际效用时，应注意以下问题：一是，边际效用的大小，与欲望强度成正比；二是，边际效用的大小，与消费的商品数量的多少成反比；三是，边际效用是特定时间内的边际效用；四是，边际效用一般大于零。由于消费者是理性的，消费活动被精心控制在消费效果最好的范围内。因此，在边际效用还没有为负时，消费就已停止；五是，边际效用是决定产品价值的主观标准。消费数量少，边际效用高，需求价格也高;消费数量多,边际效用低,需求价格也低。

(3) 总效用与边际效用的关系。我们可以利用消费者在一定时期内某商品的消费量来进一步说明总效用和边际效用之间的关系。如表3-1所示。

表3-1　　　　　某商品的效用表(货币的边际效用 λ=2)

商品数量(1)	总效用(2)	边际效用(3)	价格(4)
0	0		
1	10	10	5
2	18	8	4
3	24	6	3
4	28	4	2
5	30	2	1
6	30	0	0
7	28	-2	

根据表3-1所绘制的总效用和边际效用曲线如图3-1所示。

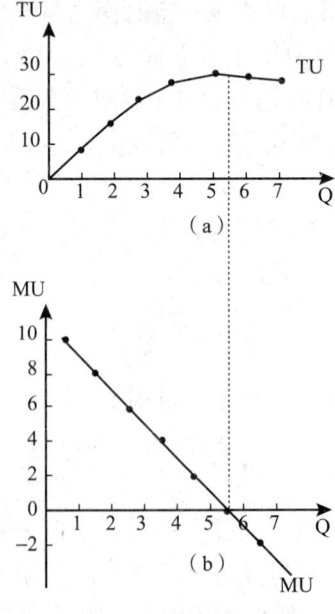

图3-1　某商品的效用曲线

图3-1中的横轴表示商品的数量,纵轴表示效用量,TU曲线和MU曲线分别为总效用曲线和边际效用曲线。由于边际效用被定义为消费品的一单位变化量所带来的总效用的变化量,又由于图中的商品消费量是离散的,所以,MU曲线上的每一个值都记在相应的两个消费数量的中点上。

在图3-1中,MU曲线因边际效用递减规律而成为向右下方倾斜的,相应地,TU曲线则随着MU的变动而呈现先上升后下降的变动特点。总结MU与TU的关系如下:

当MU>0时,TU上升;

当MU<0时,TU下降;

当MU=0时,TU达极大值。

从数学意义上讲,如果效用曲线是连续的,则每一消费量上的边际效用值就是总效用曲线上相应的点的斜率。这一点,也体现在边际效用的定义公式中。

(4)边际效用递减规律。由上述的分析可知,边际效用是递减的。这种现象普遍存在于一切商品的消费之中,被称为边际效用递减规律。

边际效用递减规律是指在一定时间内,在其他商品的消费数量保持不变的条件下,随着消费者对某种商品消费量的增加,消费者从该商品连续增加的每一消费单位中所得到的效用增量即边际效用是递减的。

边际效用可以是正值,也可以下降为负值。负值意味着消费者对于某种物品的消费超过一定量以后,不仅不能从消费商品中获得满足,反而会引起损害和厌恶。

边际效用递减主要基于以下两点原因:第一,生理或心理的原因。随着相同消费品的连续增加,从人的生理和心理的角度讲,从每一单位消费品中所感受到的满足程度和对重复刺激的反应程度是递减的。第二,由"经济合理性"原则决定。该原则的含义是:消费者进行购买的唯一目的是,从所利用的货币资源中获得最大可能的满足。按照此原则,消费者总是将第一单位的消费品用在最重要的用途上,第二单位的消费品用在次要的用途上,等等。这样,消费品的边际效用就随着消费品用途的重要性的递减而递减。

边际效用递减规律可以为企业提供有益的启示,即企业要不断进行创新,生产不同的产品。如果一种产品仅仅是数量增加,它带给消费者的边际效用就会递减,消费者愿意支付的价格就不断降低。因此,企业产品要多样化。

(5)货币的边际效用。基数效用论者认为,货币如同商品一样,也具有效用。消费者用货币购买商品,就是用货币的效用去交换商品的效用。商品的边际效用递减规律对于货币也同样适用。对于一个消费者来说,随着货币收入量的不断增加,货币的边际效用是递减的。也就是说,随着某消费者货币收入的逐步增加,每增加单位货币给该消费者所带来的边际效用是越来越小的。

但是，在分析消费者行为时，基数效用论者又通常假定货币的边际效用是不变的。据基数效用论者的解释，在一般情况下，单位商品的价格只占消费者总货币收入量中的很小部分。所以，当消费者对某种商品的购买量发生很小的变化时，所支出的货币的边际效用的变化是非常小的。对于这种微小的货币的边际效用的变化，可以略去不计。这样，货币的边际效用便是一个不变的常数。

3. 消费者均衡

消费者均衡是研究某个消费者如何把有限的货币收入分配在各种商品的购买中以获得最大的效用。也可以说，它是研究单个消费者在既定收入下实现效用最大化的均衡条件。因为作为消费者，总是希望花费一定量货币能获得最大效用。可以说，总效用最大化原则是支配消费者购买行为的基本法则。这里的均衡是指消费者实现最大效用时既不想再增加，也不想再减少任何商品购买数量的一种相对静止的状态。

消费者实现均衡条件是：如果消费者的货币收入水平是固定的，市场上各种商品的价格是已知的，那么，消费者应使自己花费在各种商品购买上的最后一元钱所带来的边际效用相等。或者说，消费者应该使自己所购买的各种商品的边际效用与价格之比相等。

假定：消费者用既定的收入 I 购买 n 种商品，P_1，P_2，…，P_n 分别为 n 种商品的既定的价格，λ 为不变的货币的边际效用。X_1，X_2，…，X_n 分别为 n 种商品的既定的数量，MU_1，MU_2，…，MU_n 分别为 n 种商品的既定的边际效用，则上述的消费者效用最大化的均衡条件可以用公式表示为：

$$P_1 X_1 + P_2 X_2 + \cdots + P_n X_n = I \tag{3.1}$$

$$\frac{MU_1}{P_1} = \frac{MU_2}{P_2} = \cdots = \frac{MU_n}{P_n} = \lambda \tag{3.2}$$

式中，（3.1）式是限制条件；（3.2）式是在限制条件下消费者实现效用最大化的均衡条件。

（3.2）式表示消费者应选择最优的商品组合，使得自己花费在各种商品上的最后一元钱所带来的边际效用相等，且等于货币的边际效用。

为便于叙述，下面以消费者购买两种商品为例，具体说明消费者效用最大化的均衡条件。

与（3.1）式和（3.2）式相对应，在购买两种商品情况下的消费者效用最大化的均衡条件为：

$$P_1 X_1 + P_2 X_2 = I \tag{3.3}$$

$$\frac{MU_1}{P_1} = \frac{MU_2}{P_2} = \lambda$$

从 $\frac{MU_1}{P_1} = \frac{MU_2}{P_2}$ 的关系分析可知，当 $\frac{MU_1}{P_1} < \frac{MU_2}{P_2}$ 时，这说明对于消费者来说，同样的一元钱购买商品1所得到的边际效用小于购买商品2所得到的边际效用。这样，理性的消费者就会调整这两种商品的购买数量。即减少对商品1的购买量，增加对商品2的购买量。在这样的调整过程中，一方面，在消费者用减少1元钱的商品1的购买来相应地增加1元钱的商品2的购买，由此带来的商品1的边际效用的减少量是小于商品2的边际效用的增加量的，这意味着消费者的总效用是增加的。另一方面，在边际效用递减规律的作用下，商品1的边际效用会随其购买量的不断减少而递增，商品2的边际效用会随其购买量的不断增加而递减。消费者一旦将其购买组合调整到同样一元钱购买这两种商品所得到的边际效用相等时，即达到 $\frac{MU_1}{P_1} = \frac{MU_2}{P_2}$ 时，他便得到了由减少商品1购买和增加商品2购买所带来的总效用增加的全部好处，即消费者此时获得了最大的效用。

相反，当 $\frac{MU_1}{P_1} > \frac{MU_2}{P_2}$ 时，这说明对于消费者来说，同样的一元钱购买商品1所得到的边际效用大于购买商品2所得到的边际效用。根据同样的道理，理性的消费者会进行与前面相反的调整过程，即增加对商品1的购买量，减少对商品2的购买量，直至 $\frac{MU_1}{P_1} = \frac{MU_2}{P_2}$，从而获得最大的效用。

从 $\frac{MU_i}{P_i} = \lambda$，$i = 1, 2$ 的关系分析可知，当 $\frac{MU_i}{P_i} < \lambda$，$i = 1, 2$ 时，这说明消费者用一元钱购买第 i 种商品所得到的边际效用小于所付出的这一元钱的边际效用。也可以理解为，消费者这时购买的第 i 种商品的数量太多了，事实上，消费者总可以把这一元钱用在至少能产生相等的边际效用的其他商品的购买上去。这样，理性的消费者就会减少对第 i 种商品的购买，在边际效用递减规律的作用下，直至 $\frac{MU_i}{P_i} = \lambda$，$i = 1$，2 的条件实现为止。

相反，当 $\frac{MU_i}{P_i} > \lambda$，$i = 1, 2$ 时，这说明消费者用一元钱购买第 i 种商品所得到的边际效用大于所付出的这一元钱的边际效用。可以理解为，消费者这时购买的第 i 种商品的消费量是不足的，消费者应该继续购买第 i 种商品，以获得更多的效用。这样，理性的消费者就会增加对第 i 种商品的购买。同样，在边际效用递减规律的作用下，直至 $\frac{MU_i}{P_i} = \lambda$，i = 1，2 的条件实现为止。

3.1.2 效用与偏好

在现实经济生活中，消费者经常面临各种各样的选择。最简单的情形是某消费者在两种商品中进行抉择。如果消费者选择了其中的一种而放弃另一种，则认为消费者偏好第一种商品。消费者偏好是消费者行为理论的重要内容。

1. 消费者偏好的含义

序数效用理论认为，效用只能根据偏好的程度排列出顺序。为此，序数效用论者提出了消费者偏好的概念。所谓偏好就是消费者根据自己的意愿，对可能消费的商品组合进行的排列。序数效用论者认为，对于各种不同的商品组合，消费者的偏好程度是有差别的，这种差别反映了消费者对这些不同的商品组合的效用水平的评价。具体地讲，给定 A、B 两个商品组合，如果某消费者对 A 商品组合的偏好程度大于 B 商品组合，那就是说，这个消费者认为 A 组合的效用水平大于 B 组合，或者说，A 组合给该消费者带来的满足程度大于 B 组合。

2. 关于消费者偏好的假定

这里是指明所有"理性"的消费者的偏好的一些共性或者说一些基本假设。

第一，消费选择具有明确性、唯一性。消费者总是在选择商品时，可以明确比较和排列所给出的不同商品组合。换言之，对于任何两个商品组合 A 和 B，消费者总是可以作出，而且也仅仅只能作出以下三种判断中的一种：对 A 的偏好大于对 B 的偏好；对 A 的偏好小于对 B 的偏好；对 A 和 B 的偏好相同（即 A 和 B 是无差异的）。而且消费者对于偏好的表达方式是完备的，消费者总是可以把自己的偏好评价准确地表达出来。

第二，消费者偏好的可传递性。可传递性指对于任何三个商品组合 A、B 和 C，如果消费者对 A 的偏好大于 B，对 B 的偏好大于 C，那么，在 A、C 这两个组合中，消费者必定对 A 的偏好大于 C。偏好的可传递性假定保证了消费者的偏好是一致的，因而也是理性的。

第三，消费者偏好的非饱和性。消费者总是偏好于商品数量较多的商品组合，因为消费者对每一种商品的消费都没有达到饱和点。或者说，对于任何一种商品，消费者总是认为多比少好。消费量增多,效用水平就提高。此外,这个假定还意味着,消费者认为值得拥有的商品都是"好的东西",而不是"坏的东西"。在这里,"坏的东西"指如空气污染、噪音等。在我们以后的分析中,不涉及"坏的东西"。

3.1.3 无差异曲线

无差异曲线是序数效用论者用来分析消费者偏好,并用以解释需求曲线的成因的主要工具。为了简化分析,假定消费者只消费两种商品。

1. 无差异曲线的概念及图形

无差异曲线是用来表示消费者偏好相同的两种商品的所有组合点。或者说,它是表示能给消费者带来相同的效用水平或满足程度的两种商品的所有组合点的轨迹。与无差异曲线相对应的效用函数为:

$$U = f(X_1, X_2) = U_0$$

式中,X_1,X_2分别为商品1和商品2的数量;U_0是常数,表示某个效用水平。

其含义是消费不同的X_1,X_2给消费者带来相同的效用,即对消费者效用无差异。这些使消费者效用无差异的点的轨迹就是无差异曲线。由于无差异曲线表示的是序数效用,所以,这里的U_0只表示某个效用水平,而不表示一个具体数值的大小。

下面用表3-2和图3-2来具体说明无差异曲线。

表3-2　　　　　　　　　　某消费者的无差异表

商品组合	表a		表b		表c	
	X_1	X_2	X_1	X_2	X_1	X_2
A	20	130	30	120	50	120
B	30	60	40	80	55	90
C	40	45	50	63	60	83
D	50	35	60	50	70	70
E	60	30	70	44	80	60
F	70	27	80	40	90	54

表3-2是某消费者关于商品1和商品2的无差异表,表中列出了这两种商品各种不同的组合。该表有三个子表,每一个子表中都包含六种商品组合,且假定每一个子表中六种商品组合的效用水平是相等的。消费者对a表中这六个组合的偏好程度是

无差异的。同样的，消费者对表b中的所有六个商品组合的偏好程度也都是相同的，表c中六个商品组合给消费者带来的满足程度也都是相同的。

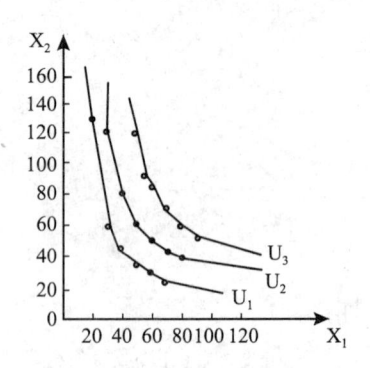

图 3-2 某消费者的无差异曲线

但需要注意的是，表a、表b和表c三者各自所代表的效用水平的大小是不一样的。只要对表中的商品组合进行仔细观察和分析，就可以发现，根据偏好的非饱和性假设，或者说，根据商品数量"多比少好"的原则，可以得出结论：表a所代表的效用水平低于表b，表b的效用水平又低于表c。

根据表3-2绘制的无差异曲线如图3-2所示。图中的横轴和纵轴分别表示商品 X_1 和商品 X_2 的数量，曲线 U_1，U_2，U_3 顺次代表与表a、表b和表c相对应的三条无差异曲线。

实际上，我们假定消费者的偏好程度可以无限多，也就是说，我们可以有无穷个无差异子表，从而可以得到无数条无差异曲线。表3-2和图3-2只不过是一种分析的简化而已。

2. 无差异曲线的特点

第一，离原点越远的无差异曲线代表的效用水平越高。由于通常假定效用函数是连续函数，即在同一坐标平面上的任何两条无差异曲线之间，存在着无数条无差异曲线。可以这样想象：我们可以画出无数条无差异曲线，以至覆盖整个平面坐标图。根据消费者偏好的非饱和性假设，所有这些无差异曲线之间的相互关系是：离原点越远的无差异曲线代表的效用水平越高，离原点越近的无差异曲线代表的效用水平越低。

第二，在同一坐标平面上的任何两条无差异曲线不会相交。这一点可以用图3-3来说明。其理由在于：不同的无差异曲线代表的是不同的效用水平，而且根据无差异曲线的定义，由无差异曲线 U_1 可得a、b两点的效用水平是相等的，由无差异

曲线 U_2 可得 a、c 两点的效用水平是相等的。于是，根据偏好可传递性的假定，必定有 b 和 c 这两点的效用水平是相等的。但是，观察和比较图中 b 和 c 这两点的商品组合，可以发现 c 组合中的每一种商品的数量都多于 b 组合，于是，根据偏好的非饱和性假定，必定有 c 点的效用水平大于 b 点的效用水平。这样一来，这就违背了偏好的假定。由此证明：对于任何一个消费者来说，两条无差异曲线不能相交。

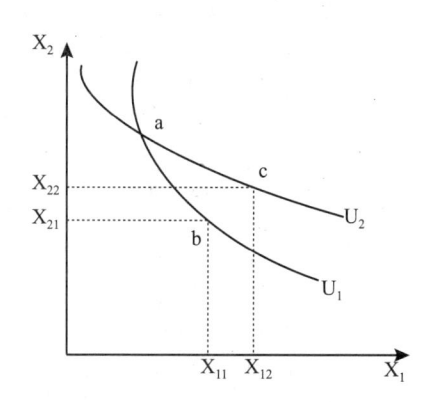

图 3-3 违反偏好假定的无差异曲线

第三，一条无差异曲线上任一点的"边际替代率"（斜率）为负，因此无差异曲线是从左上方向右下方倾斜的。因为两种商品可以带给消费者效用，任何一种商品的增加，都会使消费者的效用增加。既然无差异曲线上的商品组合必须使消费者的效用维持不变，因此当消费者对一种商品的消费增加时，对另一种商品的消费必须减少，唯有负斜率的无差异曲线才符合这种反向关系。

第四，在无差异曲线上，"边际替代率"的绝对值有递减倾向，因此无差异曲线是凸向原点的。这就是说，无差异曲线不仅向右下方倾斜，而且以凸向原点的形状向右方倾斜。这一特征在图 3-2 中表现得很明显。为什么无差异曲线具有凸向原点的特征呢？这取决于商品的边际替代率递减规律。

3. 无差异曲线的斜率

在无差异曲线上，如果商品的数量组合发生了变动，意味着消费者以增加一种商品的消费替代了另一种商品的消费。由此可以得到商品的边际替代率概念。

在维持效用水平不变的前提下，消费者增加一单位某种商品的消费数量时所需要放弃的另一种商品的消费数量，被称为商品的边际替代率。商品 1 对商品 2 的边际替代率的定义公式为：

$$MRS_{12} = -\frac{\Delta X_2}{\Delta X_1}$$

式中，ΔX_1 和 ΔX_2 分别为商品1和商品2的变化量。由于 ΔX_1 是增加量，ΔX_2 是减少量，当一个消费者沿着一条既定的无差异曲线上下滑动的时候，两种商品的数量组合会不断地发生变化，而效用水平却保持不变。这说明，在维持效用水平不变的前提条件下，消费者在增加一种商品的消费数量的同时，必然会放弃一部分另一种商品的消费数量，即两商品的消费数量之间存在着替代关系。为了表示两种商品消费量变化方向相反，边际替代率公式中加了一个负号。这样使得边际替代率 MRS_{12} 的计算结果取正值。

当商品数量的变化趋于无穷小时，则商品的边际替代率公式为：

$$MRS_{12} = \lim_{\Delta X_1 \to 0} -\frac{\Delta X_2}{\Delta X_1} = -\frac{dX_2}{dX_1}$$

显然无差异曲线上某一点的边际替代率就是无差异曲线在该点的斜率的绝对值。

序数效用论在对消费者行为进行分析时，提出了商品的边际替代率递减规律的假定。商品的边际替代率递减规律的内容是：在维持效用水平不变的前提下，随着一种商品的消费数量的连续增加，消费者为得到每一单位的这种商品所需要放弃的另一种商品的消费数量是递减的。普遍发生商品的边际替代率递减现象的原因在于：消费者对某一商品拥有量较少时，对其偏爱程度高，而拥有量较多时，偏爱程度较低。所以随着一种商品的消费数量的逐步增加，消费者想要获得更多的这种商品的愿望就会减少，从而，他为了多获得一单位的这种商品而愿意放弃的另一种商品的数量就会越来越少。

商品的边际替代率递减，意味着无差异曲线的斜率的绝对值越来越小，因此该曲线必定凸向原点。

事实上，边际效用递减规律也暗含了边际替代率递减规律。任意两商品的边际替代率等于该两种商品的边际效用之比，即

$$MRS_{12} = \frac{MU_1}{MU_2}$$

因为在同一条无差异曲线上，为保持效用不变，消费者要求增加的商品提供的增加的效用，应等于放弃的商品所减少的效用。因此，对于效用函数 $U = U(X_1, X_2)$ 和指定任一条无差异曲线 $U(X_1, X_2) = c$，c 为常数，表示既定的效用水平。当消费者所消费的 X_1 与 X_2 商品发生变动（X_1 的变动量为 dX_1，X_2 的变动量为 dX_2）后，要维持效用水平不变，即使效用增量 $dU = 0$，这种变化的关系表示为：

$$dU = \frac{\partial U}{\partial X_1}dX_1 + \frac{\partial U}{\partial X_2}dX_2 = 0 \qquad (3.4)$$

整理（3.4）式得到

$$-\frac{dX_2}{dX_1} = \frac{\frac{\partial U}{\partial X_1}}{\frac{\partial U}{\partial X_2}} \quad 即 \ MRS_{12} = \frac{MU_1}{MU_2} \qquad (3.5)$$

从（3.5）式看，边际效用递减规律暗含了边际替代率递减规律。因为在维持效用水平不变的条件下，消费者不断增加固定单位的 X_1 消费所愿意放弃的 X_2 的数量越来越少，所以 $MRS_{12} = \frac{MU_1}{MU_2}$ 是递减的，即边际替代率是递减的。

4. 无差异曲线的特殊形状

除了可以用形状良好的无差异曲线描述消费者偏好外，还可以从现实经济生活中存在的消费者偏好的实例出发，得到相应的特殊形状的无差异曲线。

第一，两种商品具有恒常性完全替代。完全替代品是指两种商品之间的替代比例是固定不变的情况。在完全替代的情况下，两商品之间的边际替代率 MRS12 就是一个常数，相应的无差异曲线是一条斜率不变的直线。例如，在某消费者看来，一杯牛奶和一杯咖啡之间是无差异的，两者总是可以以 1:1 的比例相互替代，相应的无差异曲线如图 3-4 所示。

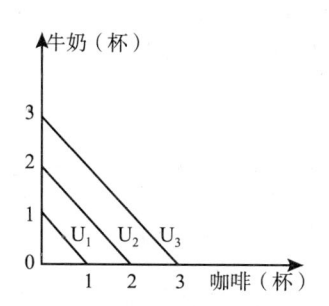

图 3-4 完全替代品的无差异曲线

第二，两种商品为完全互补品。完全互补品指两种商品必须按固定不变的比例。在完全互补的情况下，相应的无差异曲线为直角形状，其边际替代率为 0（平行于横轴）或为 ∞（垂直于横轴）。例如，一副眼镜架必须和两片眼镜片同时配合，才能构成一副可供使用的眼镜，则相应的无差异曲线如图 3-5 所示。图中水平部分的无差异曲线部分表示，对于一副眼镜架而言，只需要两片眼镜片即可，任何超量的眼镜片都是多余的。换言之，消费者不会放弃任何一副眼镜架去换取额外的眼镜片，所以，相应的 $MRS_{12}=0$。图中垂直部分的无差异曲线表示，对于两片眼镜片而言，只需要一副眼镜架即可，任何超量的眼镜架都是多余的。换言之，消费者会放弃所有超量的眼镜架，只保留一副眼镜架与两片眼镜片相匹配，所以，相应的 $MRS_{12}=\infty$。

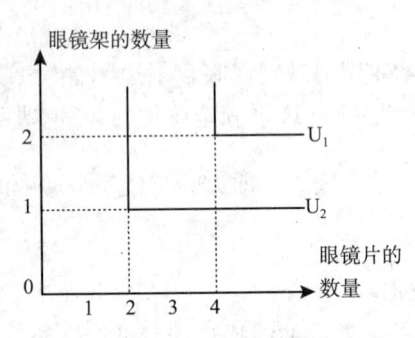

图3-5 完全互补品的无差异曲线

3.2 预算约束与效用最大化

无差异曲线只是表示消费主观上对两种商品不同组合的偏好，但这并不能说明消费者选择行为的所有方面。消费者在购买商品时，必然会受到自己的收入水平和市场上商品价格的限制，这就是预算约束。而预算约束可以用预算线来说明。

3.2.1 预算约束

1. 预算约束和预算线

现实生活中，由于资源的稀缺性，消费者面临各种各样的约束：在购买商品时受到"收入有限"的约束，在学习娱乐时受到"时间有限"的约束等等。效用论主要从"收入有限"的角度考察消费者面临的约束，由此得到预算约束的概念。

假定以 I 表示消费者的既定收入，两种商品分别为 X_1 和 X_2，商品价格分别为 P_1 和 P_2。预算约束是指消费者在购买商品过程中的支出不超过其收入，即在 P_1 和 P_2 的价格水平下消费者能够以收入 I 负担商品组合 X。预算约束可以表示为：

$$P_1X_1 + P_2X_2 \leq I \tag{3.6}$$

而预算线又称为预算约束线、消费可能线和价格线。预算线表示在一定的消费者收入和商品价格条件下,消费者的全部收入所能购买到的最大组合的两种商品的数量。预算线是预算约束的几何表述。根据(3.6)式,则预算线方程为:

$$P_1X_1 + P_2X_2 = I \tag{3.7}$$

此外,也可将(3.7)式可以改写成如下形式:

$$X_2 = -\frac{P_1}{P_2}X_1 + \frac{I}{P_2}$$

由此作出的预算线为图3-6中的线段AB。在横轴X_1上的截距OB为$\frac{I}{P_1}$,表示全部收入用来购买商品1的数量;纵轴X_2上的截距OA为$\frac{I}{P_2}$,表示全部收入用来购买商品2的数量。预算线的斜率是两商品的价格之比即$-\frac{P_1}{P_2}$。

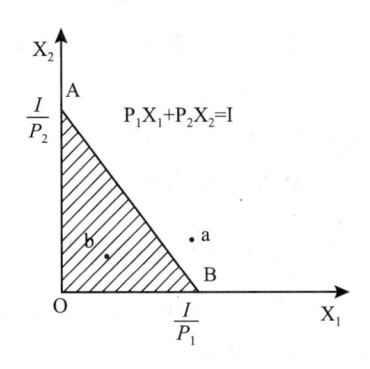

图3-6 预算线

预算线AB以外的区域中的任何一点,例如a点是消费者利用全部收入都不可能实现的商品购买的组合点。预算线AB以内的区域中的任何一点,而b点表示消费者的全部收入在购买该点的商品组合以后还有剩余。唯有预算线AB上的任何一点,才是消费者的全部收入刚好花完所能购买到的商品最大数量的组合点。图中的阴影部分的区域(包括直角三角形的三条边),被称为消费者的预算可行集或预算空间。

在既定价格和既定收入下,预算线代表了消费者的各种可能的消费机会。但是这条线上可以有无数的组合,究竟哪一组合最优,即能提供最大效用,而预算线本身是无法说明的。

2. 预算线的移动

从以上分析可知,只要给定消费者的收入 I 和两商品的价格 P_1 和 P_2,则相应的预算线的位置和形状也就确定了。因为预算线的横、纵截距分别为 $\frac{I}{P_1}$ 和 $\frac{I}{P_2}$,预算线的斜率为 $-\frac{P_1}{P_2}$。由此自然可以推断,只要消费者的收入 I、商品价格 P_1 和 P_2 这三个量之中,有一个量发生变化,就会使原有的预算线发生移动。预算线的移动可以归纳为以下几种情况。

第一种情况:两商品的价格 P_1 和 P_2 不变,消费者的收入 I 发生变化,预算线平行移动。由于价格 P_1 和 P_2 不变,意味着预算线的斜率 $-\frac{P_1}{P_2}$ 保持不变。于是,I 的变化只能使得预算线的横、纵轴截距 $\frac{I}{P_1}$ 和 $\frac{I}{P_2}$ 发生变化,如图 3-7(a)所示。假定原有的预算线为 AB,消费者收入 I 增加,使预算线由 AB 向右平移至 $A'B'$。相反,消费者收入 I 减少,使预算线由 AB 向左平移至 $A''B''$。

第二种情况:消费者的收入 I 不变,两种商品的价格 P_1 和 P_2 同比例同方向发生变化,这时,相应的预算线的位置也会发生平移。由于 P_1 和 P_2 同比例同方向的变化,并不影响预算线的斜率 $-\frac{P_1}{P_2}$,而只能使预算线的横、纵截距 $\frac{I}{P_1}$ 和 $\frac{I}{P_2}$ 发生变化,仍如图 3-7(a)所示。P_1 和 P_2 同比例上升,使预算线 AB 向左平移至 $A''B''$;相反,P_1 和 P_2 的同比例下降,却使预算线 AB 向右平移至 $A'B'$。

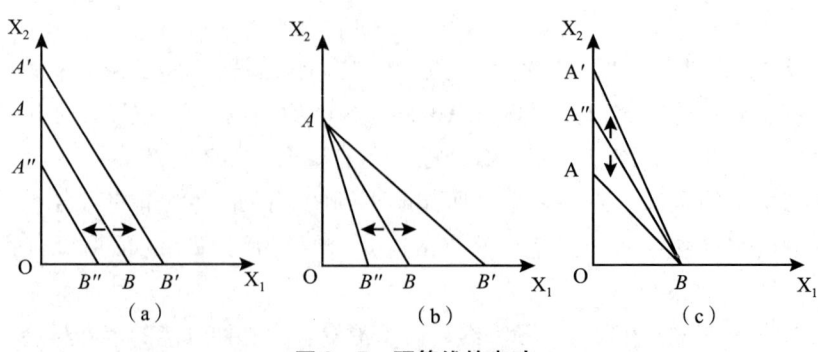

图 3-7 预算线的变动

第三种情况：当消费者的收入 I 不变，P_1 发生变化 P_2 保持不变。这时，预算线的斜率 $-\frac{P_1}{P_2}$ 会发生变化，预算线的横截距 $\frac{I}{P_1}$ 也会发生变化，但是，预算线的纵截距 $\frac{I}{P_2}$ 保持不变，如图 3-7（b）所示。P_1 下降，使得预算线由 AB 移至 AB′。相反，P_1 上升，使得预算线由 AB 移至 AB″。同样道理，在图 3-7（c）中，P_1 不变，P_2 的下降与提高，分别引起预算线由 AB 移至 A′B 和 A″B。

第四种情况：收入和两种商品的价格同时变化有多种情况。可能同方向、同比例发生变化，同方向、不同比例发生变化，或者是不同方向、不同比例发生变化。这里不做具体分析。

3.2.2 效用最大化

序数效用论者利用消费者的无差异曲线和预算线结合在一起，来分析消费者追求效用最大化的购买选择行为。即消费者如何在收入和价格一定的约束下进行选择以实现效用最大化，也就是进行消费者均衡条件的分析。

在分析之前，必须要明确的是，消费者的最优购买行为必须满足两个条件：第一，最优的商品购买组合必须是能够给消费者带来最大效用的商品组合。第二，消费者的收入和两种商品的价格已知，最优的商品购买必须位于给定的预算线上，也就是说预算线是唯一的。

在预算约束下追求最大化是一种理性选择行为。消费者均衡指在既定的收入和商品价格下，消费者购买一定数量组合的商品使其实现效用最大化的稳定状态。也就是说，我们在分析消费者均衡要回答的问题就是：消费者为了使他花费一定量货币 I，所获得的效用为极大值，买进商品 X_1 和 X_2 的数量各为多少？

消费者偏好给定的假定，意味着给定了一个由该消费者的无数条无差异曲线所构成的无差异曲线簇。为了简化分析，我们从中取出三条，即图 3-8 中三条无差异曲线 U_1、U_2 和 U_3。消费者的收入和两商品的价格给定的假定，意味着给定了该消费者的一条预算线，即图 3-8 中唯一的一条预算线 AB。如图 3-8 中的一条预算线和三条无差异曲线，我们认为只有预算线 AB 和无差异曲线 U_2 的相切点 E，才是消费者在给定的预算约束下能够获得最大效用的均衡点。在均衡点 E，相应的最优购买组合为 (X_1^*, X_2^*)。

图 3-8 消费者均衡

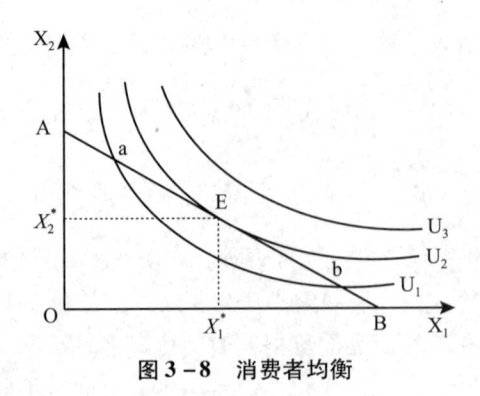

在切点 E，无差异曲线和预算线两者的斜率是相等的。我们已经知道，无差异曲线的斜率是 $\frac{\Delta X_2}{\Delta X_1}$，预算线的斜率可以 $-\frac{P_1}{P_2}$ 来表示。

消费者获得效用最大化的均衡条件是：商品的边际替代率等于商品价格的比率，即：$\frac{P_1}{P_2} = -\frac{\Delta X_2}{\Delta X_1}$。图形上表现为无差异曲线与预算线相切之点。

图 3-8 中为什么只有 E 点才是消费者效用最大化的均衡点呢？这是因为，无差异曲线 U_3 虽然代表的效用水平高于无差异曲线 U_2，但它与既定的预算线 AB 既无交点又无切点。这说明消费者在既定的收入水平下无法实现无差异曲线 U_3 上的任何一点的商品组合的购买。而无差异曲线 U_1 虽然与既定的预算线 AB 相交于 a、b 两点，表明消费者利用现有收入可以购买 a、b 两点的商品组合。但是，这两点的效用水平低于无差异曲线 U_2。因此，理性的消费者不会用全部收入去购买无差异曲线 U_1 上 a、b 两点的商品组合。事实上，就 a 点和 b 点来说，若消费者能改变购买组合，选择 AB 线段上位于 a 点右边或 b 点左边的任何一点的商品组合，则都可以达到比 U_1 更高的无差异曲线，获得比 a 点和 b 点更大的效用水平。这样沿着 AB 线段由 a 点往右和由 b 点往左的运动，最后必定在 E 点达到均衡。显然，只有当既定的预算线 AB 和无差异曲线 U_2 相切于 E 点时，消费者才能在既定的预算约束条件下获得最大的满足。故 E 点就是消费者实现效用最大化的均衡点。

消费者效用最大化的均衡条件表示：在一定的预算约束下，为了实现最大的效用，消费者应该选择最优的商品组合，使得消费者愿意用一单位的某种商品去交换的另一种商品的数量，应该等于该消费者能够在市场上用一单位的这种商品去交换得到的另一种商品的数量。

根据公式进行比较：设 $MRS_{12} = dx_2/dx_1 = 1/0.5 > 1/1 = P_1/P_2$，从右边看，消费

者支出不变的条件下，减少 1 单位商品 X_2 的购买，可增加 1 单位 X_1 的购买；而从左边看，减少 1 单位 X_2 的购买，只需增加 0.5 单位 X_1 的消费量，可维持原有满足程度。因此消费者就因多得到 0.5 单位 X_1，而使总效用增加。这样理智的消费者必然减少对商品 X_2 的购买，增加对商品 X_1 的购买。

基数效用论者认为效用可以用绝对数计量，不同商品可以进行比较，以边际效用递减和货币边际效用不变为前提，运用边际效用分析法和边际效用递减研究均衡。而序数效用论者认为效用大小无法具体衡量，效用之间的比较只能通过排列顺序、等级来表示，商品可替代且商品边际替代率递减。运用无差异曲线和预算线分析，用边际替代率递减取代边际效用递减进行分析。

无论是基数效用论者还是序数效用论者，虽然采用不同的分析方法，但得出了相同的结论。

基数效用论根据边际效用分析，消费者均衡的条件是 $\frac{MU_1}{P_1} = \frac{MU_2}{P_2}$，也可以写为：

$$\frac{MU_1}{MU_2} = \frac{P_1}{P_2} \tag{3.8}$$

序数效用论根据无差异曲线分析，消费者均衡的条件可以写为 $\frac{P_1}{P_2} = -\frac{\Delta X_2}{\Delta X_1}$，也可以写为：

$$MRS_{12} = \frac{P_1}{P_2} \tag{3.9}$$

根据前面推导出公式 $MRS_{12} = \frac{MU_1}{MU_2}$，（3.9）式可写为 $\frac{MU_1}{MU_2} = \frac{P_1}{P_2}$，与（3.8）式完全相同。所以说用边际效用分析法得出的消费者均衡条件与用无差异曲线分析法得出的消费者均衡条件是相同的。至此，可以将均衡条件写为

$$MRS_{12} = \frac{MU_1}{MU_2} = \frac{P_1}{P_2}$$

3.2.3 价格变动的替代效应与收入效应

一种商品价格的变化引起对其需求量的变化，这种变化可以被分解为收入效应和替代效应两方面作用的结果。当收入效应和替代效应作用的结果具有不同特点时，价格变动引起需求量变动的情况会有所不同，或需求量增加较多，或增加较少，甚至减少，这就有了正常物品、一般低档物品、吉芬物品的区别。这里我们将分别讨论正常

物品、低档物品和吉芬物品的替代效应和收入效应,并以此进一步说明这三类物品的需求曲线的形状特征。

1. 替代效应和收入效应的含义

当一种商品的价格发生变化时,会对消费者产生两种影响:一是使消费者的实际收入水平发生变化。在这里,实际收入水平的变化被定义为效用水平的变化;二是使商品的相对价格发生变化。这两种变化都会改变消费者对该种商品的需求量。

收入效应是指因价格变化带来的实际收入的变化而导致需求量的变化,并且引起效用水平变化,从而把这种变化称为收入效应。例如,消费者购买棉布,当棉布的价格下降时,其他商品价格不变,这时对于消费者来说,虽然货币收入也不变,但是现有的货币收入的购买力增强了,也就是说实际收入水平提高了。这意味着在不减少其他商品购买量情况下,可以买进更多的棉布。实际收入水平的提高,会使消费者改变对这两种商品的购买量,从而达到更高的效用水平,这就是收入效应。在图形上表现为均衡点从一条无差异曲线上移动到另一条无差异曲线上。

替代效应是指由商品的价格变动所引起的商品相对价格的变动,进而由商品的相对价格变动所引起的商品需求量的变动为替代效应。替代效应不改变消费者的效用水平。例如,棉布和化纤布之间存在着可替代关系,假设棉布的价格下降,化纤布的价格不变,则化纤布相对于棉布来说,较以前昂贵了。商品相对价格的这种变化,会使消费者增加对棉布的购买而减少对化纤布的购买,即用棉布替代化纤布,这样对棉布的需求量会增加,而对化纤布的需求量减少。但替代效应不改变消费者的效用水平。

综上所述,一种商品价格变动所引起的该商品需求量变动的总效应可以被分解为替代效应和收入效应两个部分,即总效应=替代效应+收入效应。

2. 正常物品的替代效应和收入效应

正常物品的替代效应与收入效应均使需求量与价格反方向变动,使得需求曲线向右下方倾斜。即当价格下降时,对于正常物品,替代效应的作用是增加需求量,收入效应的作用也是增加需求量。

如何确定替代效应和收入效应的作用程度呢?我们必须通过作一条平行于新的预算线并切于原有的无差异曲线的补偿性预算线来区分。

补偿性预算线的意义是:当价格变动引起消费者实际收入发生变动时,补偿性预算线是用来表示以假设的货币收入的增减来维持消费者实际收入水平不变的一种分析工具。具体地说,在商品价格下降引起实际收入提高时,假设可取走一部分货币收入,使消费者的实际收入维持原有的效用水平。图3-9给出正常物品价格下降时引起的替代效应和收入效应。图3-9中FG曲线即为补偿性预算线。

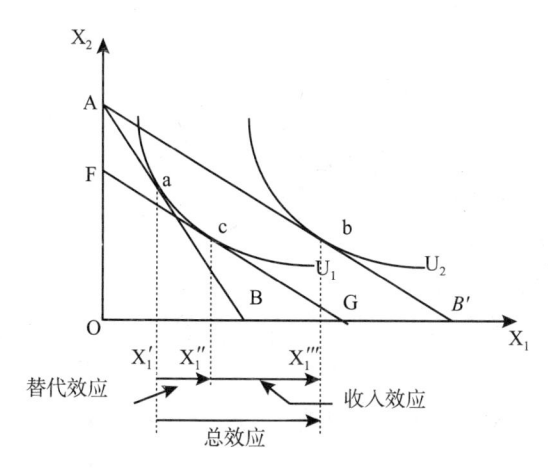

图3-9 正常物品的替代效应和收入效应

当商品 X_1 的价格下降时，替代效应作用使需求量的增加量为 $X'_1X''_1$，收入效用作用使需求量的增加量为 $X''_1X'''_1$。商品1的需求量的增加量为 $X'_1X'''_1$，这就是商品1的价格下降所引起的总效应。

在这里，P_1 下降时，替代效应所引起的需求量的增加量 $X'_1X''_1$ 是一个正值，即符号为正，也就是说，正常物品的替代效应引起的需求量变化与价格变化呈反方向。收入效应所引起的需求量的增加量 $X''_1X'''_1$ 也是一个正值，表明当 P_1 下降使得消费者的实际收入水平提高时，消费者必定会增加对正常物品商品1的购买。也就是说，正常物品的收入效应引起的下列变化与价格呈反方向的变动。

对于正常物品来说，替代效应与价格呈反方向的变动，收入效应也与价格呈反方向的变动。在它们的共同作用下，总效应必定与价格呈反方向的变动。因此，正常物品的需求曲线是向右下方倾斜的。

3. 低档物品的替代效应和收入效应

一般低档物品的替代效应的作用使需求量与价格反方向变动，收入效应的作用使需求量与价格呈正方向变动，但替代效应的作用大于收入效应的作用，总效用的结果仍使需求量与价格反方向变动。以图3-10为例分析低档物品价格下降时的替代效应和收入效应。

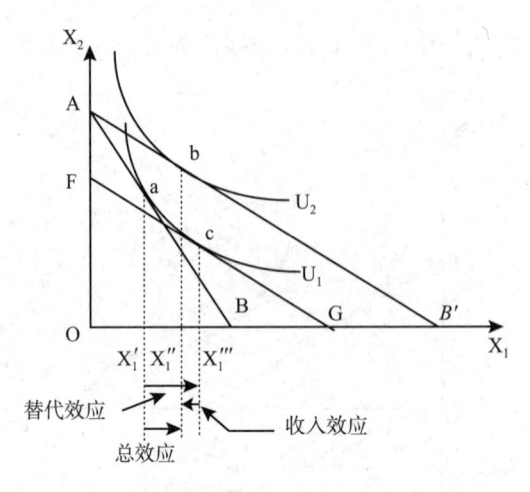

图 3-10 低档物品的替代效应和收入效应

对于一般低档品,当价格下降,替代效应的作用是增加需求量,收入效应的作用是减少需求量(价格下降使实际收入增加,需求量反而减少)。图中商品 1 的价格 P_1 变化前的消费者的效用最大化的均衡点为 a 点,P_1 下降以后的消费者的均衡点为 b 点,因此,价格下降所引起的商品 1 的需求量的增加量为 $X_1'X_1''$,这便是总效应。运用相同的作图方法,即通过作与预算线 AB' 平行且与无差异曲线 U_1 相切的补偿预算线 FG,便可将总效应分解成替代效应和收入效应。具体地看,P_1 下降引起的商品相对价格的变化,使消费者由均衡点 a 运动到均衡点 c,相应的需求量增加量为 $X_1'X_1'''$,这就是替代效应,它是一个正值。而 P_1 下降引起的消费者的实际收入水平的变动,使消费者由均衡点 c 运动到均衡点 b,需求量由 X_1''' 减少到 X_1'',这就是收入效应。收入效应 $X_1'''X_1''$ 是一个负值,其原因在于,价格 P_1 下降所引起的消费者的实际收入水平的提高,会使消费者减少对低档物品的商品 1 的需求量。由于收入效应是一个负值,所以,图中的 b 点必定落在 a、c 两点之间。

图 3-10 中的商品 1 的价格 P_1 下降所引起的商品 1 的需求量的变化的总效应为 $X_1'X_1''$,它是正的替代效应 $X_1'X_1'''$ 和负的收入效应 $X_1'''X_1''$ 之和。由于替代效应 $X_1'X_1'''$ 的绝对值大于收入效应 $X_1'''X_1''$ 的绝对值,或者说,由于替代效应的作用大于收入效应,所以,总效应 $X_1'X_1''$ 是一个正值。

综上所述,对于低档物品来说,替代效应与价格成反方向的变动,收入效应与价格成同方向的变动,而且,在大多数的场合,收入效应的作用小于替代效应的作用。所以,总效应与价格成反方向的变动,相应的需求曲线是向右下方倾斜的。

4. 吉芬物品的替代效应和收入效应

但是在少数的场合，某些低档物品的收入效应的作用会大于替代效应的作用，于是会出现违反需求曲线向右下方倾斜的现象，这类物品就是吉芬物品。

英国人吉芬于 19 世纪发现，1845 年爱尔兰发生灾荒，土豆价格上升，但是土豆需求量却反而增加了。这一现象在当时被称为"吉芬难题"。这类需求量与价格呈同方向变动的特殊商品因此被称做吉芬物品。

吉芬物品的替代效应作用使需求量与价格呈反方向变动，收入效用的作用使需求量与价格同方向变动，且收入效应的作用大于替代效应的作用，从而总效用的作用是需求量与价格同方向变动，即价格下降时，需求量也下降，决定需求曲线向右上方倾斜。

下面用图 3-11 来进行分析。图中商品 1 是吉芬物品。商品 1 的价格 P_1 下降前后的消费者的效用最大化的均衡点分别为 a 点和 b 点，相应的商品 1 的需求量的减少量为 $X''_1 X'_1$，这就是总效应。通过补偿预算线 FG 可得：$X''_1 X'''_1$ 为替代效应，它是一个正值。$X'''_1 X'_1$ 是收入效应，它是一个负值，而且，负的收入效应 $X'''_1 X'_1$ 的绝对值大于正的替代效应 $X''_1 X'''_1$ 的绝对值，所以，最后形成的总效应 $X''_1 X'_1$ 为负值。在图中，a 点必定落在 b、c 两点之间。

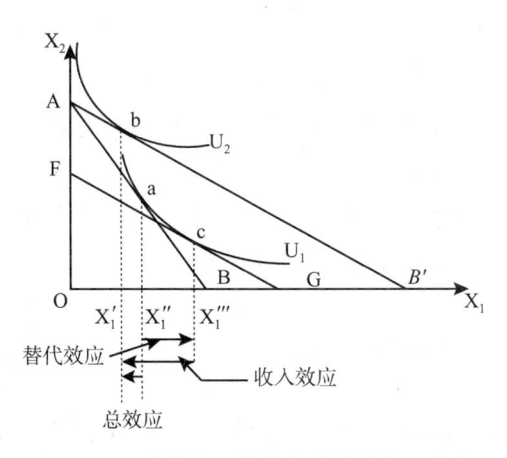

图 3-11 吉芬物品的替代效应和收入效应

我们知道吉芬物品是一种特殊的低档物品。作为低档物品，吉芬物品的替代效应与价格呈反方向的变动，收入效应则与价格呈同方向的变动。吉芬物品的特殊性就在于，收入效应的作用很大，以至于超过了替代效应的作用，从而使得总效应与价格呈同方向的变动。这也就是吉芬物品的需求曲线呈现出向右上方倾斜的特殊形状的原因。

运用以上分析的结论就可以解释"吉芬难题"了。在19世纪中叶的爱尔兰，购买土豆的消费支出在大多数的贫困家庭的收入中占一个较大的比例，于是，土豆价格的上升导致贫困家庭实际收入水平大幅度下降。在这种情况下，变得更穷的人们不得不大量地增加对劣等物品土豆的购买，这样形成的收入效应是很大的，它超过了替代效应，造成了土豆的需求量随着土豆价格的上升而增加的特殊现象。

将正常物品、低档物品和吉芬物品的替代效应和收入效应所得到的结论综合于表3-3中。

表3-3　　　　　　商品价格变化所引起的替代效应和收入效应

商品类别	替代效应与价格的关系	收入效应与价格的关系	总效应与价格的关系	需求曲线的形状
正常物品	反方向变化	反方向变化	反方向变化	向右下方倾斜
一般低档物品	反方向变化	同方向变化	反方向变化	向右下方倾斜
吉芬物品	反方向变化	同方向变化	同方向变化	向右上方倾斜

3.3　价格消费曲线与需求曲线

消费者对商品的需求是以实现效用最大化为原则，前边已经分析了效用最大化的均衡点。均衡点是无差异曲线与预算线相切之点，预算线变化，均衡点必然发生变化。而预算线又是由消费者的收入和商品的价格决定的，如果消费者的收入与商品的价格发生变化了，必然引起预算线变化，进而引起消费选择发生变化。在此基础上可以利用消费者均衡条件推导消费曲线和需求曲线。

3.3.1　价格—消费曲线

价格—消费曲线是指在收入不变条件下，商品价格变动引起的消费者均衡点移动的轨迹，它反映商品价格变化引起的需求量变动的情况。

在其他条件均保持不变时，一种商品价格的变化会使消费者效用最大化的均衡点的位置发生移动，并由此可以得到价格—消费曲线。价格—消费曲线是在消费者的偏好、收入以及其他商品价格不变的条件下，与某一种商品的不同价格水平相联系的消费者效用最大化的均衡点的轨迹。具体以图3-12来说明价格—消费曲线的形成。

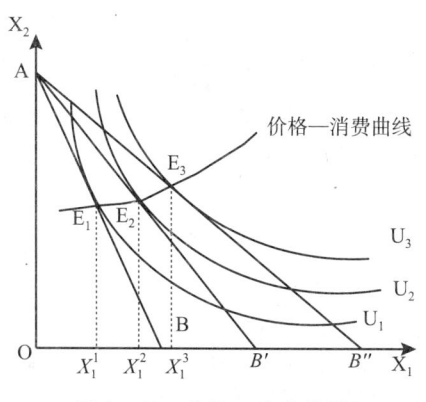

图 3-12 价格—消费曲线

在图中，假定 P_2 价格不变，商品 1 的初始价格为 P_1^1，相应的预算线为 AB，它与无差异曲线 U_1 相切于效用最大化的均衡点 E_1。如果商品 1 的价格由 P_1^1 下降为 P_1^2，相应的预算线由 AB 移至 AB'，于是，AB' 与另一种较高无差异曲线 U_2 相切于均衡点 E_2。如果商品 1 的价格再由 P_1^2 继续下降为 P_1^3，相应的预算线由 AB' 移至 AB''，于是，AB'' 与另一条更高的无差异曲线 U_3 相切于均衡点 E_3……，不难发现，随着商品 1 的价格的不断变化，可以找到无数个诸如 E_1、E_2 和 E_3 那样的均衡点。它们的轨迹就是价格—消费曲线。

价格—消费曲线不是消费者对 X_1 商品的需求曲线，而是当 P_1 下降，消费者会购买的 X_1 与 X_2 商品不同组合的数量。因此该曲线不一定完全向右下方倾斜。

3.3.2 需求曲线

消费者的需求曲线是由对消费者均衡分析来解释的，可以由价格—消费曲线推导出来。

假设我们研究商品 X_1 的需求曲线，P_1 为 X_1 商品的价格，q_1 为 X_1 商品的购买量。则对 X_1 商品的需求曲线就是把 P_1 的各个数值与各个均衡点所决定的（相应）的 q_1 的各个数值描绘在价格与需求量对应关系的平面图上，P_1 与 q_1 各点的连线即为需求曲线。

前面我们得到了价格—消费曲线图 3-12。分析其上的三个均衡点 E_1、E_2 和 E_3 可以看出，在每一个均衡点上，都存在着商品 1 的价格与商品 1 的需求量之间一一对应的关系。这就是：在均衡点 E_1，商品 1 的价格为 P_1^1，则商品 1 的需求量为 X_1^1；在均衡点 E_2，商品 1 的价格由 P_1^1 下降为 P_1^2，则商品 1 的需求量 X_1^1 增加 X_1^2；在均衡点

E_3，商品1的价格进一步由P_1^1下降为P_1^3，则商品1的需求量由X_1^1再增加为X_1^3。根据商品1的价格和需求量之间的这种对应关系，把每一个P_1数值和相应的均衡点上的X_1数值绘制在商品的价格—数量坐标图上，便可以得到单个消费者的需求曲线。这便是图3-13中的需求曲线$X_1=f(P_1)$。

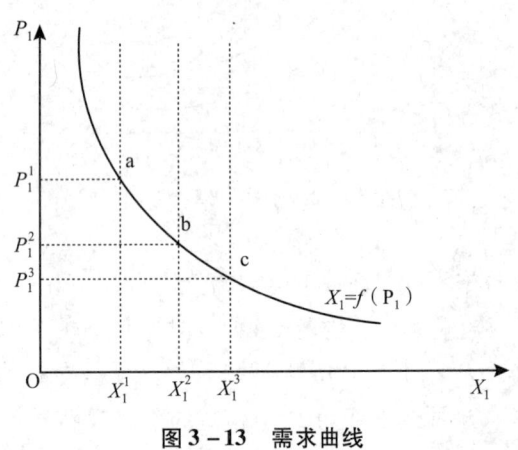

图3-13 需求曲线

在图中，横轴表示商品1的数量X_1，纵轴表示商品1的价格P_1。图中需求曲线$X_1=f(P_1)$上的a、b、c点分别和图3-15中的价格—消费曲线上的均衡点E_1、E_2、E_3相对应。

以上我们介绍了序数效用论者如何从对消费者经济行为的分析中推导出了对消费者的需求曲线。序数效用论者所推导的需求曲线是向右下方倾斜的，它表示商品的价格和需求量呈反方向变化。尤其是，需求曲线上与每一价格水平相对应的商品需求量都是可以给消费者带来最大效用的均衡数量。

而基数效用论以边际效用递减规律以及在此基础上的效用最大化均衡条件为基础推导需求曲线。

因为商品的需求价格是指消费者在一定时期内对一定量的某种商品所愿意支付的价格，它取决于商品的边际效用（边际效用越高，消费者愿意支付的价格越高）。而商品的边际效用具有递减规律，所以，随着商品消费量的增加，在货币的边际效用不变的条件下，商品的需求价格是下降的，即需求量与商品价格呈反方向变动。

$MU/P=\lambda$表明，对于任一商品来说，随着需求量不断增加，边际效用是递减的，为了保证MU/P恒等于λ（λ是一个不变的值），商品的需求价格P必然同比例于边际效用MU的递减而递减，由此可推导出向右下方倾斜的需求曲线。

无论是序数效用论还是基数效用论推导出的消费者的需求曲线，都与我们上一章介绍的"需求定律"是相符的。需求曲线的产生，实际上是消费者在一定的预算约束条件下最优选择的结果。需求曲线上的每一点都意味着消费者在预算约束下实现了效用最大化。因此，如前所述，需求曲线反映了一定价格水平下消费者所愿意购买的商品的数量。而消费者之所以愿意购买一定数量的商品，就是因为他的效用达到了最大化。

3.3.3 收入—消费曲线

如果其他条件不变，消费者的收入水平变化时，会改变消费者能够支付的商品范围，预算线会发生平行移动。对于大多数商品来说，在同一无差异曲线图中，收入的提高会增加对商品的购买；反之则减少对商品的购买。根据收入变动对消费者均衡的影响，可以推导出收入—消费曲线，并由此推导出收入需求曲线。

收入—消费曲线是在消费者的偏好和商品的价格不变的条件下，消费者的收入变动引起的消费者效用最大化的均衡点的轨迹。它反映了收入变化引起的消费量变动的情况。

假定价格不变，消费者收入变化，引起预算线平行移动，而与新的无差异曲线相切，导致均衡点的移动。

以图3-14来具体说明收入—消费曲线的形成。在图（a）中，随着收入水平的不断增加，预算线由 A_1 平移至 A_2，再平移至 A_3，于是，形成了三个不同的消费者效用最大化的均衡点 E_1、E_2 和 E_3。如果收入水平的变化是连续的，则可以得到无数个这样的均衡点的轨迹，这便是图（a）中的收入—消费曲线。

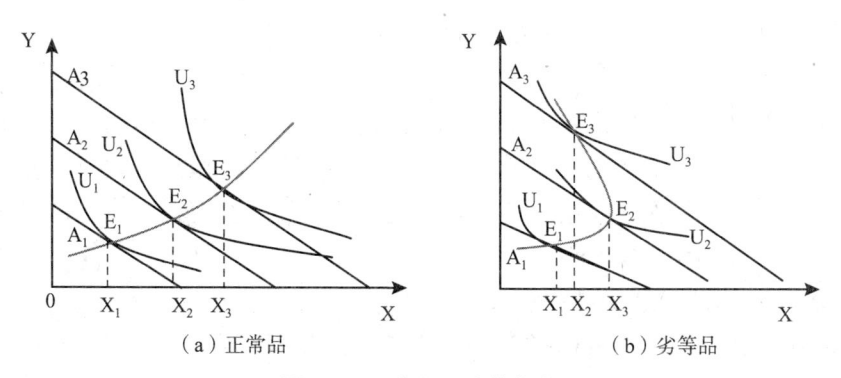

图 3-14 收入—消费曲线

3.3.4 收入—需求曲线

根据消费者的收入—消费曲线可以推导出消费者的收入—需求曲线。因19世纪德国统计学家恩格尔专门研究过人们的收入与某种商品的需求量之间的关系，所以收入需求曲线又叫恩格尔曲线。恩格尔曲线表示消费者在每一收入水平对某商品的需求量。与恩格尔曲线相对应的函数关系为 $X = f(I)$，其中，I 为收入水平；X 为某种商品的需求量。

图3-14中的收入—消费曲线反映了消费者的收入水平和商品的需求量之间存在着一一对应的关系：以商品1为例，当收入水平为 I_1 时，商品1的需求量为 X_1^1；当收入水平增加为 I_2 时，商品1的需求量增加为 X_1^2；当收入水平增加为 I_3 时，商品1的需求量变动为 X_1^3……，把这种一一对应的收入和需求量的组合描绘在相应的平面坐标图中，便可以得到相应的恩格尔曲线，如图3-15所示。

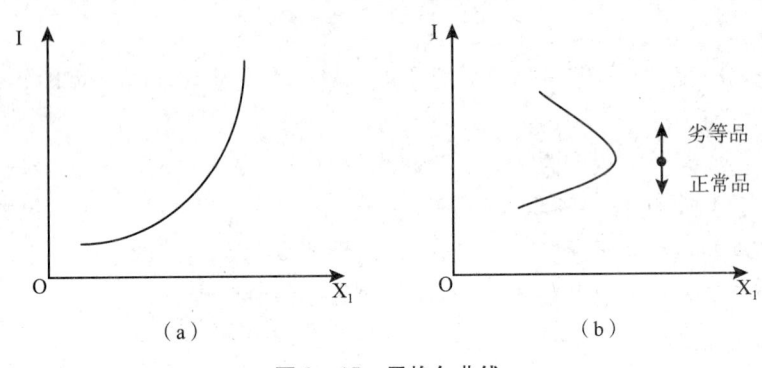

图3-15　恩格尔曲线

图3-15（a）和图3-14（a）是相对应的，图中的商品1是正常品，商品1的需求量 X_1 随着收入水平 I 的上升而增加。图3-15（b）和图3-14（b）是相对应的，在一定的收入水平上，图中的商品1由正常品转变为劣等品。或者说，在较低的收入水平范围，商品1的需求量与收入水平呈同方向的变动；在较高的收入水平范围，商品1的需求量与收入水平呈反方向的变动。

我们可以根据恩格尔曲线来区分必需品、奢侈品和劣等品，如图3-16所示，横轴表示收入，纵轴表示商品的需求量。当恩格尔曲线斜率为正时，表示该商品为正常品，即需求量随收入的增加而增加，如图3-16（a）、图3-16（b）所示。但在图3-16（a）中，数量增加的比例小于收入增加的比例，因此该商品的需求的收入弹性小于 1，为"必需品"。在图 3-16（b）中，该商品不但是正常品，而且数量增加的比例超过收入增加的比例，即其需求的收入弹性大于 1，为"奢侈品"。在图 3-16（c）中，收入增加时，需求量反而减少，数量与收入的变化方向相反，需求的收入弹性为负，为"劣等品"。

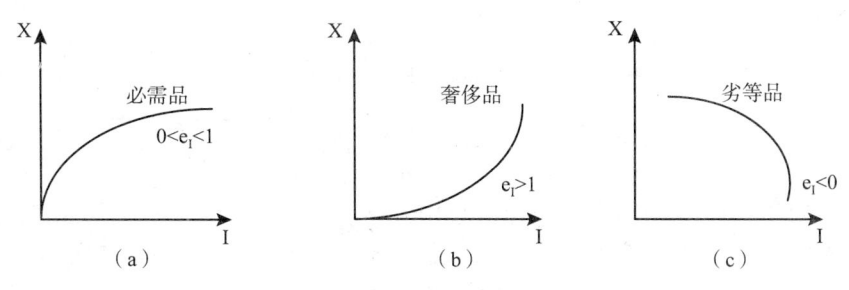

图 3-16　各种形状的恩格尔曲线

德国统计学家恩格尔发现，家庭对不同商品的支出比例与家庭收入高低之间有非常明显的关系。在低收入家庭中，食物的支出占收入支出的绝大部分，当收入逐渐增加时，食物支出占收入支出的比例逐渐缩小。这种现象普遍存在于不同国家，故将其称为恩格尔定律。食物支出与收入之比称为恩格尔系数，所以恩格尔定律也可表述为：随着收入的提高，恩格尔系数是递减的。恩格尔系数可以反映一国或一个家庭的富裕程度与生活水平。一般来说，恩格尔系数越高，富裕程度与生活水平越低；恩格尔系数越低，富裕程度与生活水平越高。恩格尔定律说明了生活必需品的收入弹性较小。

【本章小结】

1. 效用表示消费者通过消费商品从而对商品产生的主观心理评价。其计量方式分为基数效用论和序数效用论。从效用的两种计量方式出发，得到消费者行为理论中的边际效用分析和无差异曲线分析方法，并用这两种方法分析消费者均衡。

2. 边际效用分析法中的关键概念是总效用和边际效用。从边际效用的分析过程中得到了一条重要定律——边际效用递减规律。运用边际效用理论可以推导出消费者均衡条件，再把消费者均衡条件和边际效用递减规律结合起来，可以推导出向右下方倾斜的需求曲线。

3. 无差异曲线分析建立在消费者偏好的基础上，是对消费者偏好的几何描述。边际替代率是无差异曲线斜率的数字测度，其绝对值递减，得到边际替代率递减规律。"偏好"揭示了消费者"愿意负担"什么，而"预算约束"说明消费者受到的收入水平和商品价格的限制，即"能够负担"什么。预算线是预算约束的几何描述，将无差异曲线和预算线几何描述放在一起,得出序数效用论下的消费者均衡条件,实现效用最大化目标。

4. 从消费者均衡出发可以推导出价格消费曲线和需求曲线。一种商品价格的变化引起对其需求量的变化,这种变化可以被分解为收入效应和替代效应两方面作用的结果。

【推荐读物】

1. 曼昆. 经济学原理. 北京大学出版社, 1999.
2. 萨缪尔森. 微观经济学（第十六版）[M]. 华夏出版社, 1999.
3. 斯蒂格利茨. 经济学 [M]. 中国人民大学出版社, 1999.
4. 中国经济学教育科研网：http：//www.cenet.ccer.edu.cn.
5. 北京大学中国经济研究中心：http：//www.ccer.pku.edu.cn.

【复习思考题】

1. 设某人效用函数 $U=XY$, 价格为 $P_X=2$, $P_Y=5$, 收入 $I=100$, 求消费者均衡时的 X、Y 购买量各是多少？
2. 已知某消费者的效用函数为 $U=3XY$, 两种商品的价格分别为 $P_X=1$, $P_Y=2$, 消费者的收入是 12, 求均衡时消费者获得的最大效用。
3. 已知某消费者每年用于商品 1 和商品 2 的收入为 540 元, 两种商品的价格分别为 $Px=20$ 元, $Py=30$ 元, 该消费者效用函数为 $U=3XY$, 求两种商品购买量各是多少？最大效用是多少？
4. 根据基数效用理论, 边际效用与总效用的关系是怎样的？
5. 基数效用论是如何推导需求曲线的？
6. 序数效用论是如何推导需求曲线的？
7. 序数效用论是如何说明价格——消费曲线的？
8. 用图形分析吉芬物品的替代效应和收入效应, 并说明其需求曲线的特征。
9. 用图形分析正常物品的替代效应和收入效应, 并说明其需求曲线的特征。
10. 在三年自然灾害期间, 一些农民将收入几乎全部用来购买红薯, 而当红薯的价格降低时, 其消费量却减少了, 在这种情况下红薯是正常物品、低档物品还是吉芬物品？请结合图形解释你的理论。
11. 比较基数效用理论与序数效用理论的异同, 谈谈你对效用论的看法。
12. 开篇案例思考题：

（1）就你目前的状况, 对你自己来说, 什么样的东西会是奢侈品？你用的是什么标准来定义奢侈品的？

（2）你能否总结一下目前我国影响奢侈品消费的因素有哪些？其表现如何？

（3）用你学习过的理论来分析奢侈品消费问题？

（4）在我国目前情况下, 人们奢侈品消费对经济发展有何积极意义和消极意义？

第4章

生产与成本

【学习目标】

1. 掌握生产要素及生产函数问题。
2. 了解各种短期成本曲线及其相互关系。
3. 掌握总收益、平均收益、边际收益的相互关系及利润最大化问题。
4. 了解规模报酬与规模经济问题。

【开篇案例】

王永庆的成功之路

台塑集团老板王永庆被称为"主宰台湾的第一大企业家","华人经营之神"。王永庆不爱读书,小学时的成绩总在最后10名之内,但他吃苦耐劳勤于思考,终于成就了一番事业。王永庆大概也没有读过什么经济学著作,但他的成功之路却与经济学原理是一致的。

王永庆的事业是从台塑生产塑胶粉粒PVC开始的。当时每月仅产PVC100吨,是世界上规模最小的。王永庆知道,要降低PVC的成本只有扩大产量,所以扩大产量、降低成本,打入世界市场是成功的关键。于是,他冒着产品积压的风险,把产量扩大到1 200吨,并以低价格迅速占领了世界市场。王永庆扩大产量、降低成本的做法正是经济学中的规模经济原理。

王永庆的成功正在于他敢于扩大产量,实现规模收益递增。当时台塑产量低是受台湾需求有限的制约。王永庆敏锐地发现,这实际陷入了一种恶性循环:产量越低成本越高,越打不开市场;越打不开市场,产量越低成本越高。打破这个循环的关键就是提高产量,降低成本。当产量扩大到月产1 200吨时,可以用当时最先进的设备与技术,成本大幅度下降,就有进入世界市场,以低价格与其他企业的竞争能力。

当一个企业的产量达到平均成本最低时,就充分利用了规模收益递增的优势,或者说实现了最适规模。王永庆经营的化工行业正属于这种最适规模大的行业，所以，规模的扩大带来了收益递增。

一个企业大固然有许多好处，但也会引起一些问题。这主要是随着企业规模扩大，管理效率下降，管理成本增加。一个大企业也像政府机构一样会滋生官僚主义。同时，企业规模大也会缺乏灵活性，难以适应千变万化的市场。所以，"大就是好"并不适用于一切企业。当企业规模过大引起成本增加效益递减时就存在内在不经济，发生规模收益递减。对那些大才好的企业来说，要特别注意企业规模大引起的种种问题，王永庆在扩大企业规模和产量的同时，注意降低建厂成本、生产成本和营销成本，并精减人员，提高管理效率。这对他的成功也很重要。对那些未必一定要大的轻工、服务之类行业的企业来说，"小的也是美好的"。船小好调头，在这些设备、技术重要性较低，而适应市场能力要强的企业中，就不要盲目追求规模。甚至有些大企业也因管理效率差而分拆，美国IBM公司就曾一分为三。

其实企业并不是一味求大或求小，而是以效益为标准。那种盲目合并企业，以追求进500强的做法往往事与愿违。绑在一起的小舢舨决不是航空母舰。王永庆的成功不在于台塑大，而在于台塑实现了规模收益递增的最优规模。

资料来源：梁小民．微观经济学纵横谈［M］．生活·读书·新知三联书店，2000年。

【重要概念】

总收益（Total Revenue）

平均收益（Average Revenue）

边际收益（Marginal Revenue）

总成本（Total Cost）

平均成本（Average Cost）

固定成本（Fixed Cost）

可变成本（Variable Cost）

边际成本（Marginal Cost）

平均固定成本（Average Fixed Cost）

平均可变成本（Average Variable Cost）

短期平均成本（Short-run Average Cost）

规模经济（Economies of Scale）

规模不经济（Diseconomies of Scale）

范围经济（Economies of Scope）

4.1 企　　业

4.1.1 企业的含义

企业又称生产者或厂商，是一种使用生产要素并把这些要素组织起来进行生产并销售产品和劳务的独立经营单位。

在市场经济条件下，企业的独立性表现在两个方面：一是企业作为一个整体，以独立的形象与其他企业发生关系，而这种联系的基础就是市场；二是企业内部的各个组成部分是独立的，联系各个组成部分的是企业决策者的计划。各组成部分和外界的关系同样受企业决策者的计划支配。

围绕着产权交换，产权周围形成了拥有各种利益关系的经济主体。这些主体主要包括三种类型：雇员、管理者和所有者。雇员是为企业工作的人员，通过工作劳动获取报酬；管理者可能是企业的所有者，但大多数情况下管理者是企业所有者雇佣的具有管理和经营企业技能的高级雇员，他们也按劳取酬；企业的所有者是企业行为的最终责任者，当然也是企业行为收益的获得者和有关代价的付出者。

作为生产单位，企业的功能就是将各种生产投入（如土地、劳动、资本等）通过整合、配置转化为一定产出，并据此获取利润。

4.1.2 企业的类型

厂商主要可以采取三种组织形式：独资企业、合伙制企业和公司制企业。

独资企业是指单个人独资经营的厂商组织。企业家往往同时就是所有者和经营者。个人业主的决策自由灵活，企业规模小，易于管理；但往往由于资金有限，限制了生产的发展，也较易于破产。

合伙制企业指两个人以上合资经营的厂商组织。相对个人企业而言，合伙制企业的资金较多，规模较大，分工和专业化得到加强；但资金仍然比较有限，且合伙人之间的契约关系欠稳定。

公司制企业指按公司法建立和经营的具有法人资格的厂商组织。它是一种重要的现代企业组织形式。公司由股东所有，公司的控制权在董事监督下的总经理手里。在资本市场上，公司制企业主要利用发行股票和债券来筹集资金。由于发行股票和债券能筹集到大量的资金,所以,公司制企业的资金雄厚,有利于实现规模生产,也有利于进一步强化分工和专业化,而且公司的组织形式相对的稳定,有利于生产的长期发展;但公司组织往往可能由于规模庞大,给内部的管理协调带来一定的困难。公司所有权和管理权的分离,也会带来一系列的问题。

4.1.3 企业的目标

在微观经济学里,一般总是假定厂商的目标是追求最大的利润。这一假定是西方经济学理性经济人的假定在生产和厂商理论中的具体化。关于这一基本假设,也存在着争论。因为,在现实经济生活中,厂商有时并不一定选择实现最大利润的决策。

在信息不完全的情况下,厂商所面临的市场需求可能是不确定的,而且,厂商也有可能对产量变化所引起的生产成本的变化情况缺乏准确的了解,于是,厂商长期生存的经验做法也许就是实现销售收入最大或市场销售份额最大化,以此取代利润最大化的决策。

更为一般的情况是,在现代公司制企业组织中,企业的所有者往往并不是企业的真正经营者,企业的日常决策是企业所有者的代理人经理作出的。企业所有者和企业经理之间是委托人和代理人之间的契约关系。由于信息的不完全性,特别是信息的不对称性,所有者并不能完全监督和控制公司经理的行为,经理会在一定程度上偏离企业的利润最大化的目标。譬如,经理会追求自身效益的最大化,他们并不一定很努力工作,而追求豪华舒适的办公环境,讲究排场。他们也可能追求销售收入最大化和销售收入持续增长,一味扩大企业规模,以此来增长自己的特权和增加自己的收入,并提高自己的社会知名度。他们也可能只顾及企业的短期利益,而牺牲企业的长期利润目标,等等。

另一方面,经理对利润最大化目标的偏离在很大程度上受到制约。因为,如果经理经营不善,企业效率下降,公司的股票价值就会下降,投资者就完全抛售公司股票。在这种情况下,企业就有可能被其他投资者低价收购,或者,董事会也有可能解雇原先的经理,总之,经理的职位将难以保住。而被解雇的经理再寻找合适的工作,往往是很困难的。

更重要的是,西方经济学家指出,不论在信息不完全条件下找到利润最大化的策略是多么困难,也不管经理的偏离利润最大化目标的动机有多么强烈,有一点是很清楚的:在长期情况下,一个不以利润最大化为目标的企业终将被市场竞争所淘汰。所以,实现利润最大化是一个企业竞争生存的基本准则。

在之后的分析中,我们使用厂商追求最大化利润这一基本假设。

4.2 成本与收益

企业的成本通常被看成是企业对所购买的生产要素的货币支出。但在经济学的分析中，仅从这样的角度来理解成本的概念是不够的。从经济学的角度有人提出了机会成本、显成本和隐成本的概念。收益是企业出售产品的收入。与收益相关的基本概念有三个：总收益、平均收益和边际收益。

4.2.1 总收益

总收益是企业出售商品后所能够得到的所有收入。总收益往往简单的表示为 R。如果对企业产品的需求函数是：

$$P = f(Q)$$

则总收益表示为：

$$R = PQ = f(Q)Q$$

平均收益是平均每一单位产品的销售收入。

$$AR = R/Q = f(Q)Q/Q = f(Q) = P$$

即平均收益等于价格。

边际收益是每增加一单位产品的销售所引起的总收益的增加值。可以表示为：

$$MR = \Delta R/\Delta Q \text{ 或 } MR = \partial R/\partial Q$$

根据收益函数可以绘出收益曲线。收益曲线的形状由需求曲线的形状决定。我们分别就价格为常数的需求函数与价格为变数的需求函数两种情况进行讨论。首先讨论价格为常数的需求函数下的收益曲线。在价格为常数的情况下，需求函数表示为：

$$P = P_0$$

在价格为常数的情况下，总收益为：

$$R = P_0 Q$$

由于 P_0 为常数，所以总收益曲线是从原点出发的一条射线（图4-1）。

价格为常数情况下的平均收益为：

$$AR = R/Q = P_0$$

价格为常数情况下的边际收益为：

$$MR = \partial R/\partial Q = P_0$$

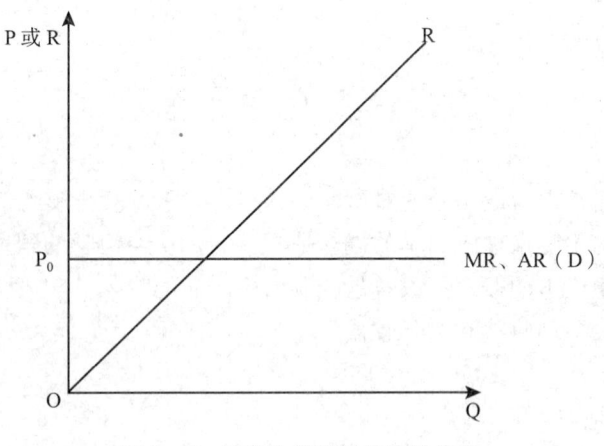

图4-1 价格为常数时的收益曲线

可见在价格为常数的情况下，平均收益曲线、边际收益曲线与需求曲线完全重合，见图4-1。图4-1的横坐标表示产量或销量Q，纵坐标表示价格P或收益R。总收益曲线的斜率为常数P_0，等于价格。

在价格不是常数的情况下，我们假定反需求函数是线性函数，其形式为：

$$P = a - bQ$$

该线性反需求函数把价格表示为数量的函数，与讨论均衡价格理论时把数量表示为价格的函数表达方式不同，但两者本质上是相同的，即两者互为反函数。与其相对应的总收益为：

$$R = PQ = aQ - bQ^2$$

平均收益为：

$$AR = P = a - bQ$$

边际收益为：

$$MR = a - 2bQ$$

图4-2（a）是上述总收益、平均收益和边际收益的几何图形。由于需求曲线向右下方倾斜，商品的销售量随价格的增加而下降，平均收益与边际收益都随着销售量的增加而下降。由于边际收益递减，因此总收益曲线是以递减的速率增加的。也就是说总收益函数是一凹函数。总收益与边际收益的关系是，当边际收益率等于0时，总收益达到最大。从图形上看，在边际收益曲线交于横坐标时，总收益曲线达到最高点并开始下降。边际收益曲线与平均收益曲线的关系是，二者的纵截距相等，但是从绝对值上讲，边际收益曲线的斜率是平均收益曲线斜率的两倍。也就是说从平均收益曲线上任一点向纵坐标轴引垂线并使该垂线与纵坐标轴相交，那么边际收益曲线过该垂线的中点。

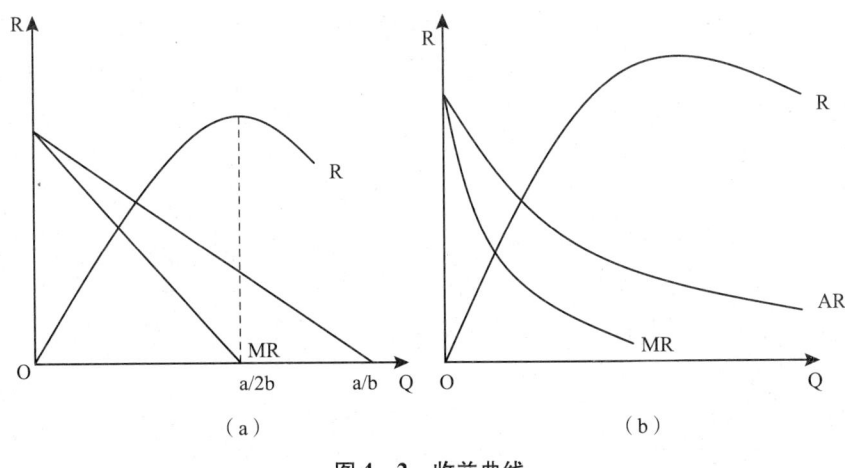

图 4-2 收益曲线

如果需求曲线是非线性的，由于价格与需求量反向变化，即需求曲线也是向右下方倾斜的，所以平均收益曲线与边际收益曲线也是向右下方倾斜的。总收益曲线也是一凹函数。非线性需求函数所产生的总收益曲线、平均收益曲线、边际收益曲线如图 4-2（b）所示。

4.2.2 生产

1. 生产函数

生产者要知道应该生产多少产品，就应该知道生产一定数量产品需要花费多少投入。在生产一种产品的过程中需要投入各种生产要素。例如，生产桌子需要投入木材、钢材、油漆等各种原材料，需要投入劳动，需要使用加工木料和钢材的各种机器。厂商进行生产的过程实际上就是从生产要素的投入到产品的产出过程。生产要素一般被划分为土地、资本、劳动和企业家才能这四种类型。土地不仅指土地本身，还包括地上和地下的一切资源，如森林、江河湖泊、海洋和矿藏等。资本可以表现为实物形态和货币形态。资本的实物形态又称为资本品或投资品，如厂房、机器设备等。资本的货币形态通常称为货币资本。劳动指人类在生产过程中提供的体力和脑力的总和。企业家才能是指企业家组织建立和经营管理企业的才能。通过对生产要素的运用，厂商可以提供各种实物产品，如服装、食品、房屋、汽车等，也可以提供各种无形产品即劳务，如美容、疗养、家政服务、旅游服务等。

（1）生产函数。可以用生产函数来表示生产过程中生产要素的投入量和产品的产出量之间的关系,生产函数指在一定的时期内,在技术水平不变的情况下,生产中所使用的各种生产要素的数量与所能生产的最大产量之间的关系。任何生产函数都以一定时期内的生产技术水平作为前提条件,一旦生产技术水平发生变化,原有的生产函数就会发生变化,从而形成新的生产函数。新的生产函数可能是以相同的生产要素投入量生产出更多或更少的产量,也可能是以变化了的生产要素的投入量进行生产。如果各种生产要素的配合比例不变称为固定配合比例生产函数;如果各种生产要素的配合比例可变则称为可变配合比例生产函数。

假定投入的生产要素有劳动（L）、资本（K）、土地（N）等,所能生产的最大产量为 Q,则生产函数可以表示为：

$$Q = f(L, K, N, \cdots)$$

该生产函数表示在既定的生产技术水平下生产要素组合（L, K, N, …）在每一时期所能生产的最大产量 Q。

在经济学的分析中,为了简化分析,通常假定生产中只使用劳动和资本这两种生产要素。若以 L 表示劳动投入数量,以 K 表示资本投入数量,则生产函数写为：

$$Q = f(L, K)$$

生产函数表示生产中的投入量和产出量之间的依存关系,这种关系普遍存在于各种生产过程中。需要说明的是,在使用生产函数来分析厂商的生产时,仅仅涉及投入和产出之间的关系,几乎完全不涉及厂商作为一种生产性组织的内部结构、组织的具体运作及生产的具体工艺过程,这意味着把厂商视为一个"黑箱"。另外,在生产函数中,Q 产量是一定投入要素的组合所能生产出来的最大产量,或者说,投入要素的使用要有效率。例如,当一种投入要素的组合带来了生产函数所要求的产量时,这样的生产就是具有技术效率的。实际上,我们进一步假定所有厂商知道一种产品的生产函数,而且能够达到技术上的有效率的产量。

（2）两个具体的生产函数。

i）固定投入比例生产函数。

固定投入比例生产函数是指在每一个产量水平上任何一对要素投入量之间的比例都是固定的生产函数。假定生产过程中只使用劳动和资本两个要素,则固定投入比例生产函数的通常形式为：

$$Q = \text{Min}(L/u, K/v)$$

式中,Q 为产量;L 和 K 分别为劳动和资本的投入量;常数 u 和 v 分别为固定的劳动和资本的生产技术系数,它们分别表示生产一单位产品所需要的固定的劳动投入量和资本投入量。上式中的生产函数表示：产量 Q 取决于 L/u 和 K/V 这两个比值中的较小的那一个,即使其中的一个比例数值较大,那也不会提高产量 Q。因为,在这里，常数 u 和 v 作为劳动和资本的生产技术系数是给定的，即生产必须按照 L 和 K 之间的固定比例进行，当一种生产要素的数量不能变动时，另一种生产要素的数量再多，也不能增加产量。需要指出的是，在该生产函数中，一般又通常假定生产要素投入量 L、K 都满足最小的要素投入组合的要求，所以有：

$$Q = L/u = K/v$$

进一步地，可以有：

$$K/L = v/u$$

该式清楚的体现了该生产函数的固定投入比例的性质，在这里，它等于两种要素的固定的生产技术系数之比。对一个固定投入比例生产函数来说，当产量发生变化时，各要素的投入量将以相同的比例发生变化。

ⅱ）柯布—道格拉斯生产函数。

柯布—道格拉斯生产函数是由数学家柯布和经济学家道格拉斯于 20 世纪 30 年代初一起提出来的。柯布—道格拉斯函数被认为是一种很有用的生产函数，因为该函数以其简单的形式描述了经济学家所关心的一些性质，它在经济理论的分析和实证研究中都具有一定意义。该函数的一般形式为：

$$Q = AL^\alpha K^\beta$$

式中，Q 为产量；L 和 K 分别为劳动和资本投入量；A，α，β 为三个参数，并且满足 $0 < \alpha, \beta < 1$。

柯布—道格拉斯生产函数中的参数 α，β 的经济含义是：当 $\alpha + \beta = 1$ 时，α，β 分别表示劳动和资本在生产过程中的相对重要程度，α 为劳动所得在总产出中占的份额，β 为资本所得在总产出中所占的份额。根据柯布和道格拉斯对美国 1899～1922 年间有关经济资料的分析和估算，α 值约为 0.75，β 值约为 0.25。这说明，在这一期间的总产出中，劳动所得的相对份额为 75%，资本所得的相对份额为 25%。

2. 边际报酬递减规律

山东寿光是有名的蔬菜之乡，在蔬菜种植的过程中，菜农经常要给蔬菜施肥。假如给定一个 100 米标准的蔬菜大棚，在技术水平和其他投入不变的前提下，考虑使用化肥的效果。如果只使用 1 斤化肥，那可想而知，这一斤化肥所带来的总产量的增加量即边际产量是很小的，可以说是微不足道的。但随着化肥施用量的增加，其边际产量会逐步提高，直至达到最佳效果即最大的边际产量。但必须知道，若超过化肥的最佳施用量后，还继续增加化肥施用，就会对蔬菜产生不良的影响，化肥的边际产量就会下降。过多的化肥甚至会烧苗，导致负的边际产量。

如上例所示，对一种可变生产要素的生产函数来说，边际产量会表现出先上升而最终下降的特征,这一特征被称为边际报酬递减规律,有时也被称为边际产量递减规律或边际收益递减规律。

边际报酬递减规律的含义是:在技术水平不变的条件下,在连续等量地把某一种可变生产要素增加到其他一种或几种数量不变的生产要素上去的过程中,当这种可变要素的投入量小于某一特定值时,增加该要素投入所带来的边际产量是递增的;当这一种可变要素的投入量连续的增加并超过这个特定值时,增加该要素投入所带来的边际产量是递减的。边际报酬递减规律是短期生产的一条基本规律。

从理论上讲,边际效用递减规律存在的原因是:对于任何一种产品的短期生产来说,可变生产要素和固定生产要素投入量投入之间存在着一个最佳数量的组合比例。在开始时,由于不变要素投入量给定,而可变要素投入量为零,生产要素的投入量远远没有达到最佳组合比例。随着可变要素投入量的逐渐增加,生产要素的投入量逐步接近最佳的组合比例,相应的可变生产要素的边际产量呈现出递增的趋势。一旦生产要素的投入量达到最佳的组合比例时,可变要素的边际产量达到最大值。在这一点之后,随着可变要素投入量的继续增加,生产要素的投入量越来越偏离最佳的组合比例,相应的可变要素的边际产量便呈现出递减的趋势了。一般认为边际报酬递减规律是一条自然科学的规律。边际报酬递减规律强调的是:在任何一种产品的短期生产过程中,随着一种可变要素投入量的增加,边际产量最终必然会呈现出递减的特征。

4.2.3 成本

从时期上,成本可分为短期成本和长期成本,本节只讨论短期成本的相关内容。

1. 短期成本分类

短期成本指短期内厂商某些投入要素不随产量变化(如厂房、机器设备等)和其他一些要素随产量增减而变化所导致的成本。在短期中,存在着固定生产要素与可变生产要素之分。与此相适应,在短期中存在固定成本与可变成本,以及平均固定成本和平均可变成本之分。固定成本与可变成本之和构成总成本;由总成本可引出平均成本和边际成本。因此在短期考察成本时可以使用总固定成本、总变动成本、总成本、平均固定成本、平均变动资本、平均总成本和边际成本七个成本函数。

总固定成本(用 TFC 表示)是厂商在短期内为生产一定数量的产品对固定生产要素所支付的总成本。例如,厂房和机器设备的折旧费等。由于在短期内不管企业的产量为多少,这部分固定要素的投入量都是不变的,所以,总固定成本是一个常数,它不随产量的变化而变化。即使产量为零时,总固定成本也仍然存在。如图 4-3(a) 所示,图中的横轴 Q 表示产量，纵轴 C 表示成本，总固定成本 TFC 曲线是一条水平线。

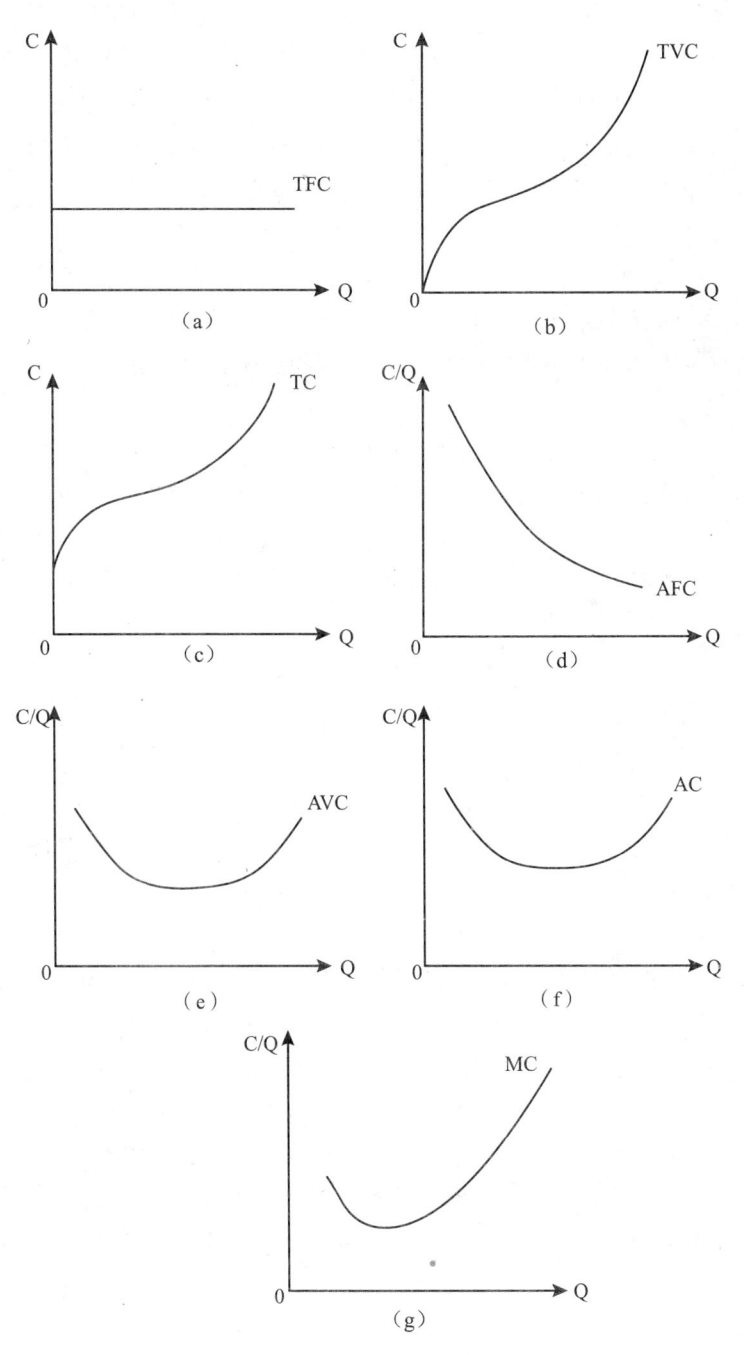

图 4-3 短成本曲线

总可变成本（用 TVC 表示）是厂商在短期内生产一定量的产品对可变生产要素支付的总成本。例如，厂商对原材料、燃料动力和工人支付的工资等。总变动成本 TVC 曲线如图 4-3（b）所示，它是一条由原点出发向右上方倾斜的曲线。TVC 曲线表示：由于在短期内厂商是根据产量的变化不断地调整可变要素的投入量，所以，总变动成本随产量的变动而变动。当产量为零时，总变动成本也为零。在这以后，总变动成本随着产量的增加而增加。总变动成本的函数形式为：

$$TVC = TVC(Q)$$

总成本（用 TC 表示）是厂商在短期内为生产一定量的产品对全部生产要素所支出的总成本。它是总固定成本和总变动成本之和。总成本 TC 曲线如图 4-3（c）所示，它是从纵轴上相当于总固定成本 TFC 高度的点出发的一条向右上方倾斜的曲线。总成本用公式表示为：

$$TC(Q) = TFC + TVC(Q)$$

平均固定成本（用 AFC 表示）是厂商在短期内平均每生产一单位产品所消耗的固定成本。平均固定成本 AFC 的曲线如图 4-3（d）所示，它是一条向两个轴渐近的双曲线。AFC 曲线表示：在总固定成本不变的前提下，随着产量的增加，平均固定成本是越来越小的。平均固定成本用公式表示为：

$$AFC(Q) = TFC/Q$$

平均变动成本（用 AVC 表示）是厂商在短期内平均每生产一单位产品所消耗的变动成本。用公式表示为：

$$AVC(Q) = TVC(Q)/Q$$

平均总成本（用 AC 表示）是厂商在短期内平均每生产一单位产品所消耗的全部成本。它等于平均固定成本和平均变动成本之和。用公式表示为：

$$AC(Q) = TC(Q)/Q = AFC(Q) + AVC(Q)$$

边际成本（用 MC 表示）是厂商在短期内增加一单位产量时所增加的总成本。用公式表示为：

$$MC(Q) = \Delta TC(Q)/\Delta Q$$

或者

$$MC(Q) = dTC/dQ$$

平均变动成本 AVC 曲线、平均总成本 AC 曲线和边际成本 MC 曲线顺次如图 4-3（e）、（f）、（g）所示。这三条曲线都呈现出 U 形的特征。它们表示：随着产量的增加，平均变动成本、平均总成本和边际成本都是先递减，各自达到本身的最低点之后再递增。

2. 短期成本变动的决定因素：边际报酬递减规律

上一节我们已经了解了边际报酬递减规律，边际报酬递减规律是短期生产的一条基本规律，因此短期成本曲线的特征也由其决定。边际报酬递减规律是在一定的生产技术水平下，当其他生产要素的投入量不变，连续增加某种生产要素的投入量，在达到某一点以后，总产量的增加额将越来越小的现象。这一规律我们也可以从产量变化所引起的边际成本变化的角度来理解：假定生产要素的价格是固定的。一开始，每增加一单位可变要素的投入所产生的边际产量是递增的，反过来说，在这一阶段每增加一单位产量所需要的边际成本是递减的；在以后的边际报酬递减阶段，每增加一单位可变要素投入所产生的边际产量是递减的，反过来说，在这一阶段增加一单位产量投入所带来的边际成本是递增的。显然，边际报酬递减规律作用下的短期边际产量和短期边际成本之间存在着一定的对应关系：在短期生产中，边际产量的递增阶段对应的是边际成本的递减阶段，边际产量的递减阶段对应的是边际成本的递增阶段，与边际产量最大值对应的是边际成本的最小值。因此边际报酬递减规律作用下的边际成本MC曲线表现出先降后升的U形特征。

下面我们从边际报酬递减规律所决定的U形的MC曲线出发，解释其他的短期成本曲线的特征以及短期成本曲线相互之间的关系。

第一，关于TC曲线、TVC曲线和MC曲线之间的相互关系。由于在每一个产量水平上的MC值就是相应的TC曲线的斜率，又因为在每一产量上的TC曲线和TVC曲线的斜率是相等的，所以，在每一产量水平下的MC值同时就是相应的TC曲线和TVC曲线的斜率。于是它们表现出如下相互关系：与MC曲线的先降后升的特征相对应，TC曲线和TVC曲线的斜率也由递减变为递增。而且，MC曲线的最低点A与TC曲线的拐点B和TVC曲线的拐点C相对应。如图4-4所示。

第二，关于AC曲线、AVC曲线和MC曲线之间的相互关系。我们知道，对于任何一个边际量和平均量而言，只要边际量小于平均量，平均量就递减；只要边际量大于平均量，平均量就递增。当边际量等于平均量时，平均量达本身极值点。将这种关系具体到这三条曲线上，如图4-5所示。MC曲线与AC曲线相交于AC曲线的最低点D，与AVC曲线相交于AVC曲线的最低点F。在AC曲线下降段，MC曲线低于AC曲线；在AC曲线的上升段，MC曲线高于AC曲线。类似的，在AVC曲线下降段，MC曲线低于AVC曲线；在AVC曲线的上升段，MC曲线高于AVC曲线。

比较图中AC曲线和MC曲线的交点D与AVC曲线和MC曲线的交点F，可以发现，前者的出现慢于后者，并且前者的位置高于后者。也就是说，AVC曲线降到最低点F时，AC曲线还没有降到最低点D，而且AC曲线的最小值大于AVC曲线的最小值。这是由于平均总成本不仅包括变动成本还包括固定成本的缘故。

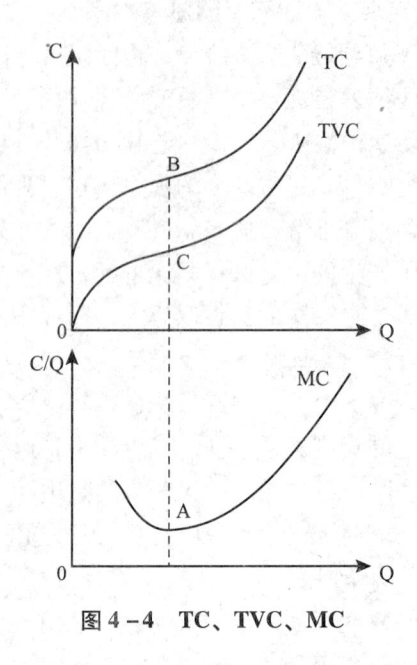

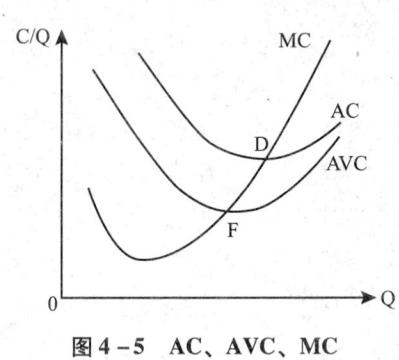

图 4-4 TC、TVC、MC

图 4-5 AC、AVC、MC

4.3 企业利润

企业以追求利润最大化为目标，一直是经典微观经济学的基本假定，尽管在企业目标方面出现了许多新的观点，但到目前为止还未出现一种能完全替代利润最大化目标的观点。根据利润最大化假设建立的厂商模型，可以得出有关厂商行为的可供检验的理论假说。

企业的行为目标是追求利润最大化，利润等于总收益减去总成本，即

$$\pi = TR - TC$$

对上式两边求导数，并令其等于零，可得

$$d\pi/dQ = dR/dQ - dC/dQ = 0, \quad dR/dQ = dC/dQ$$

由于

$$dR/dQ = MR, \quad dC/dQ = MC$$

所以企业利润最大化的条件为：

$$MR = MC$$

企业需要根据这一原则来确定自己的产量，以获取最大利润。厂商为使利润最大，必须把产量定在 MR = MC 基础上，MR = MC 称为厂商最大利润原则。如果 MR > MC，这就意味着厂商每多生产一单位的产量用于销售，所增加的收益大于因多生产这一单位产品所增加的成本。此时，潜在利润没有完全得到实现，增加产量可以增加利润，厂商必然增加生产，直到边际收益与边际成本相等为止。如果 MR < MC，表明厂商增加产量只会使利润减少，此时厂商会减少生产，直到边际收益与边际成本相等为止。当 MR = MC 时，说明厂商该得到的利润已经全部得到了，利润达到最大化。

4.4　规模报酬与规模经济

如果在长期，市场的行情很好，厂商就会考虑扩大生产规模，通过生产规模的扩大增加产出。扩大生产规模，意味着厂商不仅要增加劳动，同时还要增加原辅材料等要素的投入，以及机器、设备等要素的投入。然而并不是所有行业都是规模越大越好，我们注意到造船厂、钢铁厂没有数千个工人够不上规模，而服装厂、食品厂，若雇上几千个工人，恐怕就大而不当了。造船厂太小，效率不高；服装厂太大，效率也不高。换言之，当生产规模逐渐扩大时，对于某些生产技术，效率会越来越高，但是，对于另一些技术，效率会越来越低。这就是所谓的规模报酬问题。

规模报酬变化是指在其他条件不变的情况下，企业内部各种生产要素按相同的比例变化时所带来的产量变化。企业的规模报酬变化可以分为规模报酬递增、规模报酬不变和规模报酬递减三种情况。

（1）规模报酬递增。产量增加的比例大于各种生产要素增加的比例，称之为规模报酬递增。它可以表现为：生产规模扩大以后，企业能够利用更先进的技术和机器设备等生产要素，而较小规模的企业可能无法利用这样的技术和生产要素。随着对较

多的人力和机器的使用,企业内部的生产分工能够更合理和专业化。

(2) 规模报酬不变。产量增加的比例等于各种生产要素增加的比例,称之为规模报酬不变。例如,当全部生产要素劳动和资本都增加100%时,产量也增加100%。一般可以预计两个相同的工人使用两台相同的机器所生产的产量,是这样的工人使用一台这样的机器所生产的产量的两倍。这就是规模报酬不变的情况。

(3) 规模报酬递减。产量增加的比例小于各种生产要素增加的比例,称之为规模报酬递减。由于企业生产规模过大,使得生产的单个方面难以协调,从而降低了生产效率。它可以表现为企业内部合理分工的破坏,生产有效运行的障碍,获取生产决策所需的各种信息的不易等。

对于规模报酬的三种情况,我们也可以用数学公式来定义。如果某生产过程只使用劳动和资本,其投入量分别是 L 和 K,那么该生产过程的生产函数是:$Q = f(L, K)$。其中常数 $\lambda > 1$,如果 $f(\lambda L, \lambda K) > \lambda f(L, K)$,则生产函数具有规模报酬递增的特征。如果 $f(\lambda L, \lambda K) = \lambda f(L, K)$,那么生产函数是规模报酬不变的。如果 $f(\lambda L, \lambda K) < \lambda f(L, K)$,生产函数的性质是规模报酬递减的。

假设生产函数的具体形式是柯布—道格拉斯生产函数 $Q = AL^{\alpha}K^{\beta}$,那么对于 $\lambda > 1$,当 $\alpha + \beta > 1$ 时,生产函数是规模报酬递增的,当 $\alpha + \beta = 1$ 时规模报酬是不变的;当 $\alpha + \beta < 1$ 时规模报酬是递减的。

通常,企业在规模不断扩大的过程中,上述三种情况是一次出现的。在厂商开始扩张时,产出增加的比例大于投入增加的比例;在规模达到一定水平时,产出增加的比例等于投入增加的比例;规模继续扩大,产出增加的比例小于投入增加的比例。如果企业对规模的扩大抱有谨慎的态度,企业不会轻易扩大到产出增加比例小于投入增加比例的程度,所以我们较少看到规模报酬递减的情况。不过,的确出现过企业过大导致低效率进而被拆分的情况。

产出增加比例等于投入增加比例的生产规模是比较理想的。在实际中,一般认为生产规模在达到或接近这个阶段时,被认为实现了规模经济;而当规模太小,因为规模报酬没有充分实现时,或者当规模太大,因而规模报酬递减时,都称为规模不经济。但是,在市场经济中,厂商对生产规模的选择既会受到利润最大化要求的影响,又会受到多种其他因素的制约。常见的制约因素有:能够获得的投资金额的限制和市场份额的限制。亚当·斯密早就指出,市场范围限制分工,市场扩大是规模扩大的前提。

与规模经济概念接近的是范围经济。范围经济是指同一个企业生产两种或者两种以上产品时,每种产品的成本低于只生产其中一种的情况,即企业扩大生产范围可以带来节约的情况。

有许多企业不止生产一种产品。生产录像机的企业也生产音响设备；生产儿童玩具的企业还生产儿童服装；电子企业也经营房地产。有时候一个企业生产的两种或两种以上产品之间在性质上有某种联系，联合生产可以充分发挥在原有产品生产上的优势，可以分享技术、品牌、销售渠道等投入要素；有时候这些产品的使用者是同一群人，联合生产也就意味着联合利用营销上的优势和充分利用相互间的影响，节约交易费用；有些时候，有的产品在其生产过程中会产生某种副产品，稍经加工就可获得可观收益；有些时候两种产品之间是互补关系，同时提供两种产品比单独提供一种产品更容易赢得消费者。这些都是企业扩大经营范围的理由，也是范围经济的原因。此外，范围经济效应还可以由生产和经营上的统一管理、协调而产生，它使企业在日程安排、计划调度、供货衔接和财务支持方面获得多种好处。

扩大生产范围不一定带来范围经济。相反，一个企业生产多种产品成本可能会高于不同企业分别生产各种产品的成本。这时便发生了范围不经济。这种情况在一种产品的生产与另一种产品有冲突时可能会发生。

一家企业可以因为生产两种及以上产品而获得范围经济，但是，它可能在每一种产品的生产上都还没有获得充分的规模经济。当然，一个企业也可以很大规模地生产单一产品而丝毫不涉及范围经济。因此，规模经济与范围经济不一定是一致的。

【本章小结】

1. 企业又称生产者或厂商，是一种使用生产要素并把这些要素组织起来进行生产并销售产品和劳务的独立经营单位。厂商主要可以采取三种组织形式：独资企业、合伙制企业和公司制企业。在微观经济学里，一般总是假定厂商的目标是追求最大的利润。企业的成本通常被看成是企业对所购买的生产要素的货币支出。从经济学的角度有人提出了机会成本、显成本和隐成本的概念。收益是企业出售产品的收入。与收益相关的基本概念有三个：总收益，平均收益和边际收益。

2. 生产函数可以用来表示生产过程中生产要素的投入量和产品的产出量之间的关系，生产函数表示生产中的投入量和产出量之间的依存关系，这种关系普遍存在于各种生产过程中。对一种可变生产要素的生产函数来说，边际产量会表现出先上升而最终下降的特征，这一特征被称为边际报酬递减规律。

3. 从时期上，成本可分为短期成本和长期成本，短期成本指短期内厂商某些投入要素不随产量变化（如厂房、机器、设备等）和其他一些要素随产量增减而变化所导致的成本。在短期考察成本时可以使用总固定成本、总变动成本、总成本、平均固定成本、平均变动资本、平均总成本和边际成本七个成本函数。边际报酬递减规律是短期生产的一条基本规律，因此短期成本曲线的特征也由其决定。

4. 如果在长期，市场的行情很好，厂商就会考虑扩大生产规模，在其他条件不变的情况下，企业内部各种生产要素按相同的比例变化时所带来的产量变化叫做规模报酬。企业的规模报酬变化可以分为规模报酬递增、规模报酬不变和规模报酬递减三种情况。产出增加比例等于投入增加比例的生产规模时，被认为实现了规模经济；而当规模太小，因为规模报酬没有充分实现时，或者当规模太大，因而规模报酬递减时，都称为规模不经济。

【推荐读物】

1. 高鸿业．西方经济学（第五版）[M]．中国人民大学出版社，2010．
2. 哈尔·范里安．微观经济学：现代观点（第六版）[M]．上海人民出版社，2006．
3. 任保平，宋宇．微观经济学[M]．科学出版社，2010．

【复习思考题】

1. 已知生产函数 $Q = \min(L, 4K)$。求：当产量 $Q = 32$ 时，L 与 K 的值分别为多少？
2. 如第 1 题，如果生产要素的价格分别为 $P_L = 2$，$P_K = 5$，则生产 100 单位产量时的最小成本是多少？
3. 已知生产函数 $Q = LK$，当 $Q = 10$，$P_L = 4$，$P_K = 1$ 时，求：厂商的最佳投入组合；最小成本是多少？
4. 已知生产函数为 $Q = L^{0.5}K^{0.5}$，证明：该生产函数是规模报酬不变的；该生产过程受报酬递减规律的支配。
5. 为什么边际成本曲线与平均总成本曲线的交点正好位于平均总成本曲线的最低点？
6. 为什么边际成本曲线与平均可变成本曲线的交点正好位于平均可变成本曲线的最低点？
7. 规模报酬递增的厂商是否可能面临边际报酬递减现象？
8. 开篇案例思考题：
（1）规模收益的变动规律是什么？
（2）王永庆成功的秘诀在哪里？

第 5 章

完全竞争市场

【学习目标】

1. 区分市场与市场类型：完全竞争、完全垄断、垄断竞争、寡头。
2. 理解厂商目标以及如何实现利润最大化：$MR = MC$。
3. 理解完全竞争市场的特点。
4. 在图形中表示完全竞争厂商的利润或者亏损。
5. 理解完全竞争厂商的停止营业点。
6. 推导完全竞争厂商的短期供给曲线。
7. 解释完全竞争厂商如何调整规模或进入退出市场确保长期获取零经济利润。
8. 解释完全竞争厂商的效率。

【开篇案例】

纠结农民的白菜价格

2010 年，韩国泡菜危机波及中国，自从危机爆发之后，不少商人都奔赴东北紧急采购，造成东北、山东白菜价格暴涨，广州市面上大白菜、萝卜价格也持续攀升。在韩国，2008 年一棵白菜卖 500 韩元（约合人民币 3 元），到 2009 年价格就翻了一番，而 2010 年 10 月最贵价格达 1.5 万韩元（约合人民币 90 元）一棵。之后在相当长的时间内，一棵白菜价格维持在 7 000 韩元（约合 42 元人民币）的价格。

受天价白菜的影响，韩国农民在 2011 年年初一窝蜂种植大量白菜，导致白菜供给大量增加，韩国大白菜的价格已经全面回落。很多韩国农户因为期待通过种植大白菜获利，竟把种西瓜等水果的地来种植白菜，因此今年夏天的时候韩国的西瓜价格有可能暴涨。

中国农民也没有逃脱厄运，受到 2010 年价格影响，中国农民种植了大量白菜及卷心菜，当蔬菜上市时，也遇到了价格暴跌，许多农民将血本无归。

【重要概念】
　　完全竞争（Complete Competition）
　　总收益（Total Revenue）
　　平均收益（Average Revenue）
　　边际收益（Marginal Revenue）
　　利润最大化（Maximum Profit）
　　价格接受者（Price Taker）
　　经济效率（Economic Efficiency）

　　市场竞争的激烈程度取决于市场中企业的数量、产品的差异程度、控制价格的能力以及进入退出市场的难易程度。根据这些条件将市场划分为完全竞争、完全垄断、垄断竞争和寡头四种类型，并在此基础上分析了厂商利润最大化的目标以及如何实现。

　　接下来详细分析了完全竞争市场的特征，讨论为什么完全竞争厂商是价格接受者，它面临怎样的市场需求，收益如何衡量。在此基础上探讨完全竞争厂商的短期决策问题，包括它如何获取经济利润，在什么条件下它会处于盈亏平衡点甚至亏损，进而分析亏损条件下厂商是否仍然继续生产，何时停止营业等，据此推导出完全竞争厂商的短期供给曲线。本章还分析了完全竞争厂商的长期均衡问题以及竞争与效率问题。

5.1　市场与厂商

5.1.1　市场与市场类型

　　日常生活中，市场一般是指交易的场所；经济学里，市场是指任何能使买卖双方获取信息并相互交易的制度安排，包括产品市场和要素市场。在产品市场上消费者购买产品或服务，生产者提供产品或服务；在要素市场上，消费者提供劳动、资本、土地和企业家才能等生产要素，而生产者则购买这些生产要素用于生产。市场可以是看得见摸得着的实体市场，如超市、商场或农贸市场等，也可以是看不见摸不着的虚拟市场，如网上交易平台。

　　市场的竞争程度对经济学分析来讲是重要的，经济学家往往按照竞争程度，从厂商数量、产品差异程度、厂商控制价格能力以及厂商进入退出难易程度将市场划分为完全竞争、完全垄断、垄断竞争和寡头等四种类型,这四种类型市场的特点如表5-1所示。

表 5-1　　　　　　　　　　　四种市场的基本特征比较

基本特征	完全竞争	垄断竞争	寡头	完全垄断
厂商数量	很多	很多	几个	唯一
产品差异	完全相同	有差异	有差异或无差异	唯一产品
价格控制程度	没有	有一些	相当程度	很大程度
进退难易程度	很容易	比较容易	比较困难	很困难
实践中的市场	小麦、大米等农产品市场	CD店、书店、衣服店	钢铁、汽车、石油	自来水、电

完全竞争市场和完全垄断市场是两个极端,完全竞争厂商对市场没有任何的影响力量,而完全垄断则对整个市场具有绝对的市场力量。垄断竞争和寡头介于二者之间。

5.1.2　厂商与厂商目标

经济学中的生产者也被称为企业或厂商,它是根据一定目标作出统一的生产决策的单个经济单位。厂商都归属一种行业,行业是指为同一个产品市场生产和提供产品的所有的厂商的集合。如食品制造业、纺织业、计算机服务业等,而计算机服务业又分为计算机系统服务、数据处理以及计算机维修等。有时也会将四种市场类型与产业对应起来,如完全竞争市场对应完全竞争行业,垄断市场对应垄断行业等等。但行业和市场仍然存在区别,市场往往包括供求双方的关系,行业则主要是生产或供给方面的含义。

任何厂商都是以追求利润最大化为前提的。这一前提必须在经济学的严格假设下才能实现,即厂商能够做到完全理性并且面临完全信息。一旦厂商面临信息不完全,那它将面临不确定性,也就无法制定恰当的决策去实现利润最大。并且厂商还面临着短期和长期决策,有时为了满足当前利益,不得不损害长期利益,厂商很难做到完全理性。所以,利润最大化对厂商就是一个永远的追求。尽管限于信息不完全的原因,厂商无法做到完全理性,无法真正实现利润最大化,但长期来看,不以利润最大化为目标的厂商终将被市场竞争所淘汰。所以在后面的分析中,仍然以利润最大化目标作为分析厂商行为的基本假设。

5.1.3 利润最大化目标的实现

1. 厂商收益和利润

厂商利润等于厂商收益减去厂商成本，厂商成本已经在第 4 章做了分析，下面需要进一步分析厂商收益。厂商收益就是厂商销售收入，包括总收益（TR）、平均收益（AR）和边际收益（MR）。

总收益是指厂商按一定价格销售一定数量产品时所获得的全部收入，等于产品价格（P）乘以销售数量（Q），即：

$$TR = P \times Q$$

平均收益是指厂商销售每一单位产品所得的平均收入，等于总收益除以销售数量，平均收益等于单位产品的价格，即：

$$AR = TR/Q = P \times Q/Q = P$$

边际收益是指厂商产品销售数量每变动（增加或减少）一单位所导致的总收益的变动量，等于总收益的变动量除以销售数量的变动量，即：

$$MR = \Delta TR/\Delta Q, \text{ 或 } MR = dTR/dQ$$

2. 厂商如何实现利润最大化

不管厂商面临怎样的竞争，它都会去选择一个能够让它实现利润最大化的产量，尽管有时这一目标未必会实现。厂商有时可能会不得不面对暂时的亏损，而此时厂商也要争取亏损的最小化。厂商在决定产量时，一方面要考虑增加产量能增加多少收益，即边际收益；另一方面还要考虑增加产量需要增加多少成本，即边际成本。

如果边际成本大于边际收益的话，增加这一单位产品的生产是不划算的，理性的厂商就会放弃该单位产品的生产，相反如果边际成本小于边际收益的话，增加这一单位产品的生产就可以为厂商带来额外的利润，厂商当然会增加这一单位产品的生产。例如，水杯生产厂商面临是否增加第 7 个水杯生产的决策，如果生产第 7 个水杯需要增加 17 元的成本，而这个水杯带来的收益增加是 30 元的话，则增加这个水杯的生产可以给厂商带来 13 元利润的增加，理性厂商必然选择生产第 7 个水杯；如果考虑是否生产第 10 个水杯时，厂商可能需要增加的成本为 40 元，而带来的收益增加仍然是 30 元的话，那厂商绝对不会增加第 10 个水杯的生产，因为这样不仅不会增加厂商的利润，反而会导致厂商收入减少。

显然，只有当边际成本与边际收益相等，即 $MR = MC$ 时，厂商才会处于均衡状态，这就是厂商选择生产最优的点。

厂商实现利润最大化的条件 $MR = MC$ 可以用数学方法来证明：

厂商利润：$\pi = TR(Q) - TC(Q)$

只需要求利润函数的一阶导数并令其为 0，即

$$\frac{d\pi}{dQ} = \frac{dTR(Q)}{dQ} - \frac{dTC(Q)}{dQ} = MR - MC = 0$$

所以有，$MR = MC$。

因此，厂商只有遵循 $MR = MC$ 的原则来确定最优产量才能实现利润最大化的目标。通过数学证明可以看出，数学公式对所有类型的厂商都适用，数学公式并不能区分完全竞争、垄断、垄断竞争和寡头，也就是说 $MR = MC$ 是四类厂商实现利润最大化的基本前提。需要说明的是，数学证明并没有标明利润最大化就一定意味着利润为正值，也就是说证明只能表明极值条件，却不能保证结果为正。显然厂商在 $MR = MC$ 条件下可能盈利也可能盈亏平衡甚至出现亏损，$MR = MC$ 的条件只能保证厂商在既定成本和收益下所决定的最好的结果，即厂商如果获得正的利润的话一定是最大化的利润，如果厂商获得负的利润的话，那也是最小的亏损。

5.2 完全竞争市场的特点

5.2.1 什么是完全竞争

完全竞争市场具有以下特征：

第一，市场中有许多买者和卖者，任何买者和卖者都无法对市场产生大的影响。厂商数量是影响市场结构的重要条件，当市场中的买者和卖者数量都很多时，每一个市场参与者的行为都无法对该市场产生大的影响。

第二，厂商的产品没有任何差异，任何厂商都无法影响价格，每家厂商都是价格的接受者。如果厂商把自己的产品价格定的比市场价格高，由于产品没有任何差异，消费者会转而选择其他厂商的产品，这将导致该厂商无法卖出任何产品。当然，该厂商也不会把价格定的比市场价格低，因为只要它按照市场价格定价就可以把所有产品都卖出去，根本没必要定低价。总之，在产品无差异的条件下，任何厂商都只能按照市场价格定价而无法自己定价，每家厂商都是价格的接受者。

第三，厂商可以任意进入和退出市场而不受任何障碍。当所有资源可以在各厂商之间和各行业之间完全自由地流动，而不存在任何障碍时，厂商能够实现自由进退某一市场。这样，厂商可以随时将资源投入到能获得最大化利润的生产中去，也能够随时从亏损的市场中退出。显然，那些缺乏效率的企业将被市场所淘汰，而存活下来的则是最有效率的企业。

第四，信息是完全的。只有这样，才能保证厂商对市场价格完全了解，能够掌握与自己的经济决策有关的一切信息，能够依据这些信息做出最优的决策。这是一个比较严格的要求，也是厂商实现利润最大化的必要条件，否则在一个信息不够畅通的条件下，厂商无法做出最为理性的决策。

符合上述条件的市场被称为完全竞争市场。但是这些条件要求太严格，实践中完全没有差异，非个性化的完全竞争市场是不存在的。有时可以将农产品市场如大米市场、小麦市场等，近似地看作完全竞争市场。但事实上农产品市场也并非完全符合完全竞争市场的条件。例如小麦，尽管市场中有许多买者和卖者，但不同地区的小麦仍然会存在差异，而且进入退出市场总存在一定的成本，厂商很难做到自由进退。

5.2.2 价格接受者

在完全竞争市场条件下，厂商只能是市场价格的接受者，这是由完全竞争市场的特点所决定的。一方面，完全竞争市场上有无数的买者和卖者，每一个买者的需求量和卖者的供给量相对于整个市场的需求量和供给量都是微不足道的，任何一个买者和卖者都不会对市场的价格水平产生任何的影响，买者和卖者对价格都不具有控制的力量，只能是市场的接受者。

另一方面，在完全竞争市场上，所有的产品都是同质的。在这种条件下，任何厂商单独提价，那么，它的产品就会完全卖不出去。既然在既定的市场价格条件下能够实现自己的销售份额，那么，厂商当然也不会单独降价。所以，完全竞争市场上产品的价格是由整个市场的供给量和需求量决定，而厂商只是市场价格的接受者。

假如你是南方湖南省种植大米的农民。尽管你耕种了许多大米，但是和江西省、湖北省、四川省，甚至是东北种植大米的省份所种植的大米相比，你所种植的大米只是沧海一粟，你种植的大米也没有比别人种植的好，当然也没有更差，所有人都知道大米批发价为每公斤4元。如果你卖每公斤4.1元，没有人愿意从你那儿购买，人们的选择很多，很容易以每公斤4元购买到大米；如果你将价格定为每公斤3.9元，你虽然能够增加许多买者,可能很快你的大米被抢购一空,但是本来你就可以以每公斤4元卖掉所有大米,现在每公斤你都少赚1角钱,理性的你绝不会做出这样的傻事,1万公斤大米将会少赚1 000元。所以你只能在市场价格下销售你的大米,显然你只是一个价格的接受者。

5.2.3 厂商面临的需求

正是因为厂商数量众多,并且产品无差异,完全竞争厂商只能被动地接受市场的价格,每家厂商都是价格的接受者。完全竞争市场中,市场的需求和供给决定了整个市场的价格,每家厂商只能接受该价格。

如图 5-1,由整个市场的需求曲线(D)和供给曲线(S)共同作用决定了市场的均衡价格 P_0。而作为完全竞争市场中的厂商只能被动地接受这一价格,所以,完全竞争厂商的价格也为 P_0,并且由此可以得出完全竞争厂商的价格与平均收益(AR)和边际收益(MR)均相等,完全竞争厂商既不会也没有必要改变这一价格水平。此时,完全竞争厂商所面临的需求曲线就是由市场均衡价格 P_0 出发的水平线 d_0。

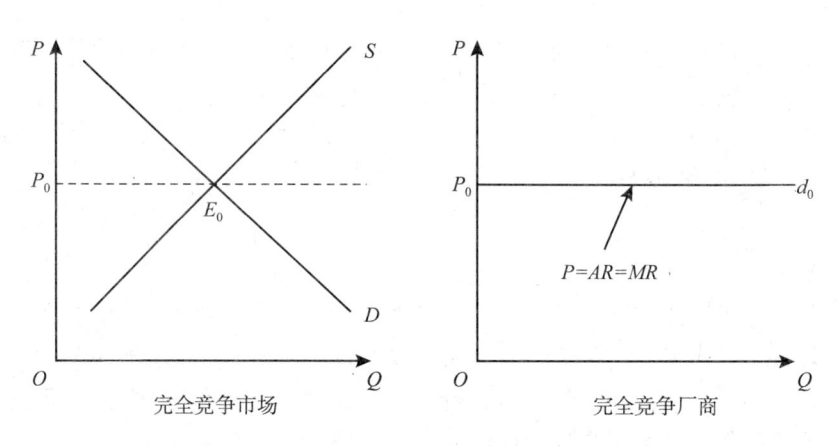

图 5-1 完全竞争市场厂商面临的需求曲线

但是,这并不是说完全竞争厂商的价格就是固定不变的。在一些其他因素影响下,如消费者收入增加、技术进步等的变化会引起整个市场的需求和供给的变化,由此使得均衡价格 P_0 提高或者降低。由于完全竞争厂商是价格的接受者,所以,它的价格也会随之提高或者降低。如图 5-2 所示,由于市场条件的变化,市场供给由 S_0

增加至 S_1，市场需求由 D_0 增加至 D_1，市场均衡由 E_0 变为 E_1，均衡价格由 P_0 降低至 P_1。显然在初始状态，由于市场价格为 P_0，完全竞争厂商只能接受 P_0 的价格，其需求曲线就是水平的 d_0；当市场条件发生变化后，确立了新的市场价格 P_1，此时，完全竞争厂商所面临的需求曲线就是由市场均衡价格 P_1 出发的水平线 d_1。

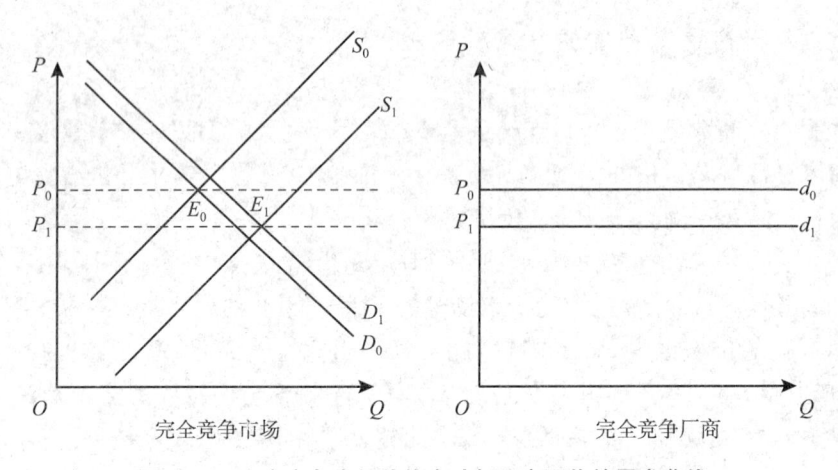

图 5-2 完全竞争市场价格变动与厂商面临的需求曲线

显然，完全竞争厂商面临的需求曲线可以由不同的市场均衡价格水平决定，但是每一条需求曲线都是水平的。

5.2.4 厂商的收益

完全竞争厂商的总收益等于价格乘以销售数量。如表 5-2 所示，生产水杯的厂商卖出 7 个杯子，厂商的总收益就是 30×9 元，即 270 元。图 5-3 绘出厂商的总收益曲线，表达了总收益与销售数量之间的关系。在 A 点，厂商卖出 9 个水杯并得到 270 元的收益。由于每增加一个水杯的销售，厂商都能额外增加 30 元的收益，因此总收益曲线是一条向右上方倾斜并且斜率等于产品价格的直线。

在完全竞争厂商那里，边际收益始终保持不变。如表 5-2 所示，当水杯的销售量由 8 个增加到 9 个时，总收益由 240 元增加至 270 元，边际收益是每个水杯 30 元。因为完全竞争厂商只能接受 30 元的市场价格，销售量变化时价格保持不变，所以每增加一个水杯带来的收益增加都等于 30 元，即边际收益保持不变，所以，在图 5-1 那里边际收益等于产品的价格并且等于平均收益。

表 5-2　　　　　　　　　　　水杯厂商收益

销售数量 （Q） （个/天）	价格 （P） （元/个）	总收益 （TR = P × Q） （元）	边际收益 （$MR = \Delta TR/\Delta Q$） （元）	平均收益 $AR = TR/Q = P$ （元）
8	30	240		30
9	30	270	30	30
10	30	300	30	30
11	30	330	30	30
12	30	360	30	30

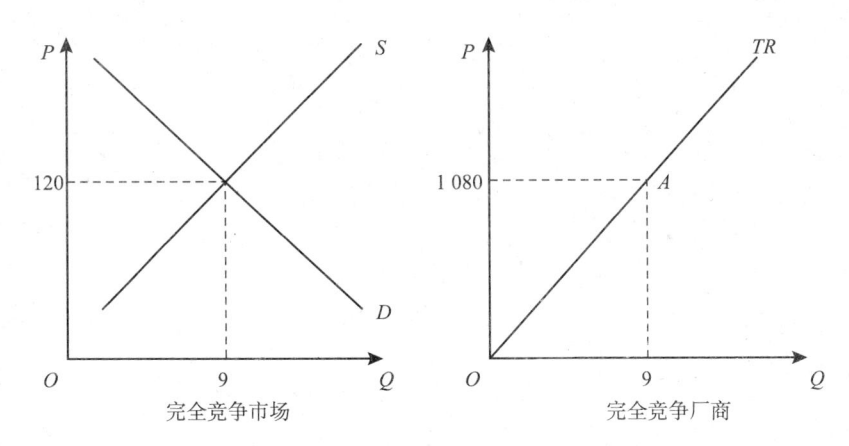

图 5-3　完全竞争市场厂商的收益曲线

5.3　完全竞争厂商的短期决策

5.3.1　厂商的利润

完全竞争厂商的短期决策就是选择合适的产量实现利润最大化。根据厂商实现利润最大化的条件 $MR = MC$，完全竞争厂商将在边际成本等于边际收益时实现最大化的利润。表 5-3 给出了水杯生产厂商的各个经济指标，图 5-4 是根据相关数据绘制的水杯生产厂商总收益、总成本、经济利润、边际收益和边际成本。总收益曲线 TR 与图 5-3 中的总收益曲线相同，总成本曲线和边际成本曲线则符合第 4 章总成本曲线的特点，总成本随着产出的增加不断增加，增加的速度先降后升，这是由边际成本"U"型特征决定的。

表 5-3　　　　　　　　　　　　　水杯厂商利润

销售数量 (Q) (个/天)	总收益 (TR) (元)	边际收益 (MR) (元)	总成本 (TC) (元)	边际成本 (MC) (元)	利润 (π) (元)
0	0		21		-21
1	30	30	43	22	-13
2	60	30	60	17	0
3	90	30	75	15	15
4	120	30	89	14	31
5	150	30	101	12	49
6	180	30	116	15	64
7	210	30	135	19	75
8	240	30	157	22	83
9	270	30	187	30	83
10	300	30	227	40	73
11	330	30	287	60	43
12	360	30	360	73	0
13	390	30	500	140	-110

注：由于 $MR=MC$ 是理论推导值，在连续函数里面才会出现完全符合要求的结果，在这里由于是离散的点，很难完全符合，只能近似地认为生产第 9 个杯子时，$MR=MC$，实现了利润最大，而表中数据显示销售第 8 个杯子时已经实现了利润最大。

图 5-4（b）画出了利润变化曲线，显然水杯厂商在每天生产并销售 2 个至 12 个之间的水杯时总能获得正的利润；产出在小于 3 个或大于 12 个以后，厂商就会出现亏损；产出在 2 个或 12 个水杯时企业经济利润为 0，此时厂商处于盈亏平衡点。

厂商在生产并销售第 9 个水杯时，总收益曲线与总成本曲线的垂直距离最大，如图 5-4（a），这一距离代表了 $TR-TC$ 即利润最大，并且图 5-4（c）显示 $MR=MC$，满足厂商利润最大化的条件，厂商获得最大化的利润 83 元。

总之，理性的厂商最终在 $MR=MC$ 的条件下生产并销售产品，实现了利润最大化。

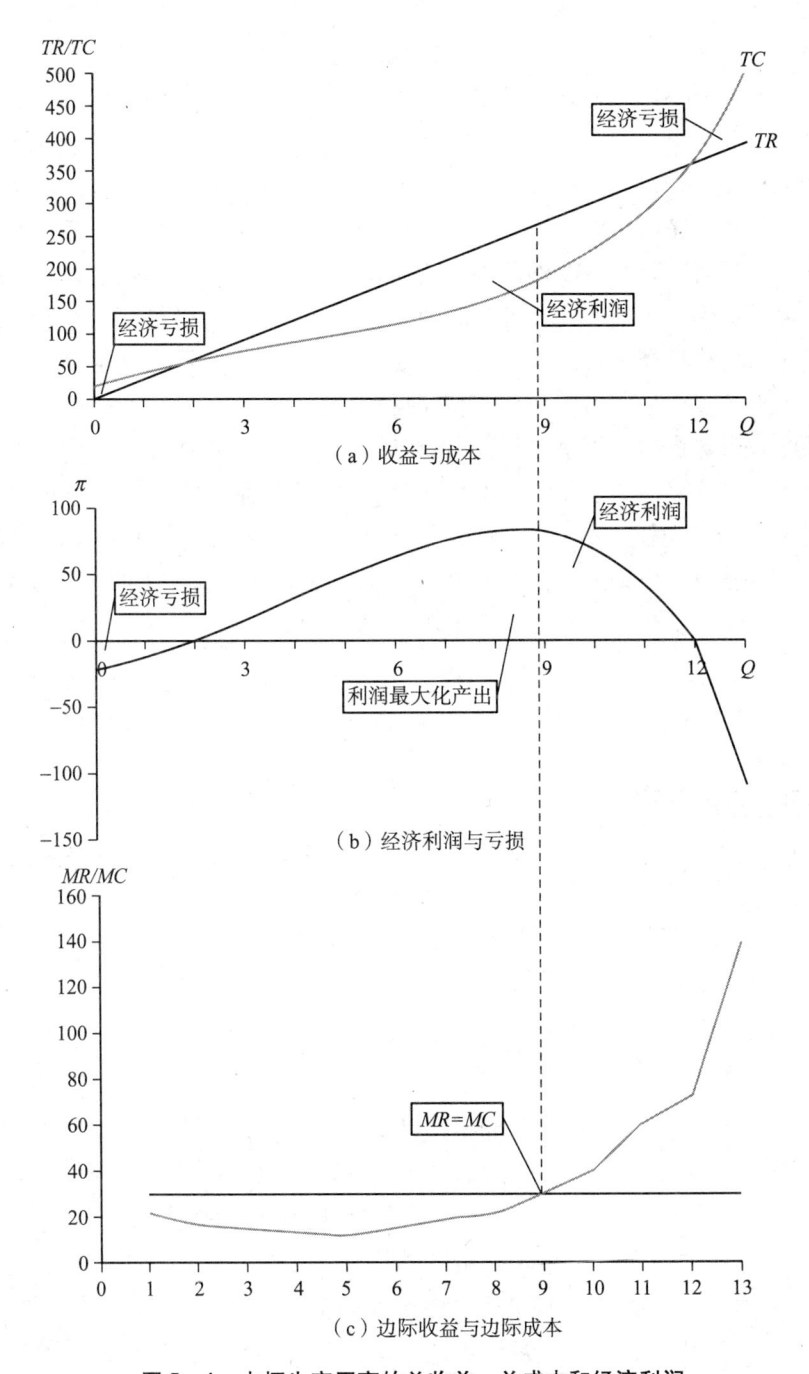

图 5-4 水杯生产厂商的总收益、总成本和经济利润

5.3.2 经济利润、盈亏平衡与亏损

在短期决策中，虽然完全竞争厂商希望能够实现正的利润，但这一目标未必能够实现。它可能获得正的利润，但有时它也有可能盈亏平衡甚至亏损。正如 5.1 中数学证明利润最大化时，$MR = MC$ 的条件只能保证厂商在既定成本和收益下所决定的最好的结果，但不能保证厂商一定获得正的利润，它也可能盈亏平衡甚至出现亏损。

短期，市场价格既定，生产中的不变要素投入量固定。厂商只能通过变动可变要素的投入量来调整产量，实现 $MR = MC$ 的利润最大化均衡条件。短期内，在完全竞争的市场中，市场供给和需求相互作用形成的产品价格，可能高于、等于、低于厂商的平均成本，厂商可能处于盈利、盈亏平衡或亏损等不同状态。

在图 5-5 中，生产杯子的厂商在 $MR = MC$ 时生产 Q^* 单位的杯子，符合理性厂商的选择。但是由于市场上杯子的总供给和总需求的作用，杯子的价格会不断变动。当完全竞争厂商接受这一价格时，会出现不同的结果。

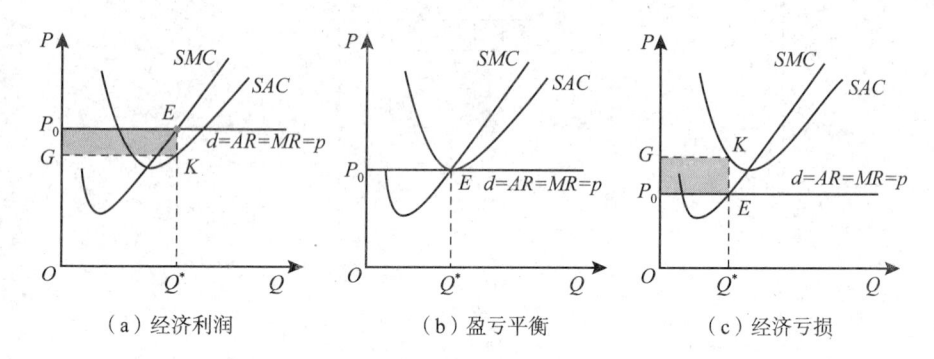

(a) 经济利润　　　　(b) 盈亏平衡　　　　(c) 经济亏损

图 5-5　经济利润、盈亏平衡和经济亏损

图 5-5 (a) 中，由于市场上杯子比较紧俏，杯子的价格总体比较高，每个杯子的价格 P_0 超过了此时生产杯子的平均成本 KQ^*，每单位杯子都可以获得 EK 的利润，乘以杯子的数量可以得到厂商的利润金额，即阴影部分 P_0GKE 的面积。

图 5-5 (b) 中，杯子并没有以前受欢迎，卖出的每个杯子的价格 P_0 恰好等于生产杯子的平均成本，每单位杯子都只能获得零经济利润，厂商处于盈亏平衡状态。

图 5-5 (c) 中，杯子受欢迎程度进一步恶化，卖出的每个杯子的价格 P_0 已经低于生产杯子的平均成本 KQ^*，每单位杯子都有 EK 的亏损，乘以杯子的数量可以得到厂商的亏损金额，即阴影部分 P_0GKE 的面积。

显然，在短期当厂商面临不同的市场价格时，只能通过调整可变要素的投入实现利润最大化目标，但并不总能够如愿以偿，它有时将不得不面对盈亏平衡甚至亏损。

5.3.3 厂商的短期供给曲线

1. 停止营业点

厂商是不是在亏损的条件下就立即停止营业呢？图 5-6（a）和图 5-6（b）显示厂商都处于亏损状态，但二者存在区别。

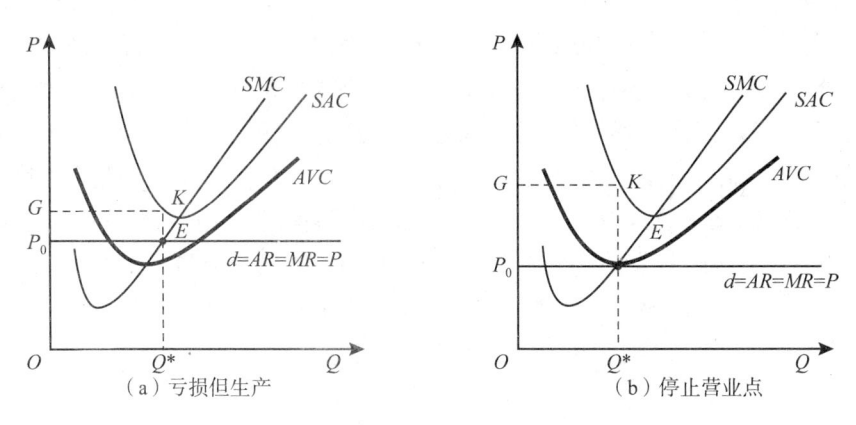

图 5-6　亏损但生产与停止营业点

图 5-6（a）虽然亏损但价格 P_0 仍然高于平均可变成本 AVC 的最低点，此时厂商虽然亏损但仍然继续生产。因为只有生产，厂商才能在全部收益弥补全部可变成本以后还有剩余，以弥补在短期内总会存在的不变成本的一部分。也就是说，生产杯子的厂商不仅能够收回投入的杯子的原材料、照明、动力以及人工成本，而且还有剩余可以去弥补厂房、设备的固定支出，这些固定支出即使不生产也会发生，而能够弥补一部分对厂商更有利。所以理性的厂商会在价格高于平均可变成本的最低点时继续生产。

图 5-6（b）中的价格 P_0 正好等于平均可变成本的最小值，此时厂商面临的需求曲线相切于 AVC 曲线的最低点，厂商可以选择继续生产，也可以不生产。此时，厂商如果生产的话，全部收益只能弥补全部的可变成本，不变成本得不到任何弥补；厂商如果选择停产，那么厂商也不必支付可变成本，但即使这样不变成本仍然存在。

显然，厂商生产最后落得个白忙活，只是能够支付工人工资、帮助了原材料厂商，而自己不能得到任何好处，只有慈善家才会做这样的决定。但企业不是慈善家，它是追逐利润的，此刻停止营业才是它的最优选择。所以价格等于平均可变成本的最小值是厂商的停止营业点。这也将意味着，短期内只要市场价格高于停止营业点，厂商都愿意向市场供给产品。

2. 厂商短期供给曲线

图 5-7（a）中，在各种可能的价格条件下，企业将选择不同的产量去实现利润最大化的目标。在 P_1 下选择产量 Q_1，此时厂商的边际收益 MR 等于 P_1，在 $MR=MC$ 的条件下，厂商选择生产 Q_1 单位产品可以实现利润最大化；同理，P_2 下选择产量 Q_2，P_3 下选择产量 Q_3，只要价格大于 AVC 的最小值（P_4），厂商会继续生产不管它获得的是正的利润、盈亏平衡还是亏损，当价格等于 P_4 时，厂商将会停止营业。显然，当价格大于或等于 P_4 时，厂商总能够在对应的价格条件下向市场上供给对应产量的产品，并且愿意向市场上供给这些产品，因为它实现了利润最大或者亏损最小。由此，在各种可能价格条件下，厂商愿意并且能够向市场上供给的产品数量就是厂商的供给，如图 5-7（b）所示，完全竞争厂商的短期供给曲线应该用 SMC 曲线上大于和等于 AVC 曲线最低点的部分来表示，即用 SMC 曲线大于和等于停止营业点的部分来表示。完全竞争厂商的短期供给曲线表示厂商在每一个价格水平的供给量都是能够给它带来最大利润或最小亏损的最优产量。

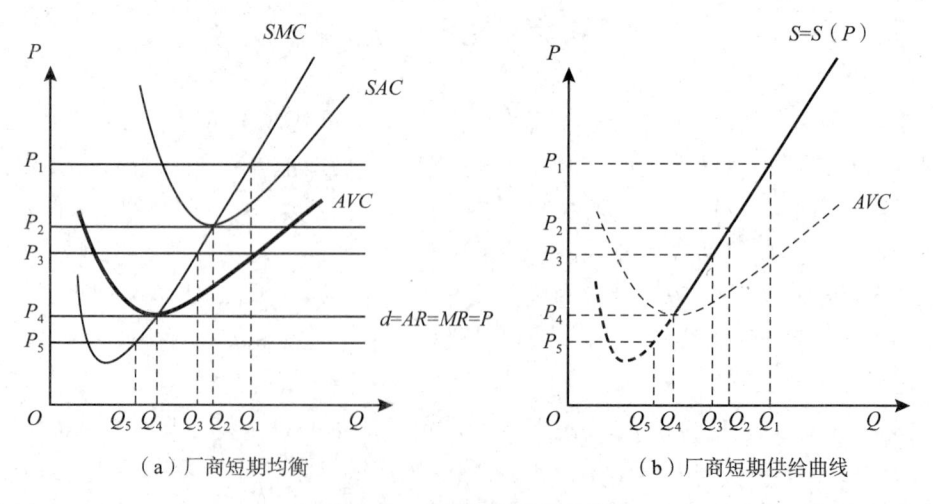

（a）厂商短期均衡

（b）厂商短期供给曲线

图 5-7 厂商短期供给曲线

3. 行业的短期供给曲线

完全竞争行业的短期供给曲线表示当每家厂商的生产规模以及行业内的企业数量保持不变的情况下，在每一个既定的价格下，所有厂商的短期供给数量的加总。完全竞争厂商的短期供给曲线由停止营业点以上部分的边际成本曲线决定，所以行业的短期供给曲线就是所有厂商的停止营业点以上部分的边际成本曲线在水平方向上的加总。

在生产水杯的例子中，如果该行业由 100 家完全一样的厂商构成的话，在每一价格水平上，行业的供给量是单个厂商供给量的 100 倍。简单起见，用 $S_i(P)$ 表示第 i 个厂商的短期供给函数，则拥有 n 家厂商的行业的短期供给函数为 $S(P) = \sum_{i=1}^{n} S_i(P)$。

5.4 完全竞争厂商的长期决策

完全竞争厂商的长期生产中，所有的要素投入都是可变的，厂商既可以根据市场需求变化调整生产规模来实现更大的利润，还可以做出进入或者退出某一行业的决策。

首先来看厂商生产规模的调整。如果厂商扩大规模可以降低成本并获得经济利润，厂商就会扩大规模。这既表现为那些亏损或经济利润为零的厂商通过扩大规模获得了正的经济利润，也表现为本来就获得正的经济利润，通过扩大规模进一步降低成本实现了更大的经济利润。扩大规模后，市场中的供给就会增加，如果所有厂商都这样做的话，那市场供给大幅度增加，在需求不变的条件下，产品价格就会不断下降，直到经济利润为零时，厂商才会停止扩大规模。此时，产品价格正好等于长期平均成本。

其次再看厂商做出进入或者退出某一行业的决策。假如某行业有正的经济利润，将会吸引新厂商进入，此时行业供给就会增加，在需求不变时，产品价格就会不断下降，直到经济利润消失时，厂商才会停止进入；相反，如果某行业厂商正处于亏损状态，那么厂商就会退出行业，行业的供给就会减少，在需求不变时，产品价格就会不断上升，直到亏损消失时，厂商才会停止退出。

显然，完全竞争厂商在长期将会既无经济利润又无亏损，在这一状态下没有厂商扩大或收缩其规模，也没有厂商进入或退出该行业。

5.5 竞争与效率

由于严格的假设，完全竞争市场在现实中是不存在的，研究完全竞争市场主要是提供一个参照系，因为完全竞争市场被看作最有效率的市场。市场经济中的效率包括生产效率和配置效率。

生产效率是指产品或服务以其尽可能的最低成本进行生产。消费者希望可以购买尽可能多的以最低成本生产的产品。完全竞争市场中，供给和需求的作用迫使市场价格降低到厂商的平均成本最低点。每一个生产者都会想尽办法降低成本以获取正的经济利润，但在完全竞争市场中，由于要素可以自由流动，其他企业都会第一时间学习新的降低成本的方法并付诸实践，在长期中，企业并不能得到更多的好处，只有消费者才是成本降低的真正受益者。

配置效率是指市场中企业的生产反映了消费者的偏好，特别是每种产品和服务的最后一单位给消费者带来的边际收益等于生产该产品的边际成本。消费者的需求是在各种价格下愿意并且能够购买的商品的数量，这里的价格是消费者愿意支付的最高价格。消费者之所以愿意支付该价格是因为他认为从消费商品中得到了如此多的心理满足，所以消费者愿意支付的最高价格可以说是他从消费商品中得到的收益增加。每增加一单位商品的消费，消费者愿意增加的最高价格就是他消费商品得到的边际收益。从整个社会角度讲，生产者愿意提供该商品的最低价格就是社会增加该单位商品的边际成本。只要消费者消费商品获得的边际收益大于生产者生产它的边际成本，那消费者增加商品的消费就可以给他带来好处，并且此时企业也将供给该商品，这对整个社会来讲都是有益的。直到消费者从消费商品获得的边际收益等于社会生产它的边际成本时，即消费者支付的价格恰好等于生产者愿意接受的最低价格时，整个市场处于均衡状态。完全竞争市场的市场均衡恰恰满足这一条件，显然企业家使用各种资源配置到能够给消费者带来最大收益的状态，所以完全竞争达到了资源配置效率。

【本章小结】

1. 市场竞争的激烈程度取决于市场中企业的数量、产品的差异程度、控制价格的能力以及进入退出市场的难易程度。根据这些条件将市场划分为完全竞争、完全垄断、垄断竞争和寡头四种类型。完全竞争市场和完全垄断市场是两个极端，完全竞争厂商对市场没有任何的影响力量，而完全垄断则对整个市场具有绝对的市场力量。垄断竞争和寡头介于二者之间。

2. 任何厂商都是以追求利润最大化为前提的。这一前提必须在经济学的严格假设下才能实现，即厂商能够做到完全理性并且面临完全信息。不管厂商面临怎样的竞争，它都会去选择一个能够让它实现利润最大化的产量，尽管有时这一目标未必会实现。厂商只有遵循 $MR = MC$ 的原则来确定最优产量才能实现利润最大化的目标。这一条件下厂商可能盈利也可能盈亏平衡甚至出现亏损，如果获得正的利润的话一定是最大化的利润，如果厂商获得负的利润的话，那也是最小的亏损。

3. 完全竞争厂商的特点是：市场中有许多买者和卖者；厂商的产品没有任何差异，每家厂商都是价格的接受者；厂商可以任意进入和退出市场而不受任何障碍；信息是完全的。完全竞争厂商面临的需求曲线可以由不同的市场均衡价格水平决定，但是每一条需求曲线都是水平的。

4. 短期，厂商只能通过变动可变要素的投入量来调整产量，实现利润最大化均衡条件。短期内，在完全竞争的市场中，市场供给和需求相互作用形成的产品价格，可能高于、等于、低于厂商的平均成本，厂商可能处于盈利、盈亏平衡或亏损等不同状态。

5. 价格等于平均可变成本的最小值是厂商的停止营业点。这也将意味着，只要市场价格高于停止营业点，厂商都愿意向市场供给产品。完全竞争厂商的短期供给曲线应该用 SMC 曲线上大于和等于 AVC 曲线最低点的部分来表示，即用 SMC 曲线大于和等于停止营业点的部分来表示。完全竞争厂商的短期供给曲线表示厂商在每一个价格水平上的供给量都是能够给它带来最大利润或最小亏损的最优产量。

6. 完全竞争厂商在长期将会既无经济利润又无亏损，在这一状态下没有厂商扩大或收缩其规模，也没有厂商进入或退出该行业。

7. 完全竞争市场被看作最有效率的市场。市场经济中的效率包括生产效率和配置效率。生产效率是指产品或服务以其尽可能的最低成本进行生产。配置效率是指市场中企业的生产反映了消费者的偏好，特别是每种产品和服务的最后一单位给消费者带来的边际收益等于生产该产品的边际成本。

【推荐读物】

1. 张维迎. 市场的逻辑 [M]. 世纪出版集团、上海人民出版社，2010.
2. 梁小民. 微观经济学纵横谈 [M]. 生活·读书·新知三联书店，2000.
3. 王福重. 写给中国人的经济学 [M]. 机械工业出版社，2010.

【复习思考题】

1. 如何理解厂商的目标，厂商如何实现这一目标？

2. 区分完全竞争市场条件下，厂商面临的需求曲线、单个消费者的需求曲线和市场的需求曲线。

3. 解释完全竞争厂商是价格接受者。

4. 分析在短期生产中完全竞争厂商利润最大化会出现哪几种情况？

5. 为什么完全竞争厂商在短期内亏本还会继续经营？厂商短期内在什么情况下停止营业？厂商能否长期亏本经营？

6. 画图说明完全竞争厂商短期均衡的形成及其条件。

7. 说明为什么完全竞争厂商的短期供给曲线是 SMC 曲线上等于和高于 AVC 曲线最低点的部分。

8. 完全竞争厂商长期如何实现均衡？

9. 理解完全竞争市场是最有效率的市场。

10. 讨论中国人口的增长对小麦市场和单个麦农有什么影响？

11. 开篇案例思考题：

（1）白菜市场是不是完全竞争的市场，为什么？

（2）再举几个完全竞争市场的例子，说明它们的特征。

（3）该案例对你的启示是什么？

第6章

不完全竞争市场

【学习目标】

1. 认识垄断并解释垄断的特点，解释垄断厂商如何选择产量和价格，解释价格歧视。
2. 认识垄断竞争的特点，解释垄断竞争厂商如何选择产量和价格，理解非价格竞争。
3. 认识寡头市场，分析寡头垄断厂商的行为：古诺特模型、伯特兰德模型、串谋、主导厂商定价。
4. 应用博弈论解释寡头厂商的竞争行为。
5. 比较四种市场的效率。

【开篇案例】

星巴克：以产品差异化获得成长

星巴克的咖啡店似乎随处可见——在大卖场、市中心的商业区、机场书店，以及其他你能想到的任何地方。到2005年，星巴克已经在全球拥有了8 300家连锁店，而公司计划的最终目标是25 000家。每天都有超过250万的顾客光临星巴克。

与当今的很多大企业类似，在起步之初，星巴克的规模也很小。第一家星巴克于1971年在西雅图建立。到1982年，星巴克只有5家分店。到1993年，星巴克已经开始在美国东海岸开设分店；1996年，星巴克在日本东京开设了第一家北美以外的分店。

当然，新鲜泡煮的咖啡在餐馆、小餐馆、甜甜圈商店都有售，然而星巴克的主管所关注的是市场上存在的对咖啡屋的大量需求，消费者可以在这类咖啡屋闲坐、休息、读报纸及品尝比小餐馆或甜甜圈商店品质更高的咖啡。在星巴克进行扩张的20世纪90年代，其所提供的蒸馏浓咖啡在其他地方是较难买到的。

然而，星巴克并非是独一无二的。你可能会知道你家附近就有3家或更多的咖啡屋。咖啡屋市场是竞争性的，因为租一家店面、购买一台咖啡蒸馏机并不昂贵。在美国，数以百计的公司都经营咖啡屋，其中不乏大型的全国性连锁店，也不乏区域性连锁店。除此之外，还有许多只拥有一家门面的小型咖啡屋。

星巴克所处的市场包含了完全竞争市场的两个特点：市场上有许多家其他名字的咖啡屋——而且咖啡屋的数量一直在增加；以及该市场的进入成本是很低的。

但是，不同于像小麦农场这样的完全竞争厂商所提供的产品，消费者并不认为咖啡屋是同质的。星巴克所出售的咖啡、松饼以及其他点心，与其竞争者提供的产品并非是同质的。咖啡屋出售咖啡与小麦的售卖不同：星巴克和它的竞争者出售的产品是差异化的，而不是同质的。因此，咖啡屋市场是垄断竞争市场，而非完全竞争市场。

摘自：[美] R. 格伦·哈伯德、安东尼·P·奥布赖斯. 经济学（微观）[M]. 机械工业出版社，2007.

【重要概念】

垄断（Monopoly）

价格歧视（Price Discrimination）

垄断竞争（Monopolistic Competition）

差异化（Differentiation）

寡头（Oligopoly）

双寡头（Duopoly）

古诺特模型（Cournot Model）

伯特兰德模型（Bertrand Model）

主导厂商（Dominant Firm）

博弈论（Game Theory）

囚徒困境（Prisoner Dilemma）

占优策略（Dominate Strategy）

纳什均衡（Nash Equilibrium）

6.1 垄　　断

6.1.1 认识垄断

垄断市场是指市场中只有一家厂商出售某种商品和服务，该商品和服务不存在任何相近的替代品，并且其他任何厂商无法进入市场与之竞争。一些公共事业部门如自来水公司、电力公司都是垄断行业，而发明了 Windows 操作系统的微软公司也接近于垄断。完全垄断具有以下特点：

第一，市场中没有相近的替代品存在，垄断厂商不会遇到其他企业竞争的威胁。如果一种产品有一种相近的替代品，即便市场中只有一家企业生产这种商品，它也会面临来自替代品生产厂商的竞争。电力公司提供的电就是没有相近替代品的例子，自来水也没有什么接近的替代品。尽管有人认为瓶装矿泉水可以看作是相近的替代品，但是这仅仅从饮用角度考虑，而饮用水仅仅占用水很小的比例，所以瓶装矿泉水很难替代自来水。在中国，有人认为铁路运输是垄断的。事实上，铁路运输无时无刻不在受到公路运输、航空运输的竞争威胁，所以很难说铁路运输是完全垄断的，但这并不否认铁路运输的垄断性。

第二，市场中存在进入壁垒，进入壁垒足以阻止其他任何企业进入市场时导致了垄断。进入壁垒是指当市场中有经济利润的机会时，能够阻止新厂商进入的那些因素。如果进入壁垒高到没有其他厂商进入时，这个市场就拥有了垄断力量。进入壁垒包括政府设置的进入壁垒、厂商控制了关键资源和自然垄断。

一般情况下，政府并不希望形成垄断。但是出于某些目的，政府会设置进入壁垒阻止其他厂商进入。例如政府为了鼓励厂商发明和创新，通过授予厂商专利和版权，使之具有生产产品的排他权，阻止了竞争。政府有时也会授予某些厂商公共特许经营权，例如供水供电部门。

当厂商控制了某一关键资源时，垄断也会发生。最著名的基于原材料控制而形成的垄断是南非的戴比尔斯（De Beers）钻石开采和销售公司，它是历史上获利最多并且生存时间最长的垄断者之一，尽管近些年它也开始面临竞争。

企业在扩张时，如果厂商的长期平均成本随着生产规模的扩大而不断下降，那么该厂商就存在规模经济。某些企业生产的规模经济需要在一个很大的产量下才能出现，以至于一家厂商提供该市场所需的所有产品比两家或更多厂商来提供的平均总成本要小，这时自然垄断就产生了，市场只能容纳一家厂商。例如供水行业、供电行业、通讯行业都具有这一特征。

第三，垄断厂商具有市场力量，它是市场价格的制定者，可以自己决定产量和价格并实现利润最大化。市场力量是指通过影响可供销售的总量来影响市场，尤其是影响市场价格的一种能力。由于市场中只有一家企业并且没有相近的替代品，垄断厂商就是整个市场的供给者。当只有一家厂商面对很多消费者时，这家厂商对整个市场具有绝对的控制力量，它完全可以根据自己利润最大化的条件生产出相应的产量，然后根据市场需求确定销售的价格，绝不会像完全竞争厂商那样只是被动地做一个价格接受者。

6.1.2 垄断厂商的需求曲线与边际收益

由于市场中只有一家厂商，垄断厂商面临的需求就是市场的需求，它是一条向右下方倾斜的曲线，厂商如果想要卖出更多的产品，不得不降价。当然，它也可以为了提高价格而减少市场供给。

表6-1是某垄断厂商的价格和收益表。企业的反需求曲线为 $P=20-2Q$，垄断厂商的价格是产量的递减函数。当价格为20元时，没有人购买商品。价格越低，购买的人越多，当价格为12元时，需求量达到4个。

表6-1　　　　　　　　某厂商的价格与产量

需求量 （Q） （个/天）	价格 （P） （元/个）	总收益 （TR = P×Q） （元）	边际收益 （$MR=\Delta TR/\Delta Q$） （元）
	20	0	
1	18	18	18
2	16	32	14
3	14	42	10
4	12	48	6
5	10	50	2
6	8	48	-2
7	6	42	-6
8	4	32	-10
9	2	18	-14
10	0	0	-18

总收益TR是价格P与销售量Q的乘积，从表6-1可以看出，它随着销售量的增加先增加，直到销售量为5时，总收益达到最大为50元，然后随着销售量的增加不断减少。边际收益MR是厂商每增加一单位商品销售所带来的总收益的增加。总收益从32元增加至42元时，总收益增加了10元，由于销售量仅增加了1个，因而边际收益就等于总收益的变化，即10元。

图6-1给出了表6-1数据显示的市场需求曲线和边际收益曲线。需要注意的是，在每一个产出水平上，边际收益都低于价格，图中显示边际收益曲线始终在需求曲线的下方。这主要是因为，当厂商多增加1单位商品销售时需要降低价格，此时由于价格下降会导致收益减少，但增加的销售量则导致收益增加，二者共同作用导致总收益的增加低于商品的销售价格。例如，在价格为14元时，销售量为3个。厂商想要销售4个商

品就需要将价格降低至12元，从而它从第4个商品的销售中获得12元的收益。但是由于降价，前面3个商品的收益减少了6元，所以此时它的边际收益必须从12元增加的收益中扣除6元，因此该厂商的边际收益就是6元，低于此时的价格。

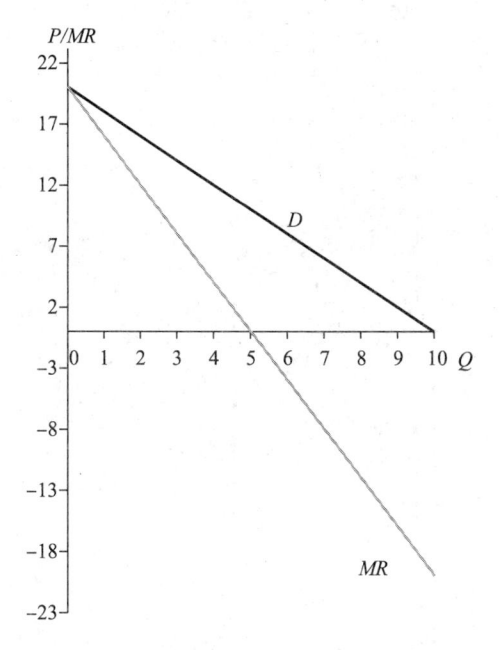

图 6-1 垄断厂商的需求曲线和边际收益曲线

6.1.3 边际收益与弹性

对于一个厂商的边际收益有：

$$MR(Q) = \frac{\mathrm{d}TR(Q)}{\mathrm{d}Q} = \frac{\mathrm{d}[P(Q) \times Q]}{\mathrm{d}Q} = P + Q \times \frac{\mathrm{d}P}{\mathrm{d}Q} = P\left(1 + \frac{\mathrm{d}P}{\mathrm{d}Q} \times \frac{Q}{P}\right),$$

即：

$$MR = P\left(1 - \frac{1}{\varepsilon_d}\right) \tag{6.1}$$

这里 $\varepsilon_d = -\frac{\mathrm{d}Q}{\mathrm{d}P} \times \frac{P}{Q}$ 为需求的价格弹性。

公式（6.1）给出了边际收益与商品价格和需求的价格弹性之间的关系。根据公式（6.1），有：

当 $\varepsilon_d > 1$ 时，$MR > 0$，表明 TR 曲线斜率为正，厂商总收益随销售量增加而增加。

当 $\varepsilon_d = 1$ 时，$MR = 0$，表明 TR 曲线斜率为零，厂商总收益达到极大值。

当 $\varepsilon_d < 1$ 时，$MR < 0$，表明 TR 曲线斜率为负，厂商总收益随销售量增加而减少。

图 6-2 形象地表示了边际收益、总收益和需求的价格弹性之间的关系。作为理性的厂商，垄断企业只有在市场需求总是富有弹性时供给产品。否则，如果它进入需求曲线缺乏弹性的区间时，它完全可以减少生产从而收取较高的价格来增加利润。

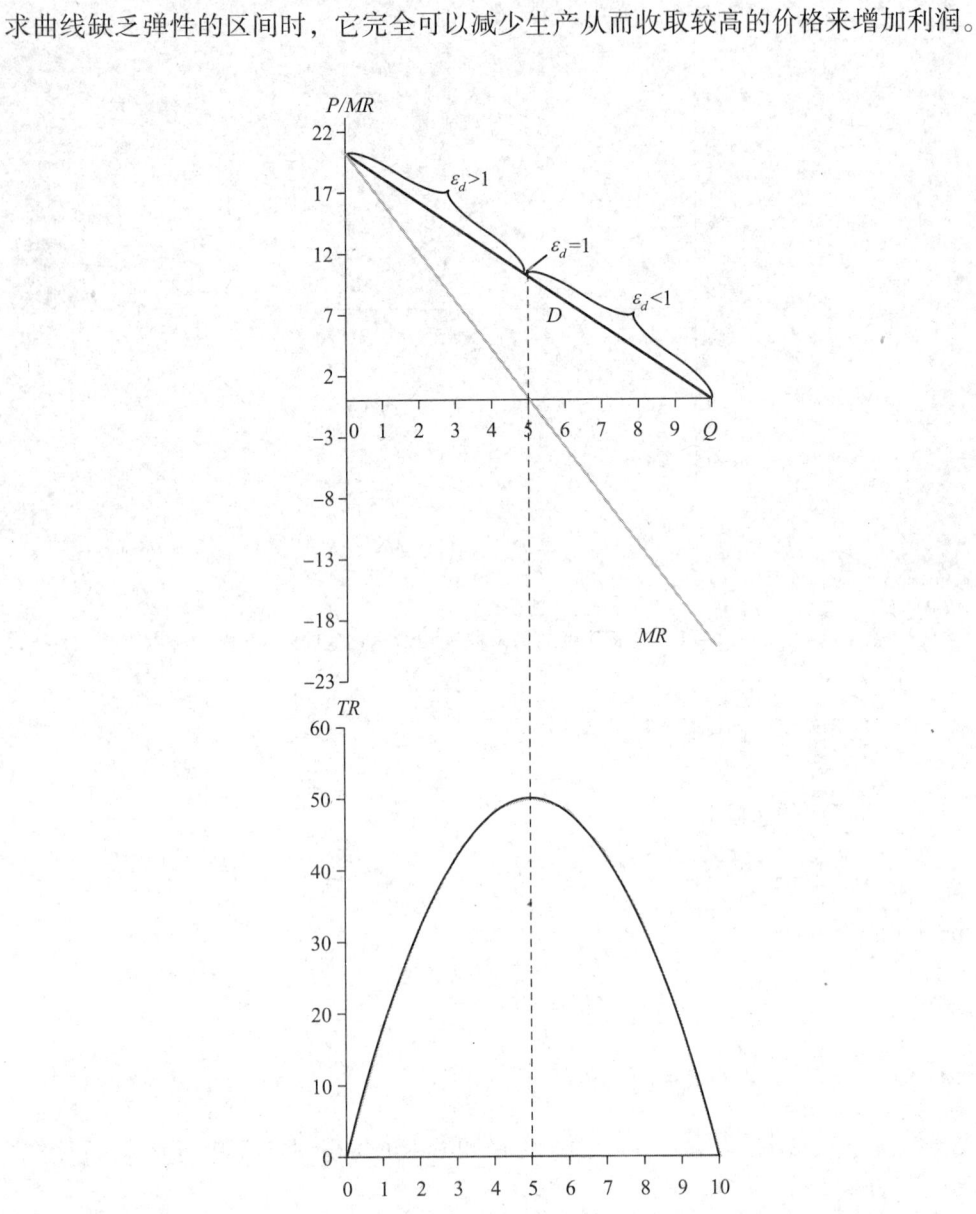

图 6-2 垄断厂商的边际收益与弹性

6.1.4 垄断厂商的最优选择

垄断厂商短期的最优选择就是根据利润最大化的目标确定最优的产量，然后根据市场需求确定最优的价格。如图6-3所示，完全垄断厂商的价格是由厂商追求利润最大化的目标所决定的，而满足利润最大化的条件是 $MR=MC$。图中 MC 和 MR 交于 E 点，该点决定了垄断厂商获取利润最大化时的垄断产量 Q^*。同时，垄断厂商根据最优产量 Q^*，结合需求曲线 D 确定垄断价格 P^*。显然，这样决定的最优产量和最优价格对垄断厂商是有利的，由于最优价格高于该产量水平下的平均值（$AC=P_1$），所以，垄断厂商可以获得阴影部分面积大小的垄断利润。

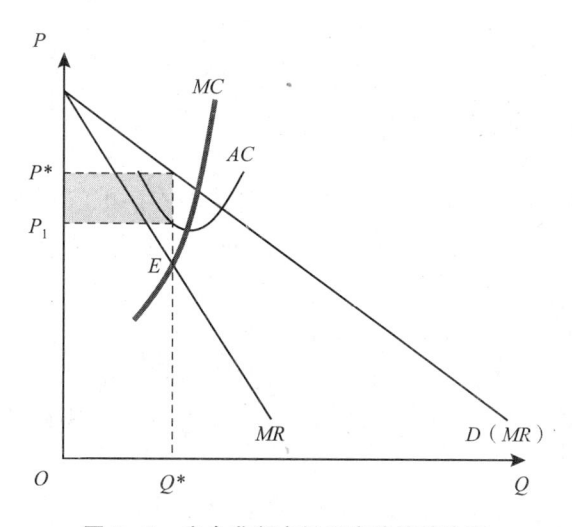

图6-3 完全垄断市场厂商价格的决定

垄断企业的最优选择有以下特点：

第一，垄断厂商必须同时确定最优产量和最优价格。在完全竞争市场，每一家厂商都是价格的接受者，完全竞争厂商只需要根据 $P=MR=MC$ 的条件来确定能够带来利润最大化或者亏损最小的产量，而不需要确定价格。与完全竞争市场不同，垄断厂商是通过对产量和价格的同时调整来实现利润最大化的。垄断厂商根据 $MR=MC$ 的条件确定最优化的产量，但仅仅有了产量对垄断厂商并无意义，它只有将全部商品卖出才能实现最大化的利润，因此它还需要根据市场需求曲线确定能够将这些产品全部卖出的价格，这样产量和价格才能同时被确定下来。

第二，垄断厂商定的价格总比生产该商品的边际成本高。在完全竞争市场，厂商的价格等于边际收益，也等于边际成本。但在垄断市场里，厂商的价格始终是大于边际收益的，当厂商实现利润最大化时，$MR=MC$。显然，垄断厂商的价格定的要比边际成本高。厂商能够把价格定的比边际成本高的能力称为市场力量，也被称为市场势力。在不完全竞争市场，不管是完全垄断还是垄断竞争或者寡头，或多或少都具有一定的市场力量。

第三，垄断厂商可以获得正的垄断利润。产量和价格的决定权共同掌握在垄断厂商手里。在短期，垄断企业可能获利也可能亏损，这取决于它的销售价格与平均成本的大小。如果垄断厂商亏损的话，它可以考虑停产或继续生产，这要看它的价格是否高于平均可变成本，显然与完全竞争厂商的短期决策有些类似。事实上，由于垄断厂商具有市场力量，即使短期内垄断厂商出现亏损，但长期内它总能够将价格提高到平均成本之上，进而获得垄断利润。

6.1.5 价格歧视

价格歧视（Price Discrimination）又称价格差别，是指厂商向不同的消费者以不同的价格出售完全相同的产品，尽管这些产品的成本是完全相同的。通过价格歧视的做法会增加厂商的利润。

价格歧视行为的存在需要满足以下条件：

一是厂商必须面对向右下方倾斜的需求曲线，即产品的需求与其价格成反比。这一条件决定了该厂商具有一定的市场势力，或者说具有一定垄断性，能够完全或者部分操控产品价格。

二是不同的消费者群体对产品的需求价格弹性不同，并且为厂商所知悉，即厂商了解消费者群体对产品的不同的需求程度。

三是两个或两个以上消费者群体必须能在某一成本下区分开，该成本不超过区分它们所能带来的收益，即厂商能够以合理的成本进行市场细分。并且，厂商必须有能力阻止不同消费者群体之间贱买贵卖的转卖行为。

根据价格差别的程度，可把价格歧视区分为一级价格歧视、二级价格歧视和三级价格歧视。

1. 一级价格歧视

一级价格歧视（First-Degree Price Discrimination），又称完全价格歧视，就是每一单位产品都有不同的价格，即假定厂商知道每一个消费者对任何数量的产品愿意并且能够支付的最大货币量，并以此决定其价格，所确定的价格正好等于对产品的需求价格，因而获得每个消费者的全部消费剩余。

一级价格歧视是根据消费者的需求来确定的，也就是说厂商知道所有关于消费者的需求信息，并且能够完全将不同的消费需求区分出来。如图6-4所示，当厂商销售第一单位产品 Q_1 时，消费者愿意并且能够支付价格 P_1，于是，厂商就会按照 P_1 的价格出售产品给该消费者。同理，当厂商销售第二单位产品 Q_2 时，消费者愿意并且能够支付价格 P_2，于是，厂商就会按照 P_2 的价格出售产品给该消费者。这样，厂商就能根据消费者的需求以不同的价格出售所有的产品，厂商因此能够获得相当于阴影部分面积的销售收入。

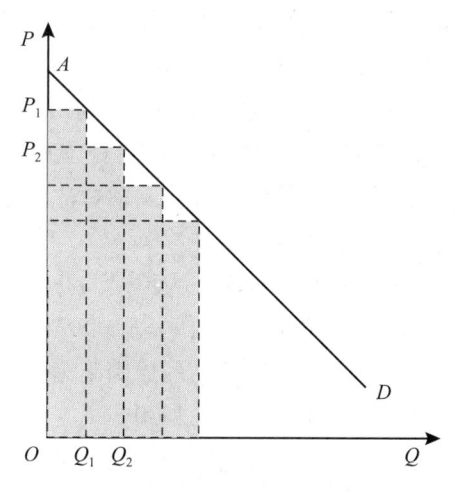

图6-4 一级价格歧视

一级价格歧视是一种极端的情况，厂商很难鉴别所有消费者的需求并将其区分开来，因此现实中很少发生一级价格歧视。研究一级价格歧视的意义在于生产者在这一行为中剥夺了全部的消费者剩余，尽管从整个社会的角度看并没有净福利损失。

2. 二级价格歧视

二级价格歧视（Second-Degree Price Discrimination），即厂商了解消费者的需求曲线，把这种需求曲线分为不同段，根据不同购买量，确定不同价格，厂商获得一部分而不是全部买者的消费剩余。例如，当消费者购买6单位产品时，其价格为6

元；当消费者再购买4单位产品时，这4单位产品的价格便下降为5元，如此等等。一些药店为定量的药品制定一个统一的单价，或为一个消费者限定一个购买量；一些商场限定某些产品达到一定的购买量时可以以较低的价格购买，这些都属于二级价格歧视的典型例子。

事实上，如果厂商能够将市场细分的足够细，而最终会使二级价格歧视越来越趋向于一级价格歧视，从这一点看可以将一级价格歧视看作是二级价格歧视的一种极端情况。因此，二级价格歧视的作用机理也可以用图6-4来描述，在此不再赘述。

3. 三级价格歧视

消费者并不会带着他们的支付意愿的标志进入商店，而厂商只能将消费者划分为不同的群体，如青年人与老年人，商务人士与学生，美国人与中国人等等，通过对这些不同的消费群体收取不同的价格获取超额利润，这就是三级价格歧视（Third-Degree Price Discrimination）。典型的例子如许多电影院对儿童和老年人收取的价格低于其他观众，飞机上的座位以许多不同价格出售，大学对贫困学生提供奖学金，通信公司对学生和商务人士提供不同的价格套餐等等。

厂商根据需求价格弹性不同将消费者区分为不同的群体。假设某厂商在两个分割的市场上出售同种产品，在两个市场上的边际收益为 MR_1 和 MR_2，产品的边际成本为 MC，那么，厂商应该根据 $MR_1 = MR_2 = MC$ 的原则来确定产量。否则，厂商就可以通过不同市场之间的销售量调整来获得更多的利润。

对于垄断厂商 $MR = P\left(1 - \dfrac{1}{\varepsilon_d}\right)$，在市场1有 $MR_1 = P_1\left(1 - \dfrac{1}{\varepsilon_{d1}}\right)$，在市场2有 $MR_2 = P_2\left(1 - \dfrac{1}{\varepsilon_{d2}}\right)$，根据 $MR_1 = MR_2$ 的原则，可得 $P_1\left(1 - \dfrac{1}{\varepsilon_{d1}}\right) = P_2\left(1 - \dfrac{1}{\varepsilon_{d2}}\right)$，整理得：

$$\frac{P_1}{P_2} = \frac{1 - \dfrac{1}{\varepsilon_{d2}}}{1 - \dfrac{1}{\varepsilon_{d1}}} \tag{6.2}$$

公式（6.2）显示，在需求的价格弹性小的市场上的价格应该高于需求的价格弹性大的市场上的价格，也就是说，对价格变化反应不敏感的消费者制定较高的价格，而对价格变化反应敏感的消费者制定较低的价格，是有利于厂商获得更多利润的。

6.2 垄断竞争

6.2.1 认识垄断竞争

如果你的居所附近的一家CD店提高了CD的价格，从每张15元提高至17元，那么它将失去一部分但并不是所有的顾客。有些顾客可能会去其他CD店购买音乐CD，但也有一些顾客可能由于各种原因仍然会在这家店支付更高的价格，比如这家CD店离一些顾客的家更近，或者这家CD店的CD品种繁多、质量确有保证，甚至由于他们喜欢这家CD店老板热情的服务和好听的声音。由于CD店的价格变化影响到了其销售数量，所以它面临的是一条向右下方倾斜的需求曲线，这与完全竞争厂商的需求曲线不同。

CD店就是典型的垄断竞争厂商，垄断竞争就是一种商品有许多买者和卖者且商品之间有一定差别而形成不完全竞争格局的市场结构。CD店、服装店、快餐店、书店、理发店等等都属于这类市场。垄断竞争市场具有以下特征：

第一，产品存在一定差异。垄断竞争市场既不像完全竞争那样产品完全无差异，也不像完全垄断那样产品没有替代品，垄断厂商的产品之间存在一定的差异，并且相互具有一定的替代性。例如在不同的理发店，由于各家店的发型师技艺不同，提供的服务有一定的差异；但你也会发现，尽管不同发型师理出来的头发有所不同，但差异又不是太大，相互之间具有一定的替代性。

第二，厂商数量众多，规模小，从而厂商进入退出行业比较容易。垄断竞争厂商一般规模比较小，进入退出行业的成本比较低，这也导致企业数量比较多，厂商面临的竞争压力比较大。例如路边的CD店、服装店琳琅满目，数量众多，如果仔细观察的话，会发现它们的招牌经常会发生变化，这是因为有一家企业因为亏损退出市场了，然后另一家企业又进来了。所以，在短期内，垄断竞争厂商会像垄断厂商那样通过选择边际收益等于边际成本的产量，然后根据它所面临的需求曲线确定销售价格，进而实现短期利润最大化（当然，也有可能是亏损最小）。但是，在长期里，垄断竞争厂商又像完全竞争厂商那样无法获得长期经济利润，因为一旦有正的经济利润出现，将会引起其他厂商进入，进而导致市场供给增加将价格拉低。如果长期亏损的话，厂商也会变卖资产退出市场。

第三，厂商对价格具有一定的影响力。正是因为垄断竞争市场的产品具有一定的差异性，所以每家厂商对价格都有一定的影响力，每家厂商都将面临一条向右下方倾斜的曲线。这样，当厂商调低价格时，就可以带来更大的需求；相反如果提高价格，厂商面临的需求将会减少。由于各家厂商之间的商品具有一定的替代性，所以厂商对价格的影响力是有限的。一旦企业提高价格，消费者转而会选择其他厂商，这家企业面临的需求会大幅度减少；如果这家企业想通过降低价格增加市场需求，其他企业为了维护市场份额会纷纷效仿，进而这家企业的市场需求并不会增加很多。总之，垄断竞争厂商对价格具有一定的影响力，但影响力有限。

6.2.2 垄断竞争厂商的最优选择

垄断竞争市场既具有垄断的特点也具有竞争的特点，这是因为垄断竞争市场中的产品具有差异性，所以，每一家厂商都具有一定的市场势力从而可以将产品价格定得比边际成本高。同时，又由于垄断竞争市场的自由进入与退出的特点，长期内所有厂商都不可能获得正的经济利润，否则就会有厂商进入，而一旦出现亏损，亏损厂商也可以自由退出。所以，长期来讲，垄断竞争厂商的经济利润为零。

垄断竞争厂商短期的价格决定过程与完全垄断厂商的价格决定过程基本相似。如图6-5（a）所示，依然是 $MR=MC$ 的条件决定了最优产量 Q^*，而同时垄断竞争厂商根据最优产量结合需求曲线确定最优价格 P^*。此时，P^* 大于平均成本，厂商可以获得正的经济利润，图中阴影部分的面积就是厂商获得的利润。当然，短期内垄断竞争厂商有可能亏损，它要不要生产取决于价格是否大于最小的平均可变成本，如果价格大于最小的 AVC，那么厂商就选择生产，反之就会停止生产。

长期内，如果垄断竞争厂商能够获得正的经济利润，此时将会有其他厂商选择进入该行业。这将会导致市场总的供给增加，在市场总体需求不变的前提下，新进入厂商将会获得一部分市场份额，原来厂商面临的市场需求就会减少，需求曲线向左移动，这导致每次决策时的最优产量对应的价格不断降低，直至经济利润全部消失，如图6-5（b）所示。当没有厂商能够获得正的经济利润时，其他厂商就会停止进入。长期内如果垄断竞争厂商亏损，将会有企业不断退出直至经济利润为零。图中最优价格 P^* 正好等于最优产量下的平均成本，垄断竞争厂商的经济利润为零。

垄断竞争厂商的最优选择过程体现了该市场的垄断性和竞争性。一方面，垄断竞争厂商像垄断厂商那样，面临着一条向右下方倾斜的曲线，这样它的边际收益始终在需求曲线的下方，所以垄断竞争厂商也可以将价格定的比边际成本高，也就是说它具有市场力量。这体现了垄断竞争市场的垄断性。另一方面，长期来看由于厂商的进入退出相对容易，垄断竞争厂商在长期只能像完全竞争厂商那样经济利润为零。这体现了垄断竞争市场的竞争性。

第6章 不完全竞争市场

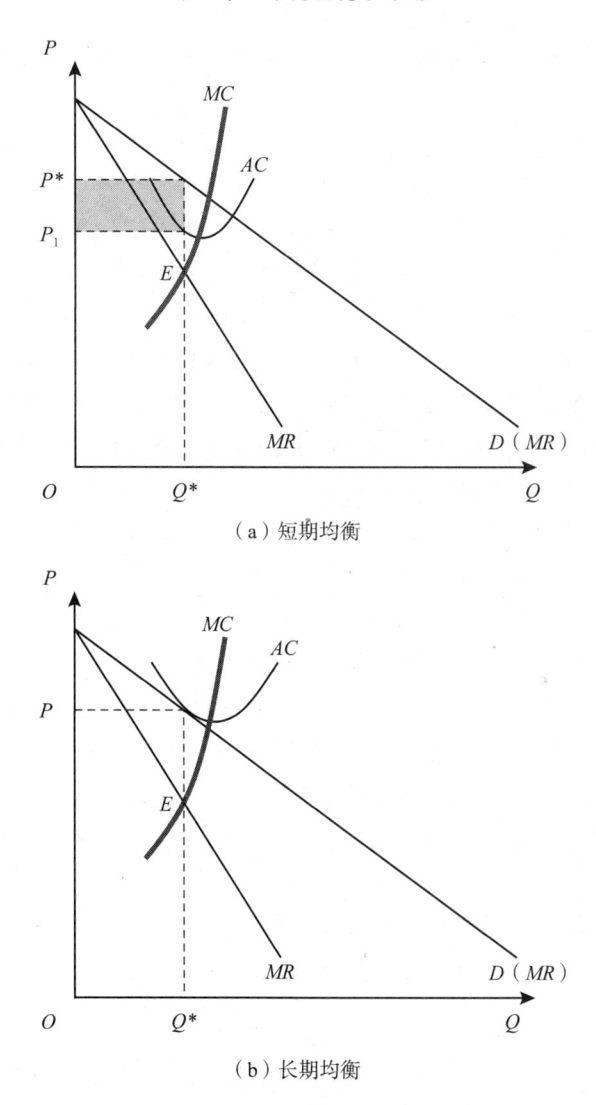

(a) 短期均衡

(b) 长期均衡

图 6-5 垄断竞争市场厂商价格的决定

6.2.3 非价格竞争

企业间竞争大致可分为两类：价格竞争和非价格竞争。价格竞争是通过降价来使消费者花更少的钱却得到同样满足的一种竞争。垄断竞争厂商间的价格竞争能够使一部分厂商得到好处，但从长期来看，价格竞争会导致产品价格不断下降，最终使厂商的利润消失。非价格竞争则是在不完全竞争市场上，企业通过改变产品质量、营销策略、广告等非价格方式来最大化自己利润的竞争行为。非价格竞争是垄断竞争厂商经常采取的一种竞争行为。

产品的质量、外观、品位和内涵都会给消费者带来不同的感觉，在一定程度上满足了消费者个性化的需求。企业通过技术创新和品牌内涵的打造形成产品差别，进而影响消费者的消费偏好。为了维持经济利润，企业会不断地进行产品创新，通过引入一种新的差异化产品，改变产品的质量和外观等，可以提高价格进而获得经济利润。随后，其他企业模仿生产相近替代品并分享原来的经济利润，企业被迫再次创新。

企业也可通过一系列的营销手段打造品牌内涵，让消费者对这一商品形成一种依赖。一旦品牌形成，消费者增加了对其产品的依赖程度，垄断竞争厂商加强了对自己产品的垄断程度，这就会增加企业的经济利润。品牌可以向消费者传递商品质量的信息，你在外地想要喝点啤酒，有当地啤酒和青岛啤酒，如果没有外人引荐的话，最保险的选择就是选择青岛啤酒，因为你清楚它的口味，而且你也知道它的广告和产品质量。

有时，即使垄断竞争厂商之间的产品差异很小，它们也会通过广告和包装建立一种产品差异化的理念。佳能的数码相机不同于索尼的，但它们在市场营销中并不将重点放在产品自身实际存在的差异上，而是更关注谁在用它。佳能在国内选择莫文蔚、成龙，在国外选择莎拉波娃做代言人，索尼则请来了红极一时的韩国影星裴勇俊做代言人，另外还找到了泳坛金童索普，表达一种"Power On，一触即发"的广告宣传主题。总之，这些企业总会找一些成功人士，传输给消费者一种理念——你用，你就会像他们一样成功。

企业选择非价格竞争行为需要增加额外的成本支出，例如产品研发成本、广告成本等，但是只要它通过这些办法给其带来的经济利润的增加足以弥补这些成本支出的话，这样的选择就是有利于企业的。

6.3 寡头

6.3.1 认识寡头

寡头和垄断竞争一样介于完全竞争和垄断之间。它是少数几家厂商控制这个市场的产品的生产和销售的一种市场组织。它们可能生产完全相同的产品而在价格上进行竞争，如中石油和中石化生产的汽油并无两样；也可能生产差异化的产品并在定价、产品质量和营销等方面进行非价格竞争。

寡头市场具有以下特点：

第一，存在进入壁垒限制进入，从而厂商数量极少。由于自然的或者法律的限制，企业进入市场很难。由于规模经济的需要，某些产品必须在相当大的规模上生产才能达到最好的经济效益，这会形成自然寡头，例如中国彩电市场形成了海尔、海信、创维、康佳等少数几家竞争的自然寡头格局，它们只有在相当大的规模下生产才能获利。也有可能是政府的扶持或支持，只允许少数几家大的厂商运营，例如中石油和中石化，中国移动、中国电信和中国联通，则是在政府的监管下形成的竞争格局。不管是哪种原因形成的进入壁垒，对于想要进入市场的企业都是极为困难的，这种寡头格局很难被新进入者打破。

第二，少数企业之间相互依存、相互竞争又相互合作。由于存在进入壁垒，寡头市场只有少数几家厂商存在，每个厂商都占有相当大的市场份额。这些企业间相互依存，每家厂商的行为都会影响其他厂商的利润。当中国移动推出一个新的优惠套餐时，会严重影响中国联通和中国电信的市场份额，它们就有可能做出反应推出更为优惠的话费套餐吸引消费者，最终每家企业都得不到任何好处。中国移动、中国联通和中国电信是相互依存、相互竞争的。当少数厂商分享市场份额时，它们还有可能串谋来限制产出，提高价格，进而增加经济利润，这种现象被称为卡特尔。尽管卡特尔在很多国家被看作是非法的，但市场中确实存在。

第三，寡头厂商的行为不确定。由于寡头厂商之间相互依存、相互竞争又相互合作，每家厂商在做出决策时必须考虑其他厂商的反应，这些反应是不可预测的，结果也是不可预测的。在这样的条件下，寡头厂商的行为就存在很大的不确定性，分析寡头厂商的决策也就成为难题。经济学家发展了许多模型分析寡头的行为选择，包括古诺特模型、伯特兰德模型、串谋、主导厂商模型等，还用博弈论对寡头厂商的行为进行一些解释。

6.3.2 古诺特模型

古诺特模型（Cournot Model）是早期的寡头市场模型，由法国经济学家奥古斯汀·古诺特（Augustin Cournot）于 1838 年提出。古诺特模型通常被作为寡头厂商行为分析的出发点。该模型有两个假定：一是两个厂商生产同样的产品并掌握市场需求信息；二是每家厂商都认为，竞争对手的产量将保持不变，即在已知对方产量的情况下，各自确定能够使自己利润最大化的产量。

古诺特模型的本质是各厂商将竞争对手的产量水平当作固定的，然后决定自己生产多少。假设有两家厂商，分别为厂商1和厂商2。如果厂商1认为厂商2什么都不会生产，则厂商1的需求曲线就是市场需求曲线，如图6-6中需求曲线$D_1(0)$，它表示厂商2的产量为0时厂商1的需求曲线，由此可以得出厂商1的边际收益曲线$MR_1(0)$。假设厂商1的边际成本为常数MC_1，那么厂商1根据利润最大化条件$MR_1(0) = MC_1$，得到最优产量为50个单位（此处为假定数值，后面省去单位），即厂商2产量为0时，厂商1的产量为50。

同样道理，如果厂商1认为厂商2的产量为50，则厂商1的需求曲线为市场需求曲线向左平移50，图6-6中表示为$D_1(50)$，对应的边际收益曲线为$MR_1(50)$。则厂商1的最优产量为25[①]。依此类推，当厂商1认为厂商2的产量为75时，厂商1的最优产量为12.5；厂商1认为厂商2的产量为100时，厂商1产量为0。

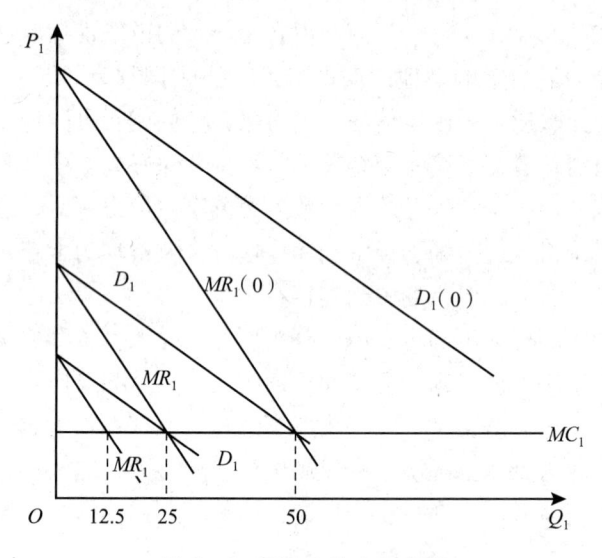

图6-6 厂商1的产量决策

可见，厂商1的最优产量是它认为厂商2将生产的产量的减函数，称这个函数为厂商1的反应曲线并记为$Q_1 = f(Q_2)$，并且通过给定的数值可得$Q_1 = 50 - 0.5Q_2$。同理，厂商2相对于厂商1的反应曲线可以表示为$Q_2 = f(Q_1)$，如果两家厂商边际成本相同，那么有$Q_2 = 50 - 0.5Q_1$。图6-7绘制了厂商1和厂商2的反应曲线。

[①] 垄断厂商的需求曲线为直线形，根据边际收益与需求曲线的关系可知，边际收益曲线平分由纵轴到需求曲线的任何一条水平线，所以得到最优产量25。

第6章 不完全竞争市场

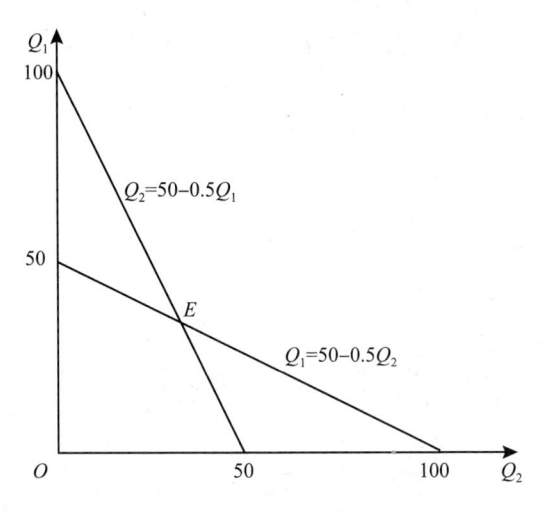

图6-7 反应函数与古诺特纳什均衡

那么，厂商1和厂商2的最优产量是多少呢？每个厂商的反应曲线告诉我们，给定竞争对手的产量，它会选择能够给自己带来最大利润的产量。在均衡时，各厂商根据自己的反应曲线确定产量，所以，每个厂商的最优产量可以在两个厂商反应曲线的交点E处得到，这组产量水平被称为古诺特均衡产量。在这一均衡中，各厂商在假定竞争对手选择的产量水平上，相应地确定自己的最优产量。本例中，联立两个反应函数方程求解可以得到厂商1和厂商2的均衡产量均为100/3。

在一个古诺特均衡中，各厂商的行为是给定竞争对手行为时自己能做的最好的行为，所以，没有哪个厂商会有改变它的行为的冲动。在均衡中，作为双寡头之一的厂商生产的是给定竞争对手产量时能使自己的利润最大的产量，因此，双寡头中任何一个厂商都不会有改变自己的产量的冲动。

更一般地，假定市场的线性反需求函数为 $P = a - Q = a - (Q_1 + Q_2)$，其中 P 为价格，Q 为市场的总需求量，Q_1 和 Q_2 分别为市场对厂商1和厂商2两个寡头厂商的需求量，即 $Q = Q_1 + Q_2$，假定不存在固定成本，且生产每一单位产品的边际成本为常数 c（假定 $c < a$）。

对于厂商1来说，其利润方程为：

$$\pi_1 = TR_1 - TC_1 = P \cdot Q_1 - c \cdot Q_1 = (a - (Q_1 + Q_2) - c) \cdot Q_1$$

厂商1利润最大化的一阶条件为：

$$Q_1 = \frac{1}{2}(a - Q_2 - c)，即为厂商1对厂商2的反应函数。$$

同理可得厂商2对厂商1的反应函数 $Q_2 = \frac{1}{2}(a - Q_1 - c)$。

联立两个反应函数可得两个厂商的最优产量 $Q_1^* = Q_2^* = \frac{a-c}{3}$。

在确定了每家厂商的产量之后,就可以根据市场的需求曲线来确定价格了。将 Q_1 和 Q_2 代入市场的反需求函数得 $P = \frac{a+2c}{3}$。

每家厂商的利润为:$\pi_1 = \pi_2 = \frac{1}{9}(a-c)^2$

双寡头古诺特模型可以推广至多寡头。令寡头厂商的数量为 m,则可以得到以下结论:

$$\text{每家寡头厂商的均衡产量} = \text{市场总容量} \times \frac{1}{m+1}$$

$$\text{产业的均衡总产量} = \text{市场总容量} \times \frac{m}{m+1}$$

6.3.3 伯特兰德模型

伯特兰德模型(Bertrand Model)是由另一位法国经济学家约瑟夫·伯特兰德(Joseph Bertrand)于1883年建立的。同古诺特模型一样,该模型假设各厂商生产同质的产品,不过,现有厂商所选择的是价格而不是产量,这将对结果产生极大的影响。

例如,伯特兰德双寡头模型中,市场反需求曲线为 $P = 30 - Q$,式中,$Q = Q_1 + Q_2$,这是两个厂商生产一种相同产品的总产量。假设两厂商的边际成本为 $MC_1 = MC_2 = 3$ 美元,该双寡头模型在两厂商同时选择产量时,得出的古诺特均衡是 $Q_1 = Q_2 = 9$。同时可知,在该均衡中的市场价格是12美元,所以,两个厂商各赚到81美元的利润。

现在假设这两个寡头是通过同时选择价格而不是产量相互竞争的。各厂商将选择什么价格,各自将赚到多少利润呢?请注意,因为两个厂商生产的产品是同质的,消费者将只会从价格最低的卖方那里购买。因此,如果两个厂商制定不同的价格,价格较低的厂商将供给整个市场,而价格较高的厂商将什么都卖不出去。如果两个厂商定价相同,则消费者对于从哪个厂商购买是无差异的,此时,假定两个厂商各供给市场的 1/2。

这种情况下的均衡是什么呢?由于有降价的冲动,伯特兰德均衡就是完全竞争的均衡,即两个厂商都将价格定在等于边际成本的水平,也就是 $P_1 = P_2 = 3$ 美元,整个市场的供给量为27个单位,其中两个厂商各生产13.5个单位,并且由于价格等于边际成本,两个厂商都赚到零利润。

伯特兰德模型在几方面受到了批评。一是当各厂商生产同质的产品时,通过定产竞争而不是定价竞争是更自然的。二是即使各厂商是定价竞争,选择了相同的价格竞争(如该模型所预测的),各厂商会得到多少份额呢?假设销售量会在厂商之间平分,但却不存在必然是这样的理由。尽管有这些缺点,伯特兰德模型还是有用的,因为它表明了在一个寡头垄断中的均衡结果是如何决定性地取决于各厂商对策略变量的选择的。

6.3.4 串谋

前面分析的厂商行为都是两家或多家厂商之间相互竞争,即这些厂商都是单独地追求各自利润最大化,尽管它们或多或少对价格具有一定的控制力量,但是究竟控制力有多大还取决于竞争对手。在另一些情况下,一些厂商也有可能会联合起来,作为一个整体像垄断厂商那样行事,就可以提高整个产业的利润水平,再通过协商来分享提高后的利润,由此每个厂商的利润水平较之在竞争状况下有所增加,这种行为被称为串谋。典型的例子是石油输出国组织(OPEC,欧佩克)。欧佩克的宗旨就是协调和统一各成员国的石油政策,并确定以最适宜的手段来维护它们各自和共同的利益。为使石油生产者与消费者的利益都得到保证,欧佩克实行石油生产配额制。为防止石油价格飙升,欧佩克可依据市场形势增加其石油产量;为阻止石油价格下滑,欧佩克则可依据市场形势减少其石油产量。

针对前面的一般性的古诺特模型,假定两个寡头厂商通过串谋如同一个垄断厂商一样行事,使两个厂商总的利润最大化。

垄断厂商的利润方程为:$\pi_m = TR - TC = P \cdot Q_m - c \cdot Q_m = (a - Q_m - c) \cdot Q_m$,

求得垄断厂商的最优产量为:$Q_m = \frac{1}{2}(a - c)$,

市场垄断利润为 $\pi_m = \frac{1}{4}(a - c)^2$

由此,串谋条件下每家寡头厂商的产量为:$Q_1^* = Q_2^* = \frac{a - c}{4}$

每家厂商的利润为:$\pi_1 = \pi_2 = \frac{1}{8}(a - c)^2$

与古诺特模型相比,串谋条件下的产量低于古诺特竞争的产量,但是串谋条件下的利润却高于古诺特竞争的利润。但现实是,串谋在很多情况下并不能够维持下去,每家厂商都企图扩大产量而争取更多的利润，结果导致市场供给增加，价格降低，进而每家厂商获得的利润减少，只有古诺特纳什均衡产量才是稳定的产量组合。如果各个厂商意识到自己将是与竞争对手在同一个市场上长期竞争，长期并存，就有可能维持合谋或卡特尔垄断组织。例如允许卡特尔成员采取触发战略，也就是说如果有任何一方出现一次违背卡特尔协议的行为，将触发其他成员永远采取不合作的竞争战略，撕毁协议，以低价促销扩张各自的市场份额。这样，触发战略机制就使背叛协议的厂商虽然能够获得利益，但长此以往，它必然为此付出巨大的代价，这将促使卡特尔成员在权衡长期和短期利益的基础上采取遵守合约的行为。

6.3.5 主导厂商与定价行为

由一家较大的厂商和一些小厂商共同构成的市场随处可见，这家大的厂商往往是这些市场的领导者，即主导厂商（Dominant Firm），如 Lenovo、Kodak、GE 等。如果一个厂商是价格决定者并面对着规模较小的、接受价格的其他厂商，它就是主导厂商。主导厂商是市场价格的决定者，而从属厂商是同一市场内规模甚小的价格接受者，但众多从属厂商的集聚也可能占有相当大的市场份额。

主导厂商之所以赢得市场力量是基于这样一种市场结构：第一，主导厂商可能有比从属厂商更低的成本。这可能是因为主导厂商比其竞争对手在经营上更具效率，具有更好的管理方法或更先进的技术，从而具有较低的生产成本；也可能是在某一产业中主导厂商先行进入，掌握了以较低成本进行生产经营的经验或诀窍；也可能是主导厂商率先实现了规模经济，并从最优规模中受益，通过把固定成本分摊到更多单位的产品上，由此比新进入者获得更低的生产成本。第二，主导厂商比从属厂商具有较高的产品差别性。第三，一群厂商作为主导厂商而采取集体行动。一个明显采取集体行动来促进其利益的厂商群称作卡特尔。如果某一产业中的所有厂商都联合行动，那么，这个卡特尔实际上就是垄断厂商；如果只有其中一部分厂商联合起来这样做，那么，这个群体就成为面对不合作的竞争性从属厂商的主导厂商。

主导厂商面临向右下方倾斜的曲线，如果将价格提高的话会将一些消费者挤出市场，因为主导厂商从某种程度上也具有一定的市场势力控制价格。但与此同时，一些消费者也有可能转而购买那些小厂商的产品。因此，主导厂商改变价格必须要考虑小厂商的反应。另外一个重要的反应就是潜在进入者的进入行为。当主导厂商制定的价格较高时，即高于潜在进入者的平均成本时，潜在进入者就有动机进入市场，并且根据其边际成本曲线和边际收益曲线确定最优的生产产量。反之，潜在进入者是不会进入市场的。可见，主导厂商面临着小厂商的竞争，小厂商的竞争大大减少了主导厂商的市场份额，并且竞争过程中也有可能会有小厂商不断成长起来成为威胁其主导地位的重要力量。因此，主导厂商会采取一些措施捍卫其主导地位，限制性定价和掠夺性定价就是其中的重要措施。

限制性定价是主导厂商为维持其主导地位而采取的一种策略性行为，这种策略性行为既可以针对潜在竞争者的进入也可以针对在位的从属厂商的市场扩张。一方面，它通过主导厂商的当前价格策略来影响潜在竞争者对进入市场后利润水平的预期，从而影响潜在竞争者的进入决策。主导厂商为了有效阻止潜在竞争者的进入，一般制定低于诱发进入的价格来防范进入，这一价格水平使潜在竞争者认识到进入市场后，预期获得回报将与克服障碍以及遭到报复所付出的代价正好相抵，从而放弃进入。另一方面，限制性定价也会为防止从属厂商的扩张而实施，在这样的价格水平上，从属厂商根据自身的边际收益与边际成本决定最优的产量，如果从属厂商不具有竞争优势是很难扩大其市场份额的。

掠夺性定价，又称驱逐对手定价，是指为了把竞争对手从产业中赶走从而制定一个低价的做法。掠夺性定价一般由大厂商所为，且该定价是暂时性的。最终结果使小厂商无法继续生存，退出市场，市场集中度重新提高，竞争活力减弱。表面上看低价使消费者得益，但长期消费者利益则会受到损害。掠夺性定价的实施一般是暂时性的，如果价格降低到成本水平以下，掠夺方显然要比竞争对手承担更大的损失。但是，驱逐竞争对手后，掠夺方往往会再度把价格提升到可获得垄断利润的水平上。在掠夺性定价中，厂商发动暂时性降价的目的是要缩减供给量，而不是扩大需求量。一旦掠夺方具备比竞争对手更明显的竞争优势，在实施掠夺性定价策略时，掠夺方凭借其竞争优势可以承受更长时间的亏损，而在这样的过程中竞争对手则由于本身处于劣势很难维持亏损而被迫退出市场，那么，掠夺方的目的就可以实现。

6.4 博弈论对寡头行为的解释

博弈论是研究人们如何选择策略性行为的学问，这些策略性行为依赖于其他人的行为选择。1937年，冯·诺依曼提出博弈论，1944年冯·诺依曼和奥斯卡·摩根斯坦的著作扩展了博弈论。现在，博弈论已经成为经济学一个重要的研究领域。由于寡头厂商的行为依赖于其他厂商的行为选择，所以博弈论是分析寡头竞争很好的工具。

6.4.1 博弈与囚徒困境

博弈论（Game Theory），从英语直译的话就是游戏理论，日常生活中的游戏就带有博弈性质，例如象棋、打升级、斗地主等娱乐游戏。典型的博弈例子是囚徒困境，下面通过囚徒困境来分析博弈的基本特征。

甲乙二人在偷车时被现场抓住，在与囚徒谈话时，警方怀疑他们是半年前一宗银行抢劫案的嫌疑人。警方并没有足够证据证明，除非他们二人坦白。为进一步获取信息，每个囚徒被安置在单独的房间进行审讯，他们无法互通信息，但都被告知有抢劫银行的嫌疑。

首先警方向他们交代了量刑原则：如果两人都坦白了抢劫银行的罪行，每人将会被判刑 8 年。如果一个人坦白而他的同伙没有坦白，他将被判刑 1 年，而他的同伙将被判刑 20 年。如果二人都不坦白，由于证据不足，只能判刑 3 年。在博弈里，这就是规则。

甲乙两名囚徒有各自的策略，策略就是每个参与博弈的人的所有可能行为。甲和乙都有两种可能的行为：坦白和不坦白。因为有两个参与者，每人有两个策略，所以共有四种可能的结果：两人都坦白、两人都不坦白、甲坦白而乙不坦白、乙坦白而甲不坦白。

甲和乙可以计算它们在四种可能的结果中自己的支付，并用支付矩阵表示。支付是给定其他参与者选择了可能行为前提下，该参与者选择每种行为后的收益，将参与者博弈中的支付用矩阵表示出来就是支付矩阵，表 6-2 是甲乙二人的支付矩阵。

表 6-2　囚徒困境的支付矩阵

		乙 坦白	乙 不坦白
甲	坦白	8, 8	1, 20
	不坦白	20, 1	3, 3

甲乙二人最终的行为选择就是博弈的结果。约翰·纳什给出了寻找二人最终决策的方法，提出了均衡的概念，并被后人称为纳什均衡。在一个纳什均衡里，参与者 A 在给定 B 行为的条件下采取最好的行为，B 也在给定 A 的条件下采取最好的行为。更广泛一点，纳什均衡里，任何参与者都不会改变自己的最优策略，如果其他参与者均不改变各自的最优策略。显然在上述囚徒困境中，甲在给定乙的选择而选择自己最

好的策略,而乙也在给定甲的选择而选择自己最好的策略时,就达到了纳什均衡。

总之,可以看到,一个博弈总是包括参与者、规则、策略、支付和结果等要素。所有的博弈都具备这些基本的要素。

6.4.2 囚徒困境的纳什均衡

囚徒困境如何达到纳什均衡?这需要考察甲乙二人决策的过程。首先考察囚徒甲的决策,他想:"我并不知道囚徒乙将会怎么做。如果他不坦白,我最好的策略是坦白,因为那样我将坐 1 年牢而不是在狱中呆 3 年。如果他坦白,我最好的策略仍然是坦白,因为这样我将在狱中呆 8 年而不是 20 年。因此,无论囚徒乙怎么做,我选择坦白会更好些。"显然,对于囚徒甲来说,无论囚徒乙采取什么策略,囚徒甲的最优选择都是坦白,那么坦白是囚徒甲的占优策略,因为囚徒甲确信不管囚徒乙坦白还是不坦白,他如果坦白了,那么他在狱中待的时间都更短。更专业一点,如果某一个参与者具有占优策略,那么无论其他参与者选择什么策略,该参与者确信自己所选择的唯一策略都是最优的。

现在考虑囚徒乙的决策。必须明确的是囚徒乙并不知道囚徒甲究竟选择了什么策略,因为他们被分别关在不同的房间里审问,也就是说可能在审问上有先后顺序,但实际上等同于他们同时做决策,而且是一次性选择。但两个囚徒对量刑原则了如指掌,所以囚徒乙面临着和囚徒甲同样的选择,他的推理也与囚徒甲相似。无论囚徒甲怎么选择,囚徒乙都可以通过选择坦白减少他在狱中待的时间。也就是说,坦白也是囚徒乙的占优策略。

最后,两个囚徒都坦白了,他们都要在狱中呆 8 年。他们最终的决策达到了一种均衡状态,因为没有人愿意改变这种相对静止状态,这被称为博弈均衡。博弈均衡是指博弈中的所有参与者都不想改变自己的策略这样一种相对静止的状态。(坦白,坦白)就是囚徒博弈的博弈均衡。并且,在这一博弈中,两个囚徒都选择了自己的占优策略,所以该博弈均衡又被称为占优策略均衡。占优策略均衡就是由博弈中的所有参与者的占优策略组合所构成的博弈均衡。

显然,从他们角度来看,他们从个人理性出发所达到的占优策略均衡(坦白,坦白)的结果(8,8)比他们团体共谋即(不坦白,不坦白)的结果(3,3)要差。如果他们两人都选择不坦白,他们两人的状况都会变好,由于没有其他证据而只在狱中呆 3 年。由于各自追求自己的利益,两个囚徒共同达到了使每个人状况变坏的结果。所以囚徒的博弈被称为囚徒困境。

囚徒困境达到的占优策略均衡就是纳什均衡,它符合纳什均衡的要求。并且,在一个博弈里,只要每一个参与者都有占优策略,那么该博弈就一定存在占优策略均衡。但有些博弈虽然没有占优策略,仍能达到纳什均衡。所以,占优策略均衡一定是纳什均衡,而纳什均衡不一定就是占优策略均衡。在后面的博弈中会说明这一点。

纳什均衡也可以通过划线法找出。先从甲的策略入手。当乙采取坦白策略时,甲会选择坦白,得到的支付为8,那就在甲的支付8下面划一横线;当乙采取不坦白策略时,甲仍然选择坦白,得到的支付为1,在支付1下面划一横线。再看乙的策略。当甲采取坦白策略时,乙会选择坦白,得到的支付为8,那就在乙的支付8下面划一横线;当甲采取不坦白策略时,乙仍然选择坦白,得到的支付为1,在支付1下面划一横线。最后,唯一的两个支付都被划上横线的支付组合(8,8)所对应的策略组合(坦白,坦白)就是该博弈的纳什均衡。

现实中的囚徒困境博弈很多,如冷战期间美苏的军备竞赛,两国都增加各自的军费预算使两国都处于危险之中。如果不搞军备竞赛,各自把资源用于民用生产能带来更好的结果。但他们清楚如果一方将资源用于民用生产,对方如果增加军费,势必使不增加军费的处于危险之中,对方变得更加安全。囚徒困境使两个国家情况变得更糟。

再如两家烟草企业的广告战。两家企业都做广告,增加了广告支出并没有增加双方的市场份额,利润反而降低。如果都不做广告,双方仍然分享各自的市场份额,却没有广告费用支出,利润比都做广告时要高。但双方都担心自己不做广告而对方做广告,自己的市场份额减少利润减少,而对方市场份额增加、利润增加。囚徒困境同样使两家烟草公司陷入广告战之中。

6.4.3 双寡头博弈

寡头厂商在追求各自利益最大化时的博弈类似于囚徒所面临的两难处境。考虑甲乙两家石化企业的双寡头市场。在公开谈判之后,两家企业统一减少汽油生产,进而使市场的汽油价格维持在高水平。两家企业需要选择是要坚持协议还是选择生产更多的汽油。表6-3给出了两家石化企业的支付矩阵。

表6-3 石化企业的支付矩阵

		乙	
		高产量	低产量
甲	高产量	500,500	900,300
	低产量	300,900	700,700

站在企业甲的角度考虑一下："我可以遵守协议保持低产量，也可以增加产量出售更多的汽油。如果乙遵守协议，我就可以在高产量时赚取 900 亿元的利润，而低产量只能赚取利润 700 亿元。如果乙不遵守协议生产高产量的话，我在高产量时赚取 500 亿元的利润，而低产量只能赚取利润 300 亿元。显然，不管企业乙选择什么策略，我的最优策略都是违背协议生产高产量。何况，如果我遵守协议的话，那么乙完全有动机保持高产量获取更高的利润，所以保险起见也是选择高产量。"

违背协议生产高产量就是企业甲的占优策略。同理，违背协议生产高产量也是企业乙的占优策略。（高产量，高产量）就是两个寡头企业的占优策略均衡，也是它们的纳什均衡。最终他们从自己最优的角度出发得到了一个差的结果，如果他们选择低产量的话都可以获得 700 亿元的利润，而不是 500 亿元。

显然，他们很难通过合作的方式实现垄断利润。垄断的结果对他们来讲是集体理性，但每家企业都违背了协议，处于两难境地。这就说明，前面讲到的通过串谋获取更高的利润是多么的困难。

6.4.4 囚徒能合作吗

囚徒困境表明合作相当困难。但如果囚徒能够合作，将会带来更好的结果，难道他们就不能合作？其实，有时警方在审问囚徒时，他们有时并不一定出卖同伙，因为他们之间的博弈并非一次博弈，而是多次的。前面分析囚徒困境时有一个暗含的假设，那就是他们共同决策并且博弈只进行一次，尽管囚徒之前可能有合作协议，但由于博弈后无法对他们的选择过程和结果施加影响，所以一旦每个人选择了自己的最优策略，整个博弈的结局也就确定了。这种只进行一次而且同时决策的博弈被称为静态博弈。囚徒之间的博弈也可能是反复进行的博弈，被称为动态博弈。如果相同的博弈被重复多次，这样的博弈被称为重复博弈，是动态博弈的一种特殊情况。

再次考察两大石化企业的博弈。企业甲和企业乙想通过协议维持低产量的垄断结果，但利己行为的驱使使他们都生产了高产量。假设企业甲和企业乙都知道他们每周都要进行一次相同的博弈。当他们做出最初保持低产量的协议时，他们还可以规定，如果一方违约将如何处理。例如，他们可以达成协议，一旦他们之中有一个人违约并生产了高产量的汽油，他们两个人以后会永远选择高产量。这种惩罚是容易实施的，因为如果一方的产量高，另一方也有同样做的每一个理由。

这种带有惩罚性质的威胁可能会让两大石化企业维持合作。因为每家企业都清楚，违约会使自己的利润从 700 亿元增加到 900 亿元，但这种利益仅能维持一周。以后每周的利润只能停留在 500 亿元的水平,从长期来看这是不明智的选择。因此,重复博弈的囚徒困境可以实现合作。

6.4.5 斗鸡博弈和智猪博弈

囚徒困境中的纳什均衡也是占优策略均衡,但并非所有的纳什均衡都是占优策略均衡。例如斗鸡博弈和智猪博弈。

1. 斗鸡博弈

该博弈的参与者包括甲乙两名赛车手,规则要求两人驾车同时驶向对方,这样就会有撞车的风险。如果一人在最后时刻把车转向,那么这个人就将输掉比赛,被视为胆小鬼;若都没有转向,两车很可能相撞,车手非死即伤,损失更大。第三种可能是,如果都把车转向,双方将既没有收益也没有损失,该博弈的支付矩阵见表6-4。他们二人的博弈就像两只斗鸡,都斗下去两败俱伤;一只进一只退,进的赢,退得输;两只都退,都输。所以这类博弈被称为斗鸡博弈。

表6-4 斗鸡博弈的支付矩阵

		乙	
		不转开	转开
甲	不转开	-10, -10	5, -5
	转开	-5, 5	0, 0

对于甲乙两位车手,如果车手甲选择转开,车手乙的最优选择就是不转开。如果车手甲选择不转开,车手乙的最优选择就是转开。该博弈存在两个纳什均衡,即一个车手转开另一车直行。在这一博弈里,两位车手都没有占优策略,所以不存在占优策略均衡。

夫妻间吵架也是斗鸡博弈。一般来说,吵得厉害了,必须有一方先退下来,不是妻子回娘家了,就是丈夫跑出去抽支烟,如果都不想让,这样的婚姻就很难持久。

2. 智猪博弈

之所以是智猪因为它们比普通猪要聪明的多。猪圈里有两头猪,一头大猪,一头小猪。猪圈一头有一个猪食槽,一头装有按钮,控制猪食供应。按一下按钮有 10 个单位猪食供应,但谁按要付出 2 个单位成本。小猪按,大猪先到,大猪吃9个,小猪吃1个；同时按，同时到，大猪吃7个，小猪吃3个；大猪按，小猪先到，大猪吃6个，小猪吃4个；都不按，都饿死。它们的支付矩阵见表6-5。

表6-5 智猪博弈的支付矩阵

		小猪 按	小猪 等待
大猪	按	7, 3	6, 4
	等待	9, 1	0, 0

在智猪博弈中，不管大猪选择按还是等待，小猪的最优选择都是等待，所以等待是小猪的占优策略。大猪并不存在占优策略，给定小猪按，那大猪选择等待；给定小猪等待，大猪选择按；但是由于小猪始终选择等待，所以大猪并无其他选择只能选择按。所以，智猪博弈的纳什均衡就是大猪按，小猪等待。

股票市场上炒股就是智猪博弈。股市里的大户类似大猪，小户类似小猪。小户的最优选择就是跟着大户跑，大户则必须自己搜集信息，进行分析。学生做作业也存在智猪博弈。成绩好的同学类似大猪，成绩差的类似小猪。成绩好的为争取更好的成绩总是自己做作业，成绩差的总是在抄作业。研发里的大企业小企业也是如此，大企业搞研发进行创新，小企业则不断模仿。

6.5 四种市场效率的比较

在第5章里，已经分析了完全竞争的效率：完全竞争市场在四种市场结构中是最有效率的。相对于完全竞争厂商来讲，不完全竞争市场的产量要低、价格要高，并且存在社会净福利损失，所以不完全竞争市场存在着效率损失。具体来讲就是，完全竞争市场的经济效率最高，垄断的经济效率最低。而垄断竞争市场的经济效率比较接近完全竞争市场；寡头的经济效率则比较接近垄断市场。

1. 产量与价格

完全竞争市场条件下厂商的长期均衡点的位置在长期平均成本LAC曲线的最低点，相对于其他市场结构下的单个厂商的长期均衡而言，完全竞争厂商长期均衡产量最高，价格最低；且生产成本降低到长期平均成本的最低点，消费者支付的价格也相当于长期平均成本的最低水平，单个厂商的利润为零。

相反，在垄断市场，获得超额利润的垄断厂商在长期均衡时产量相对来说是最低的，而价格水平却是最高的。

垄断竞争市场上的单个厂商长期均衡时的情况则比较接近完全竞争厂商长期均衡时的情况，单个垄断竞争厂商长期均衡时的产量比较多，价格比较低，且单个厂商的利润为零。

寡头市场上单个厂商长期均衡则比较接近垄断厂商长期均衡时的情况，单个寡头厂商长期均衡时的产量比较低，价格比较高，且单个厂商通常获得利润。

2. 价格与边际成本的关系

厂商是否将价格定的和边际成本相等是判断一个行业是否实现了资源有效配置的基本条件。完全竞争厂商在长期均衡时实现了价格等于边际成本的原则。而其他所有非完全竞争市场条件下的厂商在实现均衡时均有价格大于边际成本。其中，就非完全竞争厂商长期均衡时价格与边际成本之间的差额而言，垄断厂商的差额最大，寡头厂商其次，垄断竞争厂商最小。

3. 其他方面

有的经济学家指出，垄断厂商有可能促进技术进步，也有可能阻碍技术进步，这需视垄断厂商所处的具体情况而定。还有的经济学家指出，垄断市场和寡头市场上的厂商可以获得自然垄断所带来的规模经济的好处；而在行业内厂商数量很多的完全竞争市场和垄断竞争市场上的厂商则不可能获得这种规模经济的好处。也有些经济学家指出，完全竞争市场的产品是完全无差别的，故无法满足消费者对产品多样化的要求；而在寡头市场，尤其是垄断竞争市场，却可以满足消费者对产品多样化的要求，因为在这两个行业中的厂商们所生产的产品往往是有差别的同种产品。此外，有的经济学家指出，在垄断竞争市场和寡头市场上总是有大量的广告宣传。这些广告一方面可能因为其提供了有用的信息而有利于消费者，另一方面也可能误导消费者。此外，广告费用支出也构成了生产成本的一部分，它最终由消费者承担。所以，广告的利弊要视具体情况进行分析。

【本章小结】

1. 完全垄断具有以下特点：第一，市场中没有相近的替代品存在，垄断厂商不会遇到其他企业竞争的威胁。第二，市场中存在进入壁垒，进入壁垒足以阻止其他任何企业进入市场时导致了垄断。第三，垄断厂商具有市场力量，它是市场价格的制定者，可以自己决定产量和价格并实现利润最大化。

2. 垄断厂商面临的需求就是市场的需求，它是一条向右下方倾斜的曲线，厂商如果想要卖出更多的产品，不得不降价。在每一个产出水平上，边际收益都低于价格。垄断厂商短期的最优选择就是根据利润最大化的目标确定最优的产量，然后根据市场需求确定最优的价格。垄断企业的最优选择有以下特点：第一，垄断厂商必须同时确定最优产量和最优价格。第二，垄断厂商定的价格总比生产该产品的边际成本高。第三，垄断厂商可以获得正的垄断利润。

3. 价格歧视是指厂商向不同的消费者以不同的价格出售完全相同的产品，尽管这些产品的成本是完全相同的。价格歧视行为的存在需要满足以下条件：一是厂商必须面对向右下方倾斜的需求曲线。二是不同的消费者群体对产品的需求价格弹性不同。三是两个或两个以上消费者群体必须能在某一成本下区分开。价格歧视分为一级价格歧视、二级价格歧视和三级价格歧视。

4. 垄断竞争市场具有以下特征：第一，产品存在一定差异。第二，厂商数量众多，规模小，从而厂商进入退出行业比较容易。第三，厂商对价格具有一定的影响力。垄断竞争厂商的最优选择过程体现了该市场的垄断性和竞争性。一方面，垄断竞争厂商像垄断厂商那样，可以将价格定的比边际成本高，也就是说它具有市场力量。这体现了垄断竞争市场的垄断性。另一方面，长期来看由于厂商的进入退出相对容易，垄断竞争厂商在长期只能像完全竞争厂商那样经济利润为零。这体现了垄断竞争市场的竞争性。

5. 企业间竞争可分为两类：价格竞争和非价格竞争。价格竞争是通过降价来使消费者花更少的钱却得到同样满足的一种竞争。非价格竞争则是在不完全竞争市场上，企业通过改变产品质量、营销策略、广告等非价格方式来最大化实现自己利润的竞争行为。非价格竞争是垄断竞争厂商经常采取的一种竞争行为。

6. 寡头市场具有以下特点：第一，存在进入壁垒限制进入，从而厂商数量极少。第二，少数企业之间相互依存、相互竞争又相互合作。第三，寡头厂商的行为不确定。经济学家发展了许多模型分析寡头的行为选择，包括古诺特模型、伯特兰德模型、串谋、主导厂商模型等，还用博弈论对寡头厂商的行为进行一些解释。

7. 博弈论是研究人们如何选择策略性行为的学问，这些策略性行为依赖于其他人的行为选择。如果某一个参与者具有占优策略，那么无论其他参与者选择什么策略，该参与者确信自己所选择的唯一策略都是最优的。占优策略均衡就是由博弈中的所有参与者的占优策略组合所构成的博弈均衡。纳什均衡里，任何参与者都不会改变自己的最优策略，如果其他参与者均不改变各自的最优策略。

【推荐读物】

1. 冯丽、李海舰. 从竞争范式到垄断范式 [J]. 中国工业经济, 2003 (9).
2. 臧旭恒等. 产业经济学 [M]. 经济科学出版社, 2007.
3. [日] 吉本佳生. 快乐上班经济学 [M]. 华文出版社, 2009.
4. 网络资料：电信业之改革历程. http://tech.hexun.com/2008/telereform/

【复习思考题】

1. 完全垄断厂商的特点有哪些？
2. 分析完全垄断厂商的需求曲线与边际收益曲线，并指出边际收益与需求的价格弹性之间的关系。
3. 完全垄断厂商如何选择产量和价格实现利润最大化？
4. 结合实践解释价格歧视。
5. 垄断竞争厂商短期如何选择产量和价格实现利润最大？
6. 结合实践解释非价格竞争。
7. 比较古诺特模型和串谋时厂商的产量、价格和利润。
8. 什么是囚徒困境？设计一个囚徒困境的支付矩阵并给出占优策略均衡和纳什均衡。
9. 应用囚徒困境解释为什么寡头厂商无法合作？
10. 比较四种市场的效率。
11. 讨论品牌、广告和产品差异化与企业竞争的关系。
12. 开篇案例思考题
（1）星巴克成功的关键是什么？
（2）尝试分析星巴克所在的行业的市场特点。

第7章

市场失灵与微观经济政策

【学习目标】
1. 掌握垄断产生低效率的原因。
2. 了解外部性的各种来源及解决方式。
3. 明确公共物品和公共资源的特征,能解释为什么私人市场不能提供公共物品。
4. 掌握市场失灵的类型及政府的管理措施。

【开篇案例】

污染许可证

建立污染许可证拍卖制度是利用市场机制来解决环境问题的一种方法。它的基本思想是,在污染严重的地区设立一个"污染许可证拍卖局"。首先,根据这一地区的最高污染水平确定污染许可证的数量;然后,向污染者拍卖这一既定数量的污染许可证,并规定,只有购得许可证的人才有权进行一定数量的污染。早在1968年,加拿大经济学家戴尔斯(J. H. Dales)就提出了运用拍卖污染许可证的方法来解决环境污染的设想;1977年,美国的安德森(F. R. Anderson)等人又详细讨论了在实施污染许可证拍卖的过程中可能出现的各种具体问题。从此之后,拍卖污染许可证的理论和实践得到了多方面的发展。

美国的实践活动在很多地方对污染许可证的理论起到了论证和启发作用。20世纪80年代,美国就开始用拍卖污染许可证的方法来减少汽油中的含铅量,类似的方法还被运用帮助解决其他环境污染问题。90年代后,污染许可证制度蓬勃发展。1998年,美国的一些人甚至提出要在世界范围内尝试利用该方法来分配全球的环境资源。

20世纪90年代以后,中国一些地方也开始尝试应用污染许可证制度来解决污染问题。位于黄浦江上游水源保护区的上海吉田拉链有限公司,因扩大生产规模,其污水污染物排放量超过排污许可证允许的指标。而上海中药三厂由于实施了污水治理设施改造，污水污染物排放量大大减少，致使该厂排污指标有剩余。于是，这两家企业在环保部门的鉴证审批下，签订了排污指标有偿转让协议：由吉田拉链公司出资60万元转让费，从中药三厂获得每天680吨污水和每天40公斤COD（化学需氧量）的排放指标。两厂的排污指标有偿转让后，吉田厂为实现扩大再生产赢得了时间，而上海中药三厂长期致力于环境治理在经济效益上取得了一定的回报。

污染许可证拍卖局，实际上是一个污染控制中心。其主要作用就是"创造"出一个允许污染许可证自由买卖的市场，并利用这个市场来调节和控制环境污染的程度，使其保持在对社会来说为最优的水平上。

污染许可证拍卖方案的好处之一是，它在操作上比较简单易行和灵活方便。在污染许可证拍卖方法中，政府有关部门所需要做的仅仅只是根据既定的最优污染水平确定和拍卖一定数量的污染许可证，并对污染许可证的数量进行适时的调整。其好处之二在于应用上适用性强，尤其适用于解决其他类似的一些具有外部性特点的问题，如资源耗竭、生态失衡等等。比如，为解决某个地区对树木的乱砍滥伐现象，也可以建立一个"树木砍伐许可证拍卖局"，根据该地区的最优树木数量确定最优的砍伐数量，并从而确定树木砍伐许可证的数量，然后再通过拍卖来确定树木砍伐许可证的价格，以此来达到合理利用和保护森林的目的。

【重要概念】

市场失灵（Market Failure）

公共物品（Public Goods）

公共资源（Common Property Resource）

排他性（Exclusion）

搭便车者（Free Rider）

外部性（Externalities）

不完全信息（Asymmetric Information）

道德风险（Moral Hazard）

逆向选择（Adverse Selection）

前面几章我们旨在论证看不见的手的原理，即完全竞争市场经济在一系列理想化假定条件下，可以导致整个经济达到一般均衡，导致资源配置达到帕累托最优状态。但是，这个原理并不适用于现实的经济运行。在生活中，我们经常会有这样的感慨：我希望不必每隔几年就得花那么多钱升级电脑软件，我希望每次出门街道不那么拥挤，污染不那么严重，我希望不要买到假冒伪劣产品……这些烦恼普遍存在着，这恰恰反映出市场在有的情况下不能达到完全竞争市场经济的理想状态。面对垄断力量时，市场无法正常运转，购买电脑软件正是这种问题——市场被供应商垄断，它所拥有的力量使之能制定高价格；如果某些人所做的决策影响到局外人，市场也无法在理想状态下运转：司机购买汽油，对司机和加油站来说是好事，但对局外人来说则不然，因为局外人要被迫吸入由这桩交易而产生的一氧化碳；如果某些决策者缺乏信息，市场也无法正常运转，因为厂商和消费者之间的信息不对称，以至于消费者很难知道准备购买的产品是否卫生、安全……

在许多情况下，通过价格的自发调节不能实现供求平衡，不能实现资源的最优配置，这种情况被称为"市场失灵"，即市场本身不能有效配置资源。本章将分别论述市场失灵的几种情况，即垄断、公共物品、外部性、不完全信息及相应的微观经济政策。

7.1 垄断与反垄断

由于存在对生产要素的控制、专利权、政府特许、规模报酬递增等进入壁垒，导致了垄断的产生。大企业之间的兼并和收购时容易限制竞争也是导致垄断的重要方式。与完全竞争市场完全相反的，不存在竞争因素的市场类型，简称垄断或独占。如果是完全的纯粹的垄断，则是指：一个厂商独家控制一种产品的生产和销售；这个独家厂商所售商品没有非常类似的替代品；新厂商不能进入该市场。这种情况在现实生活中不常见，常见的是一个产品只有少数几家厂商生产和销售的情况。由于垄断容易带来低效率等危害，许多西方国家制定并执行了反垄断政策。

7.1.1 垄断的危害

1. 垄断与低效率

在寡头和垄断市场上，当一家或几家企业控制市场时，竞争起不到应有的作用，市场机制的作用是通过竞争来发生的，当垄断力量阻碍了竞争时，市场机制就无法正常发挥作用，就会出现市场失灵，垄断是导致市场失灵的原因之一。

市场机制发挥作用的有效条件是竞争，在这种情况下，价格由供求自发决定，可以反映供求的变动情况，并调节需求，实现资源配置最优。但在垄断市场上，供给并不由市场决定，垄断企业可以控制产量，并通过调节产量而在很大程度上影响价格。垄断厂商的一切决定均是从利润最大化出发，他们会在边际成本等于边际收益所决定的产量上进行生产，但索要的价格往往高于边际收益，这意味着垄断厂商以较高的价格出售了较少的产量，获得了超额利润。我们用图形可以做如下说明，如图7-1所示，假设垄断厂商的边际成本（MC）等于平均成本（AC）且固定不变，需求曲线为D，边际收益曲线为MR。

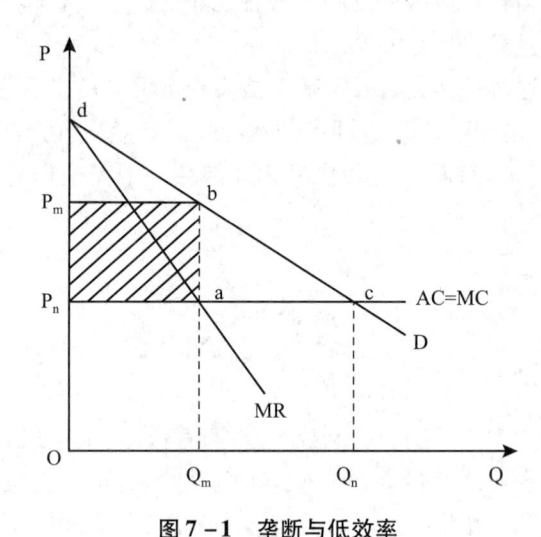

图7-1 垄断与低效率

如果厂商根据自身利润最大化条件 MR = MC 进行生产，其产量为 Q_m，产量远低于竞争条件下能实现的水平 Q_n；在该产量上所要的价格为 P_m，该价格高于商品的边际成本；而由于没有达到适度规模，平均成本也不会最低，没有实现资源的最优配置。

在这种情况下，垄断厂商利润为图7-1中的阴影部分 $P_m b a P_n$ 的矩形面积 $[(P_m - P_n) \times Q_m]$，消费者剩余为 $bd P_m$ 所示的三角形面积。如果垄断厂商按照完全竞争厂商的生产原则，在价格等于边际成本上进行生产，则将价格降低到 P_n，产量增加到 Q_n，这时厂商的利润降为零。此时，消费者剩余为 $cd P_n$ 所示的三角形面积，它在原有的三角形面积 $bd P_m$ 基础上，不仅将垄断厂商利润的阴影部分转成为消费者剩余，还增加了三角形 abc 的面积，但是，这一改变并不是帕累托改进，因为这一改变在增加消费者剩余的同时，减少了垄断厂商的利润。也就是说，垄断产品的产量远低于竞争产量，因为增大了产量，增大了供应量，价格就只能根据市场上的供求状况而下降，那么垄断厂商就得不到最多的利润了。因此，垄断厂商的选择是利用没有竞争对手的优势，控制住产量，从而控制市场上的供应量，使市场的供求状态处于有利于厂商的状态中。

如果消费者之间达成一项协议，共同给予垄断厂商至少等于其原有利润（阴影部分）的一揽子支付。此时，垄断厂商的利润比降价前没有减少，而消费者剩余净增加的三角形 abc 面积，这是帕累托改进的一种方式。

此处的分析不仅适用于垄断情况，对垄断竞争和寡头垄断等非完全竞争的情况同样适用。因为只要市场不是完全竞争的，厂商所面对的需求曲线就不是一条水平直线，其边际收益就会低于需求曲线，当厂商按照边际成本等于边际收益的原则生产时，其价格就会高于边际成本，而不是等于边际成本，而且，限制产量的做法意味着此行业实际使用的资源比原来应该用到这个行业中的资源要少，像劳动、资本等资源。这些没有用到的资源只好流入到别的行业中去，因此造成别的行业资源过多，产品也会过多，超过消费者需求量。于是便造成一种资源配置的错误。这就是垄断导致的资源配置低效的原因。

在现实生活中，通过像前文中提到的消费者达成协议使垄断厂商增加产量、降低价格，从而实现帕累托改进是不可能的。因为：首先，消费者与厂商之间对由于降低价格、增加产量后所增加的全部收益（如图 7-1 中的三角形 abc 面积）的分配问题就可能产生分歧；其次，对于消费者群体，由于无法防止搭便车行为，所以很难保证消费者之间达成支付协议。为了解决这个问题，各国政府都采取了相应的公共政策，旨在纠正垄断导致的市场失灵。

2. 寻租理论

根据传统的经济理论，垄断尽管会造成低效率，但这种低效率的经济损失从数量上来说却相对很小。传统垄断理论的局限性在于，它着重分析的是垄断的"结果"，而不是获得和维持垄断的"过程"。一旦把分析的重点从垄断的结果转移到获得和维持垄断的过程，我们很容易发现政府的影子，因为政府对某些行业和某些企业的特许使这些行业或企业具有了垄断地位。既然垄断可以获得垄断利润，当一个企业没有独占资源、没有专利，也没有形成自然垄断的实力时，它可能会想尽办法通过获得政府特许而获得垄断地位，最终获得垄断利润；当一个企业已经具有垄断地位，也可以通过游说政府等活动保持垄断地位。这种为获得和维持垄断地位而付出的代价与三角形 abc 一样也是一种纯粹的浪费：它不是用于生产，没有创造出任何有益的产出，完全是一种"非生产性的寻利活动"。这种非生产性的寻利活动被概括为所谓的"寻租"活动：为获得和维持垄断地位从而得到垄断利润（亦即垄断租金）的活动。

寻租的具体活动内容通常是获得某种经营权，或者排斥潜在竞争对手，不允许其他人与自己分享某种经营权。在某些行业实行政府特许制度时，就容易发生寻租活动。如通过政府采购寻租、通过政府承包工程寻租等。寻租不仅导致社会的纯经济损失，而且也是产生腐败的土壤。

寻租活动的损失有多大？我们以购买出租车牌照为例。为出租车发放或让出租车司机购买牌照，是为了限制出租车行业过度进入，保护现有出租车能够获得有保障的收入。得到牌照就得到盈利机会，希望经营出租车的人就不得不想方设法购买到牌照。寻租损失：假如个人 A 为获得牌照而进行的寻租活动的投入资金为 X 万元，这 X 万元是为了获取牌照，并没有用到其后的业务经营中，社会并没有因为这 X 万元的投入而享有更多的劳务。那么，这 X 万元就是在寻租过程中的净损失。垄断损失：如果寻租成功，个人 A 拥有了一定的垄断经营权，垄断经营将损失如图 7-1 所示的 abc 的面积，因此，社会因 A 寻租所导致的社会总损失就为寻租与垄断经营损失之和（X + abc 的面积）。当社会中寻租者不止一个时，整个社会的损失还会更大。

一般来说，任何企业用来寻租的支付不会超过垄断经营时的利润所得，即 X 不超过图 7-1 中阴影部分，否则企业寻租就没有意义。

总之，当存在垄断力量时，竞争压力便不能有效地发挥作用，厂商根据自己对市场的控制力量将价格提高到竞争水平以上并维持相当长时间。这种超常的市场力量限制了产量，扭曲了市场价格并导致社会福利损失。

7.1.2 全球化视角下的垄断

经济全球化是当今世界最主要的潮流之一，所谓经济全球化，是指商品、服务、生产要素与信息跨国界流动的规模与形式不断增加，通过国际分工，在世界市场范围内提高资源配置效率，从而使各国经济相互依赖程度有日益加深的趋势。20 世纪 70 年代以后，世界各国之间的交往日益增加，国际间的经济合作更加频繁，极大地影响了各国经济和国际关系的发展，也改变了传统垄断的内容和特点。

经济全球化主要表现在以下几个方面：第一，跨越国界的经济交流日益增加，商品、服务、资本、技术交流等日益频繁。第二，统一的全球市场正在逐步形成，一国市场逐渐成为全球市场的一部分，成为商品价值链的一个环节，其他国家发生的供求关系变化可能对本国市场产生直接影响。第三，各国经济依赖性进一步增强。第四，跨国企业成为经济生活的主角。第五，传统的国际分工形式正在改变，新的国际分工体系加速形成。第六，经济运行规则全球化。

第7章 市场失灵与微观经济政策

在经济全球化的影响下,垄断也展现出新的特点,主要表现在以下几个方面:

第一,大型跨国公司与并购浪潮。经济全球化下的垄断跨越了国家的疆土,以大型跨国公司为载体,对世界经济起着深远的影响。垄断组织总是不断地试图增强垄断势力、加强控制能力从而达到获取更多垄断利润的目的。经济全球化下的今天,国内有限的资源和市场范围已经不能满足垄断者的需求,于是其垄断之脚便跨出国门,占领其他国家的市场,增强其控制权力。经济全球化下的垄断,其规模之大、实力之强是从前的国内垄断无法比拟的。在20世纪90年代的第五次并购浪潮中,一些本已规模很大、势力很强的企业仍在进行跨国合并、强强合并。并购后的大型跨国公司所面对的市场早已超出了国家的界限,产业集中和市场垄断也早已全球化。企业力图以更大的规模与对手竞争,即使在本国已有一定的垄断地位,也必须考虑到来自国外的竞争。而在垄断的规制方面,大多数市场经济国家在反垄断立法时,已不再单单考虑企业的产品与服务在本国背景下的企业规模和市场份额,而是首先考虑是否有利于本国企业参与国际竞争,为本国赢得比较利益。

第二,生产垄断全球化。规模经济是企业发展的必要条件,当今的跨国公司恰恰具备了这一条件,强大的规模优势使它们能更加合理地配置资源,拥有较高的生产效率和国际竞争力,从而有力地打击竞争对手,在全球范围内占领市场。据粗略估计,垄断性跨国公司的生产总值约占世界生产总值的三分之一左右,一些主要生产部门垄断集中程度相当高,有些主要商品几乎全部生产都被少数几家跨国公司垄断。

第三,贸易垄断全球化。贸易自由化是经济全球化发展的先导,第二次世界大战结束以后,自由贸易得到迅速发展。1947年10月,23个国家在瑞士的日内瓦签订了关税及贸易总协定,也就是世界贸易组织的前身,并规定各成员国分别大幅度降低关税,减少关税壁垒,使国际贸易往来更加自由顺畅。近二十年来,随着经济全球化进程的加快、国际贸易的飞速发展以及跨国公司的逐步壮大,贸易垄断全球化也不断加强。跨国公司的发展不仅促进了国家间贸易的增长,也促进了公司内部贸易的增加。目前,跨国公司间的贸易与跨国公司内部贸易合计已占到世界贸易总额的三分之二。其中主要发达国家跨国公司的内部贸易增长很快,跨国公司的这种内部贸易,极大地推动了贸易垄断的全球化。

第四,金融垄断全球化。随着垄断组织的生产规模日益扩大,企业内部的积累已经不能满足其扩大再生产日益增长的资金需求,于是企业开始将目光投向国际市场,在世界范围内筹措资金,金融业垄断由此产生。金融全球化表现为金融市场(包括国际信贷市场、国际债券市场、国际股票市场、国际外汇市场和国际金融衍生工具市场)的全球化,而在这个过程中的主体则是大银行和其他跨国金融机构。金融垄断的全球化则主要表现在发达国家之间的证券交易和借贷关系日益频繁，交易数额空前巨大，并且随着时间的推移，国际证券交易将更加迅速的增长。从20世纪80年代中期起，国际证券市场在短短数年内实现了从证券发行、证券投资到证券流通的全面国际化。

第五，投资垄断全球化。对外投资是国际经济关系牢固而有力的纽带，是经济全球化下垄断跨国公司的重要举措之一，跨国公司通过对外直接投资，在世界各地建立生产企业和其他分支机构，就地雇佣工人、就地生产、就地销售的同时也向世界其他地区销售，把各地的资源、技术、资金、人才紧密结合在一起，使全球经济整体运行和发展。

7.1.3 反垄断政策

1. 对自然垄断的管制

自然垄断一般是指公用事业，如电力公司、煤气公司、自来水公司、邮电公司等，这些行业中独家厂商的长期平均成本曲线是不会下降的。若不断扩大规模，这些公司可以持续地得到平均费用越来越低的好处。换句话说，如果一个城市不止一家自来水公司，对同一居民区重复铺设自来水管，平均成本将比只有一家经营时高得多，所以这些部门是天然垄断的。这就产生了一个矛盾：公用事业若由一个以上企业承担，势必在生产与销售方面出现不必要的重复和浪费；若仅由一个企业承担，又可能出现完全垄断的若干弊端。对此，西方国家比如美国的解决办法是允许公用事业垄断经营，再由政府加以管制。政府往往采取直接管制的办法，例如价格管制——限制最高价格。目的不只是消除不合理的垄断利润，而且还着眼于资源利用效率的提高。

图7-2显示了一个自然垄断厂商受到政府限价管制的情况。未受管制时，厂商均衡点是B。现在政府规定产品的最高价格为P_n。这样，厂商的需求曲线变成弯折的曲线P_nAD。产量在O到Q_n之间的价格是不变价格P_n。因此，在此产量区间，厂商像一个接受市场价格的完全竞争厂商一样，其需求曲线、边际收益曲线重合为一条线。超出Q_n产量后，厂商的边际收益曲线为MR。在Q_n所示的产出水平上，厂商可以获得最大利润。因为厂商的产量若小于Q_n，则MR>MC；产量若大于Q_n，则MC>MR。所以在政府将管制价格定在P_n时，厂商的合理产量只能是Q_n。

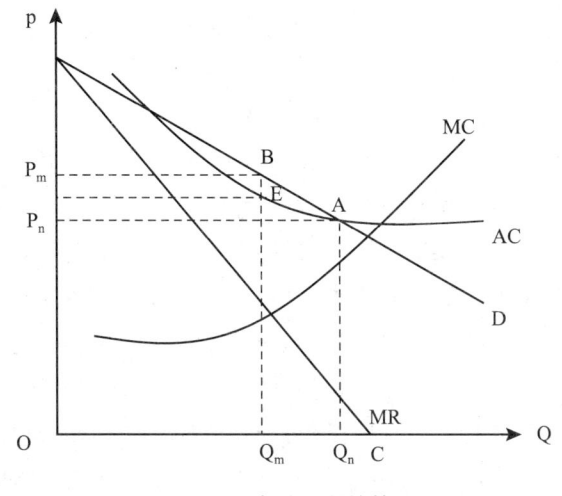

图 7-2 自然垄断的管制

政府管制的一般结果是：价格比过去低，产量比过去多，厂商获得的净利润比过去少。管制前垄断厂商以价格 P_m 出售 Q_m 数量的产品，净利润是以 $P_m E$ 为对角所形成的矩形面积；管制以后厂商按 P_n 价格出售 Q_n 数量的产品，净利润为零。数量的增加说明价格高于边际成本的差额有所缩小，垄断所造成的资源不合理配置有所改善。

管制价格应定在什么水平上？政府负责管制的机构可能有两种选择的原则：第一种是把价格限制在它与平均总成本相等的水平上。例如，在图 7-2 中，管制者将把价格定在需求曲线与平均成本曲线交点所对应的价格上，将价格确定在此水平上的理由是仍可以也只能够让垄断者获得公平合理的正常利润。其做法是，先了解一个公平合理的正常利润率 π，再了解企业的投资额 TC 和产量，然后根据价格与利润率、投资、产量之间的关系 $P = TC(1+\pi)/Q$ 算出管制价格应为多少。但在实践中政府部门难以掌握这些资料。政府部门与垄断企业在对估计最佳产量或最优规模等问题上往往存在分歧，反抗管制的垄断企业也可能夸大投资额、隐瞒利润率。垄断企业拥有精干的人员、雄厚的财力、掌握详细的情报资料，相比之下，政府部门人力、财力有限，难以战胜对手，所以管制常常不够有力，效果也不显著。第二种是把价格确定在 P = MC 的水平上，D 与 MC 曲线交点对应的价格。因为 P = MC 是资源优化配置的标志。但是，这样做也会遭到垄断企业的抵制。

2. 反垄断法

政府对垄断的更强烈的反应是制定反垄断法或反托拉斯法。西方很多国家不同程度的制定了反托拉斯法，其中最为突出的是美国。这里以美国为例做一概括介绍。

美国是世界上最早制订反托拉斯法的国家之一，其反托拉斯法律体系主要由成文法、判例，以及主管部门（司法部的反托拉斯局和联邦贸易委员会）所发布的各种政策指南构成。其成文法主要有1890年制订的《谢尔曼法》和1914年制订的《克莱顿法》、《联邦贸易委员会法》。《谢尔曼法》共8条，无专门阐释其立法目的的条款，其主要条款只有两条：即第1条禁止的是合谋损害竞争的行为，第2条禁止的是垄断企业滥用其市场优势地位损害竞争的行为。该法同时授予司法部在反托拉斯领域行使行政权，法院行使司法审判权。《克莱顿法》的主要条款有3条，即第2条禁止价格歧视，第3条禁止排他性交易和搭售的规定，以及第7条关于控制企业合并和设立合营企业的规定。《联邦贸易委员会法》的主要条款有两条，即第5条禁止不正当的竞争行为，第12条禁止虚假广告。该法还专门设立了联邦贸易委员会这个独立于政府的反托拉斯执法机构。

美国是普通法系国家，法院的判例在其反托拉斯法律体系中占有重要的地位。首先，由于成文法的规定过于原则和简洁，因此，法院必须结合具体案件对成文法的有关条款进行解释。如《谢尔曼法》的第1条在实践中根本无法执行，因为任何契约都具有限制当事人或第三人从事交易的效果。因此，如果"严格执法"，势必禁止一切商业交易活动。为此，法院在审判实践中，创造出"本身违法原则"和"合理原则"来区别具体的合谋或协商行为是否违法。其次，法院对被诉者的行为是否违法具有最终认定权。即使是司法部与被指控者进行和解所达成的"协议判决"也必须得到法院批准，由法院发布"同意令"才能终止诉讼程序。由于法院的特殊地位，其判决对政府的反托拉斯政策的制订和实施有重大的影响。

除了成文法和判例外，反托拉斯当局还发布了一系列的政策指南。如司法部和联邦贸易委员会分别于1992年、1995年、2000年联合发布了《横向合并指南》、《知识产权转让反托拉斯指南》、《国际经营中反托拉斯执行指南》、《竞争者之间合谋的反托拉斯指南》等。这些指南虽不具有法律效力，对法院的审批活动也不具有约束力，同时"不能排除反托拉斯执法中的判决和自由裁量权"，但却充分表明了政府的政策取向，对企业的实际经营活动有重要的指导意义。

美国的反托拉斯法律对世界各国的反垄断立法产生了重大影响，其所确定的反垄断法所规范的3类行为——合谋损害竞争的行为、垄断企业利用优势力量损害竞争的行为，以及企业合并（兼并）行为，已为各国和国际组织反垄断立法所采纳。

7.2 公共物品与公共资源

在现实生活中，并不是所有的物品必须付费才能使用，如空气，我们每个人每时每刻都在呼吸空气，但我们无须为其付费，这就是公共物品。这类免费物品向经济分析提出了挑战。在我们的经济生活中，大部分物品是在市场中配置的，买者为得到这些商品而付钱，卖者因为提供这些商品得到收入。对于这些商品来说，价格是引导买者与卖者决策的信号。但是，当一些物品可以免费得到时，在正常情况下，经济中的配置资源的市场力量就不存在了。因此公共物品也是引起市场失灵的一种原因。

7.2.1 排他性与竞争性

公共物品是与私人物品对立的。私人物品是普通市场常见的物品，其突出特点是具有"排他性"和"竞争性"。排他性是可以阻止某人使用的性质，例如，你拥有一个芒果，你要不让别人消费这个芒果是很容易办到的。竞争性是指一个人使用一种物品就减少了其他人使用该物品的特性。例如，你消费了一个芒果，别人就少消费一个。

然而，在现实经济生活中，还存在着大量的不具有排他性、竞争性的物品。例如对于有线电视，它具有排他性，交有线电视费的可以观看；但该产品不具有竞争性，在赵某观看的时候不影响钱某观看。再如，路灯，你无法不让别人利用路灯，它具有非排他性，同时你利用的同时不影响别人利用，因此它不具有竞争性。公共物品就是那些具有非排他性和非竞争性的物品。

非排他性：如果人们不能被排除在消费一种商品之外，这种商品就是非排他性的。如果一种商品具有非排他性，人们就不能对使用该商品收费。空气就是非排他性的。

非竞争性：如果一种商品在给定的生产水平下，向一个额外消费者提供商品的边际成本为零，则该商品是非竞争性的。例如船对灯塔的使用。

根据公共物品非排他性和非竞争性程度的不同，可以将公共物品分为纯公共物品、公共资源和准公共物品。

1. 纯公共物品

同时具有非排他性和非竞争性的物品。如国防、法律、公安、政策制度等，这些纯公共物品每个公民都有权使用，且为强制使用，同时不必支付任何费用。

2. 公共资源

只有竞争性但非排他性的物品为公共资源（Common Property Resource）。如城市公共绿地和免费公园、公海的鱼等。公共资源在使用者不多的情况下也不存在竞争性，但当使用者数量充分多时，就具有了竞争性。以公海捕鱼为例，当捕鱼数量低于公海鱼类繁衍承受量时，赵某在此海中捕鱼不影响钱某捕鱼，并且海中鱼的数量足以满足他们的生产能力；但当捕鱼者增多，达到一定的程度后，某人捕鱼量的增加就会导致他人捕鱼量的减少，产生了竞争。

3. 准公共物品

具有排他性但在一定程度上具有非竞争性的物品。例如未坐满的电影院、不拥挤的收费高速公路、网络和收费电视等，可以阻止不付费者使用，但在当前的情况下，一个人的使用不影响其他人的使用。

准公共物品和公共资源都具有一定的竞争性，在消费者数量没达到拥挤点之前，并没有竞争性，当达到或超过拥挤点时，竞争性就开始出现。例如，在某些旅游景区，平时不拥挤，但在"五一"、"十一"黄金周时，竞争性则十分明显。

还有一些物品并不具有公共物品的特点，但由于这些物品关系到全体居民的福利，同时这些物品又具有较强的正外部性，所以也将这些物品归为准公共物品，成为优效物品。如，教育体系、社会医疗保障体系、社区安全保障等。

另一些物品虽然具有共用性，但并不是公共物品，如学校图书馆中的图书，可以排除没有借书证的人使用，具有排他性，在一个人使用的时候，另一个人就借不到，所以具有竞争性，但是它并不是公共物品。

7.2.2 公共物品与搭便车

由于公共物品具有非排他性，因而就会产生"搭便车"问题。"搭便车"问题，是指某些个人参与了公共物品的消费，但却不愿支付公共物品的生产成本，完全依赖于他人对公共物品生产成本的支付，这些有搭便车行为的人称为"搭便车者"。由此，公共物品的存在给市场机制带来的严重的问题是：即使某种公共物品带给人们的利益要大于生产的成本，私人市场也是不会提供这种产品的。

例如，在一个地区建造一个堤坝需要总成本为10万元，该地区住有100户居民。假设每个家庭的总财产为2万元，如果遭受洪水，则一切财产化为乌有，因此对每户居民来说，堤坝的潜在收益为2万元。遭受洪水的概率为1/10，所以，堤坝带来的现实收益是2 000元，即建造一个堤坝给每户居民带来的利益为2 000元，给这一地区带来的总收益为20万元，是总成本的2倍。如果100户居民每家出资1 000元来建造这样的一个大堤坝，大家的情况都会改善。但是，如果没有强有力的组织者和协调者，这样的好事是不会在自由市场中发生的。因为，每户居民都在想：如果有人出资建成了这个堤坝，即使自己不出钱，也照样享受堤坝带来的好处。也就是说，每个人都想不支付成本或支付很低的成本来享受公共物品，这在经济学上就被称为"搭便车"行为。如果有很多免费"搭车"者，那么堤坝就无法建造起来。

一般来说，公共物品覆盖的消费者人数越多，"搭便车"问题就越严重，公共物品由私人市场提供的可能性就越小。可见，由于"搭便车"问题的存在，产生了一个典型的市场失灵的情形，即市场无力使公共物品的供给和分配达到帕累托最优。因此，由政府集中计划生产并提供社会福利原则来分配公共产品就成为解决"搭便车"问题的唯一选择了。

7.2.3 公共资源与公地的悲剧

由于公共资源具有非排他性，每个人出于自身的利益考虑，就会尽可能多地去利用它，又因为公共资源具有竞争性，它很快就会被过度使用，从而造成灾难性的后果。西方学者经常使用"公地的悲剧"来说明公共资源所面临的这种困境。

一个寓言说明的就是一片草原公地的悲哀。寓言说的是中世纪的一个小镇，该镇最重要的经济活动是养羊。许多家庭都有自己的羊群，并靠出卖羊毛来养家糊口。由于镇里的所有草地为全镇居民公共所有，因此，每一个家庭的羊都可以自由地在共有的草地上吃草。开始时，居民在草地上免费放养没有引起什么问题。但随着时光流逝，追求利益的动机使得每个家庭的羊群数量不断增加。由于羊的数量日益增加而土地的面积固定不变，草地逐渐失去自我养护的能力，最终变得寸草不生。一旦公有地上没有了草，就养不成羊了，羊毛没有了，该镇繁荣的羊毛业也消失了，许多家庭也因此失去了生活的来源。

如果镇上的居民能够维持一个最优的放牧量，公地的悲哀就不会发生。先看一下公地上的最优放牧量的决定。对这个问题的回答显然取决于整个镇子集体在羊群放牧上的边际收益和边际成本，我们将整个乡镇的集体边际收益和边际成本称为"边际社会收益"和"边际社会成本"。如果放牧羊群的边际社会收益超过了边际社会成本，则意味着，增加放牧的羊群数量能够给整个乡镇带来更多的好处；反之，如果放牧羊群的边际社会收益小于相应的边际社会成本，则意味着，减少放牧的羊群数量对整个乡镇来说更有利。对整个乡镇来说，最优的（也就是能够使得整个乡镇的利润达到最大的）放牧量应当使得边际社会收益等于边际社会成本。

但是这个乡镇真的能够按照边际社会收益等于边际社会成本这一等式确定的利润达到最大时的条件来确定其实际的放牧量吗？在两种情况下，可以做到这一点。一是该乡镇作出集体决策来规定在公地上放牧的羊群数量。任何个人不得超过所规定的数量进行放牧。在这种情况下，只要所规定的放牧数量恰好等于最优放牧量，并且，能够以有力的措施来保证这些规定得到切实的贯彻执行，则结果就是最优的。另一种情况是乡镇的公地由某个个人所有。在这种情况下，公地的所有者就能够像乡镇集体决策时一样对进入公地放牧的羊群数量进行限制：他可以购买恰当数量的羊群来实现自己的利润最大化。由于在这种情况下，公地的利益就是公地所有者的个人利益，故此时使公地所有者利润最大化的放牧量也就是公地的最优放牧量。

但是，如果对公地没有明确的规定，也不存在着乡镇的集体决策，则结果就可能不是最优的。如果放任镇上居民自由的和不受限制的在公地上免费放牧，就会上演一场"公地的悲剧"，即实际的羊群放牧量将会大大超过其最优的水平。结果，公地的草场将由于不断地长期的超载放牧而不断被破坏被损坏，日益凋零和衰落下去。

7.3 外 部 性

外部性也是市场失灵的一个重要原因，在现实生活中，我们经常见到这样的场景。

场景一：

某餐馆，两位女士正在吃饭，四位男士过来坐在她们邻桌，一面大声说话，一面抽烟，搞得烟雾缭绕、乌烟瘴气。

一位女士说："请你们说话声音小一点，还有，别在公共场合抽烟。"一位男士回答："我们说话抽烟关你什么事，爱听就听，不爱听就走远一点。"

女士答："你们吵了我们，还让我们吸二手烟。"

另一位男士说："这又不是在你家里，我们干什么你管不着。"

女士说："莫名其妙，你们讲点公共道德好不好！"

……

场景二：

某化工厂生产大量化工产品获取经济效益的同时，向外界排放了大量的有毒物质，使得大量的农田受害，农民因此减产，部分农民还得了莫名其妙的病症，久治不愈。

当一个行为主体的行为没有通过价格而给另一个行为主体带来成本或收益的经济现象，叫做外部性，也称"外部经济"。例如，场景一中，在餐馆中的四位男士吸烟的行为会危害周围人的身体健康，而且他们并未为此支付任何东西，另外，他们高谈阔论的行为也严重影响到周围人进餐，这就是一种外部性行为。场景二中化工厂盈利的同时，却给周围农民的生活造成了影响，化工厂的这一行为给农民带来了外部性。再比如，养蜂者在他人的果园里放蜜蜂，目的是生产蜂产品，却为果园的果树传授了花粉，增加了果品产量，养蜂者并没有从果农处得到任何报酬。养蜂者这一活动对于果农产生了外部性。当然，外部性不是当事人的本意，他并不是故意要为别人这么做，或者说不是故意要危害别人的，他本来只是为了自己的利益而这么做的。所以这种行为的外部性又叫做"溢出效应"，效果溢到旁观的第三者那里。

7.3.1 正外部性与负外部性

从上文的叙述中我们可以看出，外部性影响有好有坏，因此我们可以将外部性划分为正外部性与负外部性。正外部性是指一个经济主体的经济活动导致其他经济主体获得的额外的经济利益。正外部性也称为外部收益、外部经济，如养蜂者对果农的所产生的外部性就是正外部性。负外部性是指，一个经济主体的经济活动导致其他经济主体蒙受额外损失，负外部性也称为外部成本、外部不经济，如化工厂对农民所产生的外部性就是负的外部性。

无论经济是否仍然是完全竞争的，各种形式的外部性都会导致资源配置偏离帕累托最优。下面对正外部性和负外部性问题进行分别阐述。

1. 正外部性——教育的正外部性

教育是一种具有正外部性的活动。因为接受教育不仅使接受教育者本人获取知识、得到较好的工作及未来的丰厚报酬，而且，如果一个社会的平均受教育程度较高，其社会风气和民主气氛就较好，创新成果也会较多。

如果依靠市场调节，教育者和受教育者都以实现自己的私人成本和私人价值为目的，价格调节实现供求平衡。这时，教育的私人成本和社会成本相等，但教育的社会收益大于私人收益，因为社会收益中还应包括其他与教育无关的人得到的好处。这样从个人角度看,实现了资源的最优配置,但是从社会角度看,没有实现资源的最优配置。这就是市场失灵的表现。如图7-3所示,由市场决定的教育数量 Q_1 远小于社会认为最合适的数量 Q_2。

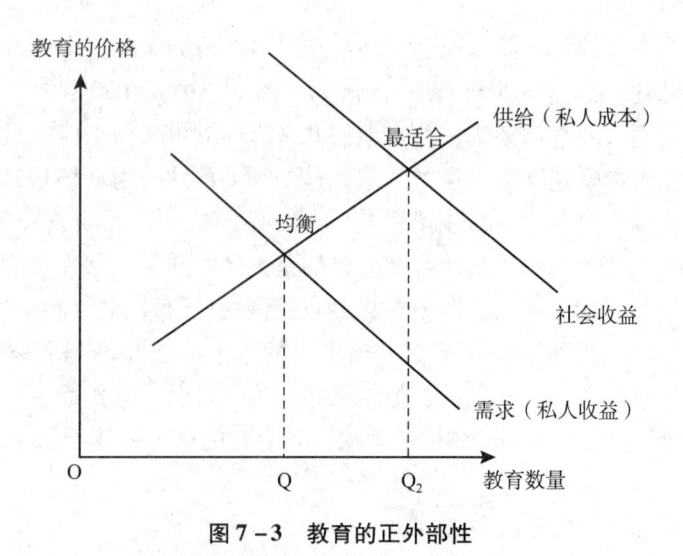

图7-3 教育的正外部性

要想使私人对教育的需求达到社会对教育需求的理想水平,就应该对教育进行适当补偿。这就是为什么各个国家都有不同程度的教育补贴的原因。

2. 负外部性——生产的负外部性

以上游是化工厂,下游是养鱼场,且处于完全竞争市场为例,具体说明在完全竞争条件下,生产的外部性是如何造成社会资源配置不当的。

在市场交易中,生产者考虑的是自己生产产品的成本和收益,即私人成本和私人收益。消费者只考虑自己从购买物品中得到的效用和付出的价格,也即私人收益和私人成本。当生产者和消费者的供求平衡时,私人成本和私人收益是相等的。如果没有负外部性,社会成本和私人成本相等,社会收益和私人收益相等,此时,从社会的角度看这种资源配置也是最优的。但在负外部性存在时,社会成本中增加了负外部性给第三者带来的成本,即从社会的角度看,生产化工产品的成本除了所有的用于生产的私人成本(如原材料、劳动力、管理费用、运输费用等)外,还包括化工厂向河里排污对下游养鱼场所造成的损失,从而社会成本大于私人成本,而社会收益仍等于私人收益。这样,从个人角度看,私人成本等于私人收益,实现了资源配置的最优。但从社会角度看,社会成本大于社会收益,并没有实现资源的最优配置。如图7-4所示，由市场决定的产量 Q_1 远大于社会认为合适的产量 Q_2。要想使私人对有负外部性产品的生产产量达到社会的合适水平，通常采取的做法是向这类产品征税。

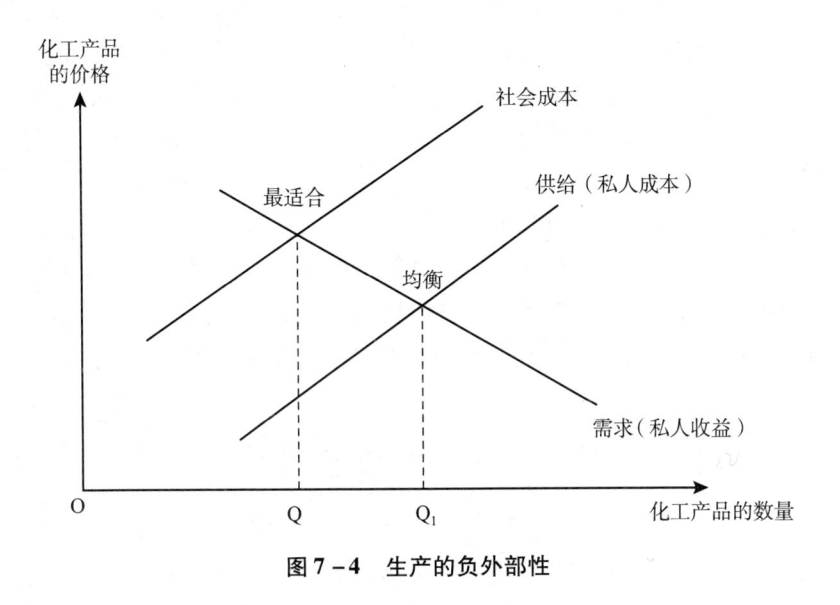

图 7-4 生产的负外部性

所以从社会角度看，当有正外部性时，社会的有效生产不足；当有负外部性时，社会生产过剩。这两种情形下，市场机制都无法实现社会资源的最优配置。

7.3.2 对外部性采取的政策

既然外部性导致了无效率，那么这种无效率怎样才能得到纠正呢？西方经济学理论给出了如下政策建议：

第一，使用税收和津贴。对造成负外部性的企业，国家应该征税，其数额应该等于该企业给社会其他成员造成的损失，从而使该企业的私人成本恰好等于社会成本。例如，在生产污染的情况下，政府向污染者征税，其税额等于治理污染所需要的费用。反之，对造成正外部性的企业，国家可以采取津贴的办法，使得企业的私人收益与社会收益相等。无论是何种情况，只要政府采取措施使得私人成本和私人收益与相应的社会成本和社会收益相等，则资源配置便可以达到帕累托最优状态。

第二，使用企业合并的方法。例如，一个企业的生产影响到另一个企业。如果影响是正的，则第一个企业的生产就会低于社会最优水平；反之，如果影响是负的，则第一个企业的生产就会超过社会最优水平。如果把两家企业合并成一个大企业，则此时的外部影响就消失了，即被"内部化"了。合并后的单个企业为了自己的利益将使自己的生产确定在其边际成本等于边际收益的水平上。而由于此时不存在外部影响，故合并企业的成本与收益就等于社会的成本与收益。于是社会的资源配置达到帕累托最优状态。

第三，使用规定财产权的办法。在许多情况下，外部影响之所以导致资源配置失当，是由于财产权不明确。如果财产权是完全确定的并能够得到切实的保障，则有些外部影响就不会发生。如上文提到的上游化工厂使下游鱼塘所有者受到损害。如果给予下游养鱼者以使用一定质量水源的财产权，则上游的化工厂将因把下游水源质量降到特定质量之下而受罚。在这种情况下，上游化工厂会同下游养鱼者协商，将这种权利从他那里买过来，然后再让河流受到一定程度的污染。同时，遭到损害的下游养鱼者也会使用他出售污染权而得到的收入来治理河水。总之，由于污染者为其不好的外部影响支付了代价，故其私人成本与社会成本之间不存在差异。

7.4 不完全信息

西方微观经济学描绘了这样一种经济环境：整个社会中买卖双方的信息都是完全的，即完全的知彼知己；局中人的数目如此多，以至于任何一个局中人的行为给其他局中人造成的影响小到可以忽略；消费者根据自己的偏好和市场既定价格，在收入约束下最大化自己的效用；厂商根据外生的价格水平，选择利润最大化产量。而西方经济学正是在这样一个基本假定的基础上对微观经济现象进行解释和研究的。新古典经济学的基本假定是理性的经济人和"完备信息"。在此前提下，任何经济行为结果都是唯一的和确定的。换句话说，选择与行为后果一一对应，帕累托最优是可以实现的。以赫伯特·西蒙为代表的一批欧美经济学家在20世纪60年代率先对"充分信息假定"提出质疑，指出不确定性是经济行为的基本特征之一，任何决策都面临着大量的不确定性。进入20世纪70年代以后，乔治·斯蒂格勒等人对这一问题做了进一步研究，从现实的制度安排和经济实践中发现，不仅行为者的信息是不充分的，而且信息的分布也是不均匀、不对称的，即同一经济行为的当事人双方所持有的信息量可能是不等的。这种状况会严重影响市场的运行效率并经常导致"市场失灵"。

7.4.1 信息完全与不完全

完全信息只是一种理想化的假设。现实生活中，信息和其他商品一样是稀缺的或者是不完全的，它是一种很有价值的资源，能够提高经济主体的效用或利润。例如消费者若知道商品的质量情况,就能避免买质次价高的产品;生产者若明晰市场的需求状况,就能恰到好处地提供供给。

一般而言,信息的不完全有两个方面的意义。第一个方面与不确定性有关,由于认知能力的限制,人们不可能知道在任何时候、任何地方发生的或将要发生的任何情况,而且市场经济本身不能够生产出足够的信息并有效地配置它们,这引发的不确定性使决策人只能预见自己的行为有几种可能的结果以及这些结果的可能性。第二个方面是因为信息的不对称,在实际生活中,不同的经济主体缺乏信息的程度是不一样的。市场经济的一个重要特点就是,市场的卖方一般要比买方对产品的质量有更深的了解,比如雇员对自己的能力和技术往往比雇主了解得更多。这种情况就是所谓的"信息不对称"的具体表现,即有些人比其他人拥有更多的信息。信息在市场参与者之间是不对称或者不均匀的,经济学中的信息不完全通常是指信息的不对称,因此,不完全信息有时也称为不对称信息。

7.4.2 不完全信息的影响

在信息不对称的情况下,市场机制有时就不能很好的起作用。例如,由于缺乏足够的信息,生产者的生产可能会带有一定的"盲目性":有些产品生产过多,而有些产品又生产过少;消费者的消费选择也可能会出现"失误",比如购买了一些质次价高的产品,而错过了物美价廉的产品。更糟糕的情况是,由于缺乏足够的信息,有些重要的市场甚至可能根本就无法产生,或者即使产生,也难以得到充分的发展。

具体来说,现实生活中的信息不对称会带来两个方面的问题:一是道德风险;二是逆向选择。道德风险是交易双方在交易协议签订后,其中一方利用多于另一方的信息,有目的地损害另一方利益的行为,道德风险有时称为"隐蔽行为"为问题。逆向选择是市场的某一方能够利用多于另一方的信息,使自己受益而使另一方受损,从而倾向于与对方签订协议进行交易。

一般而言,不对称信息可以按照时间划分。信息不对称发生在签约之前,叫做事前不对称信息,如逆向选择模型;信息不对称发生在签约之后,叫做事后不对称信息,如道德风险模型。按照不对称信息的内容划分,信息不对称可能是参与人的知识或者行为,这时有隐蔽信息模型和隐蔽行动模型之分。其中最简单的情形是:隐蔽行动的道德风险和隐蔽信息的逆向选择模型。隐蔽行动的道德风险是指事前信息对称、事后代理人选择行动和风险状况由自然决定,委托人只能观察到结果而不能直接观察到代理人行动本身和风险状况(如雇主和雇员关系)。隐蔽信息的逆向选择模型是指风险状况由自然决定,代理人知道自己的类型,而委托人不知道,委托人与代理人签订合同（如保险公司与投保人的健康保险）。但信息不对称也有更复杂的情形，如隐蔽信息的道德风险模型、信号传递模型和信息甄别模型。比如，在信号传递模型中，自然选择代理人类型，代理人知道自己的类型，但委托人不知道，为了显示自己的类型，代理人选择某种信号，委托人在观察到信号之后与代理人签订合同（如教育信号模型）。信息甄别模型与信号传递模型类似，都涉及事前的信息不对称问题，自然选择代理人类型，代理人知道自己的类型，委托人不知道。为了显示自己的类型，委托人提供多个合同供代理人选择，代理人根据自己的类型选择一个最适合自己的合同，并且根据合同采取行动（如保险公司根据不同类型的潜在投保人制定不同的保险合同）。至于隐蔽行动的道德风险模型，签约时信息是对称的，签约后自然选择，然后代理人观察到自然选择，采取行动，委托人观察到代理人的行动，但不能观察到自然选择（如企业经理与销售人员的关系）。

当存在道德风险和逆向选择时，就可能导致信息不完全，信息不完全可能出现有市场需求而没有供给的状况，导致市场失灵。诺贝尔经济学奖得主阿克洛夫在1970年的一篇经典论文中，以旧车市场为例，指出不对称信息条件下，价格失去了调节供求、有效配置资源的作用。

假设旧车有三种不同的质量：好、中、差，只有卖方知道自己车辆的质量，买方只依靠检查或者试车无法识别车辆质量的高低。假设对卖方来说，好、中、差三种旧车的价值分别是 11 000 元、8 000 元和 5 000 元；对于买方来说，三种车的价值分别是 12 000 元、9 000 元和 6 000 元；每一种车带给买方的价值均高于卖方，交易对双方应该是互利的。假设三种车的比例是一样的，也就是说，任意挑选一辆旧车其优质的概率是 1/3，中质和劣质的概率也分别为 1/3。但是，不对称信息的存在使交易不能进行。对买方而言，旧车的期望价值为 1/3 × 12 000 + 1/3 × 9 000 + 1/3 × 6 000 = 9 000（元）。也就是说，旧车的价格不能超过 9 000 元，高于这个价格是无人问津的。但是，如果这样，拥有高质量旧车的人就不会出售旧车，因为旧车对他的价值是 11 000 元，所以，只有中等车和劣等车的主人才出售。买主也知道这一点，所以对期望价值也要做相应调整，为 1/2 × 9 000 + 1/2 × 6 000 = 7 500（元）。这样，拥有中等质量车的主人也不会出售，只有拥有最差质量车的主人才会出售。因此，在不对称信息下市场失去了效率，有些市场消失了，如高质和中质车辆市场。

7.4.3 信息不完全与政策

信息的不对称带来了很多问题，市场机制本身可以解决其中的一部分问题。比如，为了实现利润最大化，生产者生产产品的时候必须将消费者的偏好考虑在内，否则，产品就可能难以销售出去。生产者显然很难知道每个消费者的偏好的具体情况。不过，在市场经济的实际运行中，因为厂商知道商品的价格，因此，这类信息的不完全并不会对厂商的正确决策产生很大影响。因为由市场价格就可以计算商品的边际收益，从而就能够确定他们的利润最大化产量。

利用市场机制解决信息不完全的另一个方法是建立信誉机制，在信息不完全的情况下，如果没有其他的约束机制，市场就会到处充斥假冒伪劣产品。这是因为，一方面，消费者知道生产者比自己更了解商品的质量，并有可能利用这种优势进行欺骗，以获得更大的利益，基于这种认识，消费者只会愿意为这些商品支付较低的价格；另一方面，由于消费者只愿支付较低价格，生产者也不愿生产成本较高的产品，最后的结果是劣质品把优质品赶出了市场。

信誉机制的存在能够在一定程度上防止上述现象的出现。所谓信誉，可看做是消费者对企业行为的一种主观评价。一般来讲，当买卖双方的关系相对固定时，信誉机制比较容易建立。信誉在解决信息不完全问题上所起的重要作用就是"区分市场"。信誉把由于信息不完全而搞得混乱不堪的市场理顺得清晰起来。信誉高的商品意味着质量好，信誉低的商品意味着质量差，这也使得"高质高价"成为可能。信誉机制提高了企业诚信的收益和欺骗的成本。

然而，市场机制并不能解决所有的信息不完全带来的问题。在这种情况下，政府有必要对信息进行调控。信息调控的主要目的是保证消费者和生产者能够得到正确和充分的市场信息，以便他们能够做出正确的选择。

【本章小结】

1. 完全竞争市场经济在一系列理想化假定条件下，可以导致整个经济达到一般均衡，导致资源配置达到帕累托最优状态。但是，这个原理并不适用于现实的经济运行。在许多情况下，通过价格的自发调节不能实现供求平衡，不能实现资源的最优配置，这种情况被称为"市场失灵"，即市场本身不能有效配置资源。常见的导致市场失灵的情况有：垄断、外部性、公共物品及不完全信息。

2. 垄断是导致市场失灵的重要原因，由于存在对生产要素的控制、专利权、政府特许、规模报酬递增等进入壁垒，导致了垄断的产生。垄断厂商利用没有竞争对手的优势，控制住产量，从而控制市场上的供应量，使市场的供求状态处于有利于厂商的状态中。垄断厂商的这一行为会导致资源配置的低效率。然而垄断尽管会造成低效率，但这种低效率的经济损失从数量上来说却相对很小。由于政府对某些行业和某些企业的特许使这些行业或企业具有了垄断地位。为了获得垄断利润，垄断厂商会想方设法获得或维持垄断地位。而这一活动是一种纯粹的浪费：它不是用于生产，没有创造出任何有益的产出，完全是一种"非生产性的寻利活动"，这种活动被概括为所谓的"寻租"活动。经济全球化是当今世界最主要的潮流之一，在全球化影响下，垄断也显示出了一些新的特点。针对垄断危害的微观经济政策主要有政府管制和反垄断法两种。政府管制的一般结果是：价格比过去低，产量比过去多，厂商获得的净利润比过去少。政府对垄断的更强烈的反应是制定反垄断法或反托拉斯法。西方很多国家不同程度地制订了反托拉斯法，其中最为突出的是美国。

3. 公共物品是引起市场失灵的另一个原因，公共物品是与私人物品对立的，具有"非排他性"和"非竞争性"。根据公共物品非排他性和非竞争性程度的不同，可以将公共物品分为纯公共物品、公共资源和准公共物品。由于公共物品具有非排他性，因而就会产生"搭便车"问题。由于公共资源同时具有非排他性和竞争性，每个人出于自身的利益考虑，就会尽可能多地去利用它，它很快就会被过度使用，从而造成灾难性的后果。西方学者经常使用"公地的悲剧"来说明公共资源所面临的这种困境。

4. 外部性是引发市场失灵的常见原因。当一个行为主体的行为没有通过价格而给另一个行为主体带来成本或收益的经济现象，叫做外部性。外部性划分为正外部性与负外部性。正外部性是指，一个经济主体的经济活动导致其他经济主体获得的额外的经济利益。负外部性是指，一个经济主体的经济活动导致其他经济主体蒙受额外损失。无论经济是否仍然是完全竞争的，各种形式的外部性都会导致资源配置偏离帕累托最优。外部性容易导致无效率，对此，西方经济学理论给出了使用税收和津贴、使用企业合并的方法及使用规定财产权的办法等政策建议。

5. 完全信息只是一种理想化的假设。现实生活中，信息和其他商品一样是稀缺的或者是不完全的，不完全信息容易导致逆向选择和道德风险，虽然通过市场机制本身能解决一部分问题，但是并不能完全解决，政府有必要对信息进行调控。

【推荐读物】

1. 高鸿业．西方经济学（第三版）[M]．北京：中国人民大学出版社，2004．
2. 曼昆．经济学原理：上册 [M]．梁小民译．北京：北京大学出版社，2001．
3. 张维迎．博弈论与信息经济学（第六版）[M]．上海：上海人民出版社，2006．

【复习思考题】

1. 垄断是如何造成市场失灵的？
2. 外部性的存在是如何干扰市场对资源的配置的？

3. 公共物品为什么不能靠市场来提供？

4. 不对称信息在哪些方面会导致市场失灵问题？

5. 如何解决信息不完全和不对称问题？

6. 开篇案例思考题

（1）污染为什么会引起市场失灵？

（2）将污染许可提升到制度甚至法律的层面上有什么重要意义？

（3）查阅材料，了解引起市场失灵的其他情况。

第8章

国民收入核算

【学习目标】

1. 理解国内生产总值的内涵。
2. 解释两部门、三部门和四部门经济的收入支出循环流向。
3. 理解支出法、收入法和生产法计算GDP。
4. 区分实际GDP和名义GDP,理解GDP平减数。
5. 理解GDP衡量指标的缺陷。
6. 区别其他总产出和总收入的测量方式。

【开篇案例】

中国GDP超越日本成为世界第二大经济体

最近10年,中国经济总量在世界上的排名大跨步前进。

2005年年底,中国GDP增加16.8%,超过意大利,成为世界第六大经济体。2006年,中国经济规模超过英国,成为仅次于美国、日本和德国的世界第四大经济体。2007年,中国GDP增速为13%,超过德国成为全球第三大经济体。仅仅3年之后,中国GDP便超越日本,成为"世界第二"。

中国的GDP从1978年的2 683亿美元,猛增到2010年的5.879万亿美元,30余年间增长了20余倍,平均增速接近10%,开创了中国经济发展史上前所未有的"高速"时代。

50年前中国提出"超英赶美"的目标时,曾被国际上认为是"天方夜谭"。

值得关注的是,从政府到民间,面对这样的成绩却似乎"无动于衷",世界第二的位置,不仅不值得炫耀、自夸,甚至被普遍认为"意义不大"。

尽管中国GDP超过日本成为"世界第二",但与全球第一的美国仍相差甚远。据统计,中国和日本GDP总量相加,远低于美国2010年的14.66万亿美元。

第 8 章　国民收入核算

世界银行 2009 年的数据显示，全球 213 个国家和地区，中国的人均 GDP 排名在 124 位。按人均计算，中国仍然是世界上比较贫穷的国家之一。

事实上，除了人均指标在世界排名靠后外，中国在医疗、教育以及环境等较多领域仍比较落后。以医疗为例，根据世界卫生组织对成员国卫生筹资与分配公平等综合性评估排名，中国位居第 188 位，在 191 个成员国中倒排倒数第 4 位。

摘自：汪孝宗. 哪个省的 GDP 含金量更高［J］. 中国经济周刊，2011（8）.

【重要概念】

国内生产总值（Gross Domestic Products）
国民生产总值（Gross National Products）
个人消费支出（Consumption）
投资（Investment）
政府购买（Government Purchase）
净出口（Net Export）
GDP 平减数（GDP Deflator）
国民生产净值（Net National Product）
国民收入（National Income）
个人收入（Personal Income）
个人可支配收入（Disposable Personal Income）

从第 8 章开始介绍宏观经济学的基本原理。宏观经济学相对微观经济学而言，研究社会总体的经济行为及其后果。宏观经济学涉及经济增长、就业与通货膨胀以及国际收支问题。国民收入核算是研究宏观经济问题的基础，本章就来分析国民收入核算问题。

8.1　国内生产总值

国内生产总值（Gross Domestic Products，GDP），是度量一定时期（通常是一个季度或一年）内，经济社会（一国或一个地区）生产的全部最终产品或服务的市场价值总和。此定义包括四个部分的内容：

第一，市场价值。国内生产总值最有意义的是实际产出，只有实际产出才能真正衡量生活水平的高低。如 500 万辆轿车、1 000 万台电脑、10 亿斤大米，这些实际产出分配到每个人身上就是每人能够消费的商品，这是人们能够真正享受的东西。但是为了衡量总产出，却不能够将这些轿车、电脑和大米直接加总起来，也无法比较究竟是 500 万辆轿车还是 10 亿斤大米的产出更多。因此，GDP 通过市场价值解决了总量的问题。如果一辆轿车的价格是 10 万元，那么 500 万辆轿车的市场价值就是 5 000 亿元。所以，借助市场价格就可以衡量一定产量商品的市场价值，市场价值可以用来加总，也可以用来比较大小。如果每台电脑的价格为 3 000 元，大米的价格为 2 元，那么 1 000 万台电脑的市场价值就是 300 亿元，10 亿斤大米的市场价值就是 20 亿元。轿车、电脑和大米总的市场价值就是 5 000 亿元加 300 亿元再加 20 亿元，总共为 5 320 亿元。

第二，最终产品或服务。GDP 衡量的是最终产品或服务的价值，中间产品或服务的价值不计入 GDP。所谓最终产品或服务是一定时期内最终使用者所购买的产品或服务。中间产品是指用于再出售而供生产别种产品用的产品。一台联想电脑是最终产品，而它里面的希捷硬盘和英特尔 CPU 处理器芯片则属于中间产品。中间产品或服务如果被计入到 GDP 中，相同的产品则被重复计算。联想电脑的价值中已经包含了硬盘和 CPU 处理器芯片的价值，只需要在 GDP 里计入联想电脑的价值，那么所有零部件的价值都已经包含在里面，而不需要再将生产零部件的各家厂商的产品再计入一次。但这并不意味着那些生产零部件的在 GDP 这里就没有意义。因为联想电脑最终的市场价值并非完全由联想自己创造，那些中间产品的价值是由其他企业创造的，真正属于联想创造的是它的劳动、资本、土地和企业家才能的投入所带来的价值增值部分，需要扣除掉中间产品的投入（包括原材料、各零部件、能源和动力等），一台 3 000 元的电脑，联想创造的价值增值充其量不过 1 000 元。

最终产品与中间产品在某些情形下会发生转变，具有相对性。例如，你购买 1 斤黄瓜回家做饭，这 1 斤黄瓜属于最终产品；餐馆购买用于制作爽口黄瓜的黄瓜则属于中间产品。因此，某些产品属于中间产品还是最终产品取决于它的用途，而非产品本身。

第三，一国或一个地区境内生产。GDP 是一个地域上的概念，是一国或一个地区范围内的最终产品的市场价值。GDP 与国民生产总值 GNP（Gross National Products）不同，GNP 是一个国民概念，是某国国民在一定时期内所生产的最终产品的市场价值。海尔在美国的分公司生产的电视机被计入美国的 GDP 之中而非中国的 GDP；索尼在中国的分公司创造的价值增值被计入中国的 GDP 而非日本的 GDP。因为 GDP 衡量的就是使用当地的生产要素创造价值增值的能力，索尼的中国分公司正是使用中国的劳动、资本、土地在进行生产，衡量的是中国的生产要素创造价值的能力。海尔在美国分公司获得的利润则是中国 GNP 的一部分，而不是美国的 GNP，这是中国国民所拥有的企业家才能获得的回报。

第四，在一定时期内。这表明 GDP 流量的特点，是一定时期内发生的变量，一定时期可以是某一年或某一季度。某人 2011 年花 4.5 万元购买了一辆二手车，包括 4 万元旧车的价值和 5 000 元的经纪人费用，这 4 万元旧车的价值是在以前生产该车的 2000 年发生的，连同全车的价值 10.3 万元已经计算在 2000 年的 GDP 中了，所以 4 万元旧车的价值不能包含在 2011 年的 GDP 中。但是 5 000 元的经纪人费用是可以计算在 2011 年的 GDP 中的，它是对买卖二手车过程中提供的劳务服务支付的费用，也是 2011 年提供劳务所获得的报酬，应该计算在 2011 年的 GDP 中。还需要注意的是，即使一手车如果在 2000 年已经生产出来，但是在 2001 年才卖出去。那么 10.3 万元也需要以存货投资的形式计算在 2000 年的 GDP 中，到 2001 年该车卖出 11 万元的价格时，那么增值的 7 000 元计算到 2001 年的 GDP 中。

8.2 收入、支出与循环流向图

计算一国经济总产出的价值时，会发现总收入和总产出总是相等的。下面从两部门到三部门再到四部门，分析收入、支出的循环流向，深入了解总收入和总支出之间的关系。

8.2.1 两部门经济的循环流向图

最简单的经济体假定只有两个经济部门，即家庭和企业，家庭和企业通过要素市场、产品市场和金融市场连接起来，如图 8-1 所示。

在要素市场中，家庭出售劳动、土地和资本等生产要素，企业是这些要素的购买者。为了购买这些生产要素，企业要向家庭提供的要素支付相应的报酬，为劳动支付工资、为资本支付利息、为土地支付租金，为企业家才能支付利润等。在图 8-1 标注 Y 的实线表示家庭部门获得的全部收入，箭头表示企业通过要素市场向家庭支付要素收入。

在产品市场上，企业出售产品和服务给家庭，消费者在这些产品和服务的总支出为消费支出（C），图 8-1 中标注 C 的虚线表示了家庭的消费支出通过产品市场流向企业。企业将在产品市场上购买并销售厂房、设备等，这些都属于企业的投资支出

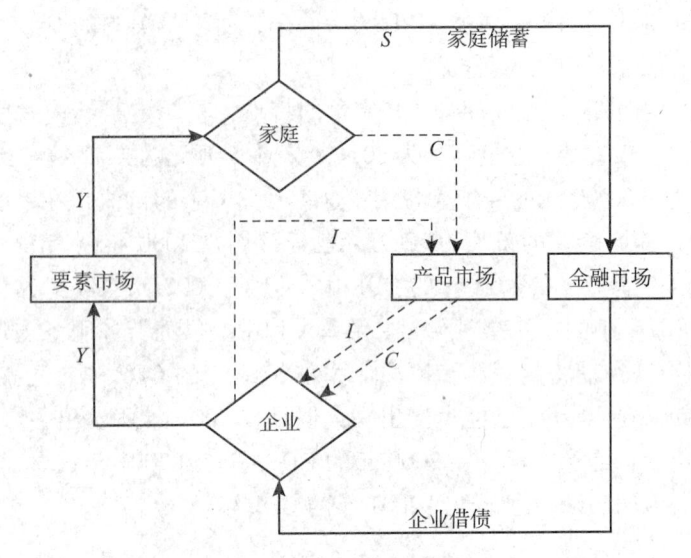

图 8-1　两部门经济收入支出循环流向图

(I)，图 8-1 中标注 I 的虚线表示一些企业在产品市场上从另一些企业手中购买资本品，这部分支出通过产品市场从一些企业流向另一些企业。

如果家庭把所有的收入全部用来消费而没有储蓄（S），此时家庭的收入将全部通过产品市场回流到企业，就不需要金融市场。实践并非如此，家庭并非将全部收入全部用于购买产品和服务，而是将其中一部分储蓄起来以备以后支出；并且，企业有一部分未分配利润也没有支付给家庭，可以将未分配利润视为家庭储蓄并贷给企业的一部分收入。这样，有一部分收入就从家庭和企业的收入支出循环中漏出，图 8-1 标注 S 的实线就是从家庭中漏出的一部分收入。借助金融市场，这部分漏出重新通过企业借债的形式流回企业，如图 8-1 标注企业借债的实线。因此，金融市场起着重要的作用，确保总收入和总支出的平衡。

从支出的角度看，总支出包括家庭消费和企业投资，即总支出 $Y = C + I$；从收入角度看，总收入的一部分用于消费，一部分用于储蓄，因此有总收入 $Y = C + S$。通过要素市场、产品市场和金融市场保证了总收入和总支出的相等。因此有 $C + I = Y = C + S$，得到 $I = S$，这就是储蓄—投资恒等式。

需要注意的是，总支出用于购买产品和服务，代表了总需求；总收入是企业对生产要素的支付，生产要素用于生产产品，代表了总产出，也代表了总供给。所以，总支出和总需求是问题的一端，而总收入、总产出和总供给是问题的另一端，但它们始终相等。

储蓄—投资恒等式是根据相关定义和经济运行规律得出的,只要遵循储蓄和投资的定义,储蓄—投资恒等式始终成立,而不管经济是否存在通货膨胀、充分就业,是否处于均衡状态。但实践中,不能保证家庭的计划储蓄能够和企业的计划投资保持一致,这样就会造成总供给和总需求不平衡,引起经济扩张和收缩。后面涉及经济均衡问题时,谈到投资需要等于储蓄才能达到均衡状态,计划投资等于计划储蓄是一个必要条件,跟这里储蓄—投资恒等式不是一回事,这里的储蓄和投资是事后的储蓄和投资。

8.2.2 三部门经济的循环流向图

将政府作为一个经济部门加入收入支出循环,如图8-2。政府将向家庭部门征税,图8-2中标注 T 的虚线表示政府的净税收,包括政府税收减去政府转移支付和债务利息。实践中,政府向企业征税,但是最终的承担者都是家庭部门,所以此处净税收实质是对家庭部门的征收。政府利用税收从企业购买产品和服务,这部分支出被称为政府支出(G)。图8-2中标注 G 的虚线表示政府支出的流向,政府支出通过产品市场流入企业。政府有时也需要利用金融市场,在财政政策需要时,政府会从金融市场借债补充财政收入,也会利用税收去偿还金融市场的债务,如图8-2中标注政府还债与借债的实线。

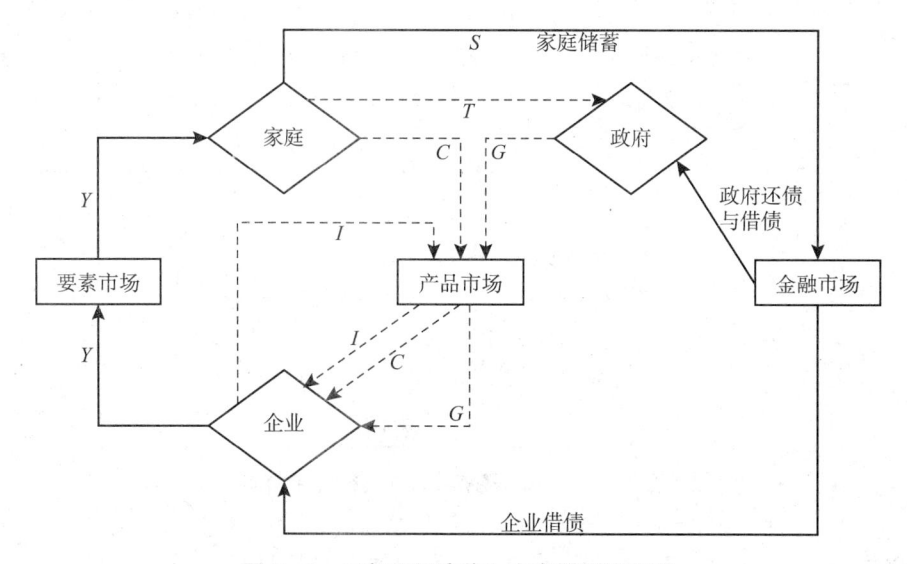

图8-2 三部门经济收入支出循环流向图

显然,将政府部门包含到收入支出循环中,国民收入的构成将会发生变化。从支出的角度看，总支出需要在两部门经济的基础上将政府的购买支出包含进来，这样总支出 $Y = C + I + G$。从收入的角度看，总收入的一部分除了用来消费和储蓄外，还需要缴纳政府税收，这样总收入 $Y = C + S + T$。根据总收入等于总支出，有 $C + I + G = C + S + T$，可以得到 $I = S + (T - G)$。公式 $I = S + (T - G)$ 右面的 $T - G$ 表示政府税收减去政府购买支出，二者差额是政府暂时没有花出去的钱，可以看作政府储蓄。这样，$I = S + (T - G)$ 就表示储蓄（包括私人储蓄和政府储蓄）仍然和投资恒等。

8.2.3 四部门经济的循环流向图

在经济全球化条件下，世界其他国家也将参与国内市场。企业将向世界其他国家出售产品和服务，称为出口（X），并从世界其他国家购买产品和服务，称为进口（M）。出口减去进口被称为净出口，净出口如果为正表明国内企业向世界其他国家输出产品和服务，称为贸易顺差；净出口如果为负表明世界其他国家向国内输入产品和服务，称为贸易逆差。图 8-3 标注 $X - M$ 的虚线表明净出口的流向。

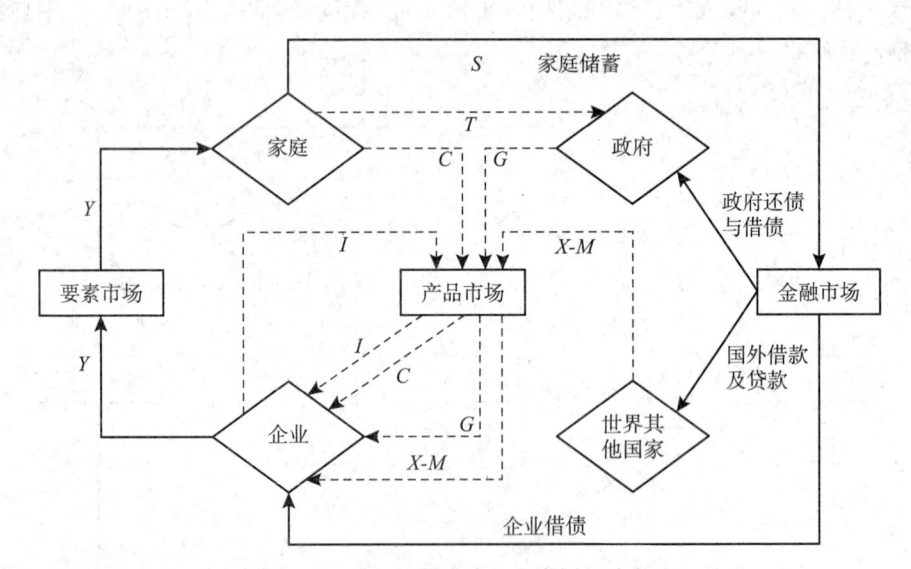

图 8-3　四部门经济收入支出循环流向图

进出口同时反映了国家之间的借款和贷款。如果中国进口大于出口，相当于从世界其他国家借款 $M - X$，世界其他国家的部分储蓄就被用于为中国的投资提供资金。如果中国出口大于进口，相当于中国向世界其他国家提供了数额为 $X - M$ 的资金，中国的部分储蓄为其他国家的投资提供了资金。

四部门经济中，总支出有一部分用于进出口，所以总支出 $Y = C + I + G + (X - M)$。总收入并未发生变化，仍然为 $Y = C + S + T$。因此有总支出等于总收入，即 $C + I + G + (X - M) = Y = C + S + T$，可以得到 $I = S + (T - G) + (M - X)$。此时的 $(M - X)$ 可以看成是世界其他国家对本国的储蓄，所以 $I = S + (T - G) + (M - X)$ 的公式表明四部门经济中总储蓄（私人储蓄、政府储蓄和国外储蓄）仍然和投资恒等。

8.3 GDP 的计算方法

经济学家用三种方法来计算 GDP，分别为支出法、收入法和生产法。这三种方法能够得到相同的结果，但是从不同的视角理解宏观经济现象。

8.3.1 支出法

统计部门把 GDP 的统计分为四个大类的支出，利用这些分类可以理解 GDP 的波动以及预测未来的 GDP。一般来讲，一个经济中的总支出的四个组成部分为：消费、投资、政府购买和净出口。每一个组成部分都和经济社会中四类人群中的一类有着紧密的联系，分别是消费者、生产者、政府和外国人。

表 8 - 1 显示了美国 2008 年 144 414 亿美元 GDP 的四个构成部分。表 8 - 2 显示了中国 2008 年 306 859.8 亿元 GDP 的构成部分。中国统计局给出的数据与支出法四个构成部分有所不同，在我国的统计实践中，支出法计算的国内生产总值划分为最终消费、资本形成总额和货物和服务的净出口总额。最终消费分为居民消费和政府消费。资本形成总额中则包括政府投资。所以政府的购买支出被划分为政府消费和政府投资，分别被统计到最终消费支出和资本形成总额之中了。

表 8 - 1　　　　　　　　2008 年美国 GDP 的构成：支出法

构成	金额（10 亿美元）	百分比
国内生产总值（GDP）	14 441.4	100.0
消费	10 129.9	70.1
投资	2 136.1	14.8
政府购买	2 883.2	20.0
净出口	- 707.8	- 4.9

资料来源：美国商务部。

表 8-2　　　　　　　　　　2008 年中国 GDP 的构成：支出法

构成	金额（亿元）	百分比
国内生产总值（GDP）	306 859.8	100.0
最终消费支出	149 112.6	48.6
资本形成总额	133 612.3	43.5
货物和服务净出口	24 134.9	7.9

资料来源：《中国统计年鉴（2009）》。

1. 个人消费支出（Consumption，简称 C）

个人消费支出，或简称为消费，是个人对最终产品或服务的购买。消费支出是家庭成员所为，大致可以包括：其一，服务，比如家庭成员在医疗、教育、旅游等方面的支出；其二，易耗品，或者非耐用消费品，比如食品、衣物、牙膏等方面的支出；其三，耐用消费品，比如汽车、家电、家具等方面的支出。消费支出在美国的 GDP 中占了相当大的一块，达到 70.1%，所以美国经济主要是靠消费带动的。中国的消费支出占 GDP 的比重仍然比较小，即使加上政府消费也才占 48.6%，所以中国经济需要转变发展方式，消费需求仍然需要不断扩大。

消费不包括家庭对房产的购置，它属于投资的范畴。但是租房则被包含在住房消费里，所以在统计消费价格指数时房租是被统计在内的，但没有统计一次性购置房产的价格。

2. 投资（Investment，简称 I）

投资支出是企业在新的厂房、办公楼、机器和存货以及家庭在新住宅上的支出，可以分为三类：一是固定资产投资。固定资产投资是企业为了生产其他产品而在新的厂房、办公楼和机器设备上的支出。当一个企业，比如盒饭派送店新购了一辆汽车，这种购买被看作是企业固定资产投资而非消费。因为企业要利用这辆汽车去送盒饭，这对提供盒饭派送服务是有作用的，在这一过程中，汽车为提供盒饭派送服务创造了新的价值。但是这家盒饭派送公司购买的用于加工的中间产品，如食盐、酱油和面粉不能被计入投资。因为这些材料是最终产品的一部分，也就是盒饭的一部分，最后会被消费者购买，不能将其重复计算。

二是存货投资。存货投资是那些已经被生产但尚未出售的商品，是汽车销售店停车场没有销售掉的汽车，抑或是超市货架上陈列的没有卖掉的洗发水。之所以要把存货投资包含到 GDP 中，是因为 GDP 需要对产量进行衡量。当一辆完整的途观 SUV 开出工厂的时候，汽车的产量已经增加了，但是这辆 SUV 并没有马上被消费者购买走，而是存放在汽车销售商的停车场。如果相关统计部门统计消费者的购买量时，无法把这辆 SUV 统计在内，因为它根本就没被买走。但是，如果把存货作为投资支出的一部分，那么这辆 SUV 就可以被统计在内。当这辆 SUV 被买走时，消费增加了一辆 SUV，而存货投资减少了一辆 SUV，两者正好相抵，此时并没有发生产量的增加。当这一事件发生在跨年度里时，就出现了 2000 年生产的价值 10.3 万元的汽车以存货投资记录在 2000 年的 GDP 中，2001 年卖出 11 万元的价格，7 000 元的价值增值是对销售服务的报酬，记录在 2001 年的 GDP 中。

三是住房投资。住房投资是家庭在购置新房产方面的支出。住房大多数是被消费者而非商人购买，但是它们仍被看作投资，因为它们生产了服务，即容身之处，也是休息和享受生活的地方。

将这三类投资汇总，2008 年美国的投资支出为 21 361 亿美元，占了 GDP 总额的 14.8%。

需要注意，经济学的投资范畴相对狭窄，投资看重产生新的产品或者服务。而日常生活中，人们把买卖股票、储蓄以及购买稀有钱币都看作是投资，但经济学里并不包含这些内容，因为这些活动并不产生新的产品，买卖股票只是公司部分所有权的转移，购买稀有钱币或者储蓄户头上增加 10 万元存款都没有增加新的产出。

3. 政府购买（Government Purchase，简称 G）

政府消费以及政府投资简称为政府购买，它是政府在产品或服务上的支出。例如，政府在教育、道路和国防安全方面的支出。2008 年美国政府购买支出是 28 832 亿美元。

不是所有的政府支出都包括在政府购买支出中，政府转移支付就不属于政府购买，它也不会产生新的产品和服务。政府转移支付是简单地将收入从政府手里转移到另一些人或另一些组织，没有相应的物品或劳务的交换发生。如政府给残疾人发放救济金、社会保障、失业救济等。2008 年汶川大地震后，政府一部分财政支出以转移支付的形式用于救灾，财政支出转移的过程不计入 GDP。但是当地方政府拿到这笔救济金后，开始购置救灾物资、修路、建房等，此时地方政府支出是需要计入 GDP 的，所以政府转移支付并非完全对 GDP 没有影响，它增加了一部分人或组织的收入，会拉动消费或者投资。

4. 净出口（Net Export，简称 NX）

进出口是产品或服务的出口减去进口。出口就是本国生产的产品或服务，被国外的企业、家庭或政府所购买，它是本国要素投入所带来的产出，需要计入本国的

GDP；进口则是其他国家所生产的产品或服务，被本国企业、家庭或政府所购买，这一部分是外国的产出并非本国产出，需要减去这部分产出。进口减去出口被称为贸易差额，当净出口为正时，出现贸易顺差；当净出口为负时，出现贸易逆差。

2008 年美国进口大于出口，因此，消费、投资、政府购买的加总额高估了美国的产出，这三项总和大于 GDP 的值，因此美国的 GDP 要从这三项总额中减去 7 078 亿美元。中国 2008 年的净出口则出现顺差，进出口为 24 134.9 亿元，占 GDP 的 7.9%。

5. GDP 公式

可以加总 GDP 的各组成部分得到：

$$Y = C + I + G + NX$$

这个公式说明 GDP（以 Y 表示）等于消费（C）加上投资（I）加上政府购买（G）再加上净出口（NX）。以美国 2008 年的 GDP 为例，这几项的总值为（单位为 10 亿美元）

$$14\,441.4 = 10\,129.9 + 2\,136.1 + 2\,883.2 - 707.8$$

公式中的 C、I、NX 在国内往往被称为拉动经济增长的三驾马车，即消费需求、投资需求和出口需求，而消费需求和投资需求总称为内需。

8.3.2 收入法

收入法测量 GDP 是将企业使用生产要素而支付给家庭的收入即劳动工资、资本利息、土地租金、企业家才能进行加总，具体计算时需要将这些家庭收入加上间接税和折旧，并且扣除政府给企业的补贴。表 8 - 3 给出了收入法各组成部分收入和相应数值。

表 8 - 3　　　　　　　　2006 年美国 GDP 的构成：收入法

构成	金额（10 亿美元）	百分比
国内生产总值（GDP）	13 008	100.0
工资	7 322	56.3
利息	706	5.4
租金	77	0.6
企业利润	1 343	10.3
所有者收入	1 008	7.8
间接税加企业转移支付减补贴	1 004	7.7
折旧	1 548	11.9

资料来源：美国商务部。

劳动工资是支付给工人劳动的酬金、津贴和福利,同时还包括税收加上社会保险、养老金等额外福利,可以称为"拿回家的钱"和"拿不回家但属于你的钱"。

资本利息是人们给企业所提供的货币资金所得的利息收入如银行存款利息、企业债券利息等,但政府公债利息及消费信贷利息不包括在内。

租金可以理解为对自然资源的支付,包括出租土地、房屋、矿藏租赁收入,土地租金是狭义上的租金的含义。

利润是企业在支付完工资、利息和租金后的剩余收入,是对企业家组织其他生产要素以及承担生产和销售产品及服务风险的回报。利润包括中石油、中石化这些大公司的收益,也包括那些小型企业的收入,一个剧作家出售电影剧本所获得的版税也属于利润。

所有者收入表现为一些非公司企业主收入,如医生、律师、农民和小店铺主的收入。他们使用自己的资金自我雇佣,其工资、利息、租金和利润混在一起构成了所有者收入。

上述收入的总和是以劳动、资本、土地和企业家才能等要素成本衡量的国内净收入,它是生产最终产品所使用的生产要素的成本。然而,将用于购买最终产品的支出进行加总时,是以市场价格衡量的国内产出。市场价格和要素成本不同,是因为间接税收和补贴的存在。

间接税是由企业直接支付给政府的销售税。例如消费者购买香烟支付的价格中有一部分税金,烟草公司会将这部分税金交给政府。由于间接税的存在,消费者在消费产品和服务时的支出大于生产者所得,市场价格要大于要素成本。所以需要把间接税包含在 GDP 中。

企业转移支付包括对非营利组织的社会慈善捐款和消费者呆账,它不代表生产要素创造的价值或者收入,但是它要通过产品的价格转嫁给消费者,也就是说消费者支付的价格里包含企业转移支付,所以需要将企业转移支付包含在 GDP 中。

补贴是政府对生产者的支付,比如政府会给种植粮食的农民支付农业补贴。由于补贴的存在,消费者在某些产品和服务上的支出要少于生产者所得,要素成本会大于市场价格。所以需要把政府给企业的补贴从 GDP 中扣除。

最后在 GDP 中还需要加上折旧。折旧是指每一年厂房和机器设备损耗的总值,是资产价值随时间的贬值。每年 GDP 中有相当一部分投资用来弥补厂房和机器设备的损耗。企业在公布利润时,已经将折旧减去。但是在 GDP 中必须包含折旧,因为新的设备取代旧的设备就意味着新的产出。因此,在计算总收入时需要加上折旧。

8.3.3 生产法

生产法就是将经济社会中所有企业和工厂的产出进行加总。使用这种方法必须避免一些中间产品的重复计算。所以，计算 GDP 只需要计算每一个生产环节中的增加值。图 8-4 给出制作一杯普洱茶的过程中，怎样加总一国经济中相关企业的增加值才能有效避免重复计算，从而得到一杯普洱茶在茶馆里出售时的最终价格。这个过程适用于其他产品的生产。

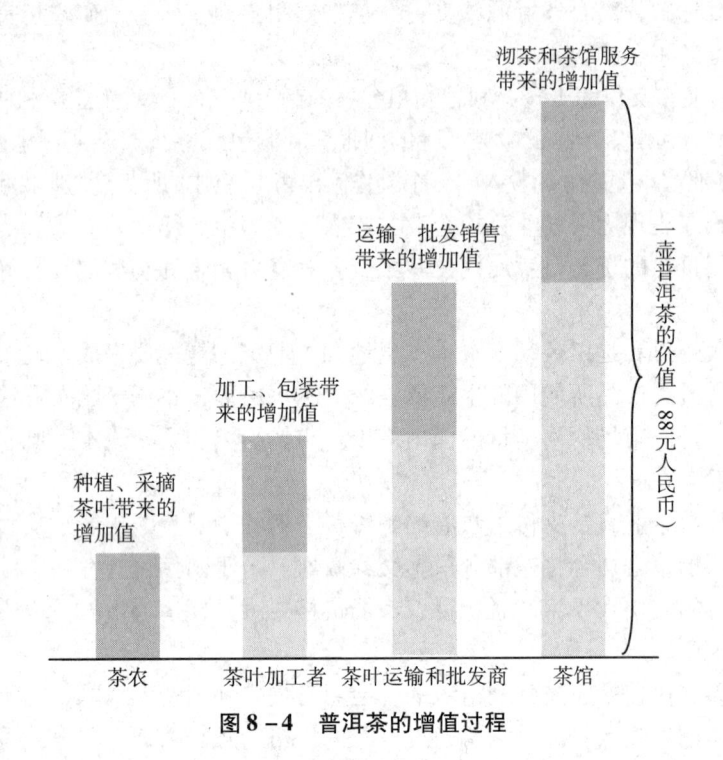

图 8-4 普洱茶的增值过程

通过加总从种植普洱生茶到沏出一壶浓香的普洱茶的每一个生产环节的价值增值，能够计算出最后一壶普洱茶的价值，而且避免了重复计算的问题。这样，在一国经济中运用这样的方法可以计算 GDP。

8.4 实际 GDP 与价格水平

8.4.1 剔除价格因素

在计算 GDP 时为了衡量产出的市场价值，GDP 实际上是产品产量乘以价格后的加总，价格在 GDP 中是一个重要的因素。考察实践中的问题，例如 2009 年途观 SUV 的产出为 500 亿元，2010 年的产出为 630 亿元，SUV 的市场价值增加了 26%。途观 SUV 市场价值的增加背后发生了什么？必须认清楚两件事：一是 2010 年比 2009 年途观 SUV 生产的数量增加了；2010 年途观 SUV 车型的平均价格更高了。如前所述，国内生产总值最有意义的是实际产出，只有实际产出才能真正衡量生活水平的高低。所以必须弄清楚 GDP 增加的真正原因。

实际 GDP 是特定时期内以不变价格衡量的最终产品和服务的价值。通过比较不变价格计算的 GDP 可以考察产出的真实变化。假设一个非常简单的经济体只生产三种最终产品和服务：中式汉堡、MP3 和牙科检查。表 8－4 给出 2009 年和 2010 年相关产品和服务的数据。

表 8－4　　　　　　　　　　　　GDP 相关数据

产出	2009 年 数量	2009 年 价格（元）	2010 年 数量	2010 年 价格（元）
中式汉堡	1 000	3	1 100	3.5
MP3	300	350	320	345
牙科检查	150	400	180	450

1. 计算名义 GDP

名义 GDP 是特定时期内以当期价格衡量的最终产品和服务的价值。计算 2009 年的名义 GDP 只需要将三种产品和服务 2009 年的产量分别与其当年的价格相乘，然后加总即可。显然，2009 年用于三种产品和服务的支出分别为：

$$中式汉堡的支出 = 1\ 000 个 \times 3 元 = 3\ 000（元）$$
$$MP3 的支出 = 300 个 \times 350 元 = 105\ 000（元）$$
$$牙科检查的支出 = 150 个 \times 400 元 = 60\ 000（元）$$

所以，2009 年的名义 GDP = 3 000 元 + 105 000 元 + 60 000 元 = 168 000（元）

到 2010 年，三种产品和服务的产量都增加了，但价格有涨有降，中式汉堡和牙科检查价格上涨了，MP3 的价格则小幅下降。采用相同的方法可以计算 2010 年的名义 GDP：

$$中式汉堡的支出 = 1\ 100 个 \times 3.5 元 = 3\ 850（元）$$
$$MP3 的支出 = 320 个 \times 345 元 = 110\ 400（元）$$
$$牙科检查的支出 = 180 个 \times 450 元 = 81\ 000（元）$$

所以，2010 年的名义 GDP = 3 850 元 + 110 400 元 + 81 000 元 = 195 250（元）
由此可以计算名义 GDP 的增长速度：

$$名义GDP增速 = \frac{2010年的名义GDP}{2009年的名义GDP} - 1 = \frac{195\ 250}{168\ 000} - 1 = 16.2\%$$

显然，2010年相比2009年的名义GDP增长了16.2%，这16.2%的增长一部分原因是由于三种产品或服务的产出增加了；另一部分原因是由于价格的变化导致了名义GDP的变化。

2. 计算实际GDP

计算实际GDP需要剔除价格因素的变化，解决办法就是使两个年份的价格相同，因此可以选定某一年度作为基期，就以基期价格为准进行计算。这里可以选择2009年作为基期，两年的GDP都采用基期的价格来计算。

采用2009年的价格，计算的2009年的实际GDP与名义GDP相同，即168 000元。

采用2009年的价格，计算2010年的实际GDP：

中式汉堡的支出 = 1 100个 × 3元 = 3 300（元）

MP3的支出 = 320个 × 350元 = 112 000（元）

牙科检查的支出 = 180个 × 400元 = 72 000（元）

2010年的实际GDP = 3 300元 + 112 000元 + 72 000元 = 187 300（元）

可以计算以2009年为基期的实际GDP的增长速度：

$$实际GDP增速 = \frac{2010年的实际GDP}{2009年的实际GDP} - 1 = \frac{187\ 300}{168\ 000} - 1 = 11.5\%$$

可以看出，保持价格在2009年的水平，实际GDP从2009年的168 000元增加到2010年的187 300元，实际GDP增长了11.5%。

如果选取2010年作为基期，也可以考察实际GDP的变化。

采用2010年的价格，计算的2009年的实际GDP：

中式汉堡的支出 = 1 000个 × 3.5元 = 3 500（元）

MP3的支出 = 300个 × 345元 = 103 500（元）

牙科检查的支出 = 150个 × 450元 = 67 500（元）

2009年的实际GDP = 3 500元 + 103 500元 + 67 500元 = 174 500（元）

采用2010年的价格，计算的2010年的实际GDP与名义GDP相同，即195 250元。

由此可以计算以2010年为基期的实际GDP的增长速度：

$$实际GDP增速 = \frac{2010年的实际GDP}{2009年的实际GDP} - 1 = \frac{195\ 250}{174\ 500} - 1 = 11.9\%$$

可以看出，保持价格在2010年的水平，实际GDP从2009年的174 500元增加到2010年的195 250元，实际GDP增长了11.9%。

显然，采用不同基期计算的实际GDP的增长速度有轻微的差别，以2010年为基期计算的增长速度为11.9%，而以2009年为基期计算的增长速度为11.5%。这种轻微差别在实践中难以避免,选择哪一年作为基期并没有好坏之分。在中国最新的统计年鉴中,分别采用 1970 年、1980 年、1990 年、2000 年和 2005 年作为基期计算实际 GDP,这并不影响对 GDP 走势的分析,但使用数据作比较时必须在统一标准下进行。

图 8-5 给出了 1978 年至 2009 年的名义 GDP 和以 1978 年价格计算的实际 GDP,实际 GDP 明显低于名义 GDP。对比名义 GDP 和实际 GDP 的增速,两个数值具有一定的差距,显然剔除掉价格因素的实际 GDP 增速低于未剔除价格因素的名义 GDP 的增速。实际 GDP 剔除掉通货膨胀因素导致的产出增加,更能真实反映一国经济产量的增长。

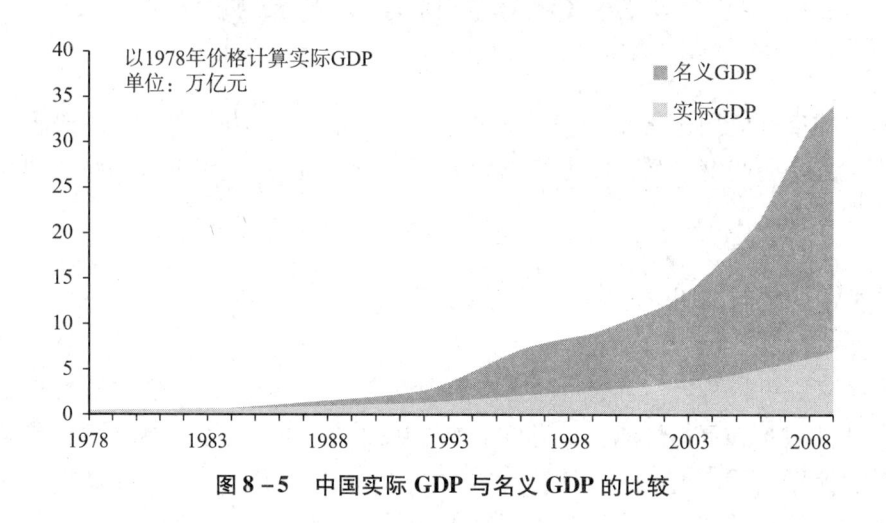

图 8-5 中国实际 GDP 与名义 GDP 的比较

8.4.2 GDP 平减数

由于价格因素导致了名义 GDP 增长比实际 GDP 快,二者增量相差越大,通货膨胀就越严重。也有可能出现通货紧缩现象,那么由于价格水平下降,名义 GDP 的增长会低于实际 GDP 的增长。通过比较实际 GDP 和名义 GDP 可以衡量价格水平的变化。

衡量价格水平的方法之一是 GDP 平减数,它用名义 GDP 除以实际 GDP 得出,即:

$$\text{GDP 平减数} = \frac{\text{名义 GDP}}{\text{实际 GDP}} \times 100\%$$

由于名义 GDP 包含价格因素,而实际 GDP 已经剔除价格因素,所以二者相除正好剔除产量因素,结果表示的就是价格水平。

仍然以 2009 年作为基期，分别计算 2009 年和 2010 年的 GDP 平减数为：

$$2009 \text{ 年 GDP 平减数} = \frac{168\,000}{168\,000} \times 100\% = 100\%$$

$$2010 \text{ 年 GDP 平减数} = \frac{195\,250}{187\,300} \times 100\% = 104.2\%$$

显然，由于选取 2009 年作为基年，实际 GDP 等于名义 GDP，因此 GDP 平减数是 100%。2010 年的 GDP 平减数是 104.2%，进而相对 2009 年，2010 年的价格水平上涨了 4.2%。

8.5　GDP 衡量指标的缺陷

GDP 被广泛应用于衡量经济中的总产出，但 GDP 仍然存在着一些缺陷：有时 GDP 会遗漏一些产出，例如家庭产出和地下经济产出；有时 GDP 在测量福利问题上显得苍白无力。

8.5.1　家庭产出

一个家庭里，每天都有大量的生产活动发生。做饭或是织毛衣，给汽车加油或是给婴儿洗尿布，更换灯泡或是为孩子辅导功课等。由于这些活动并不在市场中进行交易，所以这些产出并没有计算在 GDP 之中。如果你制作一个书架并在市场上售卖这个书架，那么这项活动参与了市场交易，将被统计在 GDP 之内；但是如果你制作了一个书架供自己使用，这项活动没有参与市场交易，就无法统计在 GDP 之内。

家庭产出也是具有重要价值的，否则你将请人做饭、织毛衣、给汽车加油、给婴儿洗尿布、更换灯泡、给孩子辅导功课，这都将使你的支出增加，当然你同时可以去给别人做这些事情获得收入，这样经过市场交易后，GDP 就增加了。因此，有人提出要求丈夫给在家里做家务的妻子支付工资，虽然这并无必要，操作也有困难，但体现了家庭产出的价值。

实际上一些传统的家庭产出也在受到市场交易的影响。例如，10 年前家里来朋友做客，吃饭的事情往往需要在家里解决，妻子能够烧一手好菜那是很自豪的事情。而今天越来越多的城市家庭朋友来做客往往都去餐馆里解决，甚至越来越多的年轻人平时吃饭问题都交给了餐馆。

也有些人将一部分工作放在家里完成，比如在家里开展邮购或者网店业务，并且为你的收入缴税，那么这部分产出应该被计入 GDP。

8.5.2 地下经济产出

个人和企业有时候会隐匿产品和服务的购买及出售，一般是为了逃税和规避管制，或者是这些经济活动本身是违法的，这些地下经济产出并不计入 GDP。在中国，地下经济一直都存在着，例如，没有经过药监局批准的违法药物的生产和销售；重庆地下窝点非法制售枪支；个别企业雇佣童工和智障工人；某些个人为了逃避个人所得税而用现金结算的工作。这些经济活动的产出都没有计算在 GDP 中。

地下经济活动的存在使得 GDP 在衡量一国经济时变得不够准确，但不至于使 GDP 变得一无是处。地下经济活动如果占整个经济活动的比例比较稳定，那么它对实际产出的增长速度影响不大。

8.5.3 闲暇

闲暇是能够给人们直接带来价值的东西，它能够增加人们的福利。在其他条件不变的前提下，得到的闲暇越多，人们的福利水平就会越高。衡量在 GDP 的收入只能给家庭带来间接效用，即人们工作获得收入，然后用于消费才能带来效用。但闲暇却给家庭带来直接效用。有些人退休后感觉自己不工作时能够参加各种各样的娱乐活动，闲暇时间带给自己的幸福感比工作时更强。但是闲暇无法交易，并不计入 GDP 中。当人们工作时间更多时，GDP 可能会更高，但是人们感觉到的福利却减少了，因为闲暇时间减少了。这一状况正在随着经济的发展和人们生活水平的提高得以改善，越来越多的人享受带薪休假的福利制度，而有些人为了休闲宁可放弃更高的收入。

8.5.4 质量的改进

用 GDP 来衡量经济总量，有时候会忽略商品和服务质量的改进，尤其是在计算实际 GDP 时。比如，当汽车的价格提高是因为汽车质量的提高时，新款的汽车会比旧款的汽车更加安全、更节约燃料、更舒适、更美观等，但如果它们的价格是一样的时候，就不会引起 GDP 的增长。计算实际 GDP 时采用基期的价格作为不变价格进行计算，显然 GDP 平减数可能会将新车价格的上涨看作是通货膨胀，而忽视汽车质量的改进。

8.5.5 环境质量

经济活动还会影响环境质量，经济活动不可避免要有动力、能源等的投入，这将对不可再生资源带来毁灭性的消耗，同时还将向环境中排放大量的污染物。发展经济、增加 GDP 并没有对这些问题进行调整。相反，用于保护环境而使用的资源的价值也被计算在 GDP 中。例如，环保局为了治理污水排放而设立的污水处理厂，在这方面的支出被计算在 GDP 之内。但是，如果不增加这部分支出而任由环境被污染的话，我们将无法获得干净的水和清洁的空气，这给人们带来的负面影响将无法衡量。中国经济高速发展的同时，正在承受着大气污染、水环境污染、垃圾污染等环境质量下降的破坏，由此所带来的疾病日益增多。

8.5.6 犯罪、离婚、吸毒等社会问题

犯罪、离婚、吸毒等社会问题的增加会减少社会福利。虽然为了防范和打击这些问题而需要更多开支的警察、防卫和警报体系，这些反而会增加 GDP。GDP 无法对人们福利的变动做出调整。

显然，人们的社会福利的增加依赖于很多并没有计入 GDP 的因素。GDP 仅仅为了考量产出而设计，它本身并不完美地衡量福利。所以唯 GDP 论的经济增长方式成为经济学家和社会学家一直反对的问题。尤其是，唯 GDP 的干部考核标准使得许多地方政府一味追求 GDP，而不会顾忌环境、安全等增加社会福利的因素。

8.6 其他总产出和总收入的测量方式

国民收入核算体系中，作为 GDP 的补充，国民收入账户中还有其他几个产出和收入的计算方式。图 8-6 列出了 2008 年美国总产出和总收入的各指标测量数值。

单位：10亿美元

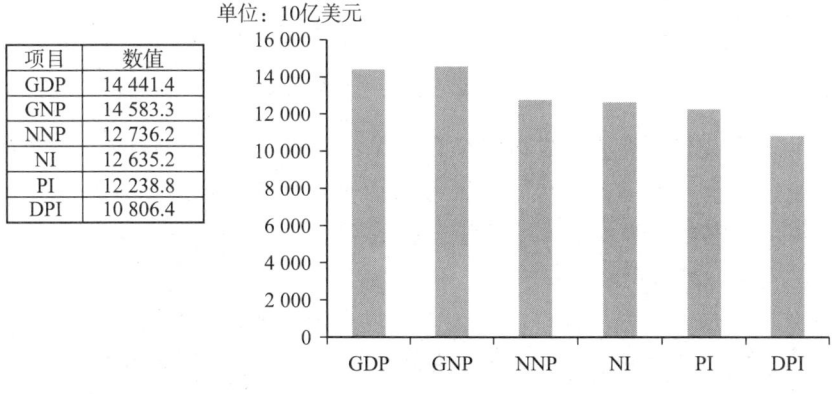

项目	数值
GDP	14 441.4
GNP	14 583.3
NNP	12 736.2
NI	12 635.2
PI	12 238.8
DPI	10 806.4

图8-6　美国2008年总产出和总收入的测量

国民生产总值（GNP）。在区分GDP地域概念时，比较了GNP和GDP的区别，GNP是一个国民概念，是某国国民在一定时期内所生产的最终产品的市场价值。海尔在美国分公司获得的利润则是中国GNP的一部分，而不是美国的GNP，这是中国国民所拥有的企业家才能获得的回报。

国民生产净值（Net National Product，NNP）。生产产品和服务时，有些机器设备和建筑会损耗以至最终需要更新和替换，这些损耗掉的机器和设备的价值就是折旧。从GNP中扣除这些资本消耗即折旧就得到了国民生产净值（NNP）。

国民收入（National Income，NI）。国民收入衡量一国生产要素在一定时期内提供服务所获得的报酬的总和，即工资、利息、租金和利润的总和。如前所述，由于间接税的存在，消费者购买产品支付的价格和生产该产品的个人所得到的收入（要素收入）之间存在一定的差额。GDP衡量市场价值时采用市场价格计算，包含了间接税和企业转移支付，计算国民收入就需要扣除掉间接税和企业转移支付。政府给企业的补贴并不列入产品的价格，将成为要素的收入并计入国民收入。因此国民收入等于国内生产净值扣除间接税和企业转移支付加上政府补贴。

个人收入（Personal Income，PI）。个人收入是家庭所能得到的收入。国民收入虽然是要素收入但并不最终全部成为个人收入，公司未分配利润、公司所得税和社会保险税等都无法成为个人收入。但同时，政府的转移支付却成为个人收入的一部分。所以，个人收入等于国民收入扣除公司未分配利润、公司所得税和社会保险税再加上政府转移支付。

个人可支配收入（Disposable Personal Income，DPI）。个人收入并非是家庭能够最终自由支配的收入，其中一部分还必须缴纳个人所得税，个人收入减去个人所得税就得到可支配收入，它可以用来购买商品或服务，也可以将这部分收入储蓄起来以备今后使用。

【本章小结】

1. 国内生产总值，度量一定时期（通常是一个季度或一年）内，经济社会（一国或一个地区）生产的全部最终产品或服务的市场价值总和。此定义包括四个部分的内容：第一，市场价值。第二，最终产品或服务。第三，一国或一个地区境内生产。第四，在一定时期内。

2. 计算一国经济总产出的价值时，会发现总收入和总产出总是相等的。总支出用于购买产品和服务，代表了总需求；总收入是企业对生产要素的支付，生产要素用于生产产品，代表了总产出，也代表了总供给。所以，总支出和总需求是问题的一端，而总收入、总产出和总供给是问题的另一端，但它们始终相等。

3. 计算GDP的三种方法。经济学家用三种方法来计算GDP，分别为支出法、收入法和生产法。这三种方法能够得到相同的结果，但是从不同的视角理解宏观经济现象。一个经济中的总支出的四个组成部分为：消费、投资、政府购买和净出口。每一个组成部分都和经济社会中四类人群中的一类有着紧密的联系，分别是消费者、生产者、政府和外国人。收入法测量GDP是将企业使用生产要素而支付给家庭的收入即劳动工资、资本利息、土地租金、企业家才能利润进行加总，具体计算时需要将这些家庭收入加上间接税和折旧，并且扣除政府给企业的补贴。生产法就是将经济社会中所有企业和工厂的产出进行加总。使用这种方法必须避免一些中间产品的重复计算。所以，计算GDP只需要计算每一个生产环节中的增加值。

4. 实际GDP是特定时期内以不变价格衡量的最终产品和服务的价值。通过比较不变价格计算的GDP可以考察产出的真实变化。名义GDP是特定时期内以当期价格衡量的最终产品和服务的价值。衡量价格水平的方法之一是GDP平减数，它用名义GDP除以实际GDP得出。

5. GDP被广泛应用于衡量经济中的总产出，但GDP仍然存在着一些缺陷。有时GDP会遗漏一些产出，例如家庭产出和地下经济产出；有时GDP在测量福利问题上显得苍白无力。

6. 国民收入核算体系中，作为GDP的补充，国民收入账户中还有其他几个产出和收入的计算方式：国民生产总值、国民生产净值、国民收入、个人收入和个人可支配收入等。

【推荐读物】

1. 陈志武. 陈志武说中国经济［M］. 山西经济出版社，2010.

2. 陈晋. 哈佛经济学笔记 [M]. 江苏文艺出版社, 2010.
3. 网络资料：中华人民共和国国家统计局统计信息, http://www.stats.gov.cn/.

【复习思考题】

1. 如何理解国内生产总值的内涵？
2. 试画图解释两部门经济的收入支出循环流向。
3. 支出法计算 GDP 的四个组成部分是什么？
4. 收入法计算 GDP 有哪些内容构成？
5. 名义 GDP 和实际 GDP 的区别是什么，如何计算 GDP 平减数？
6. GDP 衡量指标的缺陷有哪些？
7. 解释国民生产总值、国民生产净值、国民收入、个人收入和个人可支配收入之间的关系。
8. 讨论经济追求高 GDP 增长率的利弊。
9. 开篇案例思考题：
   (1) 为什么人均 GDP 比 GDP 更重要？
   (2) 中国与日本的差距在哪里？
   (3) 唯 GDP 增长论的观点正确与否？为什么？

第 9 章

消费与投资

【学习目标】

1. 解释当价格水平固定时的计划支出与实际支出，并理解经济均衡的内涵。
2. 理解凯恩斯的消费函数和储蓄函数，并了解其他消费理论。
3. 理解投资的决定因素。
4. 通过货币的需求和供给理解货币的价格，即利率的决定。
5. 理解各种乘数。

【开篇案例】

美国的借贷消费模式

2005 年，大卫·拉普卡从耶鲁大学读完 MBA，在康州的一家基金管理公司找到工作，年薪 12 万美元。他知道，他未来的收入和财富前景很好，今后的年收入会更高。只是他当下的现金财富非常有限。读大学时，为了减少学费给父母的负担，他借了学生助学贷款 3 万美元，读 MBA 时再借了 3 万美元助学贷款。所以，到 2005 年开始工作时，大卫共欠债 6 万美元，但是，他必须要买辆车，这又要花 2 万美元，同时，他刚刚跟多年的女朋友结婚，要花 17 万美元买栋房子。

大卫的确感到经济压力，让他极为痛苦的是，他知道此后的收入会很多，特别是到他退休时财富会最多。可是，他现在 28 岁，正是成家立业最需要钱的时候，而此时偏偏最没有现金，还负债！好在有按揭贷款银行。他算了一下，如果再借钱买车、买房子，他会累计欠债 25 万美元，如果按 30 年分期付款，当时的利息是 5.5%，这样，未来的月供是 1 800 美元左右。这样算下来，还不错，因为他未来月收入 1 万美元，去掉纳税以及保险、退休金等之后，还能拿到手的有 6 000 多美元，也就是说，债务月供只占可支配收入不到 1/3，他还有 4 千多美元作其他开支。事过三年，到今天，大卫的年收入已超过 20 万美元。有一个女儿，还在等第二个。

第9章 消费与投资

大卫的故事在美国当然很典型，也是美国靠借贷推动消费、再靠消费推动增长的经济模式之最好的典范，有钱家庭出身的人如此，劳动阶层出身的人也如此。这种模式之所以在美国社会如此根深蒂固，是由人一辈子的收入轨道所决定的，年轻力壮时最没钱，到年老退休时钱最多，而花钱消费的年龄轨道又正好与此相悖，所以，信贷市场的发展就是为了帮助人们纠正这两种轨道的矛盾。按揭贷款衍生证券市场的深化，最终就是最大化借贷资金的供给，同时最小化借贷的利息成本。

2008年美国的次贷危机引发了几乎是全面的金融危机，正在挑战大卫，甚至整个美国社会的生活方式，挑战这种借贷消费支撑的经济模式，挑战美国金融资本主义模式。这种模式的未来会如何？将要终结吗？如果是终结，其替代模式又是什么？

摘自：陈志武. 金融的逻辑 [M]. 国际文化出版公司，2009.

【重要概念】

边际消费倾向（Marginal Propensity to Consume）

边际储蓄倾向（Marginal Propensity to Saving）

乘数效应（Multiplier Effect）

名义利率（Nominal Interest Rate）

实际利率（Real Interest Rate）

接下来的几章，将对构成GDP的消费、投资和进出口问题进行分析，即对拉动经济增长的三驾马车展开分析。第9章分析消费和投资问题，第10章将介绍涉及进出口的对外贸易与国际收支。

9.1 宏观经济均衡

在下面的分析中，假定经济社会能以不变的价格提供相应的供给量，当社会总需求变动时，只能引起产量和收入变动，使供求相等，而不会引起价格变动。这样可以研究实际GDP，从而忽略掉经济变动中的价格因素。

9.1.1 计划支出与实际支出

第8章介绍了总支出由消费支出、投资、政府购买支出和净出口四部分构成，总支出的四部分之和等于实际GDP。需要强调的是第8章的总支出是事后的变量，是实际发生的支出,所以等于实际的 GDP。

实践中,事前计划的投资、计划的政府购买支出和计划的出口并不取决于实际GDP。计划的投资取决于企业对市场需求的预期,计划的政府购买支出和政府预算与整体经济走势有关,计划的出口则取决于国外经济状况和消费者需求的变化。它们虽然受整体经济形势的影响,但是决定权仍然在企业、政府和国外的消费者手里。相反,计划的消费支出取决于实际的 GDP,因为收入是影响消费支出的决定性因素;计划的进口实际上也是国内消费者的消费支出,它也由实际 GDP 决定。

可以看出,实际 GDP 会影响消费支出与进口,而且消费支出与进口则是总支出的组成部门。这样,如果实际 GDP 增加,则会使总支出增加;而总支出的增加则会促进实际 GDP 的增加。总支出与实际 GDP 互为影响因素,双向促进,不断推动经济增长。

虽然,实际总支出总是等于实际 GDP(参见第 8 章)。但是,计划总支出不一定等于实际总支出,因此不一定等于实际 GDP。实践中,消费者、政府以及国外消费者都按照自己的意愿实施支出计划,企业也会根据市场变化实施投资计划,但是企业不可能先问清到底消费支出、政府购买支出以及进出口有多少,然后投资生产多少,确保产品都能卖出去。这样,投资中的一部分将会成为存货投资。如果计划总支出小于实际 GDP,企业就不能出售所有产品,将会出现非计划存货。如果计划总支出大于实际 GDP,企业出售的产品将会比计划出售的产品多,企业的存货就会降到计划存货水平之下。

9.1.2 经济均衡

宏观经济里,经济均衡也是一种相对静止状态,是总供给等于总需求的一种状态。当企业的总产出即总供给与总需求水平相等时,经济处于均衡状态,此时企业的生产处于稳定状态。如果总供给超过总需求,企业的非计划存货就会增加,企业会减少生产;如果总供给小于总需求,企业的非计划存货会减少,企业会增加生产。总之,企业会根据市场变化合理安排生产,努力争取总供给和总需求处于相等的水平。

第 8 章已经说明,总支出用于购买产品和服务,代表了总需求,因此有总需求(Aggregate Demand,AD)$AD = c + i + g + (x - m)$;总收入是企业对生产要素的支付,生产要素用于生产产品,代表了总产出,也代表了总供给(Aggregate Supply,AS)$AS = c + s + t$。这里,涉及的消费、投资、政府支出、进出口、储蓄、税收等变量改为小写,表明这些变量都是计划(事前)变量,而第 8 章的变量都是实际(事后)变量。

这样，当总供给大于总需求时，有 $AD = c + i + g + (x - m) > c + s + t = AS$，可得 $i > s + (t - g) + (m - x)$。注意公式右边实际就是私人储蓄加政府储蓄再加国外家庭在本国的储蓄，即总储蓄。这表明总供给大于总需求时，有计划总投资大于总储蓄，此时企业会不断减少投资，减少供给。

当总供给小于总需求时，有 $AD = c + i + g + (x - m) < c + s + t = AS$，可得 $i < s + (t - g) + (m - x)$。这表明总供给小于总需求时，有计划总投资小于总储蓄，此时企业会不断增加投资，增加供给。

当经济处于均衡状态时，即总供给和总需求相等，此时企业的产出被称为均衡产出。假定企业计划生产100亿元产品（总供给），家庭、企业、政府和国外家庭要购买的产品计划支出（总需求）恰好也是100亿元，那么100亿元的产出就是均衡产出，总产出和总收入是同一问题的两种不同表达方式，所以均衡产出也是均衡收入。

当经济处于均衡状态时，可以推出 $i = s + (t - g) + (m - x)$。也就是说，如果想要经济处于均衡状态，计划总投资应该等于计划总储蓄。这里投资等于储蓄和第8章的投资等于储蓄不同，前者是事前变量，只有二者相等才能使经济保持均衡状态；后者是事后变量，是实际投资和实际储蓄，二者始终相等，而不管经济是否均衡。

9.2 消 费 理 论

9.2.1 消费函数

1. 影响消费的因素

前面提到，计划的消费取决于实际GDP，即取决于家庭收入。现实中，可支配收入、实际利率、财富和预期未来的收入都会影响到一国消费。这里的消费和单个消费者的需求不同，单个消费者的需求主要取决于价格，当然收入、相关商品价格、偏好和预期未来价格都会影响单个消费者需求。这里的消费是整个经济社会的消费，并非单个消费者消费的简单加总，并且这里假定短期内价格水平不变，所以社会消费主要决定因素是收入而不是价格。

可支配收入是影响消费的最主要因素，它等于家庭所能得到的全部收入减去税收加上转移支付，它可以用来购买商品或服务，也可以将这部分收入储蓄起来以备今后使用。一般情况下，家庭可支配收入越高，用于消费的数量越多；家庭可支配收入越低，用于消费的数量越少。因为总收入取决于实际GDP，所以计划的消费取决于实际GDP。

实际利率影响消费者的跨期消费。家庭将一笔收入用于消费时，就无法将这笔收入存入银行获得利息收入。所以消费是存在机会成本的，利息收入就是消费的机会成本。显然，如果机会成本过大，即实际利率较高，那么消费者可能将当期的收入储蓄起来用于未来的消费。所以，实际利率高会减少消费者的当期消费。

家庭财富不仅给家庭了消费的可能，而且家庭财富还将带来更多的收入，所以当家庭财富越多时，家庭消费支出就越多，反之越少。

预期未来收入也会影响家庭的当期消费。预期未来收入会促使一些家庭借助金融工具将未来收入折现到今天，通过消费信贷来满足今天的效用，增加了当期消费。随着中国金融工具的快速发展，越来越多的家庭能够借助信用卡、汽车消费贷款等实现当期的愿望。

2. 凯恩斯的消费函数

家庭居民的可支配收入要么用于消费，要么用于储蓄，所以消费支出与储蓄之和等于总的可支配收入。居民的可支配收入仅能用于消费或储蓄时，计划的消费支出和计划的储蓄之和总是等于可支配收入。

在其他条件不变的情况下，消费支出与可支配收入之间的关系被称为消费函数，可以用公式 $c = f(y_d)$，其中，c 表示消费支出，y_d 表示可支配收入。在具体的函数表达上，不同的经济学家给出不同的解释，包括凯恩斯的绝对收入假说、杜森贝利的相对收入假说、莫迪利安尼的生命周期假说和弗里德曼的永久收入假说等。其中最为著名的是凯恩斯的绝对收入假说。

凯恩斯认为，居民消费主要取决于当期的绝对可支配收入的大小。随着可支配收入的不断增加，居民的消费支出是不断增加的，但增加的比重是不断减少的。当可支配收入增加时，居民增加的消费占增加的可支配收入的比重被称为边际消费倾向（Marginal Propensity to Consume，MPC）。可以用消费支出的变动量（Δc）除以可支配收入的变动量（Δy_d）来计算边际消费倾向，即

$$MPC = \frac{\Delta c}{\Delta y_d}$$

显然，随着可支配收入的增加，消费增加的比重不断减少，表明边际消费倾向不断减少。比如，你第一个月薪水增加1 000元，你的消费可能会增加800元，此时你的边际消费倾向是800除以1 000，即0.8；第二个月薪水又增加1 000元，你还会增

加 800 元的消费吗？多数情况下你会增加消费，但不至于仍然增加 800 元，可能你只增加了 600 元的消费，此时的边际消费倾向变成了 0.6。显然，边际消费倾向存在着递减规律。

根据这样的特点，可以将消费支出和可支配收入之间的关系绘制在图 9-1（a）中。其中，纵坐标轴表示消费支出，横坐标轴表示可支配收入。可以看出，随着可支配收入的不断增加，消费是不断增加的，但增加的速度越来越小。消费曲线上的每一个点的斜率就是 $\Delta c/\Delta y_d$，即边际消费倾向。消费曲线的斜率是不断减小的，即边际消费倾向是不断减小的。

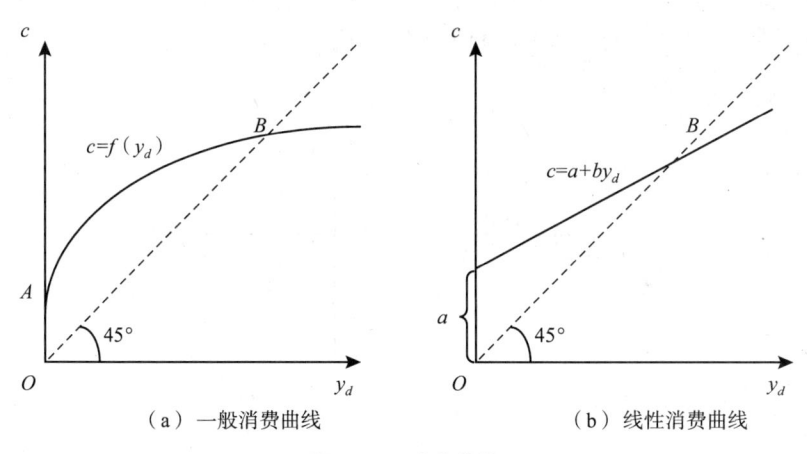

（a）一般消费曲线　　　　（b）线性消费曲线

图 9-1　消费曲线

需要注意的是，当可支配收入为零时，消费支出并不为零，图 9-1（a）中的 A 点。把可支配收入为零时的消费支出称为自发消费（图中 OA 大小），因为即使居民没有现期收入，但也要生活需要消费。消费支出超出自发消费的部分称为引致消费，它是可支配收入增加所引起的消费支出。

图 9-1（a）还给出了 45°线，在 45°线上的每一点都表示消费支出等于可支配收入。在消费曲线位于 45°线以上的部分（A 点至 B 点），消费支出都大于可支配收入，此时需要借钱消费，存在负储蓄；在消费曲线位于 45°线以下的部分（B 点以后的点），消费支出都小于可支配收入，此时有剩余的收入用于储蓄，存在正储蓄；在消费曲线与 45°线相交的点（B 点），消费支出恰好等于可支配收入。

方便起见，经常假设边际消费倾向不变。这样，消费函数可以简化为线性函数 $c = a + by_d$ ［参见图 9-1（b）］，其中 a 和 b 均为常数，a 表示自发消费，即不受可支配收入影响的那部分消费；b 表示边际消费倾向；by_d 就是引致消费，是由于可支配收入增加引起的消费支出。

9.2.2 储蓄函数

既然消费支出与储蓄之和等于总的可支配收入,那么从总的可支配收入减去消费支出就是储蓄,有 $s = y_d - c$(s 表示储蓄),所以储蓄是可支配收入的函数,即 $s = f(y_d)$,并且消费函数和储蓄函数互补,见图 9 - 2(a)。储蓄曲线和横坐标轴交于 A 点,表示此时消费和可支配收入相等,即收支平衡,A 点以左储蓄为负,A 点以右储蓄为正。当储蓄为负时,要用过去的储蓄来支付现在的消费。这种情况虽然不能长久维持,但当可支配收入暂时下降时总会出现。

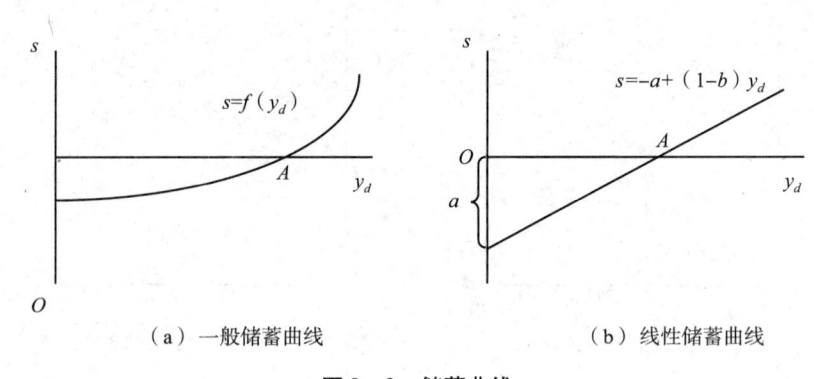

(a) 一般储蓄曲线　　　　　　(b) 线性储蓄曲线

图 9 - 2　储蓄曲线

由于消费随可支配收入的增加而增加的比例是不断减少的,所以储蓄随可支配收入增加而增加的比例递增,表现在图 9 - 2(a)中就是储蓄曲线的斜率随可支配收入的增加而不断增加。当可支配收入增加时,居民增加的储蓄占增加的可支配收入的比重被称为边际储蓄倾向(Marginal Propensity to Saving,MPS)。可以用储蓄的变动量(Δc)除以可支配收入的变动量(Δy_d)来计算边际储蓄倾向,即:

$$MPS = \frac{\Delta s}{\Delta y_d}$$

储蓄曲线上任一点的斜率就是边际消费倾向。

边际消费倾向与边际储蓄倾向之和总是等于 1。因为可支配收入每增加 1 元,其中一部分用于消费,剩余部分用于储蓄。这一关系可以用数学公式证明:

$$\Delta c + \Delta s = \Delta y_d$$

公式两边都除以可支配收入的变动量,有:

$$\frac{\Delta c}{\Delta y_d} + \frac{\Delta s}{\Delta y_d} = \frac{\Delta y_d}{\Delta y_d}$$

所以 $MPC + MPS = 1$。

简单起见，当消费函数为线性函数时，则储蓄函数有，

$$s = y_d - c = y_d - (a + by_d) = -a + (1-b)y_d$$

即，$s = -a + (1-b)y_d$，线性储蓄函数的图形参见图 9-2（b）。

9.2.3 其他消费理论

1. 杜森贝利与相对收入假说

美国经济学家杜森贝利提出相对收入假说。这种理论认为消费者一方面受自己收入的影响，也受别人的消费和收入的影响。如果一个人收入增加了，但周围的人或自己同阶层的人的收入也同比例增加了，则他的消费在收入中的比例并不会变化。相反，如果他的收入并没有增加，但他周围的或同阶层的人的收入增加了，则他的消费在收入中的比例会提高。例如，越来越多的人看到周围自己的朋友收入增加而增加了汽车消费，但自己收入没有增加，为了维护自己的地位和面子，许多收入本身没有增加很多的人也增加了汽车消费。这是因为他周围的人和朋友对他的消费产生了"示范效应"。此时，他的消费倾向并不取决于他的绝对收入，而是取决于他与周围的人相比的相对水平。

另一方面，家庭的消费支出不仅受当前收入的影响，还要受自己过去的收入和消费的影响。依照人们的习惯，增加消费容易，但减少消费则难，这与中国古话"由俭入奢易，由奢入俭难"相一致。所以，如果原来过着相当高的生活水平的人收入降低了，他并不会马上降低消费水平，而是继续维持相当高的消费水平。因此，消费是随着收入增加而增加的，但并不随着收入下降而减少。这就是所谓的消费的"棘轮效应"。

2. 莫迪利安尼与生命周期假说

生命周期假说由美国经济学家莫迪利安尼提出。莫迪利安尼认为，理性的消费者要根据他一生的收入来安排自己的消费与储蓄，使一生的收入与消费相等。莫迪利安尼将人的一生分为年轻时期、中年时期和老年时期三个阶段。年轻和中年时期是工作阶段，老年时期是退休以后的阶段。一般来说，在年轻时期，家庭收入低，但因为未

来收入会增加，因此，在这一阶段，往往会把家庭收入的绝大部分用于消费，有时甚至举债消费，导致消费大于收入。进入中年阶段后，家庭收入会增加，但消费在收入中所占的比例会降低，收入大于消费，因此一方面要偿还青年阶段的负债，另一方面还要把一部分收入储蓄起来用于防老。退休以后，收入下降，消费又会超过收入。所以，在人的生命周期的不同阶段，收入和消费的关系，消费在收入中所占的比例不是不变的。

由于组成社会的各个家庭处在不同的生命周期阶段，所以，在人口构成没有发生重大变化的情况下，从长期来看边际消费倾向是稳定的，消费支出与可支配收入和实际国民生产总值之间存在一种稳定的关系。但是，如果一个社会的人口构成比例发生变化，则边际消费倾向也会变化，如果社会上年轻的和老年人的比例增大，则消费倾向会提高，如果中年人的比例增大，则消费倾向会降低。

3. 弗里德曼与永久收入假说

永久收入假说由美国经济学家弗里德曼提出。弗里德曼将收入划分为暂时性收入和永久收入，将消费也划分为暂时性消费和永久消费。暂时性收入是指瞬间的、非连续性的、带有偶然性质的现期收入，如遗产、馈赠、意外所得等；而永久收入是与暂时的或现期的收入相对应的、消费者可以预期到的长期性收入，它实际上是每个家庭或个人长期收入的一个平均值，是消费者使其消费行为与之相一致的稳定性收入。消费支出主要不是由他的现期收入决定，而是由他的永久收入决定的。

例如，某人偶然中得 1 000 元的彩票，1 000 元是他的暂时性收入，只能改变他暂时性的消费，而不能永久改变他的消费支出。他有可能拿 300 元请朋友撮一顿庆贺中奖，然后拿出 400 元去给自己和家人买点礼物，剩余 300 元留起来以备不时之需。但下个月他并不会仍然请朋友撮一顿并给家人买礼物，因为下个月没有了这 1 000 元的收入。相反如果这个人每个月的工资增加了 1 000 元，那么这个人家里每个月的消费支出可能都要增加 500 元来改善自己的生活水平，改变了这个家庭的永久消费支出。暂时性的收入有时也会改变永久收入从而改变永久消费支出。比如这个人如果中的不是 1 000 元的彩票而是 1 000 万元的彩票，可想而知，这个家庭的永久消费支出将会发生改变。

永久收入和生命周期消费理论的意义在于改变了人们对消费信贷的认识。许多家庭将根据未来收入预期和永久收入预期，借助消费信贷工具用未来的钱做今天的事情，满足了个人一生的效用最大化，并且提高了整个社会的有效需求水平。

9.3 投资和利率

9.3.1 投资的决定因素

经济学里讲的投资是指资本的形成，即社会实际资本的增加，包括厂房、设备和存货的增加，以及新建住宅等。这就要将购买证券、土地和其他财产等排除在外，这在许多人眼里被认为是投资。购买证券、土地和其他财产只是发生了资产权的转移，没有导致实际产出的增加，所以在经济学里不把它们看做投资。

投资的决定因素有很多，主要的因素有实际利率水平、预期收益和投资风险等。

1. 实际利率水平与投资

当企业决定是否通过借入款项投资时，需要清楚为了今天能够完成这些投资而必须在未来放弃多少，别人才愿意借给企业这笔钱。企业为借入款项而必须在未来多付给别人的款项被称为利息，单位资金需要付出的款项被称为利率。当企业投资的预期投资收益率大于利率时，投资是值得的；当企业投资的预期投资收益率小于利率时，投资就不值得。

利率是决定投资的最重要因素。这里的利率必须是剔除掉通货膨胀因素以后的实际利率。实际利率等于名义利率减去通货膨胀率。在中国，名义利率是政府公布的银行贷款利率。在货币市场开放的国家，名义利率是由货币市场中货币的供给和需求所决定的货币的价格。例如，某年名义利率为7.18%，通货膨胀率为5.4%，那么实际利率等于1.78%。如果企业预期投资收益率一定，利率提高的话，企业投资就会减少，利率降低的话，企业投资将会增加。所以，投资是利率的减函数，可以用公式 $i = i(r)$ 表示。有人疑问，使用自有资金投资而不是借钱投资也要考虑银行利率吗？当然需要考虑银行利率的高低，因为利息是投资的机会成本。如果自有资金不是用于投资而是借给别人使用的话，是可以获得利息收入的。显然自有资金用于投资时放弃了获得利息收入，是投资的机会成本。

简单起见，投资和利率之间的减函数关系可以用线性函数 $i = e - dr$ 表示，其中 e 为企业的自主投资，即利率为零时的投资量，$-dr$ 是投资中和利率有关的部分。图 9-3 给出了线性投资曲线。d 是企业投资对利率的敏感程度，d 越大表明企业投资对利率越敏感，如果提高利率，企业投资会大幅减少，降低利率，企业投资会大幅增加；d 越小则表明企业投资对利率越不敏感，如果提高利率，企业投资减少幅度变小，降低利率，企业投资增加幅度也相应变小。

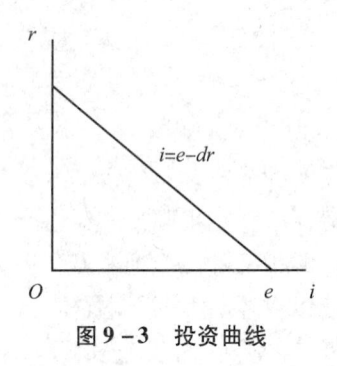

$$i = e - dr$$

图 9-3 投资曲线

2. 预期收益与投资

实际利率水平影响需求是从资金使用成本角度进行的分析，企业的预期投资收益率高于实际利率时，企业投资是值得的。而企业的预期投资收益率与企业投资项目未来估计的收益有关，它也是影响投资的因素。投资项目的未来需求、产品成本和政府补贴和税收都会影响企业的预期收益。

企业投资项目的未来需求决定了企业产品的销量，并且会影响产品的销售价格，如果市场未来需求不断增加，企业就会增加投资，反之企业会减少投资。产品成本上升会减少企业利润空间。

劳动成本是企业成本的重要构成部分，当劳动成本低时，可以大量使用劳动力而不用增加很多投资；但是，当劳动成本不断增加时，企业就要考虑使用机器设备代替劳动投入，企业投资就会增加。

税收和补贴会直接影响企业的收益进而影响投资。政府为了促进某些行业发展，给予补贴或者减免税的政策，这就会促进企业投资；对于一些耗能大、污染严重的企业则有可能征税，这会减少企业的投资。

3. 投资风险与投资

市场是不确定的，例如产品需求走势、产品价格变化、成本的变动、利率的变化以及政府的宏观经济政策的调整等。市场的不确定性被称为市场风险，投资总是面临风险问题。收益高的项目往往面临高的投资风险，收益低的项目则面临低的投资风险。当经济整体走势趋于繁荣时，企业预期乐观，会认为风险小，投资会增加；反之，如果经济处于衰退期，企业预期悲观，会认为风险大，投资会减少。因此，投资从风险的角度看更重要的是一个信心问题。

9.3.2 货币的需求

货币市场里，货币的需求是实际货币需求量与名义利率之间的关系。图 9-4 给出了货币需求曲线，纵坐标轴是利率，横坐标轴是货币数量，这里的货币数量是指流通中的通货加上活期存款，即 M1。

显然，货币需求曲线是一条向右下方倾斜的曲线。货币可以用来购买产品和服务，但是持有货币是无息的，或者是只可以得到很低的利息。流通中的通货即现金是无法获得利息收入的，而活期存款也只能获得很低的利息。当然可以去购买国债等金融资产以获得利息，但是当需要购买产品和服务时又需要将它们卖掉。所以，当金融资产的利率上升时，持有货币的机会成本就会上升，此时对货币的需求就要减少；当利率下降时，持有货币的机会成本则会下降，此时对货币的需求就要增加。所以，利率是持有货币的机会成本，货币需求和利率之间存在反方向变化关系。图 9-4 中，利率从 4% 下降到 3% 这样一个变化，家庭和企业的货币需求数量从 900 亿元增加至 950 亿元。

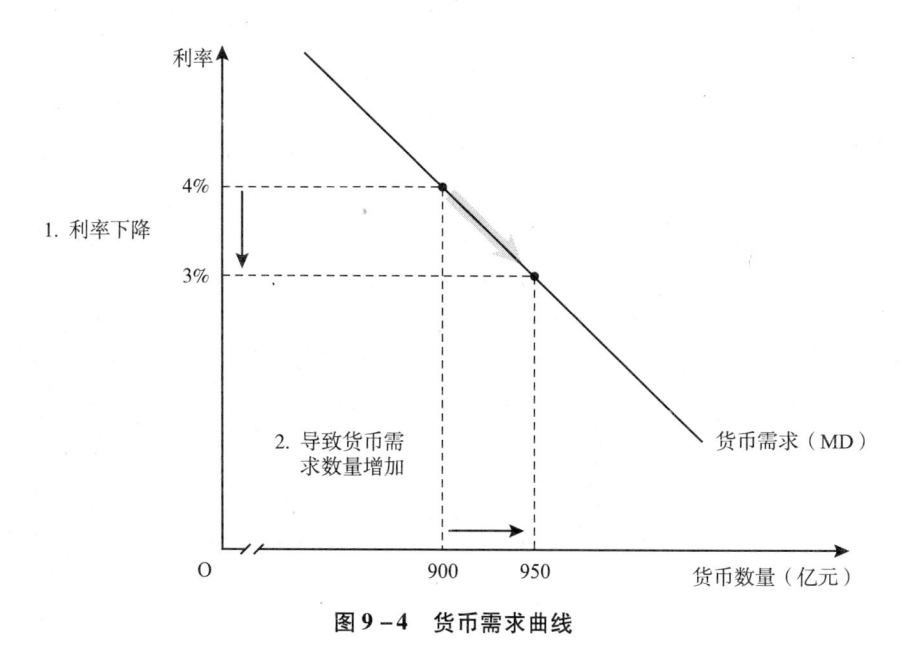

图 9-4 货币需求曲线

货币需求不仅仅受到利率的影响，而且也会受到实际 GDP 和价格水平的影响。

实际 GDP 的增加意味着产品和服务的交易量增加，额外的交易增加了对货币作为一种交易媒介的需求，所以在利率不变的前提下，家庭和企业对货币的需求量也会增加，货币的需求曲线会向右移动。相反，实际 GDP 的减少会减少每种利率下货币的需求量，货币需求曲线会向左移动。

物价水平也会影响货币的需求。在其他条件不变的情况下，如果价格水平增加 10%，人们就会比以前多持有 10% 的货币。所以，其他条件不变时，价格水平的上升会增加货币需求的数量，从而使货币需求曲线向右移动；相反，价格水平的下降会减少货币需求的数量，从而使货币需求曲线向左移动。

9.3.3 货币的供给

经济学家发展了货币供给的若干定义，从狭窄到宽泛的不同定义取决于资产的流动性。最狭窄的货币定义就是现金。宽泛一点的货币则包括那些最容易转换成现金的活期存款。

最狭义的货币供给包括硬币、纸币和银行活期存款的总和，一般用 M1 表示。硬币和纸币的总和就是现金。活期存款最容易转换为现金。所以从资产的流动性来看，M1 是最容易流动的。M1 代表了现实的购买力，是影响当前需求的重要因素。因此，后面分析的货币的供给主要是指的 M1 的供给。

M2 是较为宽泛的货币供给，包括 M1 的各项资产，此外还包括定期存款，是广义的货币供给。M2 中定期存款部分通过合同约定了在未来可以变现，是未来的购买能力，即潜在购买力。

在 M2 的基础上再加上个人和企业所持有的政府债券等流动资产或"货币近似物"，是更广泛的货币供给，即 M3。

现在，许多人使用信用卡购物，但是信用卡却不在货币供给之中。因为当你使用信用卡时，实际上是向发行信用卡的银行申请了一笔贷款，只有在支付信用卡账单时，这笔交易才最终完成。当用借记卡购物时，卡中的资金直接扣除，相当于用你的活期存款进行支付，所以信用卡和借记卡都不代表货币供给，它们的背后是活期存款。

货币供给量是由国家用货币政策来调节的，其大小和利率高低无关，因此货币供给曲线是一条垂直于横坐标轴的直线，见图 9-5。当中央银行增加货币供给时，货币供给曲线会向右平移。

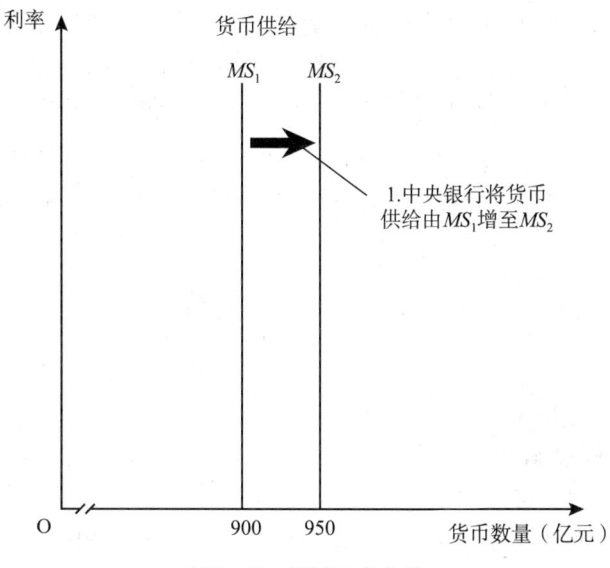

图 9-5 货币需求曲线

9.3.4 利率：货币的价格

利率从本质上讲就是货币的价格，它由货币的供给和需求共同决定。当货币需求量等于货币供给量时，货币市场达到了均衡，如图 9-6。

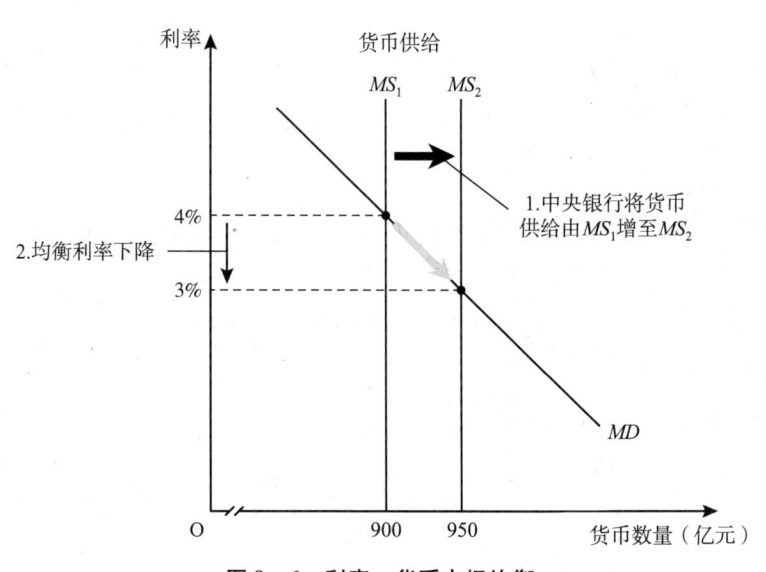

图 9-6 利率：货币市场均衡

中央银行和商业银行决定货币供给量。图 9-6 中，如果中央银行想让利率由 4% 下降至 3%，中央银行就要调整货币供给量，由 900 亿元增加至 950 亿元。

假设均衡利率为 3%。如果当前利率为 4%，人们将愿意持有比现在更少的货币。人们将买入债券，从而提高它们的价格，使得利率下降。如果当前利率是 2%，人们将愿意持有更多的货币。人们将卖出债券，从而降低它们的价格，使得利率上升。

9.4 乘 数

9.4.1 乘数效应

企业额外的支出意味着总支出和实际 GDP 都会增加。实际 GDP 的增加使得可支配收入增加，进而导致消费支出增加。增加的消费支出又会导致总支出增加。实际 GDP 和可支配收入会进一步增加，消费支出还会增加。显然，投资的初始增加导致了总支出从而国民收入的较大增加。由自发支出增加所导致的总支出增加的幅度取决于乘数效应。不仅投资增加会导致国民收入的较大增加，而且政府购买支出、政府税收减少和政府转移支付增加都会使得国民收入成倍增加。企业自主投资、政府购买支出、政府税收和政府转移支付的变化导致的国民收入较大幅度的变化现象被称为乘数效应。

根据前面分析，三部门经济中总支出为 $y = c + i + g$，$c = a + by_d = a + b(y - t + t_r)$，$i = e - dr$，所以有

$$y = \frac{a + e + g - bt + bt_r}{1 - b} - \frac{d}{1 - b}r \qquad (9.1)$$

通过该公式，如果企业增加自主投资 100 亿元，即 $e = 100$，则计算增加的国民收入有：

$$y_0 = \frac{a_0 + e_0 + g_0 - bt_0 + bt_{r0}}{1 - b} - \frac{d}{1 - b}r$$

$$y_1 = \frac{a_0 + e_1 + g_0 - bt_0 + bt_{r0}}{1 - b} - \frac{d}{1 - b}r$$

$$y_1 - y_0 = \frac{e_1 - e_0}{1 - b} = \frac{\Delta e}{1 - b}$$

则有，$\dfrac{\Delta y}{\Delta e} = k_i = \dfrac{1}{1 - b}$

如果边际消费倾向为 0.8，那么，企业自主投资增加 100 亿元，则会导致国民收入增加 500 亿元。这表明，自主支出的增加导致了国民收入的增加是企业自主投资支出的 $1/(1-b)$，国民收入增加被放大了。由自主投资增加导致的国民收入增加与自主投资增加的比率称为投资乘数。投资乘数的大小和边际消费倾向有关，等于 $1/(1-b)$。

需要注意，在自主投资增加时会导致国民收入成倍增加；当自主投资减少时也会导致国民收入成倍减少。如果边际消费倾向仍为 0.8，那么，企业自主投资减少 100 亿元，则会导致国民收入减少 500 亿元。

9.4.2 各种乘数

透过公式（9.1）可以看出，企业自主投资的增加导致了国民收入的成倍增加。实际上，不仅企业自主投资增加会导致国民收入成倍增加，而且政府购买支出增加、政府税收减少和政府转移支付增加都会使得国民收入成倍增加。

1. 政府购买支出乘数

政府购买支出增加导致国民收入增加与政府购买支出的比率称为政府购买支出乘数。考察公式（9.1），参数 e 和 g 处于同等地位，从单纯数学角度看，二者甚至是可以互换的，所以政府购买支出乘数和企业投资乘数相等，都为 $1/(1-b)$。当政府购买支出增加时，国民收入会增加政府购买支出的 $1/(1-b)$ 倍。即政府购买支出乘数：

$$k_g = \frac{1}{1-b}$$

假如边际消费倾向为 0.8，政府购买支出增加 1 000 亿元，国民收入将会增加 5 000 亿元；假如边际消费倾向为 0.75，政府购买支出增加 1 000 亿元，国民收入将会增加 4 000 亿元。2008 年中国受到全球金融危机影响经济出现波动时，为刺激中国经济增长，政府决定在 2008 年年底投资 1 000 亿元。媒体报道，这将会拉动经济增长 4 000 亿元至 5 000 亿元左右。这一数字的估计就是使用了政府购买支出乘数。

2. 税收乘数

政府税收减少导致国民收入增加与政府税收减少的比率称为税收乘数。税收乘数的计算如下：

$$y_0 = \frac{a_0 + e_0 + g_0 - bt_0 + bt_{r0}}{1-b} - \frac{d}{1-b}r$$

$$y_1 = \frac{a_0 + e_0 + g_0 - bt_1 + bt_{r0}}{1-b} - \frac{d}{1-b}r$$

$$y_1 - y_0 = \frac{bt_1 - bt_0}{1-b} = \frac{b\Delta t}{1-b}$$

则有，$\frac{\Delta y}{\Delta t} = k_t = \frac{-b}{1-b}$。

政府税收乘数为前面有个负号，表明政府减税时国民收入会增加，政府增加税收时，国民收入会减少。政府税收乘数和政府购买支出乘数不同，税收乘数要小于政府购买支出乘数。假如边际消费倾向为0.8，政府减税1 000亿元，国民收入将会增加1 000亿元×0.8/(1-0.8) = 4 000亿元。相反如果政府增加税收1 000亿元，国民收入会减少4 000亿元。

3. 平衡预算乘数

大家已经注意到了，假如边际消费倾向为0.8，政府购买支出增加1 000亿元，国民收入将会增加5 000亿元。如果同时政府增加税收1 000亿元，国民收入又会减少4 000亿元。这样一增一减，国民收入增加了1 000亿元，等于政府购买支出增加或者政府增加的税收。但是政府财政收支保持了平衡。政府收入和支出以相等数量增加或减少时的国民收入变动与国民收支变动的比率称为平衡预算乘数，显然平衡预算乘数为1。政府收入和支出增加了1 000亿元，保持了政府财政预算平衡，国民收入增加了1 000亿元，国民收入增加是政府收支变动的1倍。

4. 政府转移支付乘数

政府转移支付乘数是政府转移支付增加导致国民收入增加与政府转移支付的比率。类似的，在公式（9.1）中，如果不考虑税收前面的负号，参数t和t_r处于同等地位，从单纯数学角度看，二者甚至是可以互换的，所以政府税收乘数和政府转移支付乘数相等，但由于参数t前面是负号，而参数t_r前面是正号，所以两个乘数的前面的正负号相反。因此政府转移支付乘数为$b/(1-b)$。即，如果边际消费倾向为0.8，政府转移支付增加1 000亿元，国民收入将会增加1 000亿元×0.8/(1-0.8) = 4 000亿元。

【本章小结】

1. 事前计划的投资、计划的政府购买支出和计划的出口并不取决于实际GDP。计划的投资取决于企业对市场需求的预期，计划的政府购买支出和政府预算以及整体经济走势有关，计划的出口则取决于国外经济状况和消费者需求的变化。

2. 宏观经济里，经济均衡也是一种相对静止状态，是总供给等于总需求的一种状态。当经济处于均衡状态时，可以推出 $i = s + (t - g) + (m - x)$。也就是说，如果想要经济处于均衡状态，计划总投资应该等于计划总储蓄。

3. 可支配收入、实际利率、财富和预期未来的收入都会影响到一国消费。社会消费主要决定因素是收入而不是价格。凯恩斯认为，居民消费主要取决于当期的绝对可支配收入的大小。随着可支配收入的不断增加，居民的消费支出是不断增加的，但增加的比重是不断减少的。不同的经济学家给出不同的解释，包括凯恩斯的绝对收入假说、杜森贝利的相对收入假说、莫迪利安尼的生命周期假说和弗里德曼的永久收入假说等。

4. 投资的决定因素有很多，主要的因素有实际利率水平、预期收益和投资风险等。利率是决定投资的最重要因素。这里的利率必须是剔除掉通货膨胀因素以后的实际利率。实际利率等于名义利率减去通货膨胀率。投资是利率的减函数。

5. 货币市场里，货币的需求是实际货币需求量与名义利率之间的关系，货币需求曲线是一条向右下方倾斜的曲线。货币需求不仅仅受到利率的影响，而且也会受到实际 GDP 和价格水平的影响。经济学家发展了货币供给的若干定义，最狭义的货币供给包括硬币、纸币和银行活期存款的总和，一般用 M1 表示；M2 是较为宽泛的货币供给，包括 M1 的各项资产，此外还包括定期存款；在 M2 的基础上再加上个人和企业所持有的政府债券等流动资产或"货币近似物"，是更广泛的货币供给，即 M3。利率从本质上讲就是货币的价格，它由货币的供给和需求共同决定。当货币需求量等于货币供给量时，货币市场达到了均衡。

6. 企业自主投资、政府购买支出、政府税收和政府转移支付的变化导致的国民收入较大幅度的变化现象被称为乘数效应。由自主投资增加导致的国民收入增加与自主投资增加的比率称为投资乘数。政府购买支出增加导致国民收入增加与政府购买支出的比率称为政府购买支出乘数。政府税收减少导致国民收入增加与政府税收减少的比率称为税收乘数。政府收入和支出以相等数量增加或减少时的国民收入变动与国民收支变动的比率称为平衡预算乘数，平衡预算乘数为 1。政府转移支付乘数是政府转移支付增加导致国民收入增加与政府转移支付的比率。

【推荐读物】

1. 陈志武. 金融的逻辑 [M]. 国际文化出版公司，2009.
2. [美] 亨利·黑兹利特. 一课经济学 [M]. 中信出版社，2008.
3. 任碧云、王留之. 中国消费与投资关系的调整及其机制研究 [M]. 南开大学出版社，2010.

4. 王俊峰等. 危机透视：次贷危机的前世今生 [M]. 清华大学出版社，2010.

【复习思考题】

1. 比较计划支出与实际支出。
2. 分析经济均衡时投资和储蓄的关系。
3. 解释凯恩斯的消费函数和储蓄函数。
4. 解释相对收入假说、生命周期假说和永久收入假说等消费理论。
5. 投资的决定因素有哪些？
6. 如何理解货币的供给和需求？利率是如何决定的？
7. 乘数效应的含义是什么？如何计算投资乘数、政府支出乘数、税收乘数、平衡预算乘数等？
8. 讨论你和周边人的消费行为。
9. 开篇案例思考题：
（1）大卫的故事体现了消费理论的哪一种？
（2）2008年美国的次贷危机会否终结这种消费模式？
（3）大卫的故事对你的启示是什么？

第10章

对外贸易与国际收支

【学习目标】
1. 理解比较优势理论、要素禀赋说与行业内部的贸易。
2. 了解政府限制贸易的原因与采取的政策。
3. 理解国际收支平衡表的编制及账户间的关系。
4. 理解汇率变动对外汇储备和进出口的影响,区分不同的汇率制度。

【开篇案例】

人民币汇率变动对我国进出口的影响

1997年东南亚金融危机爆发之时,中国的对外贸易受到了严重的影响,整个社会都在呼吁人民币贬值以促进进出口发展;2001年英国发表《中国的廉价货币》,图谋制造"中国威胁论",同时美国也正式表态希望人民币更具弹性;2002年日本在OECD七国集团会议上向其他六国提交议案,逼迫人民币升值,企图制造出第二个"广场协议",随后日本于2003年称中国向亚洲国家输出了通货紧缩,这一主张的实践根据很重要的一条就是中国的贸易顺差和美、日、欧等国家和地区的出口产品竞争力下降,人民币升值的外部压力逐渐增强。西方国家通过各种手段迫使人民币升值的主要根源在于近年来我国的巨额贸易和资本项目的顺差以及高额的外汇储备。

2005年7月21日,为缓解人民币升值的巨大压力,并考虑到国内经济健康发展,我国开始实行以市场供求为基础,参考一篮子货币调节的、有管理的浮动汇率机制,并承诺人民币兑美元升值2%。此后,银行间外汇市场人民币兑美元名义汇率从汇改前的8.2765升值到2011年5月11日的6.4950,实际升值21.5%,人民币长期升值趋势初步确立。自2005年7月人民币汇率机制首次改革以来,人民币对美元大幅升值,但是金融危机的爆发暂时中止了人民币升值的压力。直到后来二次汇改的重启,增强人民币汇率的弹性。应该注意到,二次汇改以后,人民币兑美元的双向波动与振幅不断增加,开始逐步参考一篮子货币,并未出现单边上涨的行情。从当前的经济形势来看,我国人民币浮动汇率将注重一揽子货币的作用,年内小幅升值的概率较大,目前国内外经济均出现不确定因素,预计未来人民币的走势相对谨慎。

但是能够肯定的是,随着对外开放程度的不断加大,人民币汇率与贸易收支的关系将会更加密切。针对这一不确定性,如下的控制措施将有助于减小汇率变动对我国进出口贸易的影响:

(1) 控制人民币的升值速度。升值过快、幅度过大,不仅会造成贸易收支状况改变,还会导致部分贸易部门萎缩,给国内就业形势带来进一步的压力;升值过快还可以导致物价总水平的下降,导致通货紧缩;加速房地产的泡沫破灭。

(2) 充分发挥金融衍生工具的作用。金融衍生工具可以一定程度上减少涉外经济主体在国际贸易、投资活动中面临的汇率风险。

【重要概念】

比较优势(Comparative Advantage)

关税(Tariff)

国际收支平衡表(Balance of International Payments)

汇率制度(Exchange Rate Regime)

管理浮动汇率制度(Managed Floating Exchange Rate Regime)

现实世界里,不存在完全封闭的经济,世界各国的经济都在不同程度的开放着,每个经济体都是全球化背景下的一个组成部分。本章主要介绍国际经济关系对国内宏观经济的影响和相关理论。

10.1 比较优势与对外贸易

10.1.1 比较优势与贸易收益

贸易是商品或劳务的买卖或物物交换的行为,如果贸易行为涉及的国家有两个或两个以上,就称为国际贸易(International Trade)。A 国从其他国家买来商品或劳务,称为进口(Imports);卖给其他国家商品或劳务就称为出口(Exports)。一定时期内(一季度或一年),A 国累积的出口的总价值减去进口的总价值,称为贸易余额(Balance of Trade)。如果贸易余额大于零,这时 A 国就可以称为净出口国(Net Exporter),把这种正的贸易余额称之为贸易顺差(Trade Surplus);相反地,如果贸易余额小于零,称 A 国为净进口国(Net Importer),把负的贸易余额称为贸易逆差或贸易赤字(Trade Deficit)。

国际贸易是国与国之间物品和交易活动的总称,是国际经济关系的基础性内容。本国从国外购买的物品或服务称为进口,本国卖给外国的物品或服务称为出口。

国际贸易产生的基础,何种因素决定了各国生产什么、出售给谁,国际贸易能带来何种利益,可以从西方经济学的理论中寻找答案。

1. 比较优势理论

最早论证国际贸易对各国有利的是英国的经济学家亚当·斯密的绝对优势理论,即两个国家能从贸易中获益是因为各国都有生产率绝对高于对方的产品。这确实是一个不太现实的假定,大卫·李嘉图后来完善了这个理论,提出了比较优势说,这种理论认为,即使一个国家任何产品的生产率都绝对低于另一个国家,这两个国家间的贸易仍然对双方有利。因为各国必定有自身的比较优势。新古典经济学家用机会成本的概念解释了比较优势。

资源是稀缺的,生产某种产品必然要消耗另一种产品所需要的资源,放弃的另一种产品的产量就是生产某种产品的机会成本。假若一人拥有一所房子,那人选择自住的机会成本就是把房子租给他人所能拥得的收入。如果一国生产某种产品的机会成本低于另一国家,则这个国家在生产这种产品时就具有比较优势,比较优势是国际贸易的基础。

例如,A 国生产 1 单位小麦需要使用 1 单位劳动力,生产 1 单位水稻需要 1 单位劳动力;B 国生产 1 单位小麦需要 2 单位劳动力,生产 1 单位水稻需要使用 4 单位劳动力。这样,与 B 国相比,A 国无论在小麦或稻米的生产上都具有绝对优势。假设两国的劳动力均为 20 单位,如果自给自足,两国的生产量(等于消费量)可能如表 10 – 1 所示,A 国消费 14 单位水稻,6 单位小麦;B 国则消费 4 单位水稻,2 单位小麦。

表 10 – 1   贸易与自给自足的比较

| | 成本(单位产品使用的劳动力) || 自给自足下的生产与消费 || 分工后的生产 || 贸易后的消费 ||
	水稻	小麦	水稻	小麦	水稻	小麦	水稻	小麦
A 国	1	1	14	6	20	0	15	7
B 国	4	2	4	2	0	10	5	3

说明:假设两国劳动力均为 20 单位。

虽然 A 国在两种农作物的生产上都具有绝对优势，但是就 A 国而言，小麦的生产每增加 1 单位，水稻的生产就必须减少 1 单位；就 B 国而言，小麦的生产增加 1 单位，水稻的生产必须减少 1/2 单位。因此，虽然 A 国在两种农作物的生产上都具有绝对优势，但相比较而言，A 国生产小麦导致的水稻的减产量，高于 B 国生产小麦导致的水稻减产量。这意味着，A 国将劳动力用在水稻的生产上更加合理，可以说，A 国在水稻的生产上具有比较优势。同样的，B 国在小麦的生产上也具有比较优势。

上述实例中，如果将 A 国所有的资源都用于水稻的生产，B 国所有的资源都用于小麦的生产，A 国的水稻产量将为 20 单位，B 国的小麦产量将为 10 单位。如果水稻和小麦的贸易比率为 1.4，即 1 单位水稻换取 1.4 单位小麦，通过贸易，A 国可以出口 5 单位水稻换取 B 国 7 单位小麦，这时 A 国水稻消费 15 单位，小麦消费 7 单位，如表 10-1 所示。B 国水稻消费 5 单位，小麦消费 3 单位。对照表 10-1 中自给自足条件下的生产消费和贸易后的消费两栏数据，A 国和 B 国水稻和小麦的消费均提高了，表明两国的福利水平都因贸易提高了。

2. 要素禀赋说

要素禀赋说就是赫克歇尔—俄林模型，以模型的建立者——两位经济学家的名字命名。模型认为，产品生产需要多种要素的投入，如劳动、土地、资本等。这些要素按照一定的比例投入生产，不同的产品要素投入的比例各不相同。正由于这种要素投入比例不同，形成了产品间相对优势的存在。

例如，假设两个国家 A 与 B 都生产农作物和汽车，由于生产技术等原因，生产农作物需要的劳动力多但需要的资本少，生产汽车需要的资本多但是需要的劳动力少。A 国资本丰富但劳动力缺乏，资本价格低同时劳动力价格高；B 国资本缺乏但是劳动力丰富，资本价格高但劳动价格低。因此，A 国生产汽车的成本低，价格也低；B 国生产农作物的成本低，价格也低。因此，由于要素禀赋与价格的不同，两个国家的分工就是 A 国生产汽车、B 国生产农作物。两国进行贸易，A 国得到低价的农作物，B 国获得低价的汽车，国民都从贸易中获得利益。从这个例子得出的结论推广到一般意义，可以理解为，任何一个国家都应该生产并出口自己资源丰富的要素的产品，进口自己资源缺乏的要素的产品。进一步推论可知，资本丰富的国家应该生产并出口资本密集型产品，进口劳动密集型产品；劳动力丰富的国家应该生产并出口劳动密集型产品，进口资本密集型产品。各国生产自己要素禀赋多的产品也就是生产自己有比较优势的产品。比较优势说与要素禀赋说本质上是一致的。要素禀赋解释了一国比较优势的来源。

3. 行业内部的贸易

前文分析了不同国家、不同行业间的商品的贸易，如汽车交换粮食。不同行业产品之间的贸易由各国不同行业所具有的相对优势决定。但是在20世纪60年代后，国际贸易出现了新的特征，同一行业内部同类产品的贸易量大大增加。例如美国的汽车行业，国内有通用汽车、福特汽车等，但同时进口日本的丰田汽车。这类贸易称为行业内部的贸易。其特点是，在同一行业内不同国家所提供的产品虽然有差异但是可以相互替代。

针对这种情况，传统的比较优势理论和要素禀赋说都无法对此作出令人信服的解释，因此产生了新贸易理论。新贸易理论用需求的多样性与规模经济解释国际贸易的好处。各国的消费者的偏好是多种多样的，对同一产品，比如说汽车，有的美国人喜欢日本汽车，有的美国人喜欢本国品牌的汽车。这样，虽然美国出口汽车，也同时有进口一些日本汽车以满足部分美国人需求的必要性。此外，在一些垄断竞争的行业，规模经济限制了行业只能生产有限种类的产品，而无法生产所有种类的产品。因为要生产所有种类的产品，每一种类产品的生产就只能是小规模的。为了追求规模经济，各国都只选择有限种类的产品进行生产。这样，各国不生产的那些种类产品可依靠进口获得。这是需求多样性与规模经济导致行业内部贸易最主要的原因。

随着人们收入与生活水平的提高，需求的多样性会得到进一步的体现。同时伴随技术进步，规模经济也会越来越重要。根据新贸易理论预期，行业内部的贸易仍将进一步扩大。

10.1.2 贸易条件

本国商品与外国商品相互交换的比率叫做贸易条件。贸易条件是由于两国之间的机会成本差别导致的。如果机会成本的差别越大，贸易条件变动的区间就越大。贸易双方的国内机会成本构成贸易条件变动的上下限。

表10-2中，贸易条件就是指A国汽车与B国粮食的交换比率。粮食的贸易条件处于0.033~0.05辆汽车/吨之间。对于A国来说，粮食的进口价格不能高于0.05辆汽车/吨，否则本国就会选择自己生产而不再进口；对于B国来说，粮食的出口价格不能低于0.033辆汽车/吨，否则B国就不会选择出卖。但是贸易条件的稳定究竟要在机会成本区间的哪一个点上，则取决于交易双方对某种商品的需求。这个例子中，如果本国对进口粮食的需求强烈，粮食的价格会向0.05辆汽车（但会小于0.05）的贸易条件靠近；反之，粮食的价格将向0.033辆汽车（但会一直大于0.033）的贸易条件趋近。

表 10-2　　　　比较优势说的 2×2 分工前模型表格（两个国家两种产品）

国别	汽车		粮食	
	单位产品小时数	总产量（辆）	单位产品小时数	总产量（万吨）
A 国	10 000	5 000	500	10
B 国	9 000	10 000	300	30

现实生活中，两国的贸易不只局限在两种商品，而是有很多种商品。因此贸易条件通常是用一国在一定时期内（一般用一年）的出口商品价格指数与进口商品价格指数之间的比率来表示，用数学表达式来说明就是：

贸易条件指数 =（出口价格指数/进口价格指数）×100

一般选择一个基准年，将该年的进出口价格指数均定为 100，然后再以该年为基础，得出所要计算年份的进出口价格指数，并代入公式。根据这个公式计算出来的数值如果大于 100，即对外贸易中交换比价上升了，以相同数量的出口商品换回的进口商品比以前多了，这表明贸易条件改善了；反之，则是恶化了。例如，以 2002 年为基准年，如果某国的出口价格指数在 2003 年下降了 10%，为 90，进口价格指数上升了 20%，为 120，则其 2003 年的贸易条件指数为（90/120）×100 = 75。与 2002 年的贸易条件指数 100 相比，贸易条件恶化了 25%。

10.2　政府限制贸易的政策

自由贸易可以使双方都获利，各自消费的数量和种类都会增加。自然地，如果政府的目标是国民福利最大化，理应鼓励自由贸易的发展。但是，目前却很少有国家实施完全的贸易自由化，也就是说，自由贸易是基于一定条件的。本节内容主要针对政府限制贸易的政策来分析。

通常，政府限制贸易的基本出发点都是保护本国的产业免受外国强大的竞争者带来的压力，有的还源于一定的政治目的。限制国际间自由贸易的做法称为保护主义（Protectionism）政策。保护主义政策可分为两大类，关税（Tariffs）和非关税壁垒（Non-tariff Barriers）。

10.2.1　关税

进口国针对所进口的货物征收的税收叫做关税。对贸易征税可以说与进行国际贸易一样的久远。最初，关税的征收主要作为政府收入的重要来源。最早将关税看做是保护本国工业一种工具的是法国的重商主义者柯尔培。他当政期间，在1667年把从英国和荷兰进口的呢绒等工业品的税率提高一倍，迫使这些工业品几乎中断了进口，实现了保护本国工业的目的。直到18世纪末19世纪初，关税的保护作用才逐步得到了认同。1791年，美国第一任财政部长亚历山大·汉密尔顿主张保护关税。从此，关税的主要作用通常在于抵制外国竞争者保护本国生产。

如果关税与进口商品的价值存在一定的比例关系，称为从价税；例如，价值100元的衬衫征收10元的关税。如果关税与商品的数量有一定的关系，称为从量税；例如，1公斤转基因大豆征收1元的关税。

由于进口商品的种类繁多，价格各异，所以关税税率也相当多。通常，衡量一国关税水平高低是以平均关税税率（Average Tariff Rate）的高低为标准。20世纪90年代，为了适应国际多边贸易体制的要求，中国已多次大幅度削减关税，1993年12月，中国的平均关税率从43%下降到36%；1996年4月，又下降到23%；1997年10月，进一步下降到17%。2000年，中国的平均关税率为15.6%；2002年则为12.7%。入世以后，我国履行关税减让义务，逐步降低平均关税率。2003年1月1日，经国务院批准，我国进一步降低进口关税，关税算数平均总水平从12%下降至11%，有3 000多个税目进行不同程度的降低，而截至2010年，中国的关税总水平下降到9.8%，在发展中国家中是最低的。[①]

10.2.2 非关税贸易限制

除了关税以外，其他任何会妨碍及限制贸易的措施统称为非关税壁垒。常见的措施有配额、自动出口限制、进口许可证、原产地证明、检疫和检验标准等。

配额是指限制进口数量，其方式多种多样，有人统计全球实施的配额有2 500余种。使用配额的理由不外乎以下几点，保证进口数量不超过上限；政策容易实施；利益分配方面的考虑。

自动出口限制又称自愿出口限制或自动出口配额制，两国政府间达成协议，由出口国自动限制特定货物出口至对方国家的数量。例如，1979年石油价格急剧上涨和暂时的汽油短缺使美国市场一下子转向小型汽车，而当时日本生产商的成本无论在哪个方面都已经低于美国的竞争者，因此它们迅速打入美国市场。随着日本厂商的市场份额持续扩大以及美国的产量不断下滑，美国国内的政治力量要求保护美国的汽车工

---

① http://news.sina.com.cn/0/2010-01-13/16151697288s.shtml.

业。为了避免单方面的行为和引发贸易战的危险，美国政府要求日本限制出口。日本因害怕若不答应美国要求，可能招致美国的单方保护措施，也就同意限制其销售。在1981年，双方达成了第一份协议，把日本每年向美国的汽车出口量限制在168万辆，1984~1985年又把总数修正到185万辆。

至于原产地证明、进口许可证、检疫和检验标准等，都属于进口手续中加入特定的行政措施，这些措施规定的越严格，限制贸易的作用就越明显。

10.2.3 贸易限制的原因

贸易保护能够造成进口物价上涨、进口量减少、人民福利下降等不利影响，为何现实中，大多数政府仍然采取贸易保护的态度呢？

16世纪重商主义的时代，就有人担心国际竞争的结果有可能伤害本国产业。早期的重商主义以守财奴的眼光看待金银货币，被称为货币差额论或重金主义，强调国际贸易中多卖少买，因此主张用国家的立法和财政措施以保证每笔贸易实现贸易顺差，如勒令输出物品以货币的形式带回本国，防止金银外流。晚期的重商主义的基本理论被称为贸易差额论，代表者是时任英国东印度公司的董事和政府贸易委员会委员的托马斯·孟（1571~1641），在他生活的年代，英国的资本主义已经有了较大的发展，对外扩张和开展贸易的海军航运、制造业有了很大发展，如果依照早期重金主义的原则，国家的政策显然已经不适应英国当时的需要，所以他提出贸易差额论，对重金主义进行了批判，认为货币只有投入流转才能增多，在国内的贸易只是财富在国民间的转移，没有带来财富的增加，所以他主张输出货币，借以发展对外贸易，同时坚守这样的原则，在价值上，每年卖给外国人的货物必须比本国消费他们的货物多，为此，重商主义实行管制外贸的政策，管制贸易的又一措施是实行奖出限入政策，阻止原料和半成品的出口，奖励成品的出口，对原料免税进口，对进口货征收重税。为避免贸易对本国产业的影响，于是倡议以限制进口的方式，一定程度上回避竞争，或者以出口补贴的方式提升本国企业的竞争力。如果市场机制充分发挥作用，自由贸易的结果应该是利大于弊，但是市场存在失灵的可能，这时候自由贸易便无法发挥其最大的作用，需要政府的干预。

从经济的角度考虑，限制贸易的理由主要包括，使本国产品的价格具有竞争性；保护本国某些特定的产业；避免外国产品的不公平竞争，如倾销或政府补贴；扶持本国特定产业等。就本国产品竞争力而言，关税或配额这类贸易壁垒使进口产品的价格上升，使本国同类产品具有价格上的优势，增强本国产品在国内市场的竞争力。只是，只有当外国不采取报复性措施的时候，这种说法才可以成立。如果两国间相互提高关税，外国也提高他们的关税，形成一种恶性循环，则对两国的经济都会造成损失。

就保护特定产业而言，关税或配额将提升进口品的价格，那么本国生产类似产品的厂商就可以增加供给量，从而增加就业。降低关税使得这些产业面临国外竞争，生产下降，失业上升。所以，保护本国产业避免失业率增加便成为普遍的借口。但是，限制贸易只在短期内保护本国工业，代价却是牺牲消费者的利益、降低资源配置的效率。所以保护程度限定在何种水平，饱受争议。

倾销指一种产品卖到国外市场上的价格低于国内市场的销售价格甚至低于成本。倾销最大的可能在于垄断厂商为了通过价格歧视追求利润的最大化。通常地，多数国家认为倾销属于不公平竞争。为应对倾销，政府可以采取征收反倾销税的办法。

除了倾销以外，许多国家直接或间接补贴特定的出口品以获得竞争优势，这也是一种不公平竞争。应对方法是政府征收反补贴税。反补贴税是针对外国政府补贴所征收的税种。

扶持本国特定产业的理由往往缺乏实践支持。因为实施扶持之时，哪个产业是需要扶持的，似乎没有强有力的证据，而且扶持的这个产业未来是否一定会具有竞争力，尚是未知数。因此，这一点限制贸易的理由缺乏支持。

除了以上四项经济理由，还有一些非经济理由支持着贸易保护主义。例如，国家安全。如果某国家很可能会基于未来国家安全需要，发展并保护特定的产业，如航空、造船、粮食等。此外，环境保护也能成为贸易保护的理由。如果进口的产品会造成环境污染，比如说农药，那么政府也会推行限制贸易的措施。

10.3 外汇交易市场与汇率

国际收支是国际金融学的基本概念。一个国家的国际收支主要是一定时期该国居民与非居民之间的全部经济交易的系统记录。理解这个概念，必须注意以下几方面。首先，国际收支是一个流量概念，记录的是一定时期的交易，这是使国际收支与存量概念的国际借贷区分的关键。国际借贷记录的是在某个特定的时点上一国居民对外资产与负债的总和。其次，国际收支反映的是国家间的所有经济交易。因此，它不只包括外汇收支，而且包括不涉及外汇收支的单方无偿援助补偿贸易等。最后，国际收支记录的经济交易必须是在一国的居民与非居民之间发生的。在国际收支的概念中，居民与非居民的界定所依据的是居民原则而非公民原则。一国居民是指长期在该国从事生产和消费活动的单位（包括个人、企业、政府和非营利团体）。

本国不能用自己的货币从外国购买商品。如中国要进口美国的商品，需要先将人民币换成美元,再用美元去美国进口商品。同样,中国产品出口换回美元,必须先兑换成人民币,方可在中国境内充当购买和支付手段。一般地,把以外币表示的、能用于进行国际结算的信用凭证和支付手段,称为外汇,具体包括外国货币,以外币表示的支票、汇票、本票等各种支付凭证,以及外币有价证券。

10.3.1 国际收支均衡

本国进口商品必须支付外汇,本国出口商品须收入外汇。除了国际贸易发生的外汇收支外,诸如跨国投资及其要素收入的国际流动,政府间的援助拨款、贷款、还本付息及财产转移等活动都会发生外汇收支。记录一国在一定时期(通常为一年)内外汇收支的统计报表称为国际收支平衡表,是一国与他国之间所进行的一切经济交易的财务反映。

国际收支平衡表(Balance of Payment Statements)是一种按照复式簿记原理记录一定时期内,通常是一年、半年、一季度、一个月,一个国家各种国际收支项目及其金额的统计报表。一个国家各种国际收支项目可以划分为三类,即经常项目、资本项目和平衡或结算项目。在国际收支报表中,任何能引起外币流入或收到国外付款的交易,计入"贷方",构成对外收入或外汇供给;任何能引起外币流出或对外国支付的交易,计入"借方",构成对外支出或外汇需求。收入大于支出,称之为顺差或盈余;支出大于收入,称为逆差或赤字,在逆差之前冠以符号"-"。表10-3为中国2010年国际收支平衡表。

表10-3　　　　　　　　中国2010年国际收支平衡表　　　　　　　单位:亿美元

项目	行次	差额	贷方	借方
一、经常项目	1	3 054	19 468	16 414
A. 货物和服务	2	2 321	17 526	15 206
a. 货物	3	2 542	15 814	13 272
b. 服务	4	-221	1 712	1 933
1. 运输	5	-290	342	633
2. 旅游	6	-91	458	549
3. 通讯服务	7	1	12	11
4. 建筑服务	8	94	145	51
5. 保险服务	9	-140	17	158
6. 金融服务	10	-1	13	14
7. 计算机和信息服务	11	63	93	30
8. 专有权利使用费和特许费	12	-122	8	130

续表

项目	行次	差额	贷方	借方
9. 咨询	13	77	228	151
10. 广告、宣传	14	8	29	20
11. 电影、音像	15	-2	1	4
12. 其他商业服务	16	184	356	172
13. 别处未提及的政府服务	17	-2	10	11
B. 收益	18	304	1 446	1 142
1. 职工报酬	19	122	136	15
2. 投资收益	20	182	1 310	1 128
C. 经常转移	21	429	495	66
1. 各级政府	22	-3	0	3
2. 其他部门	23	432	495	63
二、资本和金融项目	24	2 260	11 080	8 820
A. 资本项目	25	46	48	2
B. 金融项目	26	2 214	11 032	8 818
1. 直接投资	27	1 249	2 144	894
1.1 我国在外直接投资	28	-602	76	678
1.2 外国在华直接投资	29	1 851	2 068	217
2. 证券投资	30	240	636	395
2.1 资产	31	-76	268	345
2.1.1 股本证券	32	-84	115	199
2.1.2 债务证券	33	8	154	146
2.1.2.1（中）长期债券	34	19	128	110
2.1.2.2 货币市场工具	35	-11	25	36
2.2 负债	36	317	368	51
2.2.1 股本证券	37	314	345	32
2.2.2 债务证券	38	3	22	19
2.2.2.1（中）长期债券	39	3	22	19
2.2.2.2 货币市场工具	40	0	0	0
3. 其他投资	41	724	8 253	7 528
3.1 资产	42	-1 163	750	1 912
3.1.1 贸易信贷	43	-616	5	621
长期	44	-43	0	43
短期	45	-573	4	578
3.1.2 贷款	46	-210	197	407
长期	47	-277	0	277

续表

项目	行次	差额	贷方	借方
短期	48	66	197	131
3.1.3 货币和存款	49	-580	303	883
3.1.4 其他资产	50	244	245	1
长期	51	0	0	0
短期	52	244	245	1
3.2 负债	53	1 887	7 503	5 616
3.2.1 贸易信贷	54	495	583	88
长期	55	35	41	6
短期	56	460	542	81
3.2.2 贷款	57	791	5 860	5 069
长期	58	100	264	163
短期	59	691	5 596	4 906
3.2.3 货币和存款	60	603	1 038	435
3.2.4 其他负债	61	-3	22	25
长期	62	-4	1	5
短期	63	1	22	20
三、储备资产	64	-4 717	0	4 717
3.1 货币黄金	65	0	0	0
3.2 特别提款权	66	-1	0	1
3.3 在基金组织的储备头寸	67	-21	0	21
3.4 外汇	68	-4 696	0	4 696
3.5 其他债权	69	0	0	0
四、净误差与遗漏	70	-597	0	597

注：(1) 本表计数采用四舍五入原则。(2) 从2010年三季度开始，按照国际标准，将外商投资企业归属外方的未分配利润和已分配未汇出利润同时记入国际收支平衡表中经常账户收益项目的借方和金融账户直接投资的贷方。2010年各季度以及2005~2009年度数据也按此方法进行了追溯调整。

资料来源：国家外汇管理局网站。

1. 经常项目

经常项目记录的是当期国内外"商品及劳务"的买卖，包括货物、服务等。例如，进出口汽车、计算机、五金零件、纺织成衣等商品贸易记录在贸易和劳务项下的贸易部分；出国旅游、运输费、保险支出等服务交易都记录在劳务部分。商品出口大于进口时，成为贸易顺差（Trade Surplus）；反之，成为贸易逆差（Trade Deficit）。

(1) 货物和服务。又分为两个部分，第一，货物，亦称有形贸易收支。包括商品出口和进口。商品出口表示进口国支付的外汇收入，记入"贷方"；商品进口表示向出口国支付外汇,记入"借方"。表 10-3 表示进口大于出口,贸易顺差为 2 542 亿美元。

第二,服务,亦称无形贸易收支。包括以下内容。

为外国提供运输、港口、保险、旅游学习等劳务的外汇收入;本国利用外国提供的运输、银行保险等劳务和本国人到外国旅游学习等支付的外汇;

投资收入,包括本国人在国外的贷款与投资的利息、红利与利润等外汇收入,以外汇支付的外国在本国的贷款与投资的利息红利与利润等支出;

其他商业服务,如广告费、专利费等。

表 10-3 所列的运输、旅游、通讯服务、建筑服务、保险服务、金融服务、计算机和信息服务、专有权利使用费和特许费、咨询、广告和宣传、电影和音像、其他商业服务、别处未提及的政府服务。外汇收入小于支出,合计逆差为 -221 亿美元。

(2) 收益。包括职工报酬和投资收益两部分。由表 10-3 可知,2010 年中国在收益项目上支出为 1 142 亿美元,收入为 1 446 亿美元,合计顺差为 304 亿美元。

(3) 经常转移。包括各级政府和其他部门两部分。合计顺差为 429 亿美元。

2. 资本项目和金融项目

资本项目记载的是金融资本的交易。从对象来看,分为民间资本项目和政府资本项目;从期限的长短看,分为长期资本和短期资本。长期资本主要指偿还期限在一年以上的,主要用途是融通商品与劳务信贷、直接投资、有价证券投资与贷款等。短期资本是一年内回流的资本,主要用于经济交易差额的融通,包括短期借贷、存款和贸易信用。

资本输入表示本国有外汇收入的项目。包括以下三种。

第一,外国在本国的直接投资(采矿、建厂、购买本国企业股份或企业利润再投资);

第二,本国政府与私人向外国借款或出售有价证券;

第三,外国偿还本国到期借款。

资本输出表示本国需要支付的外汇,即本国对外汇的需求,包括以下三种。

第一,对外国的直接投资;

第二,本国政府和私人对外国的贷款或购买外国的有价证券;

第三,本国偿还到期的外债。

3. 储备资产

包括储备黄金、特别提款权、在基金组织的储备头寸、外汇、其他债权等五部分。下面着重介绍在基金组织的储备头寸和特别提款权。

（1）在基金组织的储备头寸。国际货币基金组织按各会员国缴纳的份额分配给会员国的一种记账单位，表示该国国际收支账户的一项收入，可作为该国政府的储备资产用于弥补国际收支逆差。

（2）特别提款权。一个国家的金融当局（中国银行或其他官方机构）持有的储备资产及其对外国的债权，储备资产可以是货币黄金、外汇储备或分配的特别提款权。一个国家国际收支的经常项目总和与资本项目总和存在顺差或逆差时，最后必须通过增减其官方储备资产或增减其对外债权债务以保持收支平衡。

4. 净误差和遗漏

错误与遗漏 – 597 亿美元，与核算国民生产总值时的统计误差一样，其性质是为了保证国际收支平衡表的借方总金额和贷方总金额相等的一个平衡项目。

国际收支平衡表总体而言是一张名副其实的平衡表，但是如果就其各个组成部分来看，经常处于不平衡状态。通常所说的国际收支顺差或逆差即是贸易差额、经常项目差额、基本差额、官方结算差额、总和差额等局部差额。一般地，国际收支顺差以黑色书写，故又称为"黑字"；而逆差以红色书写，故又称为"赤字"。在分析国际收支是否平衡时，根据分析问题的不同，人们可以采用不同的局部差额概念。在没有特别标明的情况下，人们所讲的国际收支盈余或赤字，通常指的是国际货币基金组织倡导的总和差额盈余或赤字。国际收支局部差额的相互关系如下所示。

贸易差额 = 商品出口 – 商品进口
经常项目差额 = 贸易差额 + 无形收入 – 无形支出 + 无偿转移收入 – 无偿转移支出
基本差额 = 经常项目差额 + 长期资本流入 – 长期资本流出
官方结算差额 = 基本差额 + 私人短期资本流入 – 私人短期资本流出
综合差额 = 官方结算差额 + 官方借款 – 官方贷款
综合差额 ± 储备减少/增加 = 零

原则上，只要统计资料完备而精确，国际收支应该总是平衡的，即各个局部差额应该会相互抵消。例如，经常项目差额可以由资本项目差额来弥补；全部交易项目（经常项目和资本项目都包含在内）的差额可以动用官方储备来平衡。然而，只有这种形式上的平衡是不够的，在分析国际收支是否实现了平衡时，还必须注意账面平衡与真实平衡、数额平衡与内容平衡、自主平衡与被动平衡是否一致。一般而言，按照交易的动机或目的，国际收支平衡表中所记录的经济交易可以分为自主性交易与补偿性交易两种类型。

自主性交易主要是基于商业动机，为追求利润或其他利益而独立发生的交易。这些交易所产生的货币收支并不一定能够完全相抵，由此产生的对外汇的超额供给或超额需求会引起汇率的变动。补偿性交易主要是指一国货币当局为弥补自主性交易的不平衡而采取的调节性交易，是一种因其他交易（例如自主性交易）而发生的融通性交易。

作为一国宏观经济的重要组成部分，国际收支平衡集中体现了国内外经济的震荡和冲击。根据不同的起因，国际收支失衡可以分为偶然性失衡、周期性失衡、收入性失衡、结构性失衡以及货币性失衡。其中，前四种主要与经常项目（尤其是贸易差额）有关；货币性失衡则与资本项目（资本流动）关系密切。

10.3.2 汇率与外汇储备

两国之间的商品或贸易服务，需要特定的可为双方接受的货币作为媒介交易。在国际经济交易和国际支付中，由于每个国家的货币只能在本国流通使用，就使得一个国家国际收支中债权债务的清偿，必须用本国货币同外国货币交换。海外投资、购买外国有价证券等，都涉及外币的使用。一个国家的外汇是指以外币表示的用以进行国际之间结算的支付手段；两个货币之间的兑换比率称为双边汇率（Bilateral Exchange Rate），简称汇率（Exchange Rate）。1 美元等于 6.5385 元人民币，等于 84.3298 日元，这就是双边汇率。

汇率有两种标价方式，直接标价和间接标价。直接标价亦称为支付汇率，表示一定单位（百、万等）的外国货币应支付多少单位的本国货币。我国人民币的汇率标价方式为直接标价法。例如，根据我国公布的人民币外汇牌价，2011 年 4 月 13 日，100 美元折合人民币 647.48 元（现钞买入价），652.71 元（现汇买入价）；100 英镑折合人民币 1 025.94 元（现钞买入价），1 059.45 元（现汇买入价）；100 欧元折合人民币 912.77 元（现钞买入价），942.58 元（现汇买入价）。①

间接标价法也可以称之为收入汇率，表示一单位本国货币应收进若干单位的外国货币。例如，2011 年 5 月 17 日英国伦敦外汇市场行市 1 英镑等于 1.6252 美元。

当前，世界各国大都采用直接标价。英国由于资本主义发展较早，曾经占有大量的殖民地，英镑曾是国际贸易计价结算的标准，加之英镑计算单位较大，用一个英镑等于若干外币，比较方便，所以英国伦敦外汇市场上一直采用间接标价。美国原来也采用直接标价，后来由于美元在国际贸易中作为计价标准的情况越来越多，也比较方便，纽约外汇市场从 1978 年 9 月开始也改用间接标价法，但对英镑汇率仍用 1 英镑等于若干美元的直接标价法。

---

① http：//www.boc.cil/sourcedb/uhpj/.

外汇买卖有卖出价与买入价之分。银行对顾客卖出外汇时的差价叫做卖价，银行从顾客买进外汇时的汇率叫做买价。卖价与买价之间的差额就是银行的手续费。一般以当地外汇市场当天收市的买入价与卖出价的平均数（中间汇率）表示当地货币的汇率。

10.3.3　汇率变动与进出口

一个国家汇率的高低，可以经由政府法令的规定进行调整，或市场供求力量的作用而发生变动。在金本位体制下，汇率即单位本国货币对外币的价值是由政府的法令规定每单位货币的含金量，成为法定金平价。例如在1933年以前，1盎司黄金＝20.67美元；英国在1931年以前，1盎司黄金＝4.25英镑，因而美元对英镑的汇率是1英镑＝4.86美元。外汇贬值（Devaluation）的定义通常是指一国货币的法定含金量减少。时任美国总统的罗斯福把用美元表示的黄金价格从以前的1盎司黄金＝20.67美元调整为1盎司黄金＝35.0美元，这就是美元贬值。与之相反的过程，一国法定含金量的增加称为外汇增值（Revaluation）。

进一步而言，货币贬值（Depreciation）主要针对一国的货币相对于某种外币的价值下降。例如，之前的1英镑＝4.86美元，现在改变为1英镑＝2.6美元，我们可以称其为英镑相对于美元贬值。与之相反的过程，可以认为，美元相对于英镑升值了。需要注意的是，贬值也可以涉及降值。例如，当美元的法定含金量减少，而英镑的法定含金量不变，美元贬值，可以说美元相对于英镑降值了，也可以说英镑相对于美元升值了。

汇率变动会引起进出口商品价格的变化，从而影响到一国的进出口贸易。一国货币的对外贬值有利于该国增加出口，抑制进口。反之，如果一国货币对外升值，即有利于进口，而不利于出口；汇率变动对非贸易收支的影响如同其对贸易收支的影响。

10.4　汇率制度

按照政府或央行管理汇率变动的方式，汇率制度基本可以分为两大类，固定汇率制度与浮动汇率制度。这两种汇率制度是汇率制度的两个极端，在极端之内，按政府管理程度的差别，还存在着管理浮动汇率、钉住汇率制度。

10.4.1 固定汇率制度与浮动汇率制度

固定汇率制度是每个国家的货币与美元维持固定的兑换比例。1944年成立的国际货币基金组织（International Monetary Fund），规定各国以美元作为最主要的外汇储备，其他国家的货币与美元保持固定的兑换比率。既然每一个国家与美元保持一个固定的兑换比例，那么世界上任何两个国家的货币兑换也是固定的。我们称这种汇率制度为固定汇率制度。通过这个说明，可以看到，固定汇率制度实质上是经由人为因素决定的汇率制度。汇率一旦决定，就不能轻易变动。国际货币基金组织针对这一方面，有特别的规定，除非当一个国家发生严重的问题，比如对外贸易有严重的赤字，通过货币基金组织的同意，才可以重新调整本国货币与美元之间的兑换比例。这样一来，汇率制度就不再是绝对不能调整的，实则是可调整的固定汇率制度。固定汇率制度下，如果外汇市场有超额供给，政府可以通过行政命令或者外汇市场买卖等方式维持汇率不变。例如，政府可以限制每人结汇的数量，甚至只有有贸易需求的厂商才可以买卖外汇等。简而言之，就是本国货币不能任意地兑换成外币。但如果市场上存在超额供给而政府又允许本国货币可自由兑换成外币时，有时为了维持固定汇率的不变，政府有义务全额买入；反之，如果存在超额需求，政府又有必要全部卖出。因此，固定汇率制度下，政府需全力干预外汇市场以维持其稳定。

针对固定汇率制度，假如政府对外汇市场不加干预，完全听任市场供给与需求，那么就会导致汇率自由的上下浮动。我们首先从外汇需求的角度分析，探究需求的来源。

第一，国际贸易的需求。当我们从A国进口粮食、汽车或者当我们想到美国旅游时，需要以美元进行支付。所以，向外国购买商品或者服务的需要，会构成对外汇的需求；

第二，对外直接投资。海尔要在美国设立海尔工业园时，工业园的投资需要美元；中海油要在外国并购石油企业时，也需要美元作为支付手段。这都是直接投资衍生而来的；

第三，对外间接投资。间接投资主要指对国外金融资产的投资。例如，购买通用电气的股票，或者购买美国政府发行的公债等。这种投资方式虽然无法直接管理所投资的公司，但股票或债券的持有也是公司的间接持有者。

从外汇供给的来源角度探析，它与需求的来源恰好是相反的过程。

第一，本国商品或劳务的出口收入；

第二，外商在本国的直接投资收入；

第三，外商对本国的间接投资收入。

10.4.2 钉住汇率制度与管理浮动汇率制度

现实生活中的汇率制度并不是绝对固定的汇率制度或绝对浮动的汇率制度，往往是介于中间的情形，主要有可调整的钉住汇率制度和管理浮动汇率制度。

可调整的钉住美元的汇率制度是指各国货币与美元保持固定的比例，而美元与黄金直接挂钩。美国中央银行在任何时候都有义务使汇率维持在某一固定的水平上，这是一种钉住汇率。若汇率明显偏离了该水平，就意味着这种钉住的汇率可以调整。钉住汇率上升时，就意味着本国货币升值了；反之，就是贬值。

管理浮动汇率制度又称为不清洁汇率制度。这种制度有如下两个重要特征。

第一，汇率可以随市场力量而波动；

第二，中央银行可以进入外汇市场干预汇率波动，使汇率接近某个指标值。这是当今世界上诸多国家普遍使用的汇率制度。

10.4.3 中央银行的外汇干预

中央银行干预外汇市场的主要手段是吞吐外汇储备。外汇储备是一国中央银行持有的外币金融资产存量。外汇储备加上黄金储备，称为国际储备，基本功能是支持货币在外汇市场上的价格。

通常，中央银行干预外汇市场的目的有两个，一是稳定汇率，如果本币升值，中央银行这时往往会购进外币以增加外币的需求，卖出本币以增加本币的供给。如果本币降值，就进行相反方向的干预。为稳定汇率而干预外汇市场的显著特征是，中央银行以投机的方式制止投机，即中央银行总是购进降值的货币同时卖出升值的货币。以长期的眼光看，这种干预不会使外汇储备显著减少。二是服从于国内宏观经济政策的整体目标，使本币升值或降值。假定一个国家的经济尚未走出衰退却本币已经升值，此时中央银行就有增加本币供给购进外币的必要性，使本币降值或不再升值，以增加净出口扩大需求；反之，如果出现较为严重的通货膨胀，中央银行就应收回本币释放外币。

一般来说，本币升值使国内物价下降，净出口减少，收入再分配有利于进口部门，不利于出口部门。本币降值时影响相反。因此，中央银行对外汇市场的逆向干预结果也就不一样。假如中央银行为了使本币降值而进行干预并能达到目的，其影响是净出口增加，国内物价上涨，外汇储备增加，收入再分配有利于出口部门，而不利于进口部门。为使本国货币升值而进行干预的影响则是相反的过程。

在1944年于新罕布什尔州布雷顿森林召开的联合国货币和金融会议上,44个与会国代表的目标是重建国际经济体系。该体系的瓦解曾导致产生大萧条和爆发战争。为了重建这一目标,他们建议创建国际货币基金组织、世界银行以及在很多年后成为世界贸易组织的机构。

国际货币基金组织的首要目标在过去50年中一直未发生过实质性的变化。这一目标载于其协议条款的第1条内。

第一,通过一个常设机构促进国际货币合作,为国际货币问题提供协商和合作的机制;

第二,为国际贸易的扩大和平衡增长提供条件,以此推动维持高就业水平和高实际收入;

第三,促进汇率的稳定,在成员国中维持有序的汇兑安排,以及避免外汇竞相贬值;

第四,帮助建立经常交易的多边支持体系,消除各种阻碍世界贸易增长的外汇限制;

第五,增强成员国的信任感,在适当的安全保障下将国际货币基金组织的普通资金提供给成员国临时使用,向它们提供纠正国际收支余额失调的机会,而不至于采取对本国和国际繁荣起破坏作用的措施;

第六,根据以上各点来缩短成员国在国际收支中不平衡现象持续的时间,并减轻其程度。

在当前困难的环境下,国际货币基金组织正在帮助各国政府保护甚至增加社会开支,包括社会救助。特别是,国际货币基金组织提倡采取措施,增加可以减轻危机对社会中最脆弱群体影响的社会安全网计划的开支,并提高其针对性。

【本章小结】

1. 国际贸易是国与国之间物品和交易活动的总称,是国际经济关系的基础性内容。

2. 本国商品与外国商品相互交换的比率叫做贸易条件。贸易条件是由于两国之间的机会成本差别导致的。如果机会成本的差别越大,贸易条件变动的区间就越大。

3. 政府限制贸易的基本出发点都是保护本国的产业免受外国强大的竞争者带来的压力,有的还源于一定的政治目的。限制国际间自由贸易的做法称为保护主义政策。保护主义政策可分为两大类:关税和非关税壁垒。

4. 国际收支是一个流量概念,记录的是一定时期的交易,这是使国际收支与存量概念的国际借贷区分的关键。国际收支反映的是国家间的所有经济交易。国际收支记录的经济交易必须是在一国的居民与非居民之间发生的。

5. 按照政府或央行管理汇率变动的方式，汇率制度基本可以分为两大类，固定汇率制度与浮动汇率制度。这两种汇率制度是汇率制度的两个极端，在极端之内，按政府管理程度的差别，还存在着管理浮动汇率、钉住汇率制度。

【推荐读物】

1. 邹忠全. 中国对外贸易概论［M］. 东北财经大学出版社，2010.
2. 王绍媛、李艳丽. 中国对外贸易［M］. 东北财经大学出版社，2010.
3. 陈晋. 哈佛经济学笔记［M］. 江苏文艺出版社，2010.
4. 孙玉琴. 中国对外贸易史［M］. 清华大学出版社，2008.
5. 章艳红. 美国贸易研究［M］. 中国人民大学出版社，2008.

【复习思考题】

1. 比较优势的内涵是什么？
2. 国际贸易产生的条件有哪些？
3. 政府限制国际贸易的措施有哪些？
4. 政府限制国际贸易的原因是什么？
5. 外汇市场均衡的内涵是什么？
6. 汇率制度具体有哪几种？
7. 开篇案例思考题

（1）人民币升值对我国的对外贸易和进出口有什么影响？
（2）谈谈你对人民币汇率形成机制的看法。

第 11 章

失业与通货膨胀

【学习目标】
1. 掌握失业的定义、衡量及种类。
2. 掌握通货膨胀的定义、衡量、分类及经济效应。
3. 理解失业与通货膨胀的关系。
4. 了解菲利普斯曲线及其他学派对菲利普斯曲线的解释。

【开篇案例】

中国大学生就业

根据统计，2011 年我国大学毕业生数量将达到 650 万，大学毕业生就业压力将继续加大。

当前中国大学毕业生就业难已经成为一个社会性问题。从 1999 年内开始，高校扩招，我国高等教育进入新的发展阶段，毕业生人数每年以 60 万~70 万增加，2002 年为 145 万，2003 年 212 万，2004 年 280 万，2005 年达到 338 万。与此同时，企业纷纷减员增效，政府提倡精简机构，事业单位实行下岗分流，造成人才需求下降。可以预计，大学生就业竞争将会更加激烈。然而近年来，大学生就业率却持续下降。据教育部门统计，2002 年开始，高校扩招的大学生陆续就业。当年全国普通高校毕业生 145 万，6 月初次就业率为 64.7%，与 2001 年同比下降 5 个百分点。到 2002 年年底，又有约 22 万人实现就业，就业率上升到 80%。2003 年毕业生 212 万，时值"非典"期间，企业减缩就业指标，学生就业心理受到创伤。后经党中央、国务院统筹，多方协调，在各级政府高度重视下，最后的就业率本科院校为 70%，高职院校为 55%。2004 年大学毕业生为 280 万，初次就业率本科院校为 61.3%，高职院校就业率不到 40%。2005 年大学毕业生为 338 万，就业率本科院校为 70%，大专生为 40%（专家认为有水分）。大学生就业问题是我国目前亟待解决的问题。其实，大学生失业只是社会上失业人员的一部分，那么，如何衡量失业？失业会产生哪些影响？如何解决失业问题？这些都是我们需要思考的问题。

另外著名相声演员姜昆曾经表演过一个相声段子，其大意是说，有一天，老百姓突然听说商品要涨价，于是就有人进行囤积采购。他的最离奇的一位街坊，竟然买了一大水桶酱油、一洗澡盆米醋、一抽屉味精和一屋子面粉。相声虽然虚构，但说明了其中隐含的经济学原理。这种现象实际上就是因为通货膨胀引起的。那么，什么是通货膨胀？通货膨胀产生的原因是什么？通货膨胀会产生哪些经济效应呢？这些都是值得我们思考的问题。

资料来源：http://finance.ifeng.com/money/specical/dxsjy/index.shtml.

【重要概念】

失业（Unemployment）
失业率（Unemployment Rate）
劳动参与率（Labor Force Participation Rate）
摩擦性失业（Frictional Unemployment）
结构性失业（Structural Unemployment）
周期性失业（Cyclical Unemployment）
自然失业率（Natural Rate of Unemployment）
通货膨胀（Inflation）
温和的通货膨胀（Moderate Inflation）
奔腾的通货膨胀（Galloping Inflation）
恶性的通货膨胀（Hyperinflation）
菜单成本（Menu Cost）
皮鞋成本（Boot Leather Cost）
菲利普斯曲线（Phillips Curve）

充分就业和价格稳定是一国比较重要的宏观经济政策目标。充分就业就涉及失业和就业问题，价格稳定涉及通货膨胀问题。本章便是主要介绍有关失业和通货膨胀等与日常生活息息相关的内容。

11.1 失业的定义和度量

11.1.1 失业

失业,从字面上理解无非是失去职位或工作;失业者,是失去工作的人。这样的解释在直观上大体正确,但是对经济统计来说,并不准确。例如,一名女职工自愿放弃工作回家当家庭主妇,虽然她离开了工作岗位,但并不构成失业,因为这种离开工作岗位的行为是出于她的自愿而非被迫,所以她只是脱离了劳动力的队伍或"经济活动人口"。再比如,刚刚从大学毕业走入社会的毕业生,如果没有找到工作,虽然他之前没有工作,无业可失,但仍然属于失业者的范围。

根据国际劳工组织(International Labor Organization,ILO)的定义,失业(Unemployment)是指在某个年龄以上,在特定考察期内没有工作而又有工作能力并且正在寻找工作的人。失业者包括特定年龄以上,在参考期内满足下面条件的所有人,(1)没有工作;(2)目前可以工作;(3)正在寻找工作。在这个概念中,国际劳工组织对年龄没有明确的限制,不同的国家根据自己本国国情,对年龄做出了不同的规定。我国规定年龄下限为16周岁,美国、法国也是16周岁,日本、加拿大、韩国、新加坡等是15周岁,意大利仅为14周岁。国际劳工组织认为,失业的人应该积极寻找工作,而且寻找工作的行为是可以检验的,但在积极寻找工作上各国所持意见不一,美国把寻找工作分为主动和被动,并把被动找工作的人排除在失业人员之外,我国、加拿大和欧盟则把找工作的人全部认定为失业人员;对于暂时下岗人员,我国认为其仍是就业人员,而美国和加拿大认为,如果有明确的召回日期(召回日期限定不一样),则被认为是失业人员。从这里可以发现,在失业这个问题上,各国的定义没有统一。

11.1.2 失业率

劳动力是最重要的资源,失业意味着劳动力处于没有工作的"闲置"状态,并且会带来多方面的经济问题和社会问题。为了评价一个国家的经济活动水平,经济学家和政策制定者需要分析大量的统计数据,除了GDP之外,还有一个宏观的统计数据——失业率。失业率作为反映劳动力市场状况的敏感性指标,不仅得到经济学家和政策制定者的关注,同时也受到广大公众的注意。

在失业率的统计之中，一般将人口分为以下几类。

就业人口是指在一定年龄（如 16 周岁）及以上，从事一定社会劳动并取得劳动报酬或经营收入的人员。

失业人口是指在一定的劳动年龄内（如 16 周岁至退休年龄），有劳动能力，无业而要求就业的人员。

就业人口与失业人口合计为劳动力人口，也称经济活动人口，是指在一定年龄（如 16 周岁）及以上，有劳动能力，参加或要求参加社会经济活动的人口。

失业率（Unemployment Rate）是失业人数占劳动力人数的比例，表示为，

失业率 = 失业人数/（就业人数 + 失业人数）= 失业人数/劳动力人数

从定义上看，失业率的度量很容易，但是由于就业人口、失业人口和非劳动人口三者之间存在着不断流动关系，观察和判断实际失业人口并非易事。图 11 - 1 显示了就业人口、失业人口和非劳动力人口之间的流转关系。在就业人口、失业人口和非劳动力人口中，存在着不断的人口流动，例如，失业的人找到了工作，就从失业人口转变为就业人口；原本有工作的人由于企业裁员或意欲跳槽等原因，在找到下一份工作之前，就从就业人口转变为失业人口；全日制大学生在毕业前属于非劳动力人口，而在毕业以后，如果找到了一份工作，则由非劳动力人口变为就业人口，若没有立即找到工作，则由非劳动力人口转变为失业人口；在职人员退休则由就业人口转变为非劳动力人口；失业者由于年老体弱丧失劳动能力也会由失业人口转变为非劳动力人口。

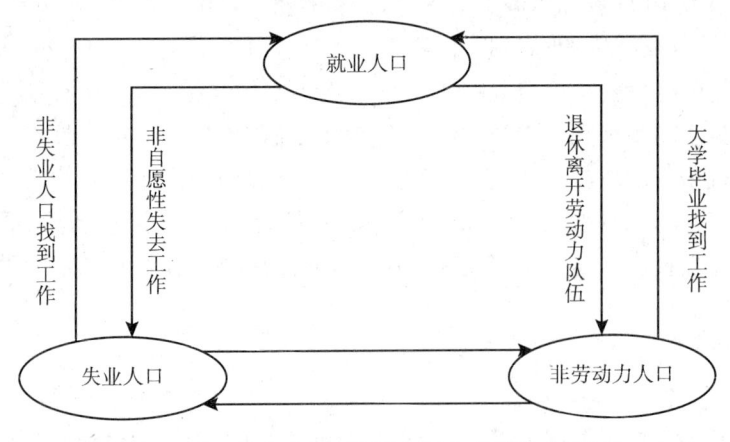

图 11 - 1　就业人口、失业人口与非劳动力人口

11.1.3　劳动参与率

劳动参与率（Labor Force Participation Rate）是经济活动人口（包括就业者和失

业者）占劳动年龄人口的比率，是用来衡量人们参与经济活动状况的指标。根据经济学理论和各国的经验，劳动参与率反映了潜在劳动者个人对于工作收入与闲暇的选择偏好，它一方面受到个人保留工资、家庭收入规模，以及性别、年龄等个人人口学特征的影响，另一方面受到社会保障的覆盖率和水平、劳动力市场状况等社会宏观经济环境的影响。个人和社会的多方面因素共同影响着个人的劳动力供给选择，并最终影响了社会整体的劳动参与率。

11.1.4 充分就业和自然失业率

如果没有周期性失业，或者说，当所有的失业都是摩擦性和结构性失业时，就实现了充分就业（Full Employment）。因此，失业率与充分就业水平的背离就是周期性失业。以弗里德曼为代表的货币主义针对凯恩斯"非自愿性失业"，提出了"自然失业率"的概念。自然失业率（Natural Rate of Unemployment），是指在没有货币因素干扰的情况下，让劳动市场和商品市场自发供求力量作用时，总需求和总供给处于均衡状态的失业率，即充分就业时的失业率。所谓没有货币因素干扰，指的是失业率高低与通货膨胀高低之间不存在替代关系。要确定一定时期中自然失业率的大小比较困难，因为它取决于劳动力市场的机构特征，并且随时间的推移不断变化，技术进步的速度，劳动力和劳动生产率的速度，获取劳动力市场信息的费用和寻业的成本都将影响自然失业率的大小。

总之，虽然不同的经济学家对于充分就业存在不同的看法，但他们都认为充分就业不是百分百就业，充分就业并不排除像摩擦性失业这样的失业情况存在。目前，大多数西方经济学家认为存在4%～6%的失业率是正常而自然的。

在充分就业时，仍然可能有大量失业（自然失业率存在），这并不矛盾，原因：（1）由于正常的劳动力流动；（2）由于人们不满意现有的工作辞职去寻找更理想的工作；（3）由于技术进步以及由于产业结构变化导致人们的技能及工作机会不相适应等均会引起失业，任何一个社会的失业率从来就没有降到零。自然失业率又叫做非加速通货膨胀失业率（NAIRU）。实际上，在不引发通货膨胀率加速上升的前提下，政府可以通过扩张性宏观经济政策减少周期性失业。但是，这些政策在降低自然失业率方面无能为力，为了降低自然失业率，政府必须采取扩张性的宏观经济政策之外的某些结构性政策（如岗位培训以及通过税收手段鼓励人们脱离失业队伍参加工作等）。

自然失业率的高低主要受到以下因素的影响。第一，劳动力的人口统计构成，即各集团人员在总劳动力中所占的比例。第二，劳动市场的组织状况，即劳动市场是否完善（如信息是否畅通，是否有就业中介机构和青年就业服务机构等）。第三，新工人加入劳动力队伍的比例及速度。比如 20 世纪 60、70 年代西方经济高速增长，特别是服务业的飞速发展，吸引了大批妇女加入到劳动队伍中，妇女参与率的提高，加速了劳动供给的增长，增加了失业人口。第四，失业者寻找更好工作的愿望和能力，这又在一定程度上受失业保险金的影响。支付的保险津贴越高，则相当于工作搜寻的补贴越高，从而使得失业者在寻找工作时挑挑拣拣，在一定程度上降低找到工作的比率，从而提高失业率。第五，实际工资刚性，即工资由于种种原因不能下降到足以迅速消除失业的水平，其中有两个原因是最重要的，工会的压力或政府立法不允许企业降低工资；企业的效率工资可能就是现行工资水平——即使劳动供给变动，企业降低工资水平也可能是不值得的。

11.1.5　中国失业的衡量

目前，我国官方失业统计指标采用的是城镇登记失业率，涉及三个基本概念，第一个是"经济活动人口"，指在 16 周岁及以上，有劳动能力，参加或要求参加社会经济活动的人口，包括就业人员和失业人员。第二个是"就业人员"，指在 16 周岁及以上，从事一定的社会劳动并取得劳动报酬或经营收入的人员。这一指标反映了一定时期内全部劳动力资源的实际利用情况，是研究我国基本国情、国力的重要指标。第三个就是"城镇登记失业人员"，指有非农业户口，在一定的劳动年龄内（16 周岁至退休年龄），有劳动能力，无业而要求就业，并在当地就业服务机构进行求职登记的人员。不包括：（1）正在就读的学生和等待就学的人员；（2）已经达到国家规定的退休年龄或虽未达到国家规定的退休年龄但已经办理了退休（含离休）、退职手续的人员；（3）其他不符合失业定义的人员。

城镇登记失业人率，指城镇登记失业人数与城镇单位就业人数（扣除使用的农村劳动力、聘用的离退休人员、港澳台及外方人员）、城镇单位中的不在岗职工、城镇私营业主、个体户主、城镇私营企业和个体就业人数、城镇登记失业人数之和的比。

用城镇登记失业率来观察我国的失业状况，存在明显的局限性。第一，失业的劳动年龄比法定劳动年龄小。我国法定劳动年龄为 16 周岁及以上，男到 60 岁，女到 55 岁。而城镇登记失业者的年龄是 16 周岁及以上，男到 50 岁，女到 45 岁。这样就排除了这一年龄（16 周岁）之上、劳动年龄上限（男 60 岁，女 55 岁）之下长达 10 年期的失业者。第二，登记范围仅限于城镇就业人员，不包括乡村劳动人口。第三，不包括由于各种原因未进行登记的失业人员，其中一个主要部分就是企业"下岗人员"。

11.2 失业的类型

11.2.1 摩擦性失业

摩擦性失业（Frictional Unemployment）是劳动者从一种生产活动转移到另一种生产活动时，通常会出现一个时间和空间的滞后，劳动者和工作岗位在匹配过程中所形成的短期性失业。它是由于人们在不同的地区、不同的职业或一生中的不同阶段的工作变动所引起的，是一个动态的经济增长中的长期而正常的现象。在一个动态社会中，总是一些人在找工作，同时也总有一些企业在招聘员工。实际上，工人需要信息、时间和成本来寻找自己认为最适合的工作，而企业也同样需要付出成本来寻找到合适的员工。通过这种耗时费钱的寻找过程，人们的兴趣、爱好和技能最终得以与可获得的工作机会相一致，工人得到满意的工作和收入，企业得到满意的员工。当这些失业的人在寻找工作时，他们就是摩擦性失业者。因为摩擦性失业者的工人经常在职业之间流动或寻找更好的工作，经济学家一般并不给予特别的关注。

这种失业形式并不是意味着工作岗位的缺乏，只是需要时间和信息把劳动者和岗位连接起来。例如，在大连某IT企业工作的软件工程师失去或者辞去了工作，他需要花费几周甚至几个月的时间来寻找一份新的合适的工作。在寻找的过程中，他可能考虑软件发展的其他领域，甚至会转换至一个新的领域发展，也可能考虑离开大连去北京中关村寻求新的机会，在寻找工作的这段时间，他将被列入失业者的范畴，也就是我们这节所说的摩擦性失业者。

摩擦性失业与劳动力市场短期变动相联系，其时间长短，除了与失业者的技能水平、主观能动程度，以及企业岗位需求水平相关外，还取决于劳动力市场上信息的对称性。劳动力市场上供给与需求动态平衡的过程，也就是求职者与企业空缺岗位相互匹配的过程。劳动力市场上供求信息提供充分，信息流动性越高，则求职者与空缺岗位之间匹配越容易，匹配适宜度越高，摩擦性失业的周期也就越短。我国近年来大规模发展起来的各级各类人才市场，目的就是实现岗位供求信息的大规模集散功能，在求职者与企业之间直接建立信息沟通，降低摩擦性失业。另外，随着互联网的深入普及，就业网站，如智联招聘、前程无忧越来越发挥出信息集散的功能，在提供求职、就业信息上发挥了巨大作用。

摩擦性失业的社会成本比较低，甚至是负的，也就是说，摩擦性失业可能产生经济效益。首先，摩擦性失业是短期的，因此它对失业者的心理成本和直接经济损失非常小；其次，寻找工作的过程最终使求职者和工作更为匹配，所以摩擦性失业者有益于调整生产，会在长期促进生产率的提高。事实上，一定数量的摩擦性失业对于迅速变化中的动态经济的顺利运行可能是非常必要的。

11.2.2 结构性失业

结构性失业（Structural Unemployment）的原因是劳动的供给和需求不匹配，是指在经济发展过程中，随着技术进步和需求结构的变化，产业结构会处于不断变化之中，从而使劳动供给和对劳动需求在职业、技能、产业、地区分布等方面不一致所引起的失业。比如，在20世纪80年代中期，由于老年人口增加和其他因素，美国对护士的需求急剧上升，但同期护士数量的增长却相对缓慢，于是导致这一时期护士严重短缺。等到护士的薪金上升，供给调整完成之后，这一结构性的短缺才得以缓解。

结构性失业水平取决于转移成本的高低。劳动力在各个部门之间的转移需要成本，如重新接受职业培训、再教育等。转移成本越高，花费的时间越长，结构性失业越严重。转移成本的高低主要取决于两方面的因素，第一，不同产业部门之间的差异程度。部门之间的差异程度越大，劳动力转移所需的成本越高。第二，劳动力的初始人力资本及培训机制。劳动力初始人力资本较高，就比较容易接受新技能的培训，培训机制越完善，转移成本越低。

结构性失业的成本比摩擦性失业高。因为结构性失业人员在长期中的产出很低，他们的空闲对自己和对社会而言都会产生大量的经济损失。这些结构性失业的人员所掌握的技能不能满足企业岗位要求，而学习新的技能又需要较长时间，失业人员面临较长时间失业时心理问题比短期的摩擦性失业更为严重。

结构性失业与摩擦性失业是两种既有区别又有联系的失业。两者的区别是，在摩擦性失业中，劳动力的供给结构与劳动力的需求结构是相吻合的，对于每一个寻求工作的失业者都有一个适合于他的职位空缺，只是他尚未找到而已。在结构性失业中，劳动力的供给结构与劳动力的需求结构是不吻合的，寻找工作的失业者找不到与自己的职业、技能、居住地相符合的工作。另外，摩擦性失业的时间一般较短，而结构性失业持续的时间较长。两者的共同点是，只要有一个失业者，就有一个职位空缺，而且两者都是经济发展中不可避免的失业。

11.2.3 周期性失业

周期性失业（Cyclical Unemployment）是随着经济周期而波动的失业，即在对劳动的总需求下降（而不是对某些部门的工人的需求下降）时产生的。周期性失业在衰退期时增加而在扩张时减少。比如很多行业的工人往往会由于经济处于衰退而被解雇，也会在几个月后当扩张开始时被重新雇用，此时就可以说，他经历了周期性失业。周期性失业又称为"需求不足失业"，是可以在短期内消除的失业。例如，由美国次贷危机引发的全球性金融危机，自2007年开始由美国波及全球，引发不同国家大范围的经济增速减缓，这一过程中，大量企业倒闭或裁员，由此产生了与经济减速相关的失业。根据美国劳工部公布的数据显示，美国2009年2月的失业率达8.1%，创下1983年12月以来失业率最高纪录（1983年12月美国失业率报8.3%）。据美国媒体报道，2007年12月是这一轮美国经济衰退的起点。自那个月起，美国迄今共减少了440万个就业岗位。到2009年2月，全美国失业人口达1 250万人。受消费萎缩、房地产业不景气等因素影响，美国服务业、制造业和建筑业就业受到大幅影响，2009年2月失业"受灾"最为严重，这3个行业分别减少37.5万、16.8万和10.4万个就业岗位。由于日本、韩国等国家受到金融危机的影响，陷入经济衰退，大连市作为主要的软件服务外包城市，很多IT企业受到波及，接单量大幅度减少，企业被迫裁员。美国当地时间2009年1月22日，软件业巨头微软公司宣布裁员5 000人。[①] 这部分人在经济形势趋好后，会重新被雇用，他们所经历的就是周期性失业。

周期性失业只有在经济衰退时存在，尽管这种失业相对比较短暂，但它却是与实际GDP的显著下滑紧密相关的，因此经济成本相当高。

11.2.4 自愿性失业和非自愿性失业

按照失业的原因还可以将失业划分为自愿性失业和非自愿性失业。

自愿性失业（Voluntary Unemployment）指工人所要求得到的实际工资超过了其边际生产率，或不愿接受现行的工作条件而未被雇佣而造成的失业。这种失业也叫古典失业，在古典理论中，就业数量的确定是通过劳动力市场的供求力量所决定的，失业实际上是劳动力市场供求不平等的结果。供求失衡的关键在于劳动力市场上的工资

---

① http：//www.chinanews.com/cj/2011/01-11/2778222.shtml.

率不是在市场初期的水平上。当实际工资水平过高时，劳动力市场供给就会大于需求，就会出现失业现象。如果劳动力市场上工资水平可以充分变动的话，当失业存在时，工资水平可以不断下调，使得劳动需求不断增加，失业现象最终能够得到解决，因此劳动力市场的价格机制总是能使整个社会达到充分就业的水平。比如说，一个会计人员失业了，如果他愿意降低自己的工资标准，或者找一份其他工作，那么他就不会失业。因此，在古典模型中，只要工资具备充分的伸缩性，失业只可能是摩擦性失业和结构性失业。如果失业持续存在，一定是工资水平不能充分调整，即劳动工资下降受到市场以外的其他障碍，要是劳动力市场充分发挥作用的话，大规模的失业就不可能存在。所以，这种失业在西方不被看成是真正的失业。

非自愿性失业（Involuntary Unemployment）是指具有劳动能力并愿意按现工资率就业，但由于有效需求不足而找不到工作造成的失业，也称为凯恩斯失业。1929～1933 年经济大萧条，大量的企业倒闭，幸存的企业也会减少，社会总需求急剧萎缩，失业人数剧增，工资水平一降再降，却对缓解就业问题无济于事。凯恩斯认为，失业的增加是因为产品市场上的总需求下降而引起的，产品市场的过度供给导致劳动力市场的过度供给。失业不是现有工资水平的工人不愿就业，而是商品市场的萧条，企业通过解雇工人来对付产品滞销。在凯恩斯失业状态下，劳动力市场价格机制可能失灵，因为在总需求不足的情况下，产品市场上供大于求，而劳动力需求又是产品需求的引致需求，所以劳动力市场也是供大于求。要恢复充分就业，必须提高总的有效需求，只有产品市场供大于求的状态消失后，劳动力市场上的供求关系才有可能趋于一致，从而实现充分就业。

凯恩斯认为，如果"非自愿性失业"已消除，失业仅局限于摩擦性失业和自愿性失业的话，就是实现了充分就业。所以说，充分就业并不是百分之百就业，因为即使有足够的职业空缺，失业率也不会等于零。在一个日新月异的经济中，永远会存在职业流动和行业的结构性兴衰，总是部分人处于失业状态。

11.3 价格水平

宏观经济学一般用价格水平来描述整个经济中的各种商品和劳务价格的总体平均数。作为一个总量指标，价格水平是用所谓价格指数来衡量的。宏观经济学中常涉及的价格指数主要有 GDP 折算指数、消费价格指数和生产者价格指数。关于 GDP 折算指数，本书在本章节就不作说明。下面简要说明一下消费价格指数和生产价格指数。

11.3.1 CPI 指数

消费价格指数（Consumer Price Index，CPI）是普通消费者所购买的产品和服务的总费用的衡量标准。准确地说，一定时期的消费价格指数（CPI）衡量的是相对于某一固定年份（基年）购买一组（相对固定的）产品与服务的费用，在当期购买同样一组产品与服务的花费情况。CPI 反映了一定时期内居民所购买的生活消费品价格和服务项目价格变动趋势和程度的相对数，是用来度量一个国家价格总水平和通货膨胀程度的基本工具。用公式表示，如下所示。

CPI =（一组固定商品按当期价格计算的价值/一组固定商品按基期价格计算的价值）×100

假如我国一个普通家庭在 1995 年每月购买一组相同数量的商品的费用为 800 元，2006 年购买同样一组商品的费用是 1 400 元，则 2006 年消费价格指数如下所示。

$$CPI_{2006} = 1\,400/800 \times 100 = 175$$

与此类似，如果在 1985 年相同的一组商品的费用为 400 元，那么 1985 年的消费价格指数（仍以 1995 年为基年）就是这一数值与 1995 年购买相同一组商品的费用比较的结果，即

$$CPI_{1985} = 400/800 \times 100 = 50$$

消费价格指数是用来衡量价格水平对生活的影响一种指标，但是，消费价格指数并不是衡量价格变动对生活费用影响的完美衡量指标。这个指标有三个难以解决的缺陷。

（1）替代倾向。当每年的价格发生变动时，它们并不是同比例变动的，一些商品的价格比另一些商品上升得更高。消费者对此的反映是进行替代，即少购买价格上升幅度大的商品，多购买价格上升幅度小甚至下降的商品。但是，在计算 CPI 时，假设一组物品是固定不变的。由于没有考虑到消费替代的可能性，消费价格指数高估了每年生活费用的增加。

（2）质量的变动。在 CPI 的计算中，一组商品的质量是没有变化的。然而，现代经济中，产品的质量变化非常之大。比如从普通的固定电话到移动电话，从无线电视到有线电视等等，人们消费的成千上万的产品和服务的质量得到改善时，CPI 都没有体现出这种变动。

（3）新产品的引进。当市场引进了一种新产品时，消费者就有了更多的选择。因此，当市场价格不变时，消费者就可以用更少的钱来维持既定的生活水平。但由于 CPI 根据固定不变的一组产品，所以并不能反映这种新产品的引进所引起的货币购买力的变动。

CPI 这种内在缺陷，造成经 CPI 计算的价格水平发生扭曲。在美国大多数的研究得出结论，CPI 每年高估了约 0.5%～2%。根据这些发现，当一国政府在利用 CPI 制定政策时，还必须要综合考虑到 GDP 折算指数进行纠正。

11.3.2 PPI 指数

生产者物价指数（Producer Price Index，PPI）与 CPI 不同，它主要的目的是衡量企业购买的一组产品和服务的总费用。由于企业最终要把它们的费用以更高的消费价格的形式转移给消费者，所以，通常认为生产物价指数的变动对预测消费物价指数的变动是有用的。

生产者物价指数（PPI）是用来衡量生产者在生产过程中，所需采购品的物价状况；因而这项指数包括了原料、半成品和最终产品等（美国约采用 3 000 种东西）三个生产阶段的物价资讯。这使得 PPI 成为表示一般价格水平变化的一个信号，被当作经济周期的早期指示性指标之一，因而受到政策制定者的密切关注。

有了价格水平这一概念，就可以将通货膨胀更精确地描述为经济社会在一定时期内价格水平持续和显著地上涨（下一节介绍）。通货膨胀的程度通常用通货膨胀率来衡量。通货膨胀率被定义为从一个时期到另一个时期价格水平变动的百分比。用公式表示如下所示。

$$\pi_t = (P_t - P_{t-1})/P_{t-1} \times 100\%$$

式中，π_t 为 t 时期的通货膨胀率；P_t 和 P_{t-1} 分别为 t 时期和（t-1）时期的价格水平。如果用前面介绍的消费价格指数来衡量价格水平，则通货膨胀率就是不同时期的消费价格指数变动的百分比。假定一个经济的消费价格指数，从去年的 100 增加到今年的 150，那么这一时期的通货膨胀率为 50%[（150-100）÷100×100%]。

11.4 通 货 膨 胀

11.4.1 通货膨胀的含义

通货膨胀是一个大家所熟知的经济现象，在通货膨胀期间，商品价格不断上升，货币购买力不断下降。那么什么是通货膨胀呢？

通货膨胀（Inflation）一般是指物价水平在一定时期内持续的普遍上升过程。可见通货膨胀不是指这种或那种商品及服务的价值上升，而是物价总水平的上升。物价总水平或一般物价水平是指所有商品和服务交易价格总额的加权平均数。这个加权平均数就是价格指数。

通货膨胀有几个特点，首先，通货膨胀不是个别商品或服务的价格上升，而是物价总水平普遍性上涨。经济生活中，一些商品价格上升，一些商品价格下降，这是常见的现象，只有在物价水平普遍上升的情况下才可以说是通货膨胀。其次，通货膨胀时物价水平持续上涨，而不是一时上升。如果物价在这个季度上升，而在下一个季度下降，从全年来看，一般物价水平可能稳定，甚至下降，就不能称为通货膨胀。再次，通货膨胀过程是与货币现象相联系的过程，正如货币主义经济学家弗里德曼所说，"通货膨胀无论在哪里都只是一种货币现象。"如果货币发行数量比当期产出数量增长的更为迅速，那么每单位货币所代表的产出价值就会迅速减少，从而引发物价的全面上涨造成通货膨胀。

11.4.2 通货膨胀的类型

对于通货膨胀，经济学家从不同的角度对其进行了分类。

按照价格上升的速度分类，通货膨胀可以分为三大类，即温和的通货膨胀、奔腾的通货膨胀、超级的通货膨胀。

（1）温和的通货膨胀（Moderate Inflation）是指年通货膨胀率在10%以内。目前，许多国家都存在这种温和的通货膨胀。一些经济学者并不害怕温和的通货膨胀，甚至有些人还以为这种缓慢而逐步上升的价格对经济和收入的增长有积极的刺激作用。

（2）奔腾的通货膨胀（Galloping Inflation）是指年通货膨胀率在10%～100%。这时货币流通速度提高和货币购买力下降，均有较快的速度。经济学者认为，当奔腾的通货膨胀发生以后，由于价格上涨率高，公众预期价格还会进一步上涨，因而采取各种措施来保护自己，以免受到通货膨胀之害，而这会使通货膨胀更为加剧。许多拉丁美洲国家，例如阿根廷和巴西，在20世纪70年代和80年代，年通货膨胀就曾超过50%，对经济产生了不良的影响。

（3）恶性的通货膨胀（Hyperinflation）是指年通货膨胀率在100%以上。其表现是价格水平完全失去控制，人们都尽快使货币脱手，因而大大加快了货币流通速度，使价格无限制地迅速上涨。这种通货膨胀会引起金融危机、经济崩溃，在严重的情况下，还会出现社会动乱。历史上记载的最为全面的超级通货膨胀发生在20世纪20年代的德意志魏玛共和国。从1922年1月到1923年11月，魏玛共和国的价格指数从1上升到10。假如某人在1922年初拥有一张价值3亿的德国债券，那么两年之后，他用这么多钱就会连一小块糖都买不到。

按照人们的预期程度分类，通货膨胀可以分为未预期到的通货膨胀和预期到的通货膨胀。

（1）未预期到的通货膨胀，指价格上升的速度超过人们的预期，或者人们根本没有想到价格会上涨。例如，俄罗斯人在过去几十年间都习惯于稳定的价格，当1922年物价突然放开时，没有人预测未来5年内价格会上升1 000倍，甚至经济学专家也无法做到这一点。那些仍旧以传统方式保存财富（无论是持有现金还是储蓄账户）的人都是最不幸的，他们眼看着自己的积蓄一夜之间化为乌有。

（2）预期到的通货膨胀，指价格上升的速度真是人们的预期。例如，当某一个国家的物价年复一年地按4%的速度上升时，人们就会预计到，物价水平将以同一比例继续上升。既然通货膨胀事先已经完全预期到，那么各经济主体就按其预期调整其行为，如工会在物价上涨前要求将工资增加4%，银行贷款利率会增加4%等。因此，预料之中的通货膨胀具有自我维持的特点，有点像物理学上物体的惯性，因而，预期到的通货膨胀有时又称为惯性的通货膨胀。

按照通货膨胀对不同商品产生影响的程度和差别大小加以区分，有两种通货膨胀的类型。

（1）平衡的通货膨胀，即每种商品的价格都按相同比例上升。

（2）非平衡的通货膨胀，即各种商品价格上升的比例并不完全相同。例如，甲商品价格的上涨幅度大于乙商品的，或者，利率上升的比例大于工资上升的比例，等等。

按照通货膨胀的表现形式划分，通常可以划分成三种类型。

（1）公开的通货膨胀（Open Inflation），是指完全通过物价水平上涨形式反映出来的通货膨胀。在政府对价格不进行干预的情况下，通货膨胀率完全等同于公开的物价上涨率。

（2）隐蔽的通货膨胀（Hidden Inflation），是指物价水平的上升没有完全在官方公布的物价指标中表现出来。这种情况下，价格水平实际已经上升，但政府公布的物价指数没有准确或充分的反映出来。

（3）抑制的通货膨胀（Repressed Inflation），是指在经济生活中存在着通货膨胀，但由于政府物价管制和配给制，价格水平并未上涨。由于物价水平偏低，经济中总需求过度，会出现商品普遍性短缺，以及居民被迫储蓄的现象，如一旦解除价格管制，就有可能发生较为严重的通货膨胀。

11.4.3 通货膨胀的经济效应

1. 通货膨胀的再分配效应

（1）通货膨胀不利于靠固定货币收入生活的人。这些靠固定货币收入生活的人主要包括领取救济金者、退休者、一些雇员等。由于其收入是固定的货币数额，落后于上升的物价水平，随着通货膨胀率上升，其实际收入不断下降，他们接受每一美元的收入的购买力将随着价格的上升而下降，最终导致生活水平的下降。

相反，那些靠变动收入维持生活的人，则会从通货膨胀中获益，这些人的货币收入会走在价格水平和生活费用上涨之前。例如，那些从利润中得到收入的企业主就能从通货膨胀中获利，如果产品价格比资源价格上升快的话，则企业的收益将比它的成本增长得快。

（2）通货膨胀会引起债权人和债务人之间的收入再分配。通货膨胀靠牺牲债权人的利益而使债务人获利。假设甲为了购买住宅向乙借款1万美元，一年后归还，而这段时间内价格水平上升了一倍，那么一年后甲归还给乙的1万美元只相当于借款时的一半。这里是假定借贷双方都没有预期到通货膨胀的影响。但是，如果一旦预期到通货膨胀，则上述的再分配就会发生改变。

实际利率是名义利率和通货膨胀率的差额，若名义利率为10%，通货膨胀率为5%，则实际利率为5%。只要通货膨胀率大于名义利率，则实际利率就为负值。例如，如果借贷的名义利率为10%，而通货膨胀率为20%，则实际利率仅为 -10%。所以，如果实际利率为负值的话，将不利于债权人，而有利于债务人。

（3）通货膨胀会增加纳税人的负担。因为大部分国家对所得税实行累进制征税，货币名义收入越高，征缴的税率就越高，从而加大个人的纳税负担。因此，政府作为最大的债务人在通货膨胀时期总是从中得到好处。这主要是税收的作用。税收是按名义收入计算的，较高的名义收入在累进制的条件下，进入较高的课税等级，自动地增加税收份额，从而降低了私人的收入份额。

（4）通货膨胀对储蓄者不利。随着价格上涨，存款的实际价值或购买力就会下降。那些口袋中有闲置货币和存款在银行的人受到严重的打击。同样，像保险金、养老金以及其他固定资产价值的证券资产（如国债）等，它们本来是作为未雨绸缪和蓄资防老的，但是在通货膨胀中其实际价值会下降。相反一些价格可变的资产如土地、房屋、黄金等实际资产和股票等金融资产会因为通货膨胀而增加其价值。所以，在居民资产构成中，金额固定资产所占比重越大，居民受通货膨胀的危害越大。

2. 通货膨胀的产出效应

国民经济的产出水平是随着价格水平的变化而变化的。下面考虑通货膨胀的产出效应（Output Effects of Inflation）可能出现的三种情况。

第一种情况是随着通货膨胀而出现产出增加。这就是需求拉动的通货膨胀的刺激，促进产出的提高。许多经济学家长期以来坚持这样的看法，即认为温和的需求拉动通货膨胀对产出和就业将有扩大的效应。假如总需求增加，经济复苏，造成一定程度的需求拉动的通货膨胀。在这种条件下，产品的价格会跑到工资和其他资源的价格的前面，由此扩大了企业的利润。利润的增加就会刺激企业扩大生产，从而产生减少失业，增加国民产出的效果。这种情况下意味着通货膨胀的再分配效果会被更多的就业、增加产出所获得的收益所抵消。例如，对于一个失业工人来说，如果他只有在通货膨胀下才能得到就业机会，显然这主要受益于通货膨胀。

第二种情况是成本推动通货膨胀引致失业。这里讲的是由于通货膨胀引起的产出和就业的下降。假定在原总需求水平下，经济实现了充分就业和物价稳定。如果发生成本推动通货膨胀，则原来总需求所能购买的实际产品的数量将会减少。那就是说，当成本推动的压力抬高物价水平时，一个已知的总需求只能在市场上支持一个较小的实际产出。所以，实际产出会下降，失业率会上升。20世纪70年代的情况就证实了这一点。1973年末，石油输出国组织把石油的价格翻了两番，则成本推动通货膨胀的后果使得1973年至1975年的物价水平迅速上升，与此同时，美国失业率从1973年的不到5%上升到1975年的8.5%。

第三种情况是超级通货膨胀导致经济崩溃。首先，随着价格持续上升，居民和企业会产生通货膨胀预期，即估计物价会再度上涨。这样，人们就不会让自己的储蓄和现行的收入贬值，而宁愿在价格上升前把它花掉，从而产生过度的消费购买，这样，储蓄和投资就会减少，使经济增长率下降。

其次，随着通货膨胀而来的生活费用的上升，劳动者会要求提高工资，不但会要求增加工资以抵消过去价格水平的上升，而且要求补偿下次工资谈判前可以预料到的通货膨胀带来的损失。于是企业增加生产和扩大就业的积极性就会逐渐丧失。

再其次，企业在通货膨胀率上升时会力求增加存货，以便在稍后按高价出售以增加利润，这种通货膨胀预期除了会鼓励企业增加存货外，还可能鼓励企业增加新设备。然而，企业这些行为到无法筹借到必需的资金时就会停止，银行会在适当时机拒绝继续为企业扩大信贷，银行利率也会上升，企业会越来越难得到贷款。企业被迫减少存货，生产就会收缩。

第 11 章　失业与通货膨胀

最后，当出现恶性通货膨胀时，情况会变得更糟。当人们完全丧失对货币的信心时，货币就再不能执行它作为交换手段和储蓄手段的职能。这时，任何一个有理智的人将不愿花精力去从事财富的生产和正当的经营，而会把更多的精力用在如何尽快把钱花出去，或者进行种种的投机活动。等价交换的正常买卖，经济合同的签订和履行，经营单位的经济核算，以及银行的结算和信贷活动等都无法再实现，市场经济机制也无法再正常运行，别说经济增长，大规模的经济崩溃也是不可避免。

3. 通货膨胀的皮鞋成本和菜单成本

一般情况下，较高的通货膨胀引起较高的名义利率，而名义利率又减少了实际货币余额需求。如果人们平均而言减少了所持有的货币余额，他们就必然更频繁地跑到银行取款。例如，他们会一周两次各取 50 美元，而不是每周一次取 100 美元。这种减少货币持有量的不方便即是通货膨胀的皮鞋成本（Boot Leather Cost），因为更经常地去银行使皮鞋磨损得更快。

通货膨胀还会产生菜单成本，因为高通货膨胀使企业经常改变自己的报价，而改变价格是有成本的，比如，它要求印刷并运发新目录。这种调整价格的成本被形象称为菜单成本（Menu Cost），因为通货膨胀率越高，餐馆就越要经常地印刷新菜单。

通货膨胀增加了居民和企业的皮鞋成本和菜单成本。在恶性的通货膨胀期间，频繁地进出银行和更新价格会使人们疲于应付，而难以将精力集中在正常的工作和经营上，从而造成社会资源的浪费和经济效率的低下。

11.5　失业与通货膨胀之间的权衡

宏观经济学中的两大难题就是周期性失业和通货膨胀，解决周期性失业和通货膨胀也是各国政府在制定宏观经济政策时要考虑的重大问题。

11.5.1　有效需求论

有效需求论是由英国著名经济学家凯恩斯提出来的。他认为失业与通货膨胀之间是无关系的，即存在通货膨胀时已经没有失业，当存在失业时就不会有通货膨胀。失业存在的主要原因是由于有效需求不足，使这个时期的国民收入均衡小于充分就业下的国民收入均衡，而总供给在短期内不会有大的变化，所以就业量取决于总需求。总需求由消费需求和投资需求组成,在消费需求相对已定的情况下,投资需求增加,就业才能增加。因此,要有足够的需求来支持就业的增长,投资在决定总就业水平时处于非常重要的地位。

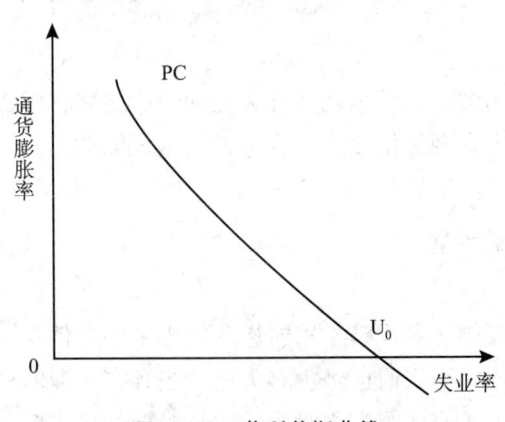

11.5.2 菲利普斯曲线

1. 菲利普斯曲线的提出与含义

菲利普斯曲线是用来表示失业与通货膨胀之间交替关系的曲线。1958年,在英国伦敦经济学院任教的新西兰籍经济学家菲利普斯(A. W. Philips)根据英国1861~1957年失业率和货币工资变动率的经验统计资料,提出了一条用以表示失业率和货币工资变动率之间交替关系的曲线。曲线以横轴表示失业率,以纵轴表示货币工资增长率,画出一条向下方倾斜的曲线,称为菲利普斯曲线。这条曲线表明,当失业率较低时,货币工资增长率较高;反之,当失业率较高时,货币工资增长率较低,甚至是负数。这是因为当社会失业率处于低水平时,社会上就业招聘难度加大,企业很难找到合适的劳动力,为了找来劳动力,企业只能通过提高工资来吸引劳动力;而同时价格和平均劳动成本同步变化,所以通货膨胀率也就比较高了。相反,当失业率处于高水平时社会上存在着大量闲置的劳动力,这时企业劳动力资源充足,并且就业量下降,使得企业利润下降,这就促使企业降低在职员工的工资水平,同时为了保有现有工资岗位,避免失业,工人对此也不会要求增加工资,在这种状况下,货币工资率就处于低水平,通货膨胀率也就比较低。如图11-2所示。

图11-2 菲利普斯曲线

第 11 章　失业与通货膨胀

图 11-2 中，横轴代表失业率，纵轴代表通货膨胀率，PC 代表价格调整曲线。U_0 代表充分就业条件下的失业率，该值一般不为零，许多专家认为它是由制度决定的自然失业率。失业率高于 U_0 则价格或者货币工资下降，而失业率小于 U_0 则价格或者货币工资上升。

菲利普斯曲线具有如下特征：

（1）菲利普斯曲线斜率为负，失业率越低，通货膨胀率越高，反之，失业率越高，通货膨胀率越低；

（2）菲利普斯曲线形状不是一条直线，即不断降低的失业率要以不断提高的通货膨胀率为代价；

（3）当失业率为自然失业率时，通货膨胀率为零，因此也可以把自然失业率定义为通货膨胀率为零的失业率。

菲利普斯曲线的提出是对英国经济发展中一个问题的总结，它用实际数据描述了通货膨胀率与失业率之间的变化关系，为凯恩斯主流经济学派——新古典综合学派的政策主张提供了一个新的思路，这就是在充分就业条件下，若想减少失业，则要提高通货膨胀率；若想降低通货膨胀率，则必然会增加失业率。

这样，菲利普斯曲线说明了通货膨胀率和失业率之间的关系，为国家政府决定宏观政策带来了理论依据，可以用高通货膨胀率来降低失业率或者是实现充分就业；用高失业率来降低通货膨胀率或者稳定物价。对于前者，政府可以采取扩张性的财政货币政策；后者可以采用紧缩性的财政货币政策，通货膨胀率与失业率的交替是有一定限度的。政府在运用菲利普斯曲线制定经济政策时，首先要确定社会可接受或可容忍的最大失业率或最大通货膨胀率，将其作为临界点。

因此，菲利普斯曲线在一定的条件下（短期）可以成为政府制定政策的依据。但是，从对菲利普斯曲线的分析中可以看到，追求绝对低的通货膨胀率是不可能的，追求绝对低的失业率也同样是不可能的，宏观调控中要对两者进行权衡。

值得注意的是，在研究菲利普斯曲线的应用时，主要是指短期菲利普斯曲线。此时，人们没有改变自己预期的通货膨胀率或货币工资增长率，因此存在通货膨胀率与失业率间的替代关系。但是，政府的行为和所有外生变量对经济的影响都将最终改变人们的预期，人们就会按照新的通货膨胀率与失业率关系安排自己的行动，于是形成新的菲利普斯曲线。也就是说一旦预期发生改变，就必然会引起菲利普斯曲线的移动。附加预期的菲利普斯曲线依然表示失业率与通货膨胀率之间的交替关系，只是现在的交替关系表现为用更高的通货膨胀率来换取一定的失业率。

菲利普斯曲线向右上方移动又被称为菲利普斯曲线恶化，也就是说，在移动后的菲利普斯曲线上，降低相同的失业率需要提高更大的通货膨胀率。为什么菲利普斯曲线会向右上方移动呢？货币主义认为，原来的菲利普斯曲线反映的是通货膨胀预期为零的失业率与通货膨胀率之间的交替关系，如果通货膨胀连年上升，特别是政府利用菲利普斯曲线进行相机抉择，用高通货膨胀换取低失业率的话，就会形成一种通货膨胀预期。如果通货膨胀被预期到了，工人就会要求提高货币工资，以免生活水平因通货膨胀而下降；如果人们预期到的通货膨胀会以4%的速度增加，那么，当货币工资率上升到7%时，人们会以为实际工资率只上升了3%。因此，如果以往货币工资率上涨3%便能使失业率降低3%的话，那么现在达到3%的失业率就必须使货币工资率上涨7%，即以往的货币工资上涨率3%加上4%的通货膨胀预期。

当人们预期的通货膨胀率大于实际通货膨胀率时，通货膨胀率与失业率的关系就会形成向右上方倾斜的正相关曲线。如果实际通货膨胀率为3%，而人们预期通货膨胀率为6%，并以这一预期要求提高工资，则实际工资就会上升，企业就会减少雇用的劳动量，失业就会增加。这样就会产生通货膨胀与失业并发的"滞胀"局面，通货膨胀率上升时失业率也会上升（见图11-3）。当经济出现高通货膨胀率和高失业率并存时，国民经济进入了滞胀状态。这一经济问题已经无法用紧缩的或扩张的政策来解决，也就是凯恩斯主义失效。这是政府行为的结构，力图消除萧条而没有实施结构政策，问题日积月累，导致通货膨胀与经济停滞同时出现。

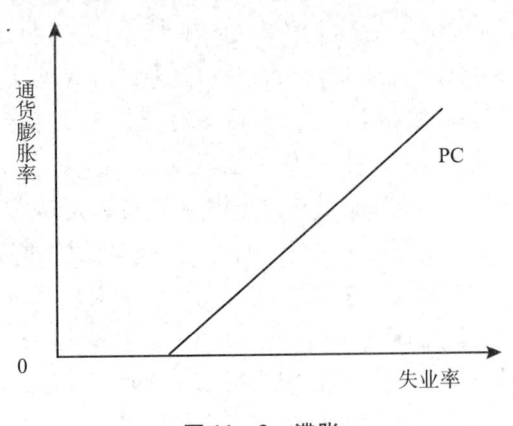

图11-3 滞胀

图11-3中，横轴代表失业率，纵轴代表通货膨胀率，PC代表反映滞胀的菲利普斯曲线。通货膨胀率与失业率同方向变化。滞胀不是一种理论分析，西方发达国家曾经出现过，如美国1973~1975年和1979~1981年出现过严重滞胀。从上述分析看，每一次政府对失业率偏离自然失业率的调整时，都会为下一次调整制造更大的调整障碍，形成通货膨胀率不断增高的现象。因此，政府只能在短期内以较高的通货膨

胀率为代价使失业率降至自然失业率以下，而从长期看，这种调整只能使通货膨胀加速，而不是使失业率长久地保持在低自然失业率水平上。

2. 西方经济学不同学派对菲利普斯曲线的解释

菲利普斯曲线所反映的失业与通货膨胀之间的交替关系基本符合20世纪50~60年代西方国家的实际情况。20世纪70年代末期，由于滞胀的出现，失业与通货膨胀之间又不存在这种交替关系了，于是对失业与通货膨胀之间的关系又有了新的解释。这里主要是介绍货币主义与理性预期学派和新凯恩斯主义的观点。

（1）货币主义对菲利普斯曲线的解释。货币主义者在解释菲利普斯曲线时引入了预期的因素，他们所用的预期概念是适应性预期。所谓适应性预期，是指人们根据过去的经验来形成并调整对未来的预期。他们根据适应性预期，把菲利普斯曲线分为短期菲利普斯曲线和长期菲利普斯曲线。

在短期中，工人来不及调整通货膨胀预期，预期的通货膨胀率可能低于以后实际发生的通货膨胀率。这样，按照预期通货膨胀率订立的名义工资上升幅度会小于物价上升幅度，工人所得到的实际工资可能小于先前预期的实际工资；同时物价上涨会导致实际工资下降，从而使厂商实际利润增加，刺激了投资，就业增加，失业率下降。当工人们发现实际工资下降时，他们会要求再增加货币工资，但货币工资的增长总是滞后于物价上涨。在此前提下，通货膨胀率与失业率时间存在交替关系。短期菲利普斯曲线正式表明在预期的通货膨胀率低于实际发生的通货膨胀率的短期中，失业率与通货膨胀率之间存在交替关系的曲线。所以，向右下方倾斜的菲利普斯曲线在短期内是可以成立的。这也说明，在短期中引起通货膨胀率上升的扩张性财政与货币政策是可以起到减少失业的作用的。这就是宏观经济政策的短期有效性。

但是，在长期中，工人将根据实际发生的情况不断调整自己的预期。工人预期的通货膨胀率与实际上发生的通货膨胀率迟早会一致。这时，工人会要求增加名义工资，以使实际工资不变，从而通货膨胀就不会起到减少失业的作用。这时菲利普斯曲线是一条垂线，表明失业率与通货膨胀率之间不存在交替关系。而且在长期中，经济中能实现充分就业，失业率是自然失业率。因此，垂直的菲利普斯曲线表明，无论通货膨胀率如何变动，失业率总是固定在自然失业率的水平上，以引起通货膨胀为代价的扩张性财政政策与货币政策并不能减少失业。这是因为在通货膨胀完全可以预期的长期中，人们预期的通货膨胀率就等于实际通货膨胀率，这样按照预期通货膨胀率订立的名义工资上升幅度会等于物价上升幅度不变，因而厂商不愿意扩大产量，就业量也不能增加。所以，在长期失业率与通货膨胀率之间的交替关系就不能成立。这就是宏观经济政策的长期无效性。

（2）理性预期学派对菲利普斯曲线的解释。理论预期学派所采用的预期概念不是适应性预期，而是理性预期。理性预期是合乎理性的预期，其特征是预期值与以后发生的实际值是相一致的。在这种预期的假设之下，短期中也不可能有预期的通货膨胀率低于以后实际发生的通货膨胀率的情况，即无论在短期或长期中，预期的通货膨胀率与实际发生的通货膨胀率总是一致的，从而也就无法以通货膨胀为代价来降低失业率。这就是说，如果政府要采用扩张性政策来刺激经济，工人就会正确地预期到通货膨胀率上升，从而提前要求增加名义工资。这时尽管扩张性政策引起通货膨胀，但由于名义工资也增加了，实际工资仍然保持不变。企业利润没有增加，生产不会增加，就业不会增加，从而失业率也不会下降。因此，由于工人能做出正确的预期，并采取相应对策，结果政府的扩张性政策起不到作用，即使在短期中也不存在菲利普斯曲线所表示的失业和通货膨胀之间的替代关系。

所以，无论在短期或长期中，菲利普斯曲线都是一条从自然失业率出发的垂线，即失业率与通货膨胀率之间不存在交替关系。理性预期论者认为，失业并不取决于通货膨胀，而是取决于经济中的随即冲击，实际失业率围绕着自然失业率的波动并不是由物价引起的，而是由随即冲击所引起的。这样，失业与通货膨胀就不存在那种稳定的交替关系了。无论短期中还是长期中都是这样。因此，无论在短期中还是长期中，政府都不可能利用通货膨胀率与预期通货膨胀率的差异来系统地影响失业率。如果货币供给增长率的变动是规则的，公众可以完全预期到，那么货币供给的增加将提高通货膨胀预期，同时推移菲利普斯曲线，使实际通货膨胀率上升，而不会降低失业率；如果货币供给增长率的变动是不规则的，公众无法完全预期到，那么这就属于影响失业率变动的随即冲击之一。但这种情况下，并不是失业与通货膨胀有稳定的交替关系，而是随即冲击的作用，其他随即冲击也会发生类似的作用。即使在短期中，失业和通货膨胀也不存在稳定的交替关系，从而也就无法作为一种政策工具。由此得出的推论就是，无论在短期中或长期中，宏观经济政策都是无效的。

（3）新凯恩斯主义对菲利普斯曲线的解释。20世纪80年代之后兴起的新凯恩斯主义又对菲利普斯曲线做出了新的解释。他们认为，在短期中菲利普斯曲线所反映的失业和通货膨胀之间的交替关系是存在的，但在长期中并不存在这一关系。他们的结构与货币主义者相同，但解释的原因却完全不同。

新凯恩斯主义者用市场调节的信息不对称和不完全性来解释菲利普斯曲线。他们认为，在长期中，市场机制的调节作用是有效的，因此市场可以实现充分就业均衡。这时，失业与通货膨胀也就没有交替关系。失业率为自然失业率，由制度、资源、技术进步等因素决定，通货膨胀率由货币供给增长率决定，两者之间决定机制不同，当然也就没有交替关系。但是，在短期中，由于信息的不对称性，市场调节并不是完全有效的，宏观经济会出现小于充分就业均衡或大于充分就业均衡。因此，在短期中，物价水平上升，即使发生通货膨胀，仍然可以降低失业率。这样，通货膨胀和失业之间就存在着交替关系。

新凯恩斯主义得出的结论是，由于在短期内市场调节并不完全有效，就需要政府用政策进行调节，而且采用扩张性政策提高通货膨胀率还可以降低失业率；但在长期中，市场机制是有效的，失业与通货膨胀并不存在交替关系，政府就没有必要进行调节了。

失业与通货膨胀关系理论的发展，是对西方国家经济现实的反映。

3. "滞胀"的对策

任何一个政府在任何情况下都要应付和处理失业和通货膨胀。尤其是当高失业率与高通货膨胀率并存时，政府就要进行干预。具体措施有以下几种。

（1）工资与物价管制。宏观财政政策和宏观货币政策被认为不足以应付成本推动的通货膨胀。因此，有些西方经济学家建议采取工资—物价管制政策。这种政策又被称为收入政策（Income Policy），主要指限制工资收入增长率的政策。

工资—物价管制的具体措施包括，第一，硬性冻结，即禁止工资和物价上涨；第二，工会与企业自愿议定，共同遵守限制工资收入增长率的措施；第三，以增税或减税作为惩罚或奖励以限制工资收入增长的政策，又称为以税收为基础的收入政策。凡遵守规定的工资增长界限的企业和企业里的工人，可以得到减税优待，以示奖励；凡违背规定，就对其加征重税，雇主据此就可以拒绝工人增加工资的要求。

（2）人力资本投资。由于劳动市场结构不协调而造成的失业被称为结构性失业。如前所述，它是失业与职位空缺并存条件下的失业。政府的人力资本投资被认为可以解决失业与空位的矛盾，因为这将使不适应雇主要求的工人和失业者有机会重受培训，或迁移至适宜的地点就业。

（3）部门之间的协调。考虑到通货膨胀的结构性与失业的结构性，一些经济学家建议应使各部门之间保持一定的比例关系。这是因为，在经济波动过程中，经常是有些部门兴起，有些部门衰落，这就会发生劳动力转移。而劳动力转移到新的工作岗位是一个技术适应问题。如果部门比例不协调，将加剧失业状况。

不仅如此，为了避免因某些产品供求失调而推动的物价上涨，特别是为了避免某些关键性产品的供求失调，部门之间保持一定的比例关系被认为是必要的。

（4）实行微观财政政策和微观货币政策。微观财政政策是指税收结构和公共支出的微观化。税收结构政策并不是指变动税收总量，而是指在一定的税收总量前提下，调节各种税的税率和实施的范围等。公共支出的微观化并不是指变动财政支出总量，而是指在一定的财政支出总量前提下，调节政府支出的项目和各种项目的数额。微观财政政策的作用在于影响需求和供给的结构，可缓和由于供求失调引起的经济波动。

微观货币政策是指利息率结构和信贷结构的调节。这一政策通过各种利息率差别的调整，以及各种信贷数额和条件的变动来影响存款和贷款总额，以调节货币流通量。

尽管经济学家提出上述许多可以缓和或消除通货膨胀和失业并发的措施，但实际效果十分有限，而且各个学派之间的分歧很多。

【本章小结】

1. 失业是指在某个年龄以上，在特定考察期内没有工作而又有工作能力并且正在寻找工作的人。失业一般用失业率衡量，失业率是指失业人口占劳动力人口的比例。

2. 失业的种类比较多。主要有以下几种形式：摩擦性失业、结构性失业、周期性失业、自愿性失业和非自愿性失业。

3. 如果"非自愿性失业"已消除，失业仅局限于摩擦性失业和自愿性失业的话就是实现了充分就业。自然失业率是指在没有货币因素干扰的情况下，让劳动市场和商品市场自发供求力量作用时，总需求和总供给处于均衡状态的失业率，即充分就业时的失业率。

4. 衡量价格水平的指标 CPI 和 PPI。CPI 即消费价格指数，是普通消费者所购买的产品和服务的总费用的衡量标准。PPI 即生产者物价指数，是用来衡量生产者在生产过程中，所需采购品的物价状况。

5. 通货膨胀一般是指物价水平在一定时期内持续的普遍上升过程。通货膨胀用通货膨胀率来衡量，而通货膨胀率一般由相应的价格水平指数计算。宏观经济学中常涉及的价格水平指数主要有 GDP 折算指数、消费价格指数和生产者价格指数。

6. 按照价格上升的速度，通货膨胀可以分为三大类，即温和的通货膨胀、奔腾的通货膨胀、超级的通货膨胀。按照人们的预期程度分类，通货膨胀可以分为未预期到的通货膨胀和预期到的通货膨胀。按照通货膨胀对不同商品产生影响的程度和差别大小加以区分，有两种通货膨胀的类型平衡的通货膨胀和非平衡的通货膨胀。按照通货膨胀的表现形式划分，通常可以划分成三种类型，公开的通货膨胀、隐蔽的通货膨胀和抑制的通货膨胀。

7. 失业和通货膨胀之间的关系，菲利普斯曲线及其他学派理论。

第 11 章　失业与通货膨胀

【推荐读物】

1. 陈彦斌. 中国通货膨胀的预期、形成机制和治理政策 [M]. 北京：科学出版社，2010.
2. 陈志武. 金融的逻辑 [M]. 北京：国际文化出版公司，2009.
3. 苏桄芳. 中国通货膨胀不确定性研究 [M]. 北京：科学文艺出版社，2010.
4. 张成思. 通货膨胀动态机制与货币政策现实选择 [M]. 北京：中国人民大学出版社，2009.
5. 刘元春. 中国通货膨胀成因的研究 [M]. 北京：中国人民大学出版社，2008.
6. 李爱民. 通货膨胀下老百姓的生存法则 [M]. 北京：人民日报出版社，2009.

【复习思考题】

1. 假定某国某时期有 1.9 亿工作年龄人口，其中有 1.2 亿人有工作，1 000 万人在寻找工作，1 500 万人放弃寻找工作，4 500 万人不在工作，试求：
   (1) 劳动力人数；
   (2) 劳动力参与人数；
   (3) 官方统计的失业率（不包括放弃寻找工作的人）；
   (4) 如果所有放弃寻找工作的人也看成失业者时的失业率。
2. 失业的分类有哪些？
3. 哪些失业是可以消除的，哪些失业是无法消除的，为什么？
4. 试述通货膨胀的经济效应。
5. 开篇案例思考题：
   (1) 怎样看待大学生毕业即失业的问题？
   (2) 解决大学生失业问题的关键是什么？
   (3) 查阅相关资料，了解近些年来中国政府为控制通货膨胀采取的措施。

第12章

经济增长与经济波动

【学习目标】
1. 掌握经济增长的概念。
2. 理解经济增长与经济发展之间的区别与联系。
3. 掌握经济增长的影响因素。
4. 了解全世界的经济增长与中国的经济增长。
5. 掌握丹尼森与库兹涅茨对经济增长因素的分析。
6. 了解中国经济增长方式转变的关键因素。
7. 掌握经济波动与经济周期的概念。
8. 了解经济周期的不同阶段的划分。

【开篇案例】

中国20世纪90年代到21世纪初期的两次经济波动

一国对产品和服务的总需求构成，包括消费、投资、政府购买（在我国的统计数据中，消费和政府购买共同构成最终消费）和净出口。当四项构成中一项或几项发生变动时，会带来总需求的变化。在这十多年的时间段中，中国经济中发生的两次经济波动。一是1992年至1996年总需求过热带来的高增长率、高通货膨胀时期；二是1998年至2002年的经济增速放缓、通货紧缩时期。

1992年邓小平视察南方的讲话，是我国全面推进和深化经济体制改革的重要里程碑。在大利好的激励下，我国经济迅即出现一轮过热的建设高潮。1992年下半年开始的开发区热和房地产热，到1993年更进一步发展成为投资膨胀，并推动了投资品价格的大幅上涨。同时，消费需求迅速膨胀，职工工资的增长速度远远超过了劳动生产率的增长速度。1992年和1993年我国资本形成的增长率分别达到了20.8%和35.8%的高值，消费增长率分别达到了14.7%和10.99%。在投资过热和消费过热的刺激下，经济增长速度和通货膨胀直线上升。这两年的产出增长均达到了14%，大大刺激了产出的增加。同时发生的，还有经济中加速物价水平上涨，从1993年到1995年我国的居民消费价格指数分别比上年上涨14.7%、24.1%和17.1%。

20世纪90年代上半期的经济过热，给我国的宏观经济发展带来了一些重大的影响。例如，整个"八五"时期，我国投资每年平均增长36.5%，远高于"六五"时期的19.5%和"七五"时期的16.5%。这使得我国的整个国民经济的生产能力增加了两倍甚至更多。

据原内贸部商业信息中心统计，1997年上半年，在全国605种主要商品中，供过于求的占72.2%，没有一种商品供不应求。这可以看成是我国经济由供不应求——供给制约型经济全面转向供过于求——需求制约型经济的历史起点。

1993年6月，国家开始全面、大力度治理经济建设的过热问题。1995年，我国开始实行适度从紧的财政政策和货币政策，整顿金融秩序，控制投资规模，国民经济逐渐实现软着陆，经济增速和通货膨胀都进入了中长期合理区间。

1997年，我国早期短缺经济改变之后，消费增长拉动GDP增长的力度有所减弱，1998年至2002年，消费拉动经济增长平均每年为4.74%，比1997年之前低了1.3个百分点。当时，国家宏观调控刚刚软着陆，投资增幅也不大，投资拉动经济增长平均每年为3.34个百分点。加上1997年7月爆发的亚洲金融危机后，我国本着负责任大国的态度，宣布人民币不贬值，直接影响到我国的出口。这些因素使我国经济在软着陆之后，迅速感受到了需求不足的巨大压力，造成我国1998年至2002年经济增长速度相对较低，平均年增长率为8.24%，物价上出现通货紧缩，消费价格指数平均每年下降0.4%。

1998年，宏观调控政策由适度从紧转向积极的财政政策和稳健的货币政策的新组合；同时，发行2700亿元特别国债，以补充国有独资银行的商业资本金，增强其贷款能力。1998年至2002年，中央政府共发行了6600亿元长期建设国债，用于基础建设和生态环境建设等，并带动了3.2万亿的社会总投资规模。通过种种扩大需求的努力，1998年至2002年我国的消费价格指数，也仅在轻微的通胀和紧缩之间徘徊。

【重要概念】

经济增长（Economic Growth）

经济发展（Economic Development）

经济波动（Economic Fluctuation）

经济周期（Economic Cycles）

在经济学里，如何提高一个国家的生活水平是经济增长所承担的义不容辞的责任。因此，了解经济增长的源泉及其机制，便格外重要。2008~2009年的金融危机对全球经济造成了严重影响，世界经济增长速度显著放慢。通过学习经济波动与经济周期的相关理论，可以更好的理解经济增长的长期走向，有利于从宏观经济方面把握机遇与规避风险。

12.1　经济增长概述

经济增长是最古老的经济学议题之一。人类要生存、要发展，其前提就是物质产品的增加。可以说，自从有人类以来，经济增长就是学者们所关心的重要问题了。近代经济学的奠基人、英国古典经济学家亚当·斯密研究的中心实际就是经济增长问题。

经济增长是决定一个经济体长期状态最重要的基础。现代经济增长理论是凯恩斯主义出现以后形成的，它主要研究国民收入的长期增长趋势。

12.1.1　经济增长的含义与特征

经济增长是 GDP 或人均 GDP 的增加。美国经济学家 S·库兹涅茨曾给经济增长下了一个定义：一个国家的经济增长，可以定义为给居民提供种类日益繁多的经济产品的能力长期上升，这种不断增长的能力是建立在先进技术以及所需的制度和思想意识之相应调整的基础上的。

这个定义包含了三种含义。

第一，经济增长集中体现在经济实力的增长上，而这种经济实力的增长就是商品和劳务总量的增加，即国内生产总值的增加。如果考虑到人口的增加和价格的变动，也可以说是人均实际国内生产总值的增加。所以，经济增长最简单的定义就是国内生产总值的增加。

第二，技术进步是实现经济增长的必要条件。也就是说，只有依靠技术进步，经济增长才是可能的。在影响经济增长的各种因素之中，技术进步是第一位的。一部经济增长的历史就是一部技术进步的历史。

第三，经济增长的充分条件是制度与意识的相应调整。也就是说，只有社会制度与意识形态适合于经济增长的需要，技术进步才能发挥作用，经济增长才是可能的。社会制度与意识形态的某种变革是经济增长的前提。

应该说，这个定义是对各国经济增长历史经验的高度概括，体现了经济增长的实质。因此，这一定义已被经济学家广泛接受，并作为研究经济增长问题的出发点。

从这种定义出发，库兹涅茨总结出了经济增长的六个基本特征，如下所示。

第一，按人口计算的产量的高增长率和人口的高增长率。这一个特征在经济增长过程中是十分明显的，可以用统计资料得到证明。

第二，生产力本身的增长也是迅速的。这包括所有投入生产要素的产出率是高的，例如，劳动生产率和其他要素生产率的迅速提高。这反映了由于技术进步所引起的生产率的提高。这也是产量高增长率，以及在人口增长迅速情况下，人均产量高增长率的原因。这一特征也可以用统计资料加以证明。

第三，经济结构的变革速度是高的。这包括从农业转移到非农业上，以及从工业转移到服务业上；生产单位生产规模的边框；劳动力职业状况的变化；消费结构变化，等等。

第四，社会结构与意识形态的迅速改变。例如，城市化以及教育与宗教的分离就是整个社会现代化的一个组成部分，也是经济增长的必然结果。

第五，经济增长在世界范围内迅速扩大。这就是发达国家凭借其技术力量，尤其是运输和通讯，通过和平或战争的形式向世界其他地方伸展，使世界都卷入增长范围之内，成为一个统一体。

第六，经济增长的情况是不平衡的。从目前看，还有占世界人口四分之三的国家是落后的，有些国家的经济成就远远低于现代技术的潜力可能达到的最低水平。在国际范围内，贫富的差距在拉大。

这六个特征中，前两个数量特征属于总和的比率，中间两个属于结构的转变，后两个属于国际间扩散。这六个特征是密切相关的。

12.1.2 经济增长与经济发展

早期的西方经济学家对"经济增长"和"经济发展"这两个概念经常混用。随着现代经济发展理论的兴起，两者在含义上有了严格的区别。如上文所述，经济增长是指一个国家或地区的产品或劳务数量的增加。它的含义包括两层，一是由于扩大投资而获得的增产；二是由于更高的生产效率使单位投入所生产的产品或劳务增加获得的增产。

经济发展是指一个国家或地区的经济增长到一定程度时所引起的经济结构的演进，以及政治体制、文化法律，甚至观念、习俗等社会生活诸方面的变革。也就是说，经济发展不仅意味着产出的增加，而且意味着随着产出的增加而出现的经济、社会、政治条件结构的变化，包括投入产出结构、产业结构、需求结构、消费机构、分配结构、就业结构、社会福利政治体制、文化体制、法律制度等社会生活诸方面的变化。

经济增长和经济发展的区别具体表现在以下几个方面。

第一，两者对应的研究对象不同。经济增长理论以发达国家为研究对象，经济发展则以发展中国家为研究对象。

第二，经济增长是经济发展的必要条件而不是充分条件。有经济发展无经济增长一般是不可能的，即使出现，也只能是短暂的、局部的，而不可能是持续的、全面的。但有些国家或地区由于国外政治条件的制约与影响，经济增长却不一定会引起经济发展。因此，我们应避免那种"有增长而无发展"或"没有发展的经济增长"现象。

第三，经济增长相对于经济发展而言，经济变动的长度相对较短些，但至少是一个完整的经济周期长度；经济发展则着眼于长期的发展趋势，它通常包括若干个经济增长的周期。

第四，经济增长仅仅是一个数量的概念，反映了一个国家或地区经济总量在外延上的扩大；经济发展不仅包括经济总量在外延上的扩大，而且更着重于经济活动效率的提高，既包含数量又包含质量，内涵较广。

经济增长和经济发展虽有严格的区别，但两者又有紧密的联系。

第一，经济增长是前提、基础，经济发展是目的、结果。经济增长是经济发展的基础与前提，没有经济增长，就不可能有经济发展；经济发展是经济增长的最终目的和结果，无发展的长期增长是毫无意义的。

第二，经济增长与经济发展相互促进。经济发展了就会促进经济的进一步增长，经济增长了，就有可能推动经济的发展。因此，我们应采用积极手段，想方设法促进经济增长，但也应该注意实现经济增长可能会自觉不自觉地造成诸如生态环境破坏、污染的增加、资源的浪费等现象，从而影响经济的长远发展。

12.1.3 影响经济增长的因素

概括而言，影响经济增长的因素主要有六个方面，即自然条件与资源禀赋、资本积累、人力资本、技术进步、对外开放、制度条件。

1. 自然条件与资源禀赋

自然因素具有先天秉性，是人类不可控制的条件。在这个意义上，富国之所以富裕，具有某种幸运的含义。自然资源指自然界提供的作为生产过程投入品的资源，如耕地、河流、森林、矿产资源等。自然资源分为可再生资源与不可再生资源两类。丰富的自然资源对于经济发展具有积极作用。例如，美国早期经济发展，相当程度得益于辽阔的疆域和广袤的耕地资源。某些中东国家如科威特、沙特阿拉伯等产油国生活富裕，主要原因是由于这些国家地下幸运地蕴藏了大量石油资源。

杰弗里·萨克斯注意到，除了很少几个例外，被陆地包围、没有海岸线的国家和地区一般比较贫穷。因为被陆地包围的地区，运输成本很高，发展国内市场和参加国际贸易比较困难。另外，温带国家与热带国家在成为高收入国家的机会上存在悬殊的差异。美国、西欧、日本等发达国家几乎全部处于温带，只有两个城市经济属于例外，即新加坡和香港。全世界高收入地区人口共 10 亿，两个例外经济体地人口只有 1 000 万，也就是说，世界上高收入人口大约 99% 处于温带地区。虽然有关地理和气候因素影响经济水平的具体机制还缺少有说服力的研究证据，但地理位置与经济增长之间至少存在统计相关性。

应当强调的是，自然资源对于经济增长的作用是有限的。自然资源匮乏的国家也可能创造很高的生产效率并享受富裕生活水平。日本是自然资源极为匮乏的国家，然而，由于它充分利用了国际分工和贸易条件，加上勤奋努力，结果成为经济发达水平很高的富裕国家。另外，无论是温带地区或是拥有海岸线的经济，仍有不少处于相对落后的状态——因而地理决定论不可取。

2. 资本积累

通过资本积累提供物质资本。物质资本是用来生产商品和劳务的技术设备及其附属物的存量，又简称为资本。工具和设备能够提高工人生产率。例如，挖一条 1 米深、1 米宽、100 米长的沟渠，没有工具完全依赖劳动力可能无法完成，用简单手工工具需要 10 个工人辛苦地工作一个星期，但是如果配备挖掘机之类的现代设备，一个工人也许在一两天就能完成任务。常识告诉我们，工具、专业化设备等资本条件，能够极大的提高一个社会的生产率。

资本存量是一国经济发展和生活水平的重要因素。发达国家人均资本存量比较高，而不发达国家资本存量比较低。资本存量是过去投资的结果，未来资本存量部分取决于目前的投资。因而，增加资本存量需要一个社会在现期消费上采取某种克制态度，把每个时期创造的部分财富节省下来，用于积累和投资，形成新的资本。政府可以利用税收、利率等经济手段来鼓励本国企业和居民积累和投资，还可以实行开放政策鼓励外国资本进入本国投资，作为解决本国资本不足的一个补充措施。

3. 人力资本

人力资本指劳动者通过教育、培训和实际经历获得的知识和技能，它们附着在劳动者个人这一特殊载体上并表现为他们的素质差异。

人力资本不像物质资本那样具有可直接观察的实际形态，而这对生产率和经济发展影响具有相似之处。经济学家同样把人力资本看作生产要素，认为它们能够有效地提升一个劳动者或者国家生产产品和提供服务的能力或效率。像增加物质资本需要积累和投资一样，增加人力资本也需要投资，并且需要特殊的投入要素，即教师、图书馆、实验室、学习时间等。人力资本概念意味着可以把教育理解为一个特殊产业。

由于教育是对人力资本的投资，随着人力资本对于现代经济的重要性不断增大，教育对于经济长期增长的作用也就相应增加。经济学家特别强调教育的重要性还有一个特殊原因，就是教育具有某种正外部效应性。例如，受到良好教育的人更有可能提供发明创造，由此带来的新知识、新技术一旦变成社会一般知识或常识的一部分，在社会范围内发挥的积极作用可能显著大于创造者本人从中获得的直接利益，从而显示出教育的正外部效应。因而，为了促进经济长期增长，政府应当实行鼓励国民教育的政策。

4. 技术进步

现代经济增长理论认为，只有储蓄积累而没有技术进步的经济，其增长过程存在上限，即在某个较高收入水平就会出现停滞，实现经济增长的必要条件是加入技术升级。技术进步是现代经济长期增长的发动机。明智的科技政策至少应当包括两方面内容。第一，应当积极扶持基础科技研究；第二，对于科技成果潜在具有可排他性质的研究开发活动，应当利用专制制度鼓励民间部门介入。

5. 对外开放

20 世纪 50 年代至 60 年代，很多发展中国家实行进口替代的内向型政策，试图在避免与外部世界发生不断深化的经济互动前提下提升本国经济发展水平。这些政策通常对国际贸易进行大量关税和非关税限制，希望由此发展国内民族工业，并赶超发达国家经济。经过对几十年经济发展绩效的分析检验，现在大多数经济学家认为，出口导向的外向型政策比较有助于穷国经济的发展。减少对外贸易的限制，扩大开放，从参与全球经济体系过程中学习，是经济长期发展的必要条件。

从最直接关系看，贸易好比是一种特殊技术。如果一国出口纺织品，进口飞机，其效果与发明了一种把纺织品变成飞机的技术类似。由于出口品通常是具有比较资源优势和生产成本比较低的产品，而进口品通常不具有资源优势因而生产机会成本比较高，所以贸易实现的交换通常会提高交换双方的资源配置效率，提升给定资源限制下人们的生活水平，促进经济发展。除了静态福利效果，贸易还具有其他多方面积极的"溢出"效应。贸易促进信息交流沟通，使贸易参与国的企业和人民加深对外部世界的了解，这些对于经济长期发展具有重要意义。

6. 制度条件

我们可以把制度因素理解为有关经济体制和政策安排的总和，它涉及的中心问题，是如何界定市场与政府的边界。绝大多数经济学家认为，通过计划经济实现长期经济增长和福利改善目标具有难以克服的困难，市场经济体制虽然存在很多问题，但是总体上具有不可被政府替代的基本经济功能，因而应当充分发挥市场机制的作用。政府应当承担监管者和规则制定者的功能，而不应当承担所有者和经济活动直接的决策者。这一认识是从20世纪人类经济史上的总结中得来的重要经验。

政府在提供公共品和调节收入分配方面具有不可缺少的作用，政府宏观经济调节也可能对宏观经济稳定运行发挥积极作用。然而，历史经验表明，计划经济遏制经济活力，并存在难以克服信息处理和协调的困难，因而长期绩效普遍不如市场经济制度。充分发挥市场机制作用是谋求长期经济增长的前提性制度条件。

市场机制的健全和有效性，既表现为产权界定和保护的强度和力度，也体现为市场竞争的程度和有效性。它对经济增长至少有两方面基本作用：第一是激励作用；第二是协调作用。与此相对应，计划经济体制背后暗含了两个基本假定，第一是认为行政首长或计划官员具有正确决策需要的收集和处理信息能力，并且可以把经济协调得更好；第二是认为经济活动当事人是某种道德意义上的"新人"，遇事总把他人利益或公共利益放在第一位。现在我们知道，第一点假设过于自负，第二点假设脱离现实。实际经济运行和增长，不可避免需要市场提供激励并加以协调。

经济要发展，必须具有内部活力，促进人们都努力工作和创新。市场机制的积极功能在于它一方面提供了创新激励，另一方面拓宽了创新空间，因而制造了一种激活和鼓励创新的环境。从经济学角度看，创新激励或创新动力取决于创新给创新主体带来的净收益，因而，创新动力大小可用创新总收益的大小即创新总收益减去创新总成本（包括风险成本）的剩余来表示。市场环境下，企业的利润机制，企业家和个人收入机制，会对个人努力工作和创新发挥极为重要的作用。这个简单的道理，可能是我国市场经济改革取得成功的基本原因之一。

市场机制的另一个基本功能是协调社会经济活动。它所显示的社会资源相对稀缺，为技术选择、投资选择及消费行为提供了信息参照和协调机制。例如，通过投资进行资本积累，那么资本应投向何方？扩大贸易和吸引外资有助于经济增长，那么应当出口什么和进口什么？外资引进后投向什么部门？技术进步是增长的发动机，然而什么技术应当得到广泛应用？所有这些问题，都不能从他们本身涉及到的关系中得到回答，而需要用市场和价格机制协调。

12.1.4 全世界经济增长

在公元前100万年，我们的祖先靠打猎、捕鱼和采集可以食用的果实维持生活，大约在公元1万年前，人类开始步入农业社会，此时人们的生产也仅限于食物、衣服、住所和简单的工具。据经济学家推算，在原始社会，人均GDP按照2004年的价格水平大约为123美元，仅能维持生计，也就是说，在公元前100万年到公元1 300年，都没有经济增长发生。

显著的经济增长开始于1750年前后的英国工业革命，从这时开始，产品的生产由依靠人力或者畜力，转变为依靠机器的力量，这极大提高了每个工人生产的产品的数量。之后，随着机械力量的广泛渗透和工业化水平的不断提高，英国，继而美国、法国、德国等国家都经历了长时期的经济增长。人均GDP的持续增长最终使这些国家的生活水平得到了提高。

时至今日，一些国家的人们享受着现代社会的一切方便和舒适，拥有现代化的交通、优质的医疗服务、便捷的信息网络，而且随着这些国家经济的增长，人们的生活水平还在不断提高。但是与此同时，世界上还有一些国家的人们却在经历着一种完全相反的生活，缺乏足够的食物、洁净的饮用水、基本的医疗保障。这些国家的经济并不增长，或者增长得很缓慢。以非洲撒哈拉以南的国家为例，这些国家1975年至2003年的人均GDP增长率为－0.5%，其中，很多国家的生活水平仅仅高于或在有些情况下还低于它们50年前的水平。

在讨论宏观经济数据时，我们采用GDP的概念，它是衡量一个国家经济活动水平的基本方法。实际GDP衡量的是一段时期一国范围内所生产的产品与服务的物理总和。因此，人均GDP实际上提供了一种衡量某段时期一个国家的普通居民可以获得的产品和服务数量的方法。虽然GDP并不是一个完美的衡量经济福利的指标，但是它与很多的重要的相关变量，如平均寿命、儿童健康和文化教育等，存在较强的正相关性。所以，当前经济学家把人均GDP作为衡量一个国家生活水平和经济发展进程的重要指标。

为什么在不同国家之间会有如此大的生活水平的差别？世界上几乎任何一个国家都在致力于提高本国人民的生活水平，而衡量任何经济成功的主要标准是看其是否有能力使其产品和服务的增长快于人口的增长速度。也就是说，从长期来看，这种生活水平的变动与一个国家的经济增长速度直接相关。

在表 12-1 中，列出了世界上 8 个主要国家 1870 年至 2003 年某些年份的人均 GDP。我们可以看出，这些国家都在经历着经济增长，尤其是 20 世纪 50 年代以后，增长速度明显加快。同时，我们可以发现，由于增长速度不同，在经历较长时间以后，各国人均 GDP 的差异也逐渐显现。美国一直保持着相对较高的增长率，在经历过这一百年之后人均实际 GDP 远远超过了其他国家。而其中表现更为显著的是 20 世纪 50 年代以后的日本，经历了一个平均增长率 4.9% 的高速增长，从而赶上了其他工业化国家。

表 12-1　1870 年至 2003 年 8 个国家的人均实际 GDP 状况（以 2000 年美元价格水平计）

国家	1870 年	1913 年	1950 年	1979 年	2003 年	变化百分比（%） 1870 年至 2003 年	变化百分比（%） 1950 年至 2003 年
澳大利亚	5 512	7 236	9 369	17 670	28 312	1.2	2.1
加拿大	2 328	5 509	8 906	19 882	29 201	1.9	2.3
法国	2 291	4 484	6 164	18 138	26 176	1.8	2.8
德国	1 152	2 218	4 785	17 222	25 271	2.3	3.2
意大利	2 852	4 018	5 128	16 912	25 458	1.7	3.1
日本	931	1 763	2 141	16 329	26 636	2.6	4.9
英国	3 892	5 976	8 709	16 557	26 852	1.5	2.1
美国	2 887	6 852	12 110	22 835	35 488	1.9	2.0

资料来源：编者根据相关统计资料整理。

可以看出，长期中很多国家都在经历不同程度的增长。自 20 世纪 50 年代以来，经济增长速度明显加快，这一点在日本经济的发展过程中表现的最为明显。

12.1.5　中国经济增长

改革开放三十多年来，中国创造了经济持续高增长的奇迹，引起了世界各国的关注，综合国力和国际影响力实现了由弱到强的巨大转变。1978 年，我国国内生产总值只有 3 645 亿元，在世界主要国家中居第 10 位。人均国民总收入仅为 190 美元，位居全世界最不发达国家行列。2010 年，国内生产总值实现 397 983 亿元，年实际增长率为 10.3%。与日本经济起飞阶段国内生产总值年平均增长率 9.2% 和韩国经济起飞阶段国内生产总值增长率 8.5% 不相上下。国内生产总值由第 10 位上升到 2010 年的第 2 位。中国绝对贫困人口从 2.5 亿减少到 1 500 万，过去 25 年全球脱贫事业成就的 67% 来自中国，逐步摆脱低收入国家不断向世界中等偏下收入国家行列迈进。①

高速发展的中国经济，对世界经济的拉动作用也显著增强，已经成为世界经济的主要发动机之一。截至 2006 年，中国经济对世界经济的贡献率（当年各国 GDP 增量与世界 GDP 增量之比）已上升到 14.5%，仅次于美国居第二位，比欧元区高 1.4 个百分点，比日本高 6.7 个百分点。截至 2010 年，中国经济总量占世界经济总量的 9.5%，见表 12-2。而在 1978 年，我国经济对世界经济的贡献率仅为 2.3%。进口总额从 1978 年的 206.4 亿美元增长到 2010 年的 2.97 万亿美元，占全球的比重由不足 1% 上升到 8%，对国际贸易增长的贡献率超过 12%。

表 12-2　　　　　　　　　中国经济总量占世界经济总量的比重

年份	位次	国内生产总值（亿美元）	占世界比重（%）
2005 年	5	22 569	5
2006 年	4	27 129	5.5
2007 年	3	34 942	6.3
2008 年	3	45 200	7.4
2009 年	3	49 847	8.6
2010 年	2	58 791	9.5

资料来源：国家统计局网站。

由于中国是世界上人口最多的国家，因此人均产出大大低于美国、日本以及西欧国家。但改革开放三十年间，人均 GDP 持续增加，增长率远远高于世界平均水平。人均国内生产总值由 1978 年的 381 元上升到 1987 年的 1 112 元后，1992 年达到 2 311 元，2003 年超过万元大关，到 10 542 元，到 2007 年又迅速升至 18 934 元，扣除价格因素，2007 年比 1978 年增长近十倍，年均增长 8.9%。人均国民总收入也实现同步快速增长，由 1978 年的 190 美元上升到 2007 年的 2 360 美元，到 2010 年我国人均 GDP 达到 4 283 美元。按照世界银行划分标准，我国已经由低收入国家跃升至世界中等偏下收入国际行列，对于中国这样一个经济发展起点低、人口基础庞大的国家，能够取得这样的进步，确实是一个了不起的成绩。②

人均 GDP 的增加与生活水平提高密切相关。与中国高速增长的人均 GDP 相伴随的是大大提高的居民生活水平，现在中国一个典型家庭也开始追求拥有自己的汽车、

---

① http://finance.sina.com.cn/fdles/jinb_2010/.
② http://www.chinanews.com/cj/2011/03-01/2874951.shtml.

空调和其他被认为是高收入国家才有的物品。

表 12-3 列出了 20 世纪 70 年代以来，不同阶段世界及部分国家的人均 GDP 增长率，从中可以看出我国举世瞩目的增长速度。增长率的微小差别经过长期积累会导致巨大的总量效应。按照平均的增长速度，我国的人均 GDP 每隔 8 年就翻一番，有人认为，如果将这个速度保持下去的话，中国会在 21 世纪中叶成为世界上最大的经济体。

表 12-3　　　　　　　　　世界及部分国家人均 GDP 增长率

	人均 GDP 增长率（%）			
	1972 年至 1980 年	1981 年至 1990 年	1991 年至 2000 年	2001 年至 2007 年
世界	1.81	1.4	1.38	1.7
中国	4.38	7.68	9.35	9.25
美国	2.15	2.32	2.04	1.41
加拿大	2.79	1.59	1.74	1.61
澳大利亚	3.4	2.1	2.02	1.48
法国	2.6	1.98	1.55	1.33
德国	2.64	2.05	1.47	1.24
英国	1.89	2.48	2.08	2.23
俄罗斯	2.41	1.85	-3.51	6.88
日本	3.32	3.56	0.95	1.47
韩国	5.62	7.34	5.14	4.11
印度	1.08	3.69	3.62	5.55

资料来源：编者根据相关统计资料整理。

1. 中国经济增长的基础

对中国经济过去和未来高速增长的分析可以从以下不同的层面展开。第一个层面是支持世界上任何经济高速增长的一些基础性要素。这些要素包括高投资率和资本形成率、快速增长的劳动力资源、劳动力教育层次的迅速提高以及对这些增长的资本和劳动力的利用效率的提高。中国目前的投资率异乎寻常的高，1985 年至今，年资本形成总值占 GDP 的比率都在 35% 以上，2003 年更是达到了 42.3%。[1] 同样奇高的储蓄率也助推了这种高投资率。储蓄率高，部分原因在于养老保险制度不完善，以及东

---

[1] http://tjsj.baidu.com/pages/jxgd/29/50/fed7f3864f93997ad05588af13996771s_0.html.

亚文化对较高储蓄水平似乎有某种偏好，但最重要的原因是中国目前的抚养比率（指不工作的孩子、老人数与工作人数之比）较低。尽管计划生育政策的长期效应以及中国人预期寿命的延长，将使这种较低的抚养比率因素逐渐消失，但在未来10年甚至20年里，低抚养比率仍将持续，从而可以预计的是储蓄率和投资率也将持续保持在一个很好的水平上。

中国劳动力受教育程度也在快速提升，这一趋势在今后10年或更长的时间还将持续。尽管迅速膨胀的中等和高等教育得到了政府的支持，但是私人需求还是超出了公共供给，特别是在高等教育领域，私人教育机构开始不断出现。从具体数据方面看，2003年在1亿适龄人群中，有9 600万人进入了中等教育学校，而在1985年和1995年，这个数字分别是5 100万和6 200万。无论以何种标准来衡量，在短短20年里，这样的增长速度是惊人的。2003年，有1 100万人进入了高等院校学习，而在1985年和1995年，这个数字分别是170万和290万。虽然到目前为止，还只有10%的适龄人口能进入高等教育阶段，但高等教育的增长无疑是最快的。

当然，投入经济增长的要素不仅仅是受过高等教育的劳动力和人力资本，中国目前的人均收入水平决定了其需要数量庞大的非熟练工。尽管计划生育政策在一定程度上正在减慢中国劳动力总量的增长，但其对GDP增长的影响可以忽略不计。一个更能说明问题的数据是现代非农业部门中劳动力的增长。由于劳动力不断从农村低生产岗位向城市转移，在未来的10年或更长的时间，非农业部门中劳动了的增长率仍保持在一个较高的水平上。近年来，国有企业改革使城市的就业增长有所减缓，2000年至2003年，城市就业以平均3.5%的速度增长，但随着生产的不断扩大和大量农村劳动力转向城市，城市劳动力和就业率仍将可能以一个较快的素度增长。

2. 中国经济维持高生产率的增长

1979年至1985年，生产承包责任制的恢复和农村市场的开放，使得农业部门的生产率最先得到提高。1985年后，农业部门生产率的发展逐渐放慢。其后，随着资源配置方式由计划向市场的转变，乡镇企业生产率迅速发展，但在1989年至1990年快速回落，进入20世纪90年代后，回落势头更加明显。第三个得到快速发展的是外资企业，从1992年起，外资企业的发展也同样经历了从快速发展到逐渐回落这一过程。与其他发展中国家一样，中国自身可以利用资本的不足，限制了外资企业在华的进一步发展。今后，对华直接投资仍会增加，但像前几年那样，从每年数十亿美元快速增长到现在的600亿美元这样的奇迹，将不会再出现了。

20世纪80到90年代，各经济部门生产率的提高，还得益于另外两个方面的改革。一是对外贸易的发展：1978年，中国进出口总额只有264亿美元，到2010年已经达到 29 727.6 万亿美元，其中出口总额 15 779.3 亿美元。[①] 如今，中国的外汇储备已足以从国外买到任何资源（这些资源却不能在国内创造出效益），以满足中国城市部门发展的需要。中国企业已再不会因为外汇短缺，而只能被迫使用国产低劣机器设备和零部件了。在计划经济时代，常使生产所需关键投入品出现短缺，而如今，企业再也不会遭遇这样的瓶颈了。

对外开放政策还从另一个方面促进了中国经济的增长，2003 年和 2004 年，中国出口年均增长率为 35%，2010 年进出口增长率分别为 31.3% 和 38.7%。出口的大量增加（这两年，出口增长都大大超过了 1 000 亿美元）带动了世界市场对中国产品的需求。[②] 可与此相反，国内消费需求的增长与 GDP 增长速度相比，却显得较为缓慢。中国不可能在今后的许多年里一直维持这样的巨大的出口量，甚至想保持一半这样的数量也很难。如今，中国进出口总额已经达到了 GDP 的 49%，对于一个大国来说，这样的比例是异乎寻常得高了。如果持续以每年以 1 000 亿美元的增速出口，将不可避免的招致进口国的抵挡，因为它们不可能适应这样被迫的、快速的调整。事实上，类似的事情已经发生。2005 年，一些中国纺织品进口国，针对一些快速膨胀出口的中国纺织品施加了高额关税。中国不可能持续这样过度依赖出口来刺激经济，而应该找出办法来，进口扩大国内需求。

导致中国经济增长的另一个潜在因素是市场作用不断扩大。如今，中国的大部分商品和服务能在市场上买进卖出。农产品市场最早得到了发展，到 1984 年年底，要素市场也开始发展起来，部分要素可以按照市场价格在市场上进行交易，而到 20 世纪 90 年代末，几乎所有生产要素都进入了市场。由此观之，中国今天的市场化程度已经和其他发展中国家（以及许多发达国家）相仿。

能否稳定的发展市场经济所需的制度环境，是中国能否在未来保持高生产率的关键。如上所述，在纠正计划经济缺陷的基础上，支持高生产率的诸多因素都得到了超常发挥，许多计划经济的缺陷如今已不复存在了，但市场机制的效率还有待提高。这方面包括完善公司治理结构，使企业的决策能真正独立于党政部门；提高执法部门执法素质与独立性，以保证商业争端（包括企业破产和兼并等）能得到合理的、有效的解决。能否建立一个使经济快速、稳定、可持续增长所需的制度环境，将是中国当前所面临的一个挑战。此外，有些经济部门还处于相对弱势状态，还需进行改革。

50 年前，年均增长率达到 9%，甚至 8%，都会被认为是一个奇迹，如今，许多观察家正是这样来看待在中国所发生的一切。20 世纪 50、60 年代之前，全世界最快

---

① http://www.chinanews.com/fortuue/2011/01-11/2778929.shtml.
② http://www.chinanews.com/cj/2011/01-18/2794268.shtml.

的年均增长率不会高于4%到5%，但在20世纪50年代至90年代，年均增长率达到7%，甚至9%，在亚洲都很普遍，这种高增长率首先是从日本开始的，其后逐渐蔓延到韩国、中国台湾地区、新加坡，甚至蔓延到泰国和印度尼西亚。一般而言，发展中国家只要政策对路，就能利用其巨大的后发优势，赶上高收入国家。合理的政策，往往能使一国经济逐渐向发达国家靠拢，甚至后来居上。

经过三十多年的发展，中国在人均收入水平方面，已逐渐向高收入国家靠拢，但与此同时，中国还有很长的路要走。2010年，中国人均GDP只有4 283亿美元。与韩国、日本起飞的早期阶段十分相似，中国的汇率被公认为是被低估了的。考虑到人民币被低估了25%这一因素，则调整后的人均GDP约为5 354美元，这仍然是一个较低的数字。若按购买力平价（PPP）来计算，则近年来较常被引用的数字是中国的人均GDP已经超过了6 000美元。

因此，中国目前仍是一个相对贫困的发展中国家。也正因为如此，中国如果能采用上述合理的经济政策，并保持高生产率的增长，则中国经济还可以继续加速地发展。而当其人均收入上升到韩国和中国台湾等经济体目前的水平时，增长率就会下降。一个国家收入水平越高，现代产业与服务部门的结构越复杂、越先进，则要维持7%至9%这样快速的增长率就越是困难。在过去的10年里，韩国和中国台湾的年均增长率在5%左右，这个下降了的生产率与其说是反映了这两个经济体中存在的问题，不如说它直观的反映了这样一个事实，即这两个经济体已不再能继续简单地走其他发达国家探索出来的路了。同样的情况出现在20世纪70年代的日本，当时仅两位数的增长率突然之间就化为乌有。所有的这些经济体，都不得不依靠更多的自身的力量，透过在研究和开放方面的努力来维持较高的经济增长率；而要想在新技术的前沿取得进展，这是很不容易的。

中国在今后的20年里，还不太可能在人均收入方面达到韩国或中国台湾现在的水平。而如果想要实现这一水平，则在今后20年里，人均GDP增长率必须保持在7%的水平，或者是，总GDP的年增长率要保持在8%的水平。中国能保持这样高的增长速度吗？正如本本文开头部分所说，没有确切的理由认为中国经济将不能保持目前这样高的高增长；但同样明显的是，还有许多未知的因素（如不可预计的外部冲击等），可能会在一定时期里阻碍中国经济发展。不确定主要表现在，中国能否较快的建立高效的市场制度，以应付经济高增长的需要。因此，对中国经济增长前景的一个保守估计是年均增长率不会超过8%。在未来十年里，中国经济增长率将会在6%至8%。如果真是这样，那么到了2015年，中国的GDP将会两倍于目前的水平；如果这样的增长保持15年，到了2025年，其GDP将是现在的4倍。

12.2 经济增长因素分析

12.2.1 丹尼森对经济增长因素的分析

1. 影响经济增长的因素

丹尼森从 20 世纪 60 年代初至 70 年代末，对美国、西欧和日本等发达国家和地区的经济增长因素进行应用研究，他把观察到的国民收入增长分解成其构成元素，以便说明经济增长的原因。丹尼森把经济增长的因素归结为两大类，第一大类是生产要素投入总量；第二大类是每单位生产要素投入量的产量即生产要素的生产率。丹尼森采用了定量的分析方法，把国民收入总增长率按照每一种投入要素所做的贡献逐一分解，大致包括以下因素。

（1）生产要素投入量。生产的投入包括三个基本的要素，土地、劳动、资本。在这三要素中，由于土地有限，面积固定不变，因而不会有投入量的增加；同时，土地自身的质量变化比较慢，对生产的影响也较小，故投入要素中不考虑土地的作用。至于土地开发和矿藏开采，丹尼森是作为资本投入来看待的。因此，生产要素投入总量包括资本和劳动两种，在劳动中从量和质上来考虑，细分为就业、工时和教育等。

（2）生产要素生产率。丹尼森认为在生产要素投入总量增加的同时，生产要素生产率也会有所提高，当总产量的增长率大于投入生产要素增长率时，其剩余部分被视为生产要素生产率提高的结果，生产要素生产率的提高取决于资本和劳动的配置状况、规模节约和知识进步等因素。

在丹尼森《美国经济增长的因素与我们面临的选择》（1962）一书中，丹尼森把对经济增长发生影响的因素归结为 7 种：就业人数及其年龄、性别构成；工时数；就业人员的教育年限；资本存量的多少；资源的再配置；规模经济；知识进步。

2. 丹尼森对经济增长因素的分析

（1）经济增长的要素投入因素分析。

第一，劳动投入量。

由于年龄、性别构成的变化而引起的劳动投入量的变化。丹尼森认为，总工时小时是由不同年龄、不同性别的工人所做工时的总和，由于不同的年龄和不同的性别在同一工时所创造的价值不同,因此,当年龄、性别构成发生变化时,就会影响劳动投入量对经济增长所作的贡献。

由于成年工人教育年限的增加而引起的劳动投入量的质量变化。丹尼森认为,个人受教育的情况,是能否担任某项工作和熟练掌握特定义务技术的先决条件。劳动者的受教育水平的提高不但成为促进目前经济增长的因素,而且还有可能通过教育来改变未来的经济增长。丹尼森认为不同的教育水平对经济增长的贡献一方面表现在劳动者生产的相对价值或边际产品的差别上,另一方面反映在他们的收入差别上。

由于劳动时间的缩短而引起的劳动投入量的质量的变化。丹尼森认为劳动时间的缩短,会引起产量的损失。但在美国,每周工时的缩短通常不会同比例减少产量,同时由于劳动效率的提高,又会使单位工作时间的产量增加,就业量增多。因此,在估计劳动投入量对经济增长的贡献大小时,要调整或校正由于劳动时间的变化而产生的偏差。

第二,资本投入量。

丹尼森认为,把统计期间各年资本的存量按基年不变价格折算,然后按照全部要素生产率的概念,计算出资本投入量的增加对于国民收入增产率的影响。

(2) 经济增长的生产要素分析。

第一,资源再配置。

丹尼森指出的资源再配置主要是指两种人力资源配置的改善。第一种是指农业的过剩劳动力转移到工业中去;第二种是指非农业的自我独立经营者和在那些本小利微的小企业中参加工作,但不领取报酬的业主家属,转移到其他企业中去。如美国1963年至1964年,由于劳动力从农业转移到非农业部门,使农业的国民收入减少了0.12%,而非农业部门国民收入增加了0.43%,显然总共使国民收入增加了0.31%;业主家属成员的再配置使国民收入增加了0.06%。[①]

第二,规模经济。

丹尼森根据亚当·斯密关于劳动分工受市场范围限制的理论,用市场范围的扩大来表示规模经济。

丹尼森认为,经济的增长意味着企业提供最终产品的市场规模的扩大,市场扩大就有机会提高各行业和各企业的专一化程度。扩大企业规模,增加产量和销售量,并且由此获得的好处足以抵消由于规模的扩大带来的一些不经济的作用而有剩余,从而增加了国民收入。

基于这些分析,丹尼森对规模经济在经济增长中所作的贡献作了估算,结果表明

---

① 肖旭:宏观经济学 [M]. 国防工业出版社. 2009.199~200.

当国民收入增加1%时,由此产生的规模经济效应约等于国民收入增长额的10%,即这时的国民收入总共增加1.1%。在制造性企业领域里,规模经济效应更强一些,国民收入增加1%时,由此产生的规模经济效应约等于该部门国民收入增长额的12.5%。

第三,知识进步。

丹尼森认为,经济增长因素中,知识进步是非常重要的因素。知识进步包括技术进步和管理知识的进步。另外,还包括国内和国外的有组织的研究、个人研究或者是简单的观察和从经验中得来的知识。知识进步在经济增长中的重要性还可以通过它与其他增长因素的不同点加以反映,如知识运用的迅速性,可以表现出任何一个地方的知识进步会很快扩散到所有先进国家。他认为技术进步对经济增长的作用是明显的,但管理知识进步的作用更大。所谓管理知识是指管理技术和管理企业组织的知识。管理知识的进步更有可能降低生产成本,增加国民收入。因此,技术知识和管理知识的进步在经济增长中的作用巨大,应高度重视,两者不可偏废。

丹尼森明确指出,知识进步对经济增长的贡献无法直接计算,只能从经济增长率中减去所有其他增长因素的贡献后,把剩余的部分作为知识进步对经济的贡献。美国1929年至1957年由知识进步带来的国民收入增长率为0.58%,占整个要素生产率增长率0.93%的62%,约占所有要素对经济增长贡献的20%。[①]

对经济增长因素加以分析,目的就是为了了解各个因素在经济增长中的贡献份额,从中掌握其相对权重,以便制定促进经济增长的政策。丹尼森根据他的分析得出结论,即要经济增长,就要节制消费,扩大资本规模;发展教育,开发智力,注重人力资本的投入,如加快提高教育质量,使劳动力素质尽快得到提高;尽管人力资本是重要的,但技术变革起着支配作用。强调推进科学技术和管理技术的研究并尽快推广其结果,使之变为生产力,最有效的配置生产资源。

12.2.2 库兹涅茨对经济增长因素的分析

库兹涅茨以世界上几十个甚至上百个国家为对象,运用统计分析方法对经济增长因素进行分析。他通过对国民生产总值及其组成部分的长期估量、分析、研究各国经济增长的比较,从各国经济增长的差异中探索影响经济增产的因素。库兹涅茨在《战后经济增长》(1964)、《现代经济增长》(1966)等一系列经济增长的著作中提出的经济增长因素主要有知识存量的增长、劳动生产率的提高和结构方面的变化。

---

① 刘秀光. 宏观经济学 [M]. 厦门大学出版社, 2005: 218~221.

1. 知识存量的增长

现代经济增长的主要因素之一是知识存量的增长。库兹涅茨认为，人类受到时代革新的推动，不断发展和进步，迅速增加了技术知识和社会知识的存量。当这种存量被利用时，它就成为现代经济高比率的总量增长和结构迅速变化的源泉。但知识本身不是直接的生产力，由知识转化为现实的生产力需要经过科学发现、发明、革新、改良等一系列的中间环节。在知识的转化过程中，需要对人力资本进行大量投资；需要把蕴含技术知识的机器设备与劳动力资源合理配置；知识的使用者要有正确判断技术是否适用，并熟练掌握的能力；企业家要有创新的能力等。在这些条件下，知识最终会转化为现实的生产力。

2. 生产率的提高

现代经济增长的第二个重要的因素是劳动生产率的提高。库兹涅茨认为，现代经济增长的特征是人均产值的高增长率。他通过对劳动投入和资本投入对经济增长贡献的长期研究，得出结论：以人均产值高增长率为特征的现代经济增长的主要贡献因素是劳动生产率的提高。

3. 结构的变化

现代经济增长的第三个因素是结构的变化。库兹涅茨从总产值中各部分份额和劳动力各部门份额的横截面的考察和长期趋势考察，研究得出结构变化趋势对现代经济增长起到了促进作用。

库兹涅茨研究认为，发达资本主义国家在它们增长的历史过程中，经济结构转变迅速。从各部门在总值中所占的份额来看，农业、工业、服务业三个主要部门的产值份额随人均国民生产总值的增加呈现出变化规律，即农业在整个产值中所占比重逐渐降低，工业、服务业在总产值中所占比重逐渐增加。从劳动力在各个部门的分配来看，劳动力比重的变化进一步表明了这一趋势和规律，如在美国1870年农业部门拥有全部劳动力的53.5%，而到1960年则降低到7%以下。由于国际贸易的加强和技术革新及其扩散的作用，加快了生产结构和需求结构的调整互动，库兹涅茨强调，发达国家在现代经济增长时期的总体增长率和生产结构的转变速度都比它们在现代化以前要高很多。相反，不发达国家的经济结构变动缓慢，结构因素对经济增长的影响较小。主要表现在不发达国家传统结构束缚着60%以上的生产力，聚集在传统的农业部门，而传统的生产技术和生产组织方式阻碍着经济增长；同时，制造业结构不能满足现代经济增长对它提出的要求，需求结构变化缓慢，消费水平低，不能形成对经济增长的强有力刺激；另外，不发达国家的政治结构也不适应现代经济增长的要求。

不难看出，库兹涅茨对经济增长因素分析与丹尼森分析的一个不同之处在于库兹涅茨重视结构因素对经济增长的贡献，弥补了丹尼森分析的不足。同时，我们看到，丹尼森的经济增长因素分析以美国为例，进行的是比较短期的分析；库兹涅茨以世界上几十个国家为对象进行长期分析，以截面分析为补充，其结论更具有普遍性。两者互相补充，构成了比较完整的经济增长因素分析的理论和方法。这对于发展中国家在进行的工业化和现代化经济实践，加快其进程有着直接的指导意义。

12.2.3　中国转变经济增长方式的关键

经济增长方式是指推动经济增长的各种生产要素投入及其组合的方式，其实质是依赖什么要素，借助什么手段，通过什么途径，怎样实现经济增长。通常我们把经济增长方式分为粗放式和集约式。粗放式的特征是依靠生产要素的数量扩张实现增长，如依靠资金、物资、劳动力投入，上新项目，铺新摊子。结果往往是高投入，高消耗，效益低下，给资源、环境造成了压力，这样的增长方式在短期内容易受到外部供给波动的影响，在长期则难以维持。集约型的增长方式其特征在于依靠生产要素质量提升，如科技进步、更新改造、管理和体制创新以及劳动者素质的提高。

我国政府在 20 世纪 90 年代提出转变经济增长方式，虽然有不少变化，但总体上说，我国的经济增长方式仍然是粗放式的，主要表现在以下方面。

第一，经济增长主要依靠增加投入，扩张规模来实现。我国的投资率一直在 40% 的水平，大大高于美国、德国、法国、印度等一般 20% 的水平；并且，投资效率逐渐降低，在"六五"、"七五"、"八五"、"九五"、"十五"期间，每增加一亿元 GDP 需要的固定资产投资分别是 1.8 亿元、2.1 亿元、1.6 亿元、4.5 亿元、5.0 亿元。这表明依靠投资来拉动经济增长的方式已经难以为继。

第二，技术进步主要依赖引进，企业自主创新能力不强。在经济增长因素的测算中，要素投入增加对我国经济增长的贡献在 60% 以上，技术进步的贡献不足 30%，远远低于发达国家 60% 以上的水平。我国企业的自主创新能力不足，很多企业满足于购买技术、新设备，获得低附加值的短期效益，而不是自主技术开发。

第三，资源消耗相当高，而且浪费严重。新中国成立 60 年来，我国 GDP 增长了十多倍，矿产资源消耗增长了 40 多倍。当前，原油、原煤、铁矿石、钢材、氧化铝、水泥的消耗量，分别约为世界消耗量的 7.4%、31%、30%、27%、25%、40%，而创造的 GDP 仅相当于世界总量的 4%。高消耗造成了资源的紧缺，同时在资源的开采和利用上存在严重的浪费现象，如煤矿开采的利用率远远低于世界水平。①

第四，经济增长伴随着环境的恶化。多年来，我们的增长是以环境污染为代价的。据测算，在20世纪90年代中国国内生产总值（GDP）中，至少有3%至7%的部分是以牺牲自身生存环境取得的，属于虚值或者说是环境欠账。

当前，我国的人口、资源、环境的压力已经相当突出，特别是在新一轮经济扩张时期，原材料紧张导致的生产资料价格大幅上升，对进口依赖性过大，能源瓶颈对经济增长的制约作用开始显现，如中国主要矿产资源的对外依存度已由1990年的5%上升到现在的50%以上，并且这种趋势还在发展，这已经危害到经济的安全和健康。为了确保经济持续、健康发展，为了应对全球一体化带来的国际竞争，必须落实全面、协调、可持续的发展观，切实转变经济增长方式，实现可持续发展，这符合以人为本的精神，符合建设和谐社会的要求。

中国要实现转变经济增长方式，必须要从体制创新入手，建立促进经济增长方式转变的体制。

第一，加快推进生产要素市场化进程，充分发挥市场配置资源的基础性作用。从现实经济运行情况看，经济增长方式难以转变的一个重要原因是生产要素市场不健全，生产要素价格偏低，激励企业铺摊子、扩大规模，也不利于效率的提高和技术的创新。如政府直接控制资金和土地价格，导致了关键性生产要素市场的残缺。此外，我国目前的资源性产品价格在很大程度上也是政府定价的，价格基本上只反映了资源开采的劳动力成本和资金成本，而不能反映资源的稀缺程度，也造成了对要素的高需求和浪费。要抑制对要素的过度需求引发的扩张式增长，最有效的办法是改变资源的定价机制，加快建立资本、土地、自然资源等要素市场，由市场来决定价格，使资源价格反映稀缺程度。充分发挥经济杠杆的作用很重要。包括美国在内的其他国家的经验证明，促进资源节约，法律、教育、行政、经济四种手段缺一不可。没有有效的经济激励和惩罚机制，企业和个人一般不会主动考虑如何节约资源，提高资源利用效率。有学者研究了2 500家公司的情况，发现能源使用量降低55%归功于价格调整的结果，17%是研究与开发的结果，20%归功于工业所占份额的变化。其中价格调节的作用最为明显。以价格手段为主，辅之以恰当的行政手段和税收政策，形成谁节约资源，谁就能从节约中得到回报的市场机制，使企业、公众自觉加入到节约型社会的建设中来。

第二，完善有利于经济增长方式转变的财税政策和制度。鉴于自然资源的重要性，政府应积极采用财税政策，调控资源的供给与需求。如实行资源有价开采和使

---

① 张先锋. 西方经济学 [M]. 合肥：合肥工业大学出版社，2006：235~246.

用,调动生产者开发和使用替代资源的积极性,实行自然资源资产化管理。当前矿产资源制度不合理是形成资源浪费的一个重要原因。可以考虑改变资源税的征收办法,对储量征税,按照企业分得的资源储量来征税,或者根据煤质的不同和开采条件的变化,适时合理的调整使用税额,充分发挥资源税的调节作用,达到充分利用资源减少浪费的目的。同时,要完善资源开发利用的补偿机制和生态环境恢复的补偿机制,做好矿产资源利用的产前产后工作。另外,要完善财税政策,制定行业标准,扶持使用节能产品的开发,如低耗油、低排量汽车、节能建筑,同时使用税收政策调节资源浪费行为。

第三,建立科学的核算体系。在改革政府绩效评估体系的同时,也要建立新的经济核算体系。过去我们的国民经济核算体系主要反映了生产的总产出和消耗,而没有或不能很好地反映其社会成本,如造成环境损失成本、对后代人造成的潜在福利损失,也不能反映社会产出和财富的分配状况,更不能度量个人的满足状态。理论上已经由更多的指标来更全面的度量社会发展和进步,有一些国家已经开始采用这方面的试验,我们也要积极探索衡量社会发展的核算方法。要核算经济活动的产出,更要核算成本,包括显性的和隐形的成本,包括对当前和后代的影响都要考虑进来。

第四,建立环境治理中的激励机制和监督管理机制。建立以经济手段、法律手段为主体的节约资源和保护环境机制,将节约资源、保护环境由过去的政府行为,转变成一种在利益驱动和法律约束下的市场行为和企业行为,真正使节约资源和治理污染成为社会公众自觉参与的活动。这一系列经济激励机制包括税收调控、污染治理收费、污染治理企业化、市场化,以及建立环境和资源的价格保护机制。要健全法规标准,强化监督管理。加强法规建设,抓紧制定和修订促进资源有效利用的法律法规,解决无法可依和法律不完善的问题。制定和完善标准,对高消耗和高污染行业新建项目,要从能源、水资源以及土地、环保等方面提出更为严格的产业准入标准,加快制定产品强制性能效标准,修订和完善主要耗能行业节能设计规范。依法建立严格的管理制度,并加大执法和监督检查力度。

第五,加快推进政府职能转变。要推进投资体制改革和政府职能转变,消除政府扩张投资的冲动,增强其提供公共服务功能。经济增长方式难以转变,最大的障碍在于政府职能存在错位、缺位现象,且行为方式不规范。在当前的干部考核体制和财税体制下,地方政府的行为更倾向于追逐任期内的政绩特别是经济增长目标,侧重于考虑本届政府的利益,很少考虑下一届政府的事情。因此,就事论事,难以从根本上改变投资率过高的问题。根本的办法要靠改革,加快政府职能转变,积极推进政府从全能政府、管制型政府向有限政府、服务型政府、法制型政府转变,建立科学的政府绩效评估体系和经济社会发展综合评价体系,改革干部人事制度,把政府的职能转到以提供公共服务为主的道路上来，创造有利于增长方式转变的制度环境。转变经济增长方式，最后的落脚点还是在企业。为什么长期以来，企业对新技术、对转变经济增长方式不热心，一个重要的原因是在于企业转变经济增长方式面临着风险。以技术创新为重点的发展模式转变，新技术的创新和应用，最关键的是创新的风险，这需要有序的市场、对技术产权的有效保护、获得可行承诺的经济政策、更加透明开放的产业政策和信息等，这都是政府应提供的公共产品，如果政府不确立公共政府的职能，企业就会缺乏转变经济发展模式的约束条件。

第六，在全社会形成节约的意识和风气，加快建设节约型社会。转变经济增长方式并不仅仅是生产部门的任务。各地方、各部门、各单位都要建立健全能源资源节约责任制，把资源节约的责任纳入各工作岗位的职责之中，纳入各单位日常管理和工作考核之中。各级政府机构、事业单位和国有企业要发挥表率作用，制定节约实施方案、能耗水耗定额和相应支出标准，深化政府采购制度改革和公务车改革，带头采购低耗油汽车、节能设备、高效节水器具、再生资源产品。不断提高公众的资源忧患意识和节约意识，在全社会形成崇尚节俭、合理消费、适度消费的理念，用节约资源的消费理念引导消费方式的变革，逐步形成与我国国情相适应的节约型消费模式。

12.3 经济波动与经济周期

12.3.1 经济波动

从长期来看，由于劳动力的增加、资本存量积累和技术知识进步，一个国家产出的产品和服务通常都表现出增长的趋势。从 1978 年改革开放至今，我国实际 GDP 的年均增长率为 9.8%，经济的增长使我们每一个人都达到了更高的生活水平，中国绝对贫困人口从 2.5 亿减少到 1 500 万，过去 25 年全球脱贫事业成就的 67% 来自中国。[①]

然而，实际 GDP 并非以均匀速度平稳增长，经济活动每年都有波动，不同年份的经济增长速度有明显差别。当经济以显著高于正常值的速度增长时，会出

---

① 刘厚俊. 现代西方经济学原理 [M]. 南京：南京大学出版社，2005：336~340.

现经济扩张。例如，我国在 20 世纪 80 年代中期和 90 年代中期经历了较快速的经济增长。在经济增长速度较高的时期，企业投资增长，生产能力扩张，带来产出增加和就业率提高。当经济以显著低于正常值的速度发展时，会出现经济衰退，特别严重的情况称为萧条。当经济经历衰退或萧条时，企业无法把它们生产的产品销售出去，因此削减生产，减少雇佣工人数量，带来失业增加，生产能力限制，生产的产品和服务减少，实际 GDP 和收入的其他衡量指标下降。有的年份虽然经济绝对量没有下降，但增长速度明显低于正常水平。对中国这样劳动力供给数量增长和经济结构变化较快的发展中国家来说，很难出现实际产出绝对量下降的情况，在我国 20 世纪 90 年代初就出现了增长率很低的衰退情况。中国自 1978 年至今，虽然长期实际 GDP 呈持续增长趋势，但不同年度间实际 GDP 增长率水平存在很大差异，表明经济长期增长趋势是在相当大的短期波动中实现的。

从 GDP 增长率来看，经济波动呈现出一种无规律且无法预测的变动。但当经济波动发生时，大多数衡量某种收入、支出或生产波动的宏观经济变量，如失业率和生产能力闲置率则会上升。在经济扩张时期则会出现相反的变动。由于衰退或经济扩张属于整体经济现象，所以这种变动会反映在宏观经济数据的很多来源上，因而可以用不同衡量指标来监测短期经济波动。

12.3.2 经济周期

1. 经济周期概述

（1）经济周期的含义。任何国家都把经济快速、平稳发展作为本国的发展目标，但在经济活动过程中，由于这样或那样的原因，不可避免的会出现周期性波动现象，这种经济活动由高潮到低潮的循环波动，并非是围绕一个固定的经济水平进行的。实际上从长期看，经济活动呈增长趋势，因而经济周期是围绕着一个上升的趋势而上下波动的。因此，所谓经济周期，又称商业循环，是指在一定生产能力下经济活动沿着经济总体发展趋势所经历的有规律的扩张和收缩。

（2）经济周期阶段的划分。每个经济周期的过程都不完全一样，每一个经济周期的起伏程度相差很大，但是它们都有共同的规律。经济周期一般分为四个阶段，即繁荣、衰退、萧条、复苏。判断一国经济处于哪个阶段，一般通过国内生产总值、工业生产总值、物价水平、就业水平、资本借贷量、利息率、利润率等经济指标来衡量。繁荣阶段是指经济活动的扩张阶段，这时的经济活动处于高水平时期，由于厂商和消费者对未来乐观向上，投资需求和消费需求不断上升，产量扩大，GDP 不断提高，随之而来的就业量、资本借贷量、利息率、利润率水平、物价水平呈上升趋势，整个经济活动呈现一片繁荣景象。衰退阶段是经济活动由扩张走向收缩，消费增长减慢，引起投资需求减少，信贷资本量、利息率、利润率等逐渐下降，经济处于下滑阶段。萧条阶段是指经济活动处于下滑收缩的最低水平阶段。这一阶段，需求水平最低，物价低廉，大批生产能力闲置，工厂亏损，甚至倒闭，工人失业率高。随着时间的推移，为了弥补亏损，由于追逐利益的本能使企业考虑增加投资，扩大产量，带动就业，使经济进入复苏阶段。复苏阶段是指经济活动由经济最低点开始转向上升复苏阶段，表现为生产和销售同涨，就业增加，价格也开始上升。

2. 经济周期的类型和特点

（1）经济周期的类型。经济周期不同于自然界中观察到的许多周期波动，它在其频率、幅度和持续时间上并非千篇一律。由于影响经济波动的因素不同，影响力不同，经济系统波动的频率、幅度和持续时间也不尽相同。经济周期通常包括以下几种类型。

第一，长周期或长波。其长度平均在50年左右。

第二，中周期或中波。其长度平均在8年到10年。

第三，短周期或短波。其长度平均约为40个月。

（2）经济周期的特征。经济周期主要有两个方面的特征，如下所示。

第一，生产与就业的周期波动同商品需求量与货币需求量相对应。在繁荣时期，生产和就业量上升，对商品的有效需求量和货币需求量就会增加，且达到最高点；在萧条时期，生产和就业量下降，对商品的有效需求和货币需求量随之下降，且达到最低点。

第二，资本品和耐用品的生产周期性波动幅度大。相比较而言，消费者市场上的耐用消费品具有较高的价格需求弹性和收入需求弹性，非耐用消费品具有较低的价格需求弹性和收入需求弹性。因此，在经济活动中，无论繁荣时期和萧条时期，人们对非耐用消费品的需求量变化较小，而对耐用消费品的需求量变化较大。同时，在生产力市场中，由于加速原理的作用，消费需求的增长会引起资本品生产的成本增长，消费需求的下降会引起资本品生产的成倍下降。这样，资本品和耐用品生产呈现出较大的波动幅度，并同经济周期中的经济扩张和经济收缩的一般趋势相吻合。因而，人们把资本品和耐用消费品需求和生产的波动看成是经济周期波动的主要特征。

【本章小结】

1. 一个国家的经济增长，可以定义为给居民提供种类日益繁多的经济产品的能力长期上升，这种不断增长的能力是建立在先进技术以及所需的制度和思想意识之相应的调整的基础上的。

2. 经济增长的六个基本特征，第一，按人口计算的产量的高增长率和人口的高增长率。第二，生产力本身的增长也是迅速的。第三，经济结构的变革速度是高的。第四，社会结构与意识形态的迅速改变。第五，经济增长在世界范围内迅速扩大。第六，经济增长的情况是不平衡的。

3. 影响经济增长的因素主要有六个方面，即自然条件与资源禀赋、资本积累、人力资本、技术进步、对外开放、制度条件。

4. 中国要实现转变经济增长方式，必须要从体制创新入手，建立促进经济增长方式转变的体制。第一，加快推进生产要素市场化进程，充分发挥市场配置资源的基础性作用。第二，完善有利于经济增长方式转变的财税政策和制度。第三，建立科学的核算体系。在改革政府绩效评估体系的同时，也要建立新的经济核算体系。第四，建立环境治理中的激励机制和监督管理机制。第五，加快推进政府职能转变。第六，在全社会形成节约的意识和风气，加快建设节约型社会。

5. 经济周期，又称商业循环，是指在一定生产能力下经济活动沿着经济总体发展趋势所经历的有规律的扩张和收缩。经济周期一般分为四个阶段，繁荣、衰退、萧条、复苏。

【推荐读物】

1. 韦尔. 经济增长（第二版）[M]. 北京：中国人民大学出版社，2011.
2. 张平等. 中国经济增长的前沿 [M]. 北京：中国社会科学出版社，2011.
3. 王琴英. 经济增长机制与增长潜力的实证研究 [M]. 北京：经济科学出版社，2011.
4. 任保平等. 中国经济增长质量报告 [M]. 北京：中国经济出版社，2010.
5. 刘树成等. 中国经济增长与经济周期 [M]. 北京：中国经济出版社，2010.
6. 刘树成. 中国经济周期研究报告 [M]. 北京：社会科学文献出版社，2006.

【复习思考题】

1. 经济增长和经济发展的概念是什么？两者有什么区别与联系？
2. 影响经济增长的因素主要包括哪些？

3. 中国经济增长方式转变的关键是什么？
4. 经济波动与经济周期的概念是什么？
5. 经济周期共包括哪些阶段？
6. 开篇案例思考题：
（1）简要概括这两次经济波动的历程。
（2）查阅相关资料，了解这两次经济波动中中国政府在不同阶段采取的调控措施。
（3）针对中国目前的宏观经济状况，分析经济波动对经济增长的影响作用。

第13章

宏观经济政策

【学习目标】

1. 掌握宏观经济政策目标及工具。
2. 掌握财政政策与货币政策的运用。
3. 理解经济的自动稳定及功能财政,注重赤字财政政策与公债的应用。
4. 了解银行体系的构成。
5. 了解开放经济下的宏观经济政策。

【本章导读】

加强和改善宏观调控,保持经济平稳健康运行

中央经济工作会议2010年12月10日至12日在北京举行。会议提出了2011年经济工作的主要任务。

在宏观经济方面,提出了加强和改善宏观调控,保持经济平稳健康运行的目标和要求。指出2011年宏观经济政策的基本取向要积极稳健、审慎灵活,重点是更加积极稳妥地处理好保持经济平稳较快发展、调整经济结构、管理通胀预期的关系,加快推进经济结构战略性调整,把稳定价格总水平放在更加突出的位置,切实增强经济发展的协调性、可持续性和内生动力。要继续实施积极的财政政策,发挥财政政策在稳定增长、改善结构、调节分配、促进和谐等方面的作用;保持财政收入稳定增长,优化财政支出结构,下决心压缩一般性支出,厉行节约;加强地方政府性债务管理,坚决防止借"十二五"时期开局盲目铺摊子、上项目。要实施稳健的货币政策,按照总体稳健、调节有度、结构优化的要求,把好流动性这个总闸门,把信贷资金更多投向实体经济特别是"三农"和中小企业,更好服务于保持经济平稳较快发展;进一步完善人民币汇率形成机制,保持人民币汇率在合理均衡水平上的基本稳定。

【重要概念】

财政政策（Fiscal Policy）

货币政策（Monetary Policy）

政府购买（Government Procurement）

政府转移支付（Government Transfer Payments）

公债（Bonds）

法定准备金（Reserve）

功能财政（Functional Finance）

斟酌使用的财政政策（Discretionary Fiscal Policy）

财政赤字（Deficit Budget）

货币供给（Money Supply）

公开市场业务（Open Market Operations）

浮动汇率（Floating Exchange Rate Fixed Exchange Rate）

固定汇率（Fixed Exchange Rate）

13.1 宏观经济政策目标

宏观经济政策是指国家或政府为了增进整个社会经济福利、改进国民经济的运行状况、达到一定的政策目标而有意识和有计划地运用一定的政策工具干预和影响经济运行而制定的解决经济问题的指导原则和措施。从西方国家经济发展实践来看，国家宏观调控的政策目标，一般包括充分就业、物价稳定、经济增长和国际收支平衡等四项。

13.1.1 充分就业

充分就业是宏观经济政策的首要目标。它一般是指包含劳动在内的一切生产要素都以愿意接受的价格参与生产活动的状态。凯恩斯认为失业一般分为三类，摩擦性失业、自愿失业和非自愿失业。摩擦性失业是指在生产过程中由于难以避免的摩擦造成的一种暂时的、短期的失业。自愿失业指工人不愿意接受现行工资水平和工作条件而形成的失业。非自愿失业是指愿意接受现行工资水平和工作条件但仍找不到工作的失业状态。我们把充分就业定义为消灭非自愿失业的就业状态，在这一状态下，所有资源得到充分利用。

13.1.2 物价稳定

物价稳定是指一般价格总水平的稳定，它是宏观经济政策的第二个目标。在市场经济中由于各种经济和非经济因素的影响，价格变化错综复杂。通常我们采用价格指数来表示价格水平的变化，价格指数主要有消费物价指数（CPI）、批发物价指数（WPI）、生产价格指数（PPI）和 GDP 平减指数（GDP deflator）几种。因此我们说的物价稳定就是价格指数的相对稳定，即不出现通货膨胀和通货紧缩现象。

13.1.3 经济增长

经济增长是指一定时期内经济持续均衡增长，它表现为特定时期内，全社会所生产的人均产量和人均国民收入的持续增长，促进经济增长是宏观经济政策的第三个目标。我们认为一方面经济增长是达到一个适度的增长率，这种增长率既要能满足社会发展的需要，又是人口增长和技术进步所能达到的。同时，经济增长应要培育一个经济持续增长的能力，它是改变人民生活、增强国家经济实力的重要途径。

13.1.4 国际收支平衡

国际收支平衡是指一国净出口与净资本，进出相等而形成的平衡，即既无国际收支赤字又无国际收支盈余。一国的国际收支状况不仅反映了该国的对外经济状况，同时也反映出该国的经济稳定程度。因此，长期来看一国的国际收支状况会对该国经济的稳定发展带来一定的影响，进而影响其他宏观经济目标的实现，我们应努力做到汇率稳定，外汇储备有所增加，进出口平衡，促进各项经济目标的实现。

以上提到的四大宏观经济政策目标既存在互补性，又存在交替性。互补性是指目标之间存在相互促进的作用，经济增长是充分就业、物价稳定和国际收支平衡的基础；物价稳定又促进经济的可持续增长；国际收支平衡有利于国内物价稳定，从而促进经济增长；充分就业能充分利用各种资源，促进经济增长。

交替性指一个目标的实现对另一个有排斥的作用，主要体现在以下几方面。首先，物价稳定与经济增长之间存在一定矛盾，如果刺激经济增长，就应促进信贷和货币的扩张，结果会带来物价上涨和通货膨胀，但为了防止通货膨胀又应采用紧缩政策，这又不利于经济的发展。其次，充分就业与国际收支平衡之间也有矛盾，充分就业能使国民收入增加，在边际进口倾向既定的情况下，国民收入增加会引起进口的增加，进而使国际收支状况发生变化。最后，充分就业与经济增长之间也存在矛盾，经济增长可以提供更多的就业机会，但经济增长中的技术进步又会引起资本对劳动的替代。

因此，宏观经济政策目标之间并不总是一致的，宏观经济政策几乎不可能同时实现这四个目标，这就要求宏观政策的制定者们应根据实际情况确定各目标的主次地位和先后顺序，对政策目标进行有效选择，同时做到政策本身之间的相互协调，进行灵活搭配，做到整体性的宏观战略安排。

13.2　财　政　政　策

13.2.1　财政政策工具

1. 财政政策的概念

财政政策（Fiscal Policy）是指一个国家的政府通过调整、改变财政收入与支出来影响宏观经济，以使其达到理想状态的一种宏观经济调节政策。它是国家干预经济的主要政策之一，其有利于促进就业水平提高，减轻经济波动，防止通货膨胀，实现稳定增长。

通常我们根据财政政策对经济运行的不同影响，将其分为扩张型财政政策和紧缩性财政政策。扩张性财政政策，是指主要通过减税、增支进而扩大财政赤字的财政分配方式，增加和刺激社会总需求。紧缩性财政政策，是指主要通过增税、减支进而压缩赤字或增加盈余的财政分配方式，减少和抑制社会总需求。

2. 财政政策工具

财政政策是国家对预算、税收、公债和补贴等财政手段的具体应用，是由国家直接掌握和控制，直接干预和调节社会经济活动。财政政策工具也称财政政策手段，是指国家为实现一定财政政策目标而采取的各种财政手段和措施，主要包括政府购买、税收、公债和财政转移支付等手段。其中，政府购买和财政转移支付归为财政支出政策，税收和国债归为财政收入政策。财政支出是指以国家为主体进行的一种财政资金分配活动，集中反映了国家的职能活动范围及其所发生的耗费，是各级政府支出的总和；财政收入是指国家为了实现其职能，依法通过一定的形式和渠道组织起来的一定数量的货币或实物收入。它是以货币形式表现出来的一定量的社会产品价值。

（1）政府购买。政府购买是指政府作为市场的主体对商品和劳务的购买，它包括购买军需品、警察装备用品、政府机关办公用品、供给政府雇员的酬金、各种公共工程项目的支出等。可以说，政府购买涉及各种项目，它可以使经济资源的利用从私人部门转到公共部门。由于政府购买发生了商品和劳务的实际交换，直接形成了社会总需求和实际购买力，是国民收入的一个重要组成部分，作为计入GDP的四大需求项目（消费、投资、政府购买和净出口）之一，它是一种实质性的支出，它的大小是决定国民收入水平的重要因素之一，其规模直接关系到社会总需求的增减。政府购买支出的变动也对整个社会总支出水平起着重要的调节作用。当社会总支出水平过低，人们的有效需求不足时，政府可以提高支出水平，例如兴办学校、举办公共工程、增加教育投入，增加社会整体需求水平以此同衰退进行斗争。反之，当社会总支出水平过高，社会存在超额需求时，政府应该采取减少政府的购买性支出的政策，降低社会总体需求，抑制通货膨胀，从而使经济达到充分就业的均衡。因此，政府购买支出水平的变动是政府财政政策的强有力手段之一。

（2）政府转移支付。政府转移支付是指政府在社会福利保险、贫困救济和补助等方面的支出，直接表现为无偿的、单方面的资金转移。它是一种货币性支出，政府在付出这些货币时并无相应的商品和劳务的交换发生，它只是通过政府把一部分人的收入转给另一部分人，整个社会的收入总量并没有变化，变化的仅是收入总量在社会成员之间的分配比例，因而不直接影响国民收入水平，也不计入国内生产总值。既然政府转移支付是政府支出的重要组成部分，政府转移支付的增减对整个社会总支出同样具有重要的调节作用。因此，与政府购买性支出一样，政府转移支付也是一种重要的财政政策工具。当社会总支出水平过低，人们的有效需求不足时，政府可以通过增加政府的转移支付，提高社会福利水平，从而增加人们的可支配收入和消费支出水平，从而增加社会有效需求。反之，当社会总支出水平过高、有效需求过旺，通货膨胀率上升时，政府应减少社会福利性支出，降低转移支付水平，使人们的可支配收入减少，从而降低公众的消费水平，降低社会有效需求，抑制通货膨胀。总之，通过政府转移支付的变动达到总供给与总需求的均衡，实现经济持续稳定的增长。

（3）税收。税收是国家为实现其职能，凭借政治权力，按照法律规定，通过税收工具强制地、无偿地参与国民收入和社会产品的分配和再分配取得财政收入的一种形式。它体现了国家与纳税人在征收、纳税的利益分配上的一种特殊关系，是一定社会制度下的一种特定分配关系。它具有强制性、无偿性、固定性三个基本的特征，因此，税收可作为实行财政政策的有力手段之一。国家税收种类很多，各国情况也不尽相同，依据不同的标准可以将税收分成不同的种类。

第一，按照课税对象的性质，可将税收分为财产税、所得税、流转税。财产税是对纳税人所拥有的财产课征各种税收的总称，主要是对不动产即土地和土地上建筑物等所征收的税。所得税是对个人和公司的所得征税，在西方政府税收中，所得税占有很大比重，因此所得税税率的变动会对经济活动产生很大影响。流转税是对流通中商品的劳务买卖的总额征税，增值税是流转税的主要税种之一。

第二，按照收入中被扣除的比例，税收又可分为累退税、累进税和比例税。累退税是指税率随征税对象数量增加而递减的一种税，即收入越大，税率越低，如社会保险税；累进税是税率随征税对象数量的增加而递增的一种税，即课税对象数额越大，税率也越高，如所得税；比例税是税率不随征税对象数量的变动而变动的一种税，即按固定比例从收入中征税，如财产税、营业税等。

第三，按照纳税方式的不同，税收可分为直接税和间接税。直接税是直接征收的，由纳税人自己承担的，不能再转嫁给别人的税，如所得税、财产税等；间接税是间接地向最终消费者征收的作为生产商和销售商的原来纳税人能转嫁给消费者的税，如营业税、消费税和进口税等。

税收收入是国家财政收入的最主要来源。马克思指出赋税是政府机器的经济基础，而不是其他任何东西。恩格斯指出为了维持这种公共权力，就需要公民缴纳费用——捐税。这些都说明了税收对于国家经济生活和社会文明的重要作用。税收作为一种财政政策工具，它既可以通过改变税率来实现，也可以通过改变税收总量来实现。例如，可以通过一次性减税即变动税收总量来达到刺激社会总需求的目的，还可以通过改变税率使社会总需求得以变动，以此达到预定的目标。一般来说，当税率降低时，会引起税收的减少，这样会引致社会总需求增加和国民产出的增长，反之则引起社会总需求和国民产出的降低。因此，当经济社会有效需求不足时，我们可采用减税这种扩张性的财政政策来抑制经济的衰退，而在需求过旺时，可采取增税措施抑制通货膨胀。

通过上述，我们知道税收对于宏观调控具有重大作用。温家宝总理在第十一届全国人大四次会议上所作的政府工作报告提到税收调控政策措施，这充分体现了党中央、国务院对税收调控的高度重视，也突出反映了税收调控在推动科学发展、促进加快转变经济发展方式中的重要作用。

首先，税收调控作用不可替代。

税收调控是税收固有的职能，它通过法律调节利益分配关系，进而影响市场主体行为来实现政府调控目标，具有"自动稳定器"的作用。相比较于其他调控手段，更具有"作用直接、运用灵活、定点调控"的优势，因而为世界各国所普遍重视，并在促进经济社会发展中发挥着越来越重要的作用。

"十一五"时期,我国税收事业取得显著成就,税收职能作用充分发挥。特别是面对国际金融危机的严峻挑战,我们坚持把税收调控作为加强宏观调控、推动科学发展的重要手段,完善税收政策,深化税制改革,为我国经济在世界率先实现回升发挥了不可替代的作用。在落实结构性减税政策方面,应该说,力度之大、范围之广、作用之深前所未有。在深化税制改革方面,可以说实现了重要突破,特别是在一些关键领域和重点环节取得了实质性进展。温家宝总理在报告中对此给予了充分肯定。我们在运用税收调控促进经济社会又好又快发展过程中积累的宝贵经验,值得认真总结。

面对国际金融危机的冲击,世界各国也纷纷出台一系列税收政策,刺激经济复苏。综观这些政策,我们可以发现几个鲜明特点,一是调节经济与调节收入分配并重。例如,加拿大在降低联邦商品和劳务税税率的同时,提高个人和家庭免税额。英国在降低增值税税率的同时,提高个人所得税基本扣除标准,以增加中低收入阶层可支配收入。二是实行减税与增税相结合。例如,为控制财政赤字规模,美国在实施减税的同时,将年收入超过25万美元的高收入者的税率从35%提高到39.6%。三是注重对企业特别是中小企业的扶持。例如,加拿大逐步降低联邦公司所得税税率,计划从2009年的19.5%逐步降至2012年的15%;美国规定,对小企业2008、2009年度发生的经营亏损可以向前结转5年;日本自2009年4月1日至2011年3月31日将年所得不超过800万日元的中小企业的所得税税率由22%降至18%。[①] 无论是税收调控的政策取向,还是税收调控的实施方式,世界主要发达国家的实践都为我们提供了许多有益借鉴。

其次,新时期对税收调控提出新要求。

面对2011年经济社会发展的繁重任务,温家宝总理在报告中对发挥税收调控作用提出了新任务、新要求,税务部门要深刻认识,认真落实,切实增强税收调控作用。

第一,进一步扶持经济结构的战略性调整。我们要抓紧研究完善发展战略性新兴产业、加快发展服务业、鼓励循环经济发展和节能减排、支持企业创新和科研成果产业化、促进区域协调发展、扶持现代物流业发展等税收优惠政策、落实和完善加强房地产市场调控、加快中小企业发展和促进企业"走出去"等方面的税收政策。

第二,切实加大税收对收入分配的调节力度。我们要按照中央关于深化收入分配制度改革的要求,积极发挥税收调控作用,促进形成中等收入者占多数的"橄榄

---

① http://www.xyzxqy.gov.cn/web/xgsme/2008/9/200809180954/96617.html.

型"。一是要进一步完善税制结构,合理调整各主要税种收入比重,从制度上建立有利于优化国民收入分配结构的税收调控机制。二是要加强政策引导,减轻中低收入者税收负担,增加中低收入者可支配收入,促进形成有利于就业增加和劳动者收入增长的格局。三是要加大对高收入者的税收调控力度,注重对收入流量和财富存量调节相结合,完善税收政策与加强税收征管相结合,综合发挥个人所得税、房产税等税种的作用,缓解居民收入差距过大的矛盾。

第三,统筹处理好中央与地方税收关系。维护中央权威和发挥地方积极性相统一,对我们这样一个大国来说,始终是一项重大课题。一是要实现增强税收政策执行力与提高发展活力相统一。既要确保税收制度和税收政策在全国范围内的统一规范实施,又要坚持区别对待、分类指导,赋予省级政府适当税政管理权限,引导好、保护好、发挥好地方积极性。二是要着力加快完善地方税体系。这是完善和深化中央与地方税收分权的基础。要合理调整中央与地方各级政府间的税收分配关系,建立健全税种设置科学、主体税种明确、主要税源稳定、符合地方特点的地方税体系。三是妥善处理好区域间税收收入分配关系。由于我国体制、政策等原因,随着市场经济的深入发展,跨地区、跨国经营企业的日益增加,税收与税源的背离问题日益突出。比如,集团汇总纳税带来的税收利益调整,跨区域重大工程带来的税收分配,不同区域间的税收优惠政策恶性竞争等等,都要求我们积极协调、妥善处理好不同地区之间,包括经济发达地区与经济欠发达地区之间、资源富裕地区与资源匮乏地区之间等等的税收利益。

(4) 公债。公债是国家举借的债,是国家为了筹集资金而向投资者出借的,承诺在一定时期支付利息和到期还本的债务凭证。一般当政府税收和支出之间的差额为负数时,政府经常通过发行公债来弥补。公债包括中央政府的债务与地方政府的债务,一般把中央政府发行的债券称为国债,而地方政府发行的债券称为地方债。

公债具有如下特点,一是公债是一种国家信用,其基础是以国家的税收支付能力为保证的,因此安全性高;二是公债的清偿不能由债权人要求强制执行;三是公债的流通性强且收益稳定,具有免税待遇。

根据期限的长短,公债可以分为短期(一年以下)、中期(一年以上五年以下)和长期(五年以上)三种。在市场经济中,政府发行公债,一方面能增加政府的财政收入,弥补财政赤字,筹措建设资金,影响财政收支,属于政府的财政政策;另一方面,政府还可以通过公债对金融市场的利率和货币供求产生影响,干预和调控金融市场,进而影响消费和投资,调节社会总需求水平。因此,公债既具有财政政策的功能,又有一定的货币政策作用。

13.2.2 经济的自动稳定

1. 经济自动稳定的内涵

经济的自动稳定主要是指经济系统本身存在的一种会减少各种干扰国民收入冲击的机制，能够在经济繁荣时抑制通货膨胀，能够在经济衰退时自动减轻萧条，自动地减少由于自发总需求而引起的国民收入变动，从而起到自动缓和经济波动、维持经济稳定增长的作用，但其只能对经济波动起到减震作用，而不能完全消除经济波动。

当产值下降时，它会自动地引起政府支出的增加和税收的减少，从而阻止产值进一步下降；当产值增加时，它又会自动地引起政府支出的减少和税收的增加，从而避免经济的过度膨胀。在这个过程中，政府不采取任何行动，全凭财政体系本身的调节。财政政策的这种内在稳定经济的功能主要通过个人所得税、公司所得税、政府转移支付的自动增减、农产品价格维持制度等来实现。

2. 经济自动稳定的作用机制

（1）税收的自动变化。在税制体系中，所得税通常实行累进税率，即自动改变的累进税收制度。在经济萧条时期，国民收入水平下降，个人收入减少，在税率不变的情况下，政府税收会自动减少，而人们的可支配收入也会因此自动的减少一些，这样个人和公司保留的可支配收入增多，从而使消费和投资增加，导致总需求增加克服危机。例如，在累进税制情况下，由于经济萧条会引起收入的降低，使某些原来属于纳税对象的人下降到纳税水平以下，另外一些人也被降到较低的纳税等级。结果，个人缴纳的税因为国民收入水平的降低而减少了，政府税收下降的幅度会超过收入下降的幅度，从而起到抑制经济萧条的作用。

反之，在经济繁荣时期，随着生产扩大、就业增加，人们的收入随之增加，累进的所得税所征收的税额增长得更快，税收速度增加抵制公众可支配收入的过快增长，从而使消费和总需求增幅也相对较小，在实行累进税制情况下，经济的繁荣使人们收入增加，更多的人由于收入的上升自动地进入到较高的纳税等级，这样，政府税收上升的幅度会超过收入上升的幅度，从而抑制通货膨胀。另外，公司所得税也有同样的作用。

（2）政府的转移支付。这里的转移支付主要包括政府的失业救济金和其他的社会福利支出，同税收的作用一样，政府转移支付有助于稳定可支配收入，从而有助于稳定在总支出中占很大比例的消费支出。在经济萧条时期，工人失业人数增加，符合救济条件的人数增多,这样政府的失业补助及其他福利开支就会相应增加,从而维持失业工人的支出,间接地抑制人们因可支配收入的下降而引起的个人消费和总需求的下降,起到抑制经济萧条的作用。

反之,在经济繁荣时期,由于失业率的降低,符合领取失业救济金和各种补贴的人数就会相应减少,政府的该项支出也会减少从而抑制可支配收入和消费的增长,在一定程度上起到抑制通货膨胀的作用。

(3)农产品价格维持制度。农产品价格维持制度是指政府为了保证农民的收入,鼓励农民的生产积极性,对某些农产品采取价格维持的措施,如规定一定水平的农产品维持价格。在经济萧条时期,国民收入水平下降导致价格水平降低,农产品价格也随之降低,政府依照农产品价格维持制度,按支持价格收购农产品使农民收入和消费稳定在一定水平上,使其不会因国民收入水平的降低而减少太多,从而抑制经济的衰退。

反之,在经济繁荣时期,国民收入水平上升,农产品价格也随之上升,政府就会减少对农产品的收购并抛售农产品,限制农产品价格上升,从而抑制了农民收入的增加,一定程度上减少了社会总需求增加的幅度,抑制经济过热。

总之,税收、政府转移支付的自动变动和农产品价格维持制度在一定程度上自动地发生作用,对经济进行调节,从而对宏观经济的运行起到了稳定的作用,可以说它是政府稳定经济的第一道防线。但是,这种自动稳定调节经济的功能是有限的,它只能减轻萧条或通货膨胀的程度,并不能改变萧条或通货膨胀的总趋势,只能对财政政策起到自动配合的作用,因此,政府仍须审时度势,积极主动采取收入或支出的财政政策来调节经济。

13.2.3 功能财政

1. 斟酌使用的财政政策

斟酌使用的财政政策(Discretionary Fiscal Policy)即权衡性的财政政策,是指为确保经济稳定,政府应审时度势,主动采取一些财政措施,变动支出水平或税收以稳定总需求水平,使之接近物价稳定的充分就业水平。它包括财政支出政策和财政收入政策。财政支出政策主要通过改变政府支出来稳定经济,财政收入政策则主要通过改变税率来稳定经济。在经济萧条时期,政府应通过削减税收、降低税率、增加支出或双管齐下以刺激总需求,如建造港口、公路、住宅等公共工程,降低个人所得税率。增加投资豁免额的数量等。反之,在出现通货膨胀时,政府应增加税收或削减开支以抑制总需求。前者称为扩张型财政政策，后者称为紧缩性财政政策，而交替使用的扩张性和紧缩性财政政策，被称为补偿性财政政策。那到底什么时候采取扩张性财政政策，什么时候采取紧缩性财政政策，应由政府根据国家经济形势加以分析决策，斟酌使用，这就是凯恩斯主义的相机选择"需求管理"。

相机抉择是指政府在进行需求管理时，可以根据市场情况和各项调节措施的特点，机动地选定和抉择当前究竟应采取哪一种或几种政策措施，即逆经济风向而动。因此当社会总需求大于社会总供给从而出现通货膨胀时，政府应采取抑制总需求的紧缩性财政政策；当社会总需求小于总供给，出现总供给过剩时，政府就应采取刺激需求的扩张性财政政策。

但斟酌使用的财政政策的作用同样具有局限性。首先是时延的问题，包括认识、决策和实施的时延，即认识总需求的变化、变动财政政策以及乘数作用的发挥，都需要时间。其次是不确定性。实行财政政策时，政府主要面临两个方面的不确定性，第一是乘数大小难以准确的确定，第二是政策必须预测总需求水平通过财政政策作用达到预定目标究竟需要多少时间。再次是挤出效应的存在。挤出效应是指增加一定数量的公共支出，就会减少相应数量的私人投资，从而使总需求仍然不变。因为政府用于公共支出的钱不管是来自私人的纳税还是来向私人的借贷都会排挤掉私人的消费与投资，同时，随着政府财政支出增加，如果货币供应量不变或只有很少增加时，会引起利率上升，而利率上升也会引起私人消费和投资的减少。最后是外在的不可测的随机因素的干扰。因此实行财政政策应全方面考虑各种因素。

2. 功能财政和预算盈余

功能财政是指政府在财政方面的积极财政政策，主要是为实现无通货膨胀的充分就业水平；为实现这一目标，预算可以为盈余，也可以为赤字，而不能以预算平衡为目的，它是积极的权衡性财政政策。

预算赤字往往是政府采取扩张性的财政政策即减税和扩大政府支出而造成的政府支出大于收入的结果，政府支出大于收入的差额即为预算赤字。预算盈余则是政府实行紧缩性财政政策，即增加税收和减少政府支出而造成政府的收入大于支出的结果，政府收入超过支出的月份产生了预算盈余。

功能财政思想是凯恩斯主义者的财政思想。他们认为，不能机械地用财政预算收支平衡的观点来对待财政赤字和财政盈余，而应从反经济周期的需要来利用预算赤字和预算平衡。当均衡收入低于充分就业的收入水平（即存在通货膨胀紧缩缺口）时，政府有义务实行扩张性的财政政策，增加政府支出和减少税收，以实现充分就业。如果起初存在财政盈余，政府有责任减少盈余甚至不惜出现更大赤字，坚定地实行扩张政策。反之，当存在通货膨胀缺口时，政府有责任减少政府支出，增加税收。如果起初存在财政预算赤字，就应该通过紧缩减少赤字，甚至出现盈余。

总之，功能财政思想认为，在一个功能存在缺口的经济中，政府不能以平衡预算为目标来对待预算盈余和赤字，而应从反经济周期的需要来利用预算赤字和盈余，否则就不能在总支出不足时避免衰退，也不能消除过度支出带来的物价水平上涨。因此，政府应把注意力放在宏观调控经济的运行上，为了实现充分就业和消除通货膨胀，需要赤字就赤字，需要盈余就盈余，而不应为实现财政收支平衡而妨碍政府财政政策的正确制定和实行。

从理论上讲，通过功能财政的实施，国民经济能够实现无通货膨胀的充分就业，但这种政策在具体实施上还存在一定的困难。

一方面功能财政要正确实行，必须对未来的经济形势进行准确的判断，但这往往需要一定的时间，另一方面即使对未来形势作了正确的估计，政府也应抓住时机才能使政策得到充分发挥。

13.2.4 赤字与公债

1. 财政赤字

财政赤字（Deficit Budget）又称预算赤字，是一国政府财政年度支出超过年度收入的差额。在采用扩张性财政政策和紧缩性财政政策过程中，如果需求过小，政府采取以增加支出、减少税收为特征的扩张性财政政策，这将会产生财政赤字。如某年的财政收入为 3 000 亿美元，财政支出为 3 200 亿美元，则该年度的财政赤字为 200 亿美元；相反，如果需求过大，政府采取减少支出、增加收入为特征的紧缩性财政政策，这将会产生财政盈余。

在经济衰退时期，政府税收减少，而用于失业保险、贫困救济的支出增加，出现财政预算赤字，这可以减轻社会需求的下降，缓和经济波动。反之，在经济繁荣时期，政府税收增加，而用于各种救济的政府支出减少，造成财政预算的盈余，这可以抑制社会需求上升，减轻经济膨胀。凯恩斯主义经济学家主张运用赤字财政政策，经济萧条时期，财政政策是增加政府支出，减少政府税收。他认为财政政策应该为实现充分就业服务，因此必须放弃财政收支平衡的旧教条，实施赤字财政政策。

2. 公债

公债是弥补财政赤字的主要形式，即发行债券、向银行借款、向外国借款，其中发行公债是弥补财政赤字的重要手段。公债由政府财政部发行，卖给中央银行；中央银行向财政部支付增发的货币，财政部就可以用这些货币来进行各项支出，刺激经济。中央银行购买的政府债券，可以作为发行货币的准备金，也可以在金融市场上卖出，成为调节货币供求的重要工具之一。

目前世界上大多数国家的政府债务累计额都在不断增加，因此西方经济学家对公债的是非功过提出了各自的观点。一些经济学家认为，公债无论是内债和外债，都是政府加在人民身上的一种负担，原因是公债要还本付息。但是一些经济学家认为，从整个国家来看，债券和债务总是恰好相抵的，因而不构成负担，并且当经济未达到充分就业时，发行公债还可以促进资本的形成，增加有效需求，促使经济增长速度加快。

3. 财政赤字和公债的负效应

（1）挤出效应。当政府因支出庞大、入不敷出产生预算赤字时，更多的时候是发行公债向公众借款。当发行公债过多时，由于公债的安全性高，公众会争相购买，则政府储蓄的比重加大，这样就有越来越多的私人因借不到资金而被挤出货币市场。

（2）公债利息支出成为政府财政的重要负担。公债是需要按期付息的，因而是财政支出中的刚性支出，随着公债规模的扩大，公债利息支出也相应增加，这就会成为沉重的经济负担。

（3）给子孙后代造成负担，这主要是由向外国举债造成的。举借外债时，是外国创造的国民收入流入国内，还债时，则是本国创造的国民收入（连本带利）更多流到国外，并且向外国举债具有时间较长的特点，所以需要由下一代甚至下下一代来还。

13.3　货　币　政　策

13.3.1　银行与货币供给

1. 银行体系的分类及职能

现代银行体系是一个由中央银行（Central Bank）和商业银行（Chartered Banks）组成的两级银行体系，中央银行处于核心地位。

(1) 中央银行。中央银行是一国最高金融当局,作为领导和管理国家货币金融的首脑机构,它统筹管理全国金融活动,代表国家发行货币、对金融体系进行监管、处理国际性金融事务、制定和实施货币政策以影响经济。

当今世界除了少数地区和国家,几乎所有独立的国家和地区都设有中央银行。在美国,其是联邦储备局,在英国是英格兰银行,在法国是法兰西银行,在日本是日本银行。在我国中央银行是中国人民银行,它是在合并原华北银行、北海银行和西北农民银行的基础上,于1948年12月1日在河北省石家庄市成立,并于当天发行了人民币。直到1982年7月,国务院才授权中国人民银行行使中央银行的职能。1986年1月,国务院发布《中华人民共和国中国人民银行法》,这才从法律上把中国人民银行作为中央银行的地位固定下来。20世纪90年代以后,中国人民银行开始真正发挥对金融进行宏观调控的作用。

一般认为中央银行具有三个职能,如下所示。

作为发行的银行,发行国家的货币。

作为银行的银行,一方面通过票据再贴现、抵押贷款等方式为商业银行提供贷款,另一方面为商业银行集中保管存款准备金,还为各商业银行集中办理全国的结算业务。

作为国家的银行,第一,代理国库,一方面根据国库委托代收各种税款和公债价款等收入作为国库的活期存款,另一方面代理国库拨付各项经费,代办各种付款与转账;第二,国家可以向中央银行借款,即由中央银行用贴现国家的短期国库券的形式为政府提供短期资金,也可以帮助政府发行公债或以直接购买公债的方式为政府提供长期资金,帮助政府弥补政府预算中出现的财政赤字;第三,代表政府与外国发生金融业务关系;第四,执行货币政策,对经济进行干预;第五,根据经济形势采取适当的货币政策,与财政政策相配合,为宏观经济目标的实现服务。

同时,现代意义的中央银行具有下列特点,如下所示。

第一,不以营利为目的;

第二,不经营商业银行和金融机构的业务;

第三,具有服务机构和管理机构的双重性质,有执行金融监管、扶持金融发展的双重任务。

(2) 商业银行。商业银行是以获取利润为经营目标,以各种金融资产和金融负债为经营对象,具有综合性服务功能的金融企业。商业银行在银行体系中居主体地位,它从居民户、厂商那里接受储蓄存款,然后将这些资金贷给其他居民户和厂商使用,从中获取各种形式的收入,以达到获取利润的目的。在我国,目前的商业银行体系的主体是四大商业银行,即中国银行、中国工商银行、中国农业银行和中国建设银行。

商业银行的主要业务是负债业务、资产业务和中间业务。负债业务是商业银行筹措资金、借以形成资金来源的业务；负债业务主要是吸收存款，包括活期存款、定期存款和储蓄存款。资产业务是指银行运用资金的业务，商业银行的资产业务主要是发放贷款和证券投资。发放贷款是商业银行为企业提供贷款的业务，包括票据贴现、抵押贷款等，它是商业银行的一项最基本的业务，也是商业银行最重要的资产。证券投资业务是商业银行重要的资金运用业务，银行通过有价证券的买卖活动取得利息收入。中间业务是指代为顾客办理支付事项和其他委托事项，从中收取手续费的业务。

（3）供给货币的问题。狭义的货币供给是指硬币、纸币和活期存款的总和。货币被定义为在商品和劳务的交换及债务清偿中作为交换媒介或者支付工具而被法定为普遍接受的物品，最符合这个定义的就是硬币、纸币和活期存款。一般来说，硬币和纸币通常被称为通货，而活期存款同通货一样随时可用来支付债务，因此，也将其看作严格意义上的货币，同时也是最重要的货币，因为在货币的供给中活期存款占了相当大的比例，更主要的是活期存款的派生机制还会创造货币。

2. 银行创造货币的机制

（1）存款货币创造的条件。在金融体系中商业银行具有创造货币的功能，因为在金融体系中只有商业银行才允许接受活期存款，并可以签发支票，从而具有创造货币的能力。商业银行创造货币应具备两个基本条件。

第一，部分准备金制度。商业银行的准备金有法定准备金和超额准备金之分。经常保留的供支付存款提取用的一定金额，称为存款准备金；这种准备金在存款中起码应当占的比例是由政府规定的，这一比率称为法定准备率，按法定准备率提取的准备金是法定准备金；商业银行持有的超过法定存款准备金的部分称为超额准备金。我们知道在这种制度下，商业银行不必对所有的存款保留100%的准备，而只要按存款总额的一定比例来保留准备金即可，其余的可以用来发放贷款，也可以用来进行证券投资。之所以可以实行部分准备金制度，是因为在商业银行诸多客户的存取过程中，总会有一定量的资金金额保存在商业银行里面而不被动用。

第二，部分现金提取。当你将10 000元现金存入某一家商业银行，若法定准备比率为10%，则该商业银行就可以把其中的9 000元放贷出去。如果借款人在获得这笔贷款之后，立即以现金的形式将其全部从银行提走，而且在贷款归还之前这笔现金始终在公众手中流通，而不被存入银行，此时也不会有存款创造，但是现实生活中，这种情况一般是不大可能的。一般来说，银行向某一借款人发放一笔贷款后，通常是把该笔资金划入该借款人在银行的存款账户内，借款人利用这笔贷款进行支付时，通常也是通过票据清算把它转到收款人的账户上，这样就会存在存款创造。

第三，商业银行体系或整个金融体系。必须是在由多家银行组成的商业银行体系或整个金融体系中才有所谓的"多倍创造"，单个银行不存在多倍创造存款的问题。

（2）货币创造的过程。假定商业银行系统的法定存款准备金率为20%，再假定银行客户会将其一切货币收入以活期存款的形式存入银行。在这种情况下，甲客户将1 000万元存入A银行，银行系统因此增加了100万美元的准备金，A银行按法定存款准备率保留200万元准备金存入自己在中央银行的账户，其余800万元全部贷放出去；得到这800万元贷款的客户乙将全部贷款存入与自己有业务往来的B银行，B银行得到了800万元的存款，在留足160万元的法定准备金并将其存入自己在中央银行的账户以后，将剩余的640万元再贷放出去；得到这640万元的客户丙又将全部贷款存入与其有业务往来的C银行，C银行留下其中的128万元作为法定准备金而把其余512万元再贷放出去。由此，不断存贷下去，各商业银行的存款总额如下。

1 000 + 1 000×0.8 + 1 000×0.8×0.8 + 1 000×0.8×0.8×0.8 + … = 5 000（万元）

贷款总和如下所示。

800 + 640 + 512 + … = 1 000(0.8 + 0.8×0.8 + 0.8×0.8×0.8 + …) = 4 000（万元）

因此，从上面的例子可以看出，存款总额（用D表示）同原始存款（用R表示）及法定准备率（用rd表示）三者之间的关系是：$R = D \times rd$。

3. 银行体系的货币供给

（1）货币的分类。第一种是硬币，它是一种用于小额交易的货币；第二种是纸币，它是政府强制流通的货币，人们需要货币不是需要它本身，而是用它能够购买东西；第三种是存款货币，它是指可以随时提取的商业银行的活期存款；第四种是定期存款和储蓄存款，它是指在一定时间以后才能提取的可以获得利息的存款；第五种是准货币（Near-money），它是指能够执行价值储蓄职能，并且易于转换成交换媒介但它本身不是交换媒介的资产，例如，股票和债券等金融资产就是准货币；第六种是货币替代物（Money Substitutes），它是指能够暂时执行交换媒介的职能，但不能执行价值储藏职能的东西，例如，信用卡就是一种货币替代物。

（2）货币层次的划分。各国根据具体情况有多种不同的货币层次的划分，但主要是依据货币或各种金融资产的流动性程度的不同，将货币供给分为三个层次，M1、M2、M3。

狭义的货币定义为M1，是指交易货币，即能够直接或立即并且无限制地进行支付的资产，用公式表示为M1 = C + Dd，其中：C为流通中的现金或通货（硬币 + 纸币），Dd为活期存款。广义的货币定义为M2，是指包括M1和流动性较差、不能直接用作支付工具，但可以较方便地转变为支付工具的项目，包括小额定期存款、储蓄存款、货币市场共同基金和货币市场存款账户，用公式表示为 M2 = M1 + Ds + Dt，其中，Ds 为储蓄存款，Dt 为定期存款。

随着金融市场的发展，出现了大量的金融资产，这样货币定义扩大到 M3，它是在 M2 的基础上，又增加了大额定期存款、机构性货币互助基金、金融债券等。

（3）中国货币层次的划分。中国人民银行在 1994 年 10 月 28 日公布了《中国人民银行货币供应量统计和公布暂行办法》，将我国货币供应量划分为 M0、M1、M2 及 M3 等几个层次，如下所示。

M0：流通中现金（货币供应量统计的机构范围之外的现金发行）；

M1：M0 + 企业存款（企业存款扣除单位定期存款和自筹基建存款）+ 机关团体部队存款 + 农村存款 + 信用卡类存款（个人持有）；

M2：M1 + 城乡居民储蓄存款 + 企业存款中具有定期性质的存款（单位定期存款和自筹基建存款）+ 外币存款 + 信托类存款；

M3：M2 + 金融债券 + 商业票据 + 大额可转让定期存单等。

（4）货币供给。货币供给亦称货币供应，是指一个国家流通中的货币总额，是该国家一定时点的除中央政府或财政部、中央银行或商业银行以外的非银行大众所持有的货币量。它是一个存量概念，而不是一个流量概念。货币存量是某一时点累积的货币数量，货币流量是某一时期内货币存量的变动量，货币流通量则为货币存量与货币流通速度的乘积。

同时，货币供给分为名义供给与实际供给。名义供给量是不管货币购买力如何计算其票面值的货币量。但经济学中货币市场所涉及的货币是实际货币。因此，需要将名义货币量折算为实际货币量。如果用 M、P、m 分别表示名义的货币供给量、价格指数和实际的货币供给量，三者的关系为 $M = m \times P$，其中价格指数 P 表示在给定的时段里一组商品的平均价格如何变化的一种指数。由于货币供给量是由一个国家或中央银行来调节的，因而是一个外生变量，其多少与利率无关，因此，货币供给曲线是一条垂直于横轴的直线。

13.3.2 货币政策工具

1. 货币政策内涵

中央银行为了调整实际流通中的货币量，主要通过货币政策工具来实现。货币政策就是指一个国家根据既定目标，通过中央银行运用其政策工具，调节或改变货币供给量，以影响利率和宏观经济活动水平的一种宏观经济政策。货币政策同财政政策一样，它的运用也是为了达到充分就业、经济增长、物价稳定、保持国际收支平衡等目标，但它还有自己一些特殊的目标，如防止大规模的银行倒闭和金融恐慌，稳定利率等。

我们知道，财政政策是直接影响社会总需求的规模，中间不需要任何变量，而货币政策则是通过货币当局货币供给量的变化来调节利率而间接地调节总需求的。一般货币政策工具分为一般性货币政策工具、选择性货币政策工具。在市场经济条件下，一般采用一般性货币政策工具，它包括公开市场业务、再贴现率和法定准备金率"三大法宝"，下面我们将对货币政策工具进行具体的介绍。

我们先看一下2010年第四季度中国货币政策执行报告的部分内容，对我国的货币政策有个初步的认识。

2010年，中国经济继续朝宏观调控的预期方向发展，运行态势总体良好。消费平稳较快增长、固定资产投资结构继续改善、对外贸易快速恢复，农业生产平稳增长，工业生产增长较快，居民收入稳定增加，但价格上涨压力较大。2010年，实现国内生产总值（GDP）39.8万亿元，同比增长10.3%，居民消费价格指数（CPI）同比上涨3.3%。

2010年，中国人民银行按照党中央、国务院的决策部署，继续实施适度宽松的货币政策。随着经济平稳较快发展势头逐步巩固，中国人民银行着力提高政策的针对性和灵活性，处理好保持经济平稳较快发展、调整经济结构和管理通胀预期的关系，逐步引导货币条件从反危机状态向常态水平回归。综合运用多种货币政策工具，加强流动性管理，发挥利率杠杆调节作用，引导金融机构合理把握信贷投放总量、节奏和结构，进一步推进人民币汇率形成机制改革，深入推进金融改革，改进外汇管理，维护金融稳定和安全。

货币信贷增速从上年高位逐步回落，人民币汇率弹性增强。2010年末，广义货币供应量M2余额为72.6万亿元，同比增长19.7%，增速比上年低8.0个百分点。狭义货币供应量M1余额为26.7万亿元，同比增长21.2%，增速比上年低11.2个百分点。人民币贷款余额同比增长19.9%，增速比上年低11.8个百分点，比年初增加7.95万亿元，同比少增1.65万亿元。金融机构贷款利率继续小幅上升，12月份非金融性企业及其他部门贷款加权平均利率为6.19%，比年初上升0.94个百分点。2010年末，人民币对美元汇率中间价为6.6227元，比上年末升值3%。

2011年是"十二五"的开局之年，中国人民银行将全面贯彻党的十七届五中全会和中央经济工作会议精神，以科学发展为主题，以加快转变经济发展方式为主线，实施稳健的货币政策，按照总体稳健、调节有度、结构优化的要求，增强政策的针对性、灵活性和有效性，更加积极稳妥地处理好保持经济平稳较快发展、调整经济结构、管理通胀预期的关系，把稳定价格总水平放在更加突出的位置，维护金融体系安全稳健运行，促进经济平稳健康发展。

随着直接融资比重的不断提高，贷款在社会融资总量中的占比逐渐下降，在宏观调控中需要更加注重货币总量的预期引导作用，更加注重从社会融资总量的角度来衡量金融对经济的支持力度，要保持合理的社会融资规模，强化市场配置资源功能，进一步提高经济发展的内生动力。中国人民银行将继续运用利率、存款准备金率、公开市场操作等价格和数量工具，同时进一步完善货币政策工具，按照中央关于加快构建逆周期的金融宏观审慎管理制度框架的要求，把货币信贷和流动性管理的总量调节与健全宏观审慎政策框架结合起来，运用差别准备金动态调整，配合常规性货币政策工具发挥作用，把好流动性总闸门。着力优化信贷结构，引导金融机构把信贷资金更多投向实体经济特别是中小企业和"三农"等领域，加大金融支持经济发展方式转变和经济结构调整的力度。继续稳步推进利率市场化改革和人民币汇率形成机制改革，推动金融市场产品创新，深化金融企业改革。下面我们将讲述货币政策的具体应用。

2. 货币政策的内容及运用

（1）法定准备金政策。法定准备金政策是中央银行在法律赋予的范围之内，通过规定或调整商业银行缴存中央银行存款准备金的比率，控制和改变商业银行的信用创造能力，从而间接控制货币供应量的活动。

在经济萧条时期，为了刺激经济的复苏，中央银行可以降低法定准备金率，这将可以给商业银行带来多余的准备金，使他们得以增加贷款，从而商业银行存款和贷款将发生一轮又一轮的增加，最终导致货币供给量的增加，而货币供给量的增加又会降低利息率，进而刺激投资；反之，在通货膨胀时期，中央银行可以提高法定准备金率来减少货币供应量，以抑制投资的增加，减轻通货膨胀的压力。

法定准备金政策具有重大的影响力。首先，它可以保证商业银行等存款货币机构资金的流动性，因为法定准备金制是中央银行集中了相当规模的资金，当部分银行出现流动性危机时，中央银行就有能力对这些银行加以救助。其次，它可以集中使用一部分信贷资金，这样中央银行可以使用其中的一部分资金用来履行中央职能，办理银行同业之间的清算，向金融机构提供再贷款和再贴现。最后，它还能调节货币供给总量。一方面，法定准备金率的调整会直接影响货币乘数，具体来说准备金率上升，货币乘数下降，反之则相反；另一方面法定存款准备金率的变动会直接影响银行的超额储备规模，当准备金率上升时，商业银行的部分超额储备转化为法定储备，从而使商业银行的存款创造能力下降，反之则相反。

（2）再贴现政策。再贴现政策是指中央银行通过提高或降低再贴现率，认定再贴现票据的资格等方法，影响商业银行等存款货币机构从中央银行获得再贴现贷款的能力，进而达到调节货币供给量和利率水平、实现货币政策目标的一种政策措施。

当中央银行提高贴现率时，则对商业银行的借款产生抑制作用，需要补充准备金的商业银行不得不用出售证券或抽回贷款的方法筹措资金。当厂商和居民提取存款来购买证券或偿还贷款的时候，将导致货币供给量的减少；反之，当中央银行降低贴现率时，商业银行向中央银行贷款的成本将会降低，这会激励商业银行向中央银行贷款的需求，出现市场信用扩张，这样货币供给量就会增加。

再贴现率政策同样具有较强的影响力。首先，再贴现率的升降会影响商业银行等存款货币机构持有准备金或借入资金的成本，从而影响它们的贷款量和货币供给量；其次，贴现政策对调整信贷结构有一定的效果，因为它可以调整可用于再贴现票据的种类以及对再贴现的票据进行分类，从而实行差别再贴现率。最后，再贴现率可以防范金融恐慌，当商业银行发生流动性不足乃至支付危机时，中央银行可以通过再贴现途径给予流动性支持，从而帮助银行渡过难关。

但这一政策工具也具有较大的局限性。因为它不是一个主动性的政策，贴现行为的主动权掌握在商业银行手中，如果商业银行出于其他原因对再贴现率缺乏敏感性，则再贴现率的作用将大打折扣，同时再贴现率也不宜于频繁变动，否则会给人以政策意向不明确的印象，从而使商业银行无所适从。

（3）公开市场业务。公开市场业务是指中央银行在证券市场买进或卖出政府债券，通过扩大或缩减商业银行存款准备金，导致货币供应量的增减和利率的变化，进而调节宏观经济活动水平的政策行为。公开市场业务的目的是改变经济体系中货币与证券的相对供给量，从而改变利率，使公众以改变了的利率决定其持有资产的形式。

公开市场操作一般分为防御型和主动型。主动型公开市场操作一般是指中央银行积极改变货币政策，以改变准备金水平和基础货币量为目的公开买卖有价证券的业务。防御型公开市场操作是指因客观因素或货币需求的临时性改变而采取的在公开市场上买卖有价证券的业务。

一般来说，当经济处于萧条时期，中央银行会在金融市场上买进债券，这样就会使证券需求增加，价格提高，而证券价格和利率之间呈反方向变动关系，所以利率是下降的，利率下降会导致投资需求增加，从而使总需求增加，这就叫扩张性的货币政策，即放松银根。反之，当经济处于繁荣时期，中央银行则在公开市场上卖出证券，市场上货币供给就减少，同时会降低对证券的需求，从而证券价格下降，利率上升，导致投资需求下降，总需求减少，这就是紧缩性货币政策，即紧缩银根。

在西方国家，一般认为公开市场业务是中央银行所能够掌握的最重要、最经常使用的政策工具或手段。其理由如下：首先，公开市场业务可以通过买卖有价证券把商业银行的准备金控制得当，因为在公开市场业务中，中央银行处于完全主动的地位，它可以根据经济风向的变化而主动灵活的实时调节。其次，使用这项政策工具中央银行可以随时决定买卖债券的种类和数量，可以随时进行精细的调查。再次，公开市场业务是由专门机构和专业人员根据总的政策方针灵活进行的，无须层层审批的烦琐程序，可以进行经常性、连续性的操作，具有较强的伸缩性以应对市场变化。最后，公开市场业务具有预期效应，它能强有力的影响社会公众的心理预期，从而影响到债券价格及其收益的变化，并且这种告示效应通常容易被商业银行及社会公众准确的理解。

尽管公开市场业务具有很多优点，但也存在一些局限性。例如，公开市场的随时发生和持续不断，使其预告性效果不大；公开市场业务的操作比较细微，所以对大众预期的影响和商业银行的强制影响较弱；各种市场因素的存在，以及各种民间债券的增减变动，可能减轻或抵消公开市场业务的影响力。

(4) 选择性货币政策工具。除了以上三种主要的货币政策工具，还有其他一些工具，主要包括以下几种。

首先，直接信用控制，即中央银行依据有关法令对商业银行创造信用业务加以直接干预的各种措施的总称。它包括信用配额管理、直接干预、利率最高限额和流动性比率。其中信用配额管理指中央银行根据金融市场的供求状态及客观经济需要，对各个商业银行的信用创造加以合理分配；直接干预指中央银行对商业银行的信贷业务施以合理的干预；利率最高限额是指规定商业银行的定期及储蓄存款所能支付的最高利率；流动性比率是指中央银行为了限制商业银行扩张信用，规定商业银行流动资产对存款的比重。

其次，间接信用控制，它包括道义劝告和窗口指导。前者指中央银行运用其在金融体系中的特殊地位和威望，通过对商业银行及其金融机构劝告，指导其行动，影响其贷款和投资的方向，达到中央银行控制信用的目的；后者指根据市场情况、物价变动趋势、金融市场动向等情况，规定金融机构按季度提出贷款增额计划，并要求各金融机构有效执行。

最后，还有消费者信用控制、证券市场信用控制、不动产信用控制等，其中消费者信用控制是指中央银行对消费者的不动产以外的耐用消费品分期购买或贷款的管理措施；证券市场信用控制是指中央银行对有价证券的交易规定应支付的保证金限额；不动产信用控制是指中央银行对商业银行等金融机构向客户提供不动产抵押贷款的管理措施。介绍了这么多货币政策措施，我们应根据实际情况和经济形势将三种主要货币政策和辅助性货币政策配合使用，不断促进经济的发展。

13.4 开放经济下的财政政策和货币政策

前面我们讨论了在一个封闭的国民经济中研究宏观经济运行及其调节政策，在当代，各个国家的经济都不是独立的、封闭的，而是开放的、彼此紧密联系的，我们可以说任何国家的发展都离不开与世界的联系。

从我国的情况来看，我国已成为世界重要的一极，在国际事务中发挥着越来越重要的作用，这都是与我国坚定不移地奉行改革开放政策分不开的，并且随着世界经济一体化的发展，国与国之间的往来通常都会引起相互间的债权债务关系以及国际货币收支关系，这就要求我国在开放的经济环境下，应正确有效的根据国际经济形势对宏观经济政策进行调整，不断实现宏观经济的均衡。

13.4.1 开放的宏观经济模型

在开放经济中，即使产品市场和货币市场同时实现了均衡，如果国际收支不是均衡的，则也不是经济的全面均衡。要实现经济的全面均衡，必须使产品市场、货币市场和国际收支同时实现均衡，这样就出现了 IS-LM-EB 模型，它研究的就是上述三个市场同时均衡的问题。其中 IS 曲线是描述商品市场达到均衡时，即 I=S 时，国民收入与利息率之间存在着反方向变动关系的曲线。LM 曲线是描述在货币市场达到均衡时，国民收入与利息率之间存在着正方向变动关系的曲线。EB 曲线为外部均衡曲线，线上任意一点都代表使国际收支达到均衡的财政政策与货币政策的组合。如图 13 – 1 所示。

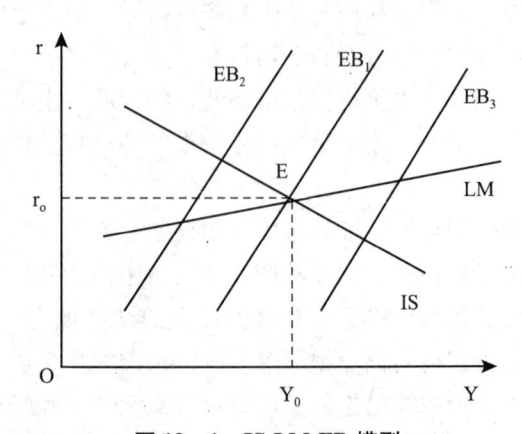

图 13 – 1 IS-LM-EB 模型

在图 13-1 中，IS 曲线上的任何一点都是产品市场的均衡，LM 曲线上的任何一点都实现了货币市场的均衡，EB 曲线上的任何一点都能实现国际收支的平衡。因此，IS、LM 与 EB 三条曲线的交点 E 表示的利率与国民产出组合（r_0，Y_0），能够实现产品市场、货币市场和国际收支的同时均衡，并且只有在三条曲线的交点 E 上，才能实现三个市场的同时均衡。

当然，三个市场经常会出现不同时均衡的情况，例如图 13-1 的 EB_2 和 EB_3 曲线，当国际收支均衡曲线处于这两条线的位置上时，这样三个市场不能同时均衡。在这种情况下，如果经济处于 IS 曲线与 LM 曲线的交点 E，则虽然产品市场和货币市场都实现了均衡，但国际收支会出现不均衡。如果国际收支均衡曲线处于 EB_2 的位置上，E 点在国际收支均衡曲线 EB_2 的下方，这就意味着存在国际收支逆差，反之，当其处于 EB_3 的位置上时，E 点位于国际收支均衡曲线 EB_3 的左上方，则意味着存在国际收支顺差。

13.4.2 浮动汇率下的政策

在浮动汇率制度下金融当局没有义务入市干涉汇率，国际收支顺差体现在外汇市场上本国货币供不应求，因此顺差导致本国货币升值，同样国际收支的逆差对应着本国货币的贬值。汇率的波动会影响 EB 曲线的移动。

1. 财政政策

在实施财政政策或货币政策时，开放经济条件下的三市场均衡的自动调整机制将会促进宏观经济处于新的均衡位置。如图 13-2 所示，假定最初开放的国民经济在 E

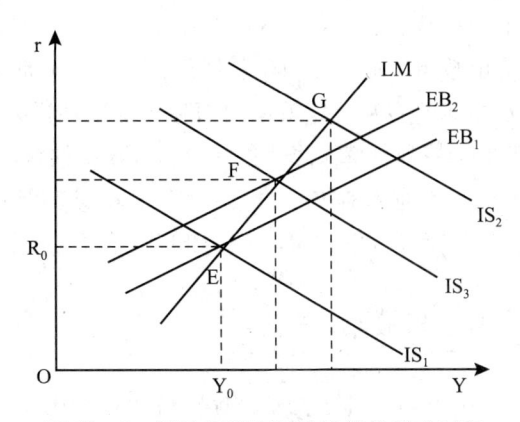

图 13-2 浮动汇率下财政政策的影响过程

点处于三重均衡状态。这时的均衡利息率为 r_0，均衡总产量为 Y_0，均衡汇率为 ER_0。在政府采取扩张型财政政策时，产量 Y 和利息率 r 会上升，这会使资产的出口大于商品进口。同时，会使 IS 曲线向右由 IS_1 移动到 IS_2，IS_2 曲线和 LM 曲线的新交点 G 位于外部均衡曲线 EB_1 的左边，国际收支出现顺差，这会导致本国货币的汇率上升。同时由于汇率上升，外部均衡曲线会由 EB_1 移动到 EB_2，这时，政府会遏制产品出口，鼓励进口，从而使本国的总产值 Y 有所下降，这时 IS 曲线向左回移，由 IS_2 移到 IS_3，直到 IS_3、LM、EB_2 三条曲线相交于 F，重新实现三个市场的均衡。反之，汇率的下降会对 IS 曲线上升幅度起到抑制作用，这时本币将会贬值，因此，政府会促进出口，抑制进口。

2. 货币政策

图 13-3 说明了开放条件下货币政策对国民经济的影响过程。

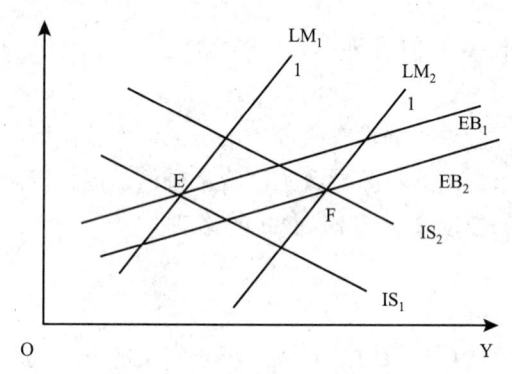

图 13-3 开放经济条件下货币政策的影响过程

假定最初处于三重均衡状态，LM_1、IS_1、EB_1 交于 E 点，这时国际收支平衡。若中央银行采取扩张性货币政策，则货币供给量增加，这时 LM 曲线向右移动。新的 IS、LM 曲线的交点位于 EB 曲线的右端。这就说明国际收支出现逆差，本国货币的汇率下降，货币市场的供大于求，使利息率下降，投资增加，导致总需求大于总供给，从而国民产出上升。而且由于较低的利率和较高的产出水品，会使商品进口增加。这样 IS 曲线向右移动，EB 曲线向下移动，直到 LM_2、IS_2 和 EB_2 重新交于新的均衡点 F。

13.4.3 固定汇率下的政策

固定汇率制度下，一国的汇率是以金融当局公布的货币的法定评价为基础，汇率是不变的，也就是 EB 曲线是不移动的。

1. 国际收支顺差的调整

在官方储备为正的情况下，如图 13-4 所示，IS 曲线与 LM 曲线的交点 E 位于 EB 曲线的左侧，这就说明净资产出口大于净产品的进口，国际收支顺差虽然不是问题，但是如果不愿意长期维持官方储备盈余状况，并且贸易货币又要求消除其国际收支逆差，因此政府应选择扩张性的货币政策。货币供给的增加会使 LM 曲线右移，这将使产出水平上升，利息率 r 下降，最终实现三重均衡。

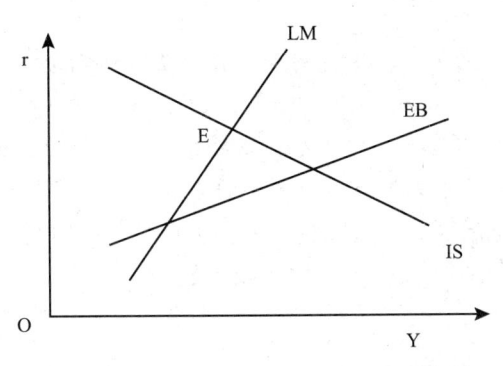

图 13-4　固定利率下国际收支顺差的调整

当经济处于衰退中时，使用该政策可以减缓经济衰退，当经济处于通货膨胀时，这时应采取扩张性货币政策和紧缩性财政政策相结合的方式，通过增加货币供给使 LM 曲线右移，通过削减政府开支和增加税收使 IS 曲线左移，最终实现均衡。

2. 国际收支逆差的调整

当出现国际收支逆差的时候，这时政府采取紧缩的货币政策，促使利率上升。利率的上升既能引起出口增加又能引起投资下降。总需求的下降和总产量下降，会导致 LM 曲线左移，使 IS 与 LM 的交点移向 EB 曲线。紧缩性的货币政策通过利息率上升，产量下降，实现三重均衡（见图 13-5）。

当经济处于通货膨胀时，紧缩的货币政策有利于消除通货膨胀，但如果经济处于衰退中时，这时政府应将紧缩性的货币政策和扩张性的财政政策相结合，促使 LM 曲线的左移和 IS 曲线的右移，最终实现三重均衡。

3. 货币供给量的控制

当国际收支出现逆差时，说明本国货币供给量减少了，中央银行必须动用储备来增加国内的货币基础以抵消货币的流出，反之亦然。

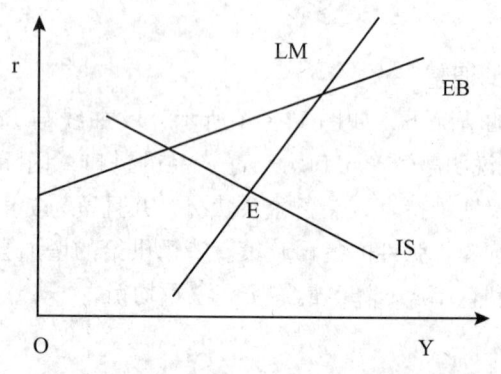

图 13-5　固定利率下国际收支逆差的调整

但是如果中央银行要真正控制住货币供给量，就必须消除国际收支差额对货币供给量造成的影响，因此，中央银行可以通过每天的公开市场业务进行调节，以消除其影响。由于在固定汇率制度下，国际收支失去了自我平衡的调节能力，因此政府在制定国内政策时应必须考虑外部均衡的影响和调节。

【本章小结】

1. 一般来说，宏观经济政策四大主要目标是充分就业、价格稳定、经济持续稳定地增长和国际收支平衡。宏观财政政策是指一个国家的政府通过调整、改变财政收入与支出来影响宏观经济，以使其达到理想状态的一种宏观经济调节政策。财政政策主要包括政府购买、税收、公债和财政转移支付等手段。这四个工具中，政府购买和转移支付归为财政支出政策，税收和公债归为财政收入政策。

2. 经济的自动稳定，是指财政制度本身存在的一种自动缓和经济波动、维持经济稳定增长的机制，它能够在经济繁荣时期抑制通货膨胀、在经济衰退时期自动减轻经济萧条，无须政府采取任何行动，对经济波动起到减震作用，但不能完全消除经济波动。

3. 功能财政思想认为，政府为了实现充分就业和消除通货膨胀，需要赤字就赤字，需要盈余就盈余，而不应为实现财政收支水平平衡而妨碍政府财政政策的正确制定和实行。

4. 货币政策是指一个国家根据既定目标，通过中央银行运用其政策工具，调节或改变货币供应量，以影响利率和宏观经济活动水平的一种宏观经济政策。中央银行一般通过公开市场业务、调节再贴现率和改变法定存款准备金率这三种主要的货币政策工具来改变货币供应量，以达到宏观经济调控的目标。

5. 随着世界经济一体化的发展，国与国之间的经济往来日益增多，形式也越来越多，这就要求政府根据经济形势对宏观经济政策进行调整，不断促进经济稳定增长。

【推荐读物】

1. 刘金全．宏观经济政策作用机制的理论基础与计量研究［M］．北京：经济科学出版社，2007．

2. ［美］费罗恩．宏观经济学：理论与政策［M］．北京：北京大学出版社，2009．

3. ［美］霍尔·帕佩尔．宏观经济学——经济增长、波动和政策［M］．北京：中国人民大学出版社，2008．

4. ［美］弗兰克尔．世界宏观经济学——全球一体化下的财政政策与经济增长［M］．北京：经济科学出版社，2005．

5. 胡祖六．财经论衡——全球化时代的汇率与宏观经济政策［M］．北京：北京大学出版社，2009．

【复习思考题】

1. 名词解释

财政政策；货币政策；功能财政；政府转移支付；法定准备金；再贴现率；经济的自动稳定；预算盈余；财政赤字；国际收支均衡

2. 简答题

（1）宏观经济政策的目标有哪些？它们之间的关系如何？

（2）简述财政政策工具有哪些？

（3）简述货币政策工具有哪些？

（4）简述开放经济条件下我国的宏观经济政策。

3. 论述题

试比较财政政策和货币政策，并阐述二者如何相互协调？

4. 开篇案例思考题：

（1）保持经济平稳健康运行的关键是什么？

（2）中央经济工作会议强调的加强和改善宏观经济调控主要从哪几个方面入手？

附录：模拟试题

一、名词解释（20分）

1. 供给和需求
2. 替代效应和收入效应
3. 垄断和垄断竞争
4. 替代品和互补品
5. 规模报酬和规模经济

二、简答题（60分）

1. 什么是无差异曲线？无差异曲线的特点有哪些？
2. 简述垄断市场的条件和形成垄断的原因。
3. 如何理解GDP？用支出法核算的GDP包括哪些内容？
4. 财政政策的自动稳定作用如何实现？
5. 简述通货膨胀的经济效应。
6. 货币政策的工具有哪些？

三、论述题（20分）

结合全球金融危机的现实，从理论和实践分析中国应对金融危机所采取的主要的财政政策，并对财政政策效果进行分析。

参考文献

1. Edwin Mansfield, Microeconomics: Theory and Applications (Eleventh Edition) [M]. W. W. Norton & Co Ltd. 2003. New York.

2. Hal R. Varian, Intermediate Microeconomics: A Modern Approach [M]. W. W. Norton & Co Inc (Np). 2005. New York.

3. John C. Mijares, Microeconomics [M]. BAR CHARTS INC (FL). 2009. New York.

4. Walter Nicholson, Microeconomic Theory [M]. South-Western, Division of Thomson Learning. 2004. New York.

5. William J. Boyes and Michael Melvin, Principles of Microeconomics [M]. South-Western, Division of Thomson Learning; 8th Revised edition. 2010. New York.

6. [美] R. 格伦·哈伯德, 安东尼·P·奥布赖斯. 经济学（宏观）[M]. 机械工业出版社, 2007.

7. [美] R. 格伦·哈伯德, 安东尼·P·奥布赖斯. 经济学（微观）[M]. 机械工业出版社, 2007.

8. [美] 保罗·A·萨缪尔森, 威廉·D·诺德豪斯. 经济学 [M]. 人民邮电出版社, 2008.

9. [美] 亨利·黑兹利特. 一课经济学 [M]. 中信出版社, 2008.

10. [美] 鲁迪格·多恩布什等. 宏观经济学 [M]. 中国人民大学出版社, 2010.

11. [美] 迈克尔·帕金. 宏观经济学 [M]. 人民邮电出版社, 2008.

12. [美] 迈克尔·帕金. 微观经济学 [M]. 人民邮电出版社, 2008.

13. [美] 曼昆. 经济学原理：宏观经济学分册 [M]. 北京大学出版社, 2009.

14. [美] 曼昆. 经济学原理：微观经济学分册 [M]. 北京大学出版社, 2009.

15. [美] 约翰·B·泰勒. 经济学 [M]. 中国市场出版社, 2007.

16. [美] 约瑟夫·E·斯蒂格利茨, 卡尔·E·沃尔升. 经济学（上下册）[M]. 中国人民大学出版社, 2010.

17. [日] 吉本佳生. 快乐上班经济学 [M]. 华文出版社, 2009.

18. 陈晋. 哈佛经济学笔记 [M]. 江苏文艺出版社, 2010.

19. 陈友龙，缪代文. 现代西方经济学 [M]. 中国人民大学出版社，2002.
20. 陈志武. 陈志武说中国经济 [M]. 山西经济出版社，2010.
21. 陈志武. 金融的逻辑 [M]. 国际文化出版公司，2009.
22. 冯丽，李海舰. 从竞争范式到垄断范式 [J]. 中国工业经济，2003（9）.
23. 高鸿业. 西方经济学（宏观部分）[M]. 中国人民大学出版社，2011.
24. 高鸿业. 西方经济学（微观部分）[M]. 中国人民大学出版社，2011.
25. 高希均，林祖嘉. 经济学的世界（下）[M]. 三联书店，2000.
26. 金明路，许庆明. 现代经济学导论 [M]. 浙江大学出版社，2005.
27. 梁小民. 微观经济学纵横谈 [M]. 生活·读书·新知三联书店，2000.
28. 梁小民. 西方经济学 [M]. 中央广播电视大学出版社，2002.
29. 梁小民. 西方经济学基础教程 [M]. 北京大学出版社，2008.
30. 刘厚俊. 现代西方经济学原理 [M]. 南京大学出版社，2005.
31. 刘启，王引. 微观经济学-亚洲版 [M]. 清华大学出版社，2008.
32. 刘秀光. 宏观经济学 [M]. 厦门大学出版社，2005.
33. 罗杰 A. 麦凯恩. 博弈论：战略分析入门 [M]. 机械工业出版社，2009.
34. 任碧云，王留之. 中国消费与投资关系的调整及其机制研究 [M]. 南开大学出版社，2010.
35. 宋承先，许强. 现代西方经济学-微观经济学 [M]. 复旦大学出版社，2004.
36. 王福重. 写给中国人的经济学 [M]. 机械工业出版社，2010.
37. 王俊峰，等. 危机透视：次贷危机的前世今生 [M]. 清华大学出版社，2010.
38. 肖旭. 宏观经济学 [M]. 国防工业出版社，2009.
39. 谢赤. 现代经济学教程 [M]. 湖南大学出版社，2005.
40. 谢识予. 经济博弈论 [M]. 复旦大学出版社，2008.
41. 尹伯成. 西方经济学简明教程 [M]. 上海人民出版社，2008.
42. 岳贤平，于振英. 微观经济学 [M]. 清华大学出版社，2007.
43. 臧旭恒，等. 产业经济学 [M]. 经济科学出版社，2007.
44. 战勇. 宏观经济学简明教程 [M]. 东北财经大学出版社，2010.
45. 张维迎. 博弈论与信息经济学 [M]. 上海人民出版社，2004.
46. 张维迎. 市场的逻辑 [M]. 世纪出版集团、上海人民出版社，2010.
47. 张先锋. 西方经济学 [M]. 合肥工业大学出版社，2006.
48. 张英，孙波. 微观经济学 [M]. 科学出版社，2010.
49. 赵辉. 经济学（宏观）[M]. 大连理工大学出版社，2010.
50. 周军. 微观经济学 [M]. 武汉理工大学出版社，2006.